THE PRINCIPLES of COMMUNICATION

传播学原理

21世纪新闻传播学基础教材

■ 李正良　主编

中国传媒大学出版社

目　录

前　言

20世纪80年代,传播学传入我国并成为我国新闻与传播学科的核心课程。传播学的研究对象是人类传播行为及其内在规律,涉及的学科十分广泛,社会学、心理学、逻辑学、新闻学、管理学、舆论学、广告学、市场学、经济学等等基础学科和应用性学科都与传播学有密切的联系。传播学是现代社会发展的产物,它的出现又推动了现代社会的发展。

本教材在前人研究的基础上,归纳、总结了国内外传播学学科的最新研究成果,科学、系统地阐述了传播学的基本原理、基本方法和技能。力求做到学科体系的完整性和科学性、教材内容的新颖性和实用性、文字表达的准确性和简明性三方面的统一。它的一个显著特征就是站在学生的角度思考问题,强调学生的主动参与,从“怎么学”的视角来选择教材的内容和编排的方式,通过案例分析、传播学技能训练和思考练习题等教学环节,突出学生的主体地位，提高学生的学习积极性。

本教材由从事本学科教学与研究多年的专业教师齐心协力编著而成。李正良任主编，杨林聪、莫梅锋任副主编。全书由主编提出编写大纲，大家商定后分工编写，主编、副主编负责改稿统稿工作。具体撰稿情况为：李正良（第一、二、七章），莫梅锋（第六、十二章），杨林聪（第三、十、十一章），罗韵娟（第四、五章），周自祥（第八章），韩广（第九章）。

在本书编写过程中，许多专家和朋友给予了指导和帮助。湖南大学新闻与传播学院院长吴高福教授、院党委书记彭祝斌教授等领导和同仁对本书的写作给予了支持；中国传媒大学出版社的领导、责编为本书的出版做了大量工作；写作中参考了新闻传播理论界和业界的大量著作、论文。在此一并表示谢意！

限于水平，本书的错误和疏漏一定难免，恳请广大读者批评指教。

编　者

2006 年 11 月

第一章　传播学概述

本章概要

传播学是研究人类社会传播活动及其规律的一门学科，它具有交叉性、边缘性、综合性等特点。人类社会的早期，就已有人开始关注传播现象，但是直到 20 世纪 50 年代传播研究才逐步形成为一门相对独立的学科。传播学主要研究人类传播史、人类传播形态、人类传播结构与过程等。传播学的研究方法是科学方法论与具体方法的集合体。具体方法有定性、定量研究方法体系。传播学的形成是在众多奠基人成果的基础上，由传播学的创立者和集大成者威尔伯·施拉姆完成的。

学完本章后，你应该可以：

· 了解传播学的奠基人，传播学的创立者；

· 了解传播学的经验学派与批评学派之间的区别；

· 熟练掌握内容分析法与控制实验法；

· 把握传播学的研究现状与发展趋势。

传播是人类一种早已存在的行为,传播学作为一门独立学科,则只有近百年的历史。它既反映了人类对传播现象和传播规律的漫长认识过程,也反映了人类对传播经验和传播知识的系统组织架构。人类传播活动具有多样性和复杂性,导致了传播学研究的多学科性,它与心理学、社会学、新闻学、营销学等学科有着密切的联系,因此,传播学是一门综合性的边缘学科。

第一节　传播学的研究对象与基本问题

一、传播学的研究对象

要构建传播学的学科体系,必须首先明确它的研究对象。对"传播学究竟是什么?"国内外学者对这一问题的理解和看法存在不同的意见。多数人认为传播学的研究对象为"人类传播行为及其基本规律",也有学者认为是"传播过程"。目前,人们的认识差异在缩小,比较一致的看法是:传播学是研究人类社会信息传播活动的科学。这是对传播学研究对象的基本而科学的概括。

具体而言,传播学的研究对象可以分为三个部分①:

第一,人类传播的历史。人类从蛮荒年代进化到高科技时代的今天,其传播活动的产生、演化、发展对我们的社会进程和文明积累是重要的、不可或缺的。这是传播学研究的中心议题之一。对人类传播发生、发展的历史研究涉及的范围非常广泛,其中重要的包括传播思想的发展、传播实践的发展、传播技术的发展等等。我们可以对整个人类传播的各组成要素进行这种历史研究和文化分析。

---

① 胡正荣:《传播学总论》,北京广播学院出版社 1997 年版,第 23－25 页。

第二,人类传播的类型。由于社会发展的历史阶段和社会形态不同,产生了许多不同的传播形态。同时在一个社会中,因社会所需功能的不同又存在着众多的传播形态。因此,传播学必须研究这些传播形态的结构、功能及运动机理等。这是对传播学进行的细化研究。到目前为止,已有相当多的学者对各种传播形态进行过研究。比如:传播四种形态的研究(即人们的内向交流、人际传播、组织传播、大众传播)与跨文化传播、发展传播以及新闻、舆论、宣传、广告、公关、营销等等研究。

第三,人类传播的结构。传播是一个系统,更是一个过程。任何传播行为都是发生在复杂的社会背景下,我们不能孤立地分析、静态地看待任何传播现象。所有人类传播活动都可以视为一个动态的过程或静态的结构。传播活动是一个自组织和他组织结合的系统。因而我们既要研究其自组织特征,又要研究其他组织原理。由此,简而言之,对人类传播过程的研究可以从至少两个层面进行。首先是宏观层面。任何传播过程都是发生在宏观的系统中的,即都具有他组织性。因而我们就需要研究传播活动过程与社会、政治、经济、文化等系统要素的互动关系。美国学者德弗勒所说的传播学研究集中在三个问题上的第一个问题,便是"一个社会是怎样影响其大众媒介的?"大众传播如此,一般意义上的传播也是如此。因为归根到底,传播乃是一种社会制度。这个问题意义重大,但是许多学者对此并未注意和重视。其次是微观层面。人类传播活动过程有其运动的自身轨迹,具有自组织特征。因此我们可以细分传播活动过程,按拉斯韦尔所言,人类传播过程基本包括:控制分析、内容分析、媒介分析、受众分析和效果分析。拉氏的论点确实有其简单明确之处,但是他的五 W 公式忽略了三大问题:"第一,它全然不顾社会制度如何铸造、影响媒介。媒介的存在被视为当然。第二,这五

W 里头独漏 why,或 with what intention,或 for what。传播行为的动机又可细分为两个层次:一是受众的心理动机,即他们为什么使用传播媒介,企图满足什么需欲;二是传播组织的社会文化动机,即发明、创造、把持先进传播科技的社会团体(如政党、财团)究竟想用它作何用途。第三,拉氏的定义也不包含反馈(feedback)或'谁说话'(who tells back)的问题,传播成为单方向而非双向的行为。社会上各团体的权力与利益本不应该等质齐观,强势的团体比弱势的团体更能动员并运用传播媒介,争取公众的视听,进而巩固团体的地位。"

长期以来,由于传播研究者的探索更多地是由普遍兴趣支配,而不是理论意义引导,因此,传播学研究过多地集中于微观层面,特别是效果、受众等单一而非关联的研究。传播学批判学派的研究之所以丰富了传播学的理论体系,主要是因为它在宏观层面对传播过程进行了开创性的深入探讨。

对传播活动过程进行研究,就是探讨传播的本质。将整体传播现象作为理论研究的基本对象,探索本体特征,发展核心传播理论,这是我们界定传播学研究对象的根本目的,也是我们进行传播学研究的目标。

依据传播学的定义,我们认为,传播学的研究对象——人类传播现象,应该既包括传播活动现象,也包括传播意识现象、传播关系现象和传播规范现象;人类传播包括内向传播、人际传播、大众传播、组织传播。总之,凡是客观地存在于传播活动中的并构成影响的现象,都是传播学的研究对象。由于大众传播活动是人类一切传播现象中最重要和最醒目的一种现象,当代的基础传播学往往将其视为最重要的研究对象,当然其他现象也会在特定情况下进入研究者审视和分析的视野。

二、传播学的学科特点

与邻近的社会学、心理学、政治学、人类学等比较，传播学是一门位于诸多学科交叉、边缘地带的并具有一定应用性的新兴独立学科。邵培仁认为它的学科特点主要有①：

1. 实践性

传播作为“社会信息系统”的运行，具有很强的应用性和实践性。因而，传播学是一门实践性非常强的学科。它不同程度渗透到政治、经济、文化和科技等方面。文化传播是人们社会交往活动过程产生于社区、群体及所有人与人之间共存关系之内的一种文化互动现象；国际传播是当今世界不同民族和国家之间各种信息的跨国、跨文化的交流和传播，是国际间各国各民族互为传受主体的广泛的信息交流；科技传播指的是科技知识信息的频繁流动与扩散；而广告传播则是一种告知行为，是一种意在引起注意，诱导人们购买相关商品或服务的传播活动。

应用传播是从应用的角度研究传播活动的一门应用性很强的新兴学科。应用传播在分析传播活动及其发展规律等理论的基础上，充分发挥传播学理论在现实生活中的指导作用，用科学的传播理论来促进祖国传播事业的发展。为体现传播学应有的实践性，本书中，我们特辟一章分别探讨传播学在政治、经济、文化和科技传播中的应用，重点介绍文化传播、科技传播、国际传播和广告传播。

2. 互动性

传播学所要研究的不只是支撑传播活动的几种要素（如传播者、信息、媒介、受传者）和一些单纯的传播现象，而是一个由各种相关因素有机联系起来的整体系统，也不只局限于某种社

① 邵培仁：《传播学》，高等教育出版社 2005 年版，第 5 – 10 页。

会制度下的传播活动和某类传播现象(如人际传播或大众传播),而是面向世界、面向未来,针对人类传播的全部现象。传播学绝不人为地割裂各种传播要素之同的有机联系,而去孤立地看待和分析某种要素,它的基本活动始终是再现有机性的整体,即始终把各种个别要素有意识地归并到传播的整体之中,努力弄清其特性、机制以及与外部的种种联系。

互动不是单向和单方面的,而是双向和双方面的。就传播过程来说,无论多么高明的传播者都不可能单独完成传播任务,他必须要有传播对象,并通过信息反馈来验证传播效果。就传播关系来说,大众传播作为社会系统的子系统,它与社会有着千丝万缕的联系和复杂互动关系。因此,传播学要研究的正是传播过程中各种因素之间的相互影响、相互作用、相互制约的复杂情状与动态关系。这就要求传播学者在研究中要自觉地和正确地将传者与受众、媒介与社会等互动关系有机地结合起来加以分析研究,从而揭示其内在机制。

3. 开放性

传播学所面对的不是孤立存在的个别传播现象,而是从一定的角度、窗口审视和研究"整个世界",即它向自己要解决的那个任务的所有现象开放。传播学不仅具有对象的开放性,而且具有知识与方法特性,即它糅合、包容、吸纳、内化了许多学科的相关知识,借用、移植、改造了不少传统的和最新的研究方法。因此,不论是传播活动还是传播研究,都要高度重视和合理利用外部条件。

4. 综合性

传播学在分析传播现象、探讨传播规律时,不会局限于只使用和吸收一两种方法、手段,而总是依据研究目的和对象的特点,综合运用、借鉴多种方法、多种手段和多种知识,对研究对象作多变量、多层面的立体观照与分析。如果不这样做,我们就无法正确地分析问题和科学地解决问题，也无法深刻、准确地把握传播的过程、性质和特点，以及同其他相关因素相互依赖、相互影响、相互制约的规律。

5. 发展性

在传播活动的变化过程中，新的信息层出不穷，新的媒介不断涌现，新的技术与日俱增，这就是发展的表现。发展是永恒的，是具有前进性质的上升运动。它的实质是新事物的产生、旧事物的灭亡，是新陈代谢、推陈出新的过程。传播活动的过程所显示的，是信息产生、采集、编播、接受的“发展史”。因此，传播学研究必须以发展的眼光来看待和分析研究对象，关注传播内容、传播媒介、传播技术和传播形式的变化与发展。传播学研究不仅承认传播活动的发展变化，而且主张从发展变化中发现并揭示传播及其发展的本质和规律，推动传播学的良性发展。

这些学科特点，既揭示了传播学的本身特质，指明了传播研究的正确途径，也指出了中国传播学与西方传播学的本质区别。

三、学习与研究传播学的意义

传播学是一门理论性与实用性并重的新兴学科。在大众传媒的影响日益巨大的今天，对其进行认真的学习和系统、全面的研究，具有十分重要的意义。

1. 有助于推动传播学的学科建设

传播学研究的根本目的，在于探索和揭示人类传播的本质和规律，并建立有中国特色的科学的传播学。要实现这一目的，一要认真学习、系统了解、合理借鉴世界各国传播学研究中的一切有用成果。既不搞排斥论，一概否定，视而不见；也不搞替代论，全盘肯定，照抄照搬。二要深入挖掘、认真总结中华民族文化宝库中的传播思想和传播经验，使传播学真正植根于中国的学术土壤，成为现代中国文化的有机组成部分。三要结合中国国情，联系中国实际，审视和分析现代化建设中的传播现状和问题。总之，我国传播学研究只有坚持以辩证唯物论为指导，确立“求实、求真、求是、求新”的科学态度，才能成为符合中国国情、适应中国现代化建设事业需要的科学。

在当代社会，科技飞速发展，信息滚滚而来，知识川流不息，大众传播渗透到社会生活的每一角落，影响和制约着社会大众的视听和行为。因此，对大众传播若不能予以科学规划或合理调控，失控的传播媒介就会成为洪水猛兽，危害社会和人民。但是，要对大众传播进行科学的管理与规划，要对有价值的媒介发展规划或大型传播活动进行正确的选择和决断，若不掌握一定的传播理论和知识，就很难作出科学、合理的决策。理论是决策的重要依据。传播学研究强调整体化、动态化和全程观照、立体透视，主张学术研究要有前导性和预见性。因此，它完全可以为传播决策作出自己的贡献，而媒介机构的领导者和决策者也应当自觉地用传播理论来武装自己。

2. 有利于提高个人的媒介素质

我们处在大众传媒时代，传媒对青少年成长影响越来越大，“拟态环境”在青少年成长中的作用越来越大。为了克服传媒对青少年的负面影响，提高青少年对传媒的运用能力、信息的辨别能力，有助于人们开发和利用信息资源，许多国家开展了“媒介素养”教育。正因为如此，我们认为所有大学生都有学习传播学基础知识，提升传播素养的必要，高校可通过开设人文选修课的途径，为学生掌握传播学的基本知识与基本技能提供条件。

总之，学习和研究传播学，既是时代的要求，社会的需要，也是个人成长的需求。因此，它不论是对理论工作者，还是对相关部门的领导者和决策者，不论是对职业传播者，还是对社会大众，都有着十分重要的意义。

第二节 传播学的起源、形成与发展

传播是人类的基本行为,其历史可以追溯到人类的起源,但真正形成现代意义上的传播学科,只有不到百年的历史。

一、传播学的奠基人

在传播学的形成过程中,有四位社会科学的学者对丰富传播学的理论学说、构建传播学的体系框架、推动传播学的学科进展,作出了十分重要的贡献,因而被誉为传播学的四大奠基人。

1. 拉斯韦尔

拉斯韦尔(Harold Dwight Lasswell,1902 - 1977),是当代西方政治学领域的著名学者。他 1902 年 2 月 13 日出生在美国的一个牧师家庭,除了执教于美国的名牌大学,他还被许多国外大学聘为客座教授,其中包括新中国成立前我国的燕京大学。第二次世界大战期间(1939 - 1945),他曾负责美国国会图书馆的“战时传播研究部”(war communication research),后来又担任过不少政府机构的顾问。

拉斯韦尔一生的学术著述总计六百万言,其中有两篇论文对传播学的学科发展贡献尤为显著。第一篇是他的博士学位论文。拉斯韦尔于 1926 年在芝加哥大学获得博士学位。他的博士学位论文以第一次世界大战期间空前规模的宣传战为主题,探究了舆论、宣传及传播的诸多方面,提出了一些富有创见的观点。这篇题为《世界大战的宣传技巧》的博士论文 1927 年出版之后,引起学界关注,对两次世界大战之间以宣传为题的传播研究影响尤大,至今仍然和美国名记者李普曼的《舆论》(1922)一起,被人推崇为早期传播研究的两部经典之作。不过,他对传播学的最大贡献,还是来自另外那篇篇幅不大而影响巨大的论文

——《社会传播的结构与功能》(the Structure and Function Of Communication Society)。此文可谓传播学的开山之作或奠基之作,其地位差不多等同于香农的《传播的数学理论》之于信息论。巧的是,这两个各自学科的扛鼎之作,其核心思想是同时在1948年形成的。不仅如此,拉斯韦尔与香农对信息传播过程的思考与描述,又是殊途同归,不谋而合。

这篇论文,对传播学的意义主要在于两个方面。其一是从传播的内部结构上,分析了传播过程的五个要素或五个环节;其二是从外部功能上,概括了人类传播的主要作用。

2. 卢因

库尔特·卢因(Kurt Lewin,1890-1947),又译勒温,是德国犹太人。他是社会心理学中团体动力学的鼻祖,由于率先将类似自然科学的实验方法应用于社会心理学,也被誉为"实验社会心理学之父"。1914年,卢因在柏林大学获得博士学位。1932年赴美,任斯坦福大学客座教授。翌年,因反对纳粹迫害而移居美国。1945年,在麻省理工学院创立了团体动力学研究中心,并担任中心的主任。

研究团体生活与动力的团体动力学(group dynamics),是卢因对社会心理学的一大贡献。他在这方面的研究,不仅丰富了社会心理学的理论学说,而且也使传播学得到了不少有益的启发和借鉴。因为传播学既要紧扣大众传播这个主旨,同时又丝毫不能忽略人际传播以及人际关系、人际影响方面的众多因素,而团体动力学在这方面颇有建树。[1]

具体说来,团体动力学研究的是个人在团体中的行为表现。即他的一个行为公式所表示的:B=f(P E)

这里的B代表行为(Behaviour),P代表个人(Person),E代

① 车文博:《西方心理学史》,浙江教育出版社1998年版,第435-440页。

表环境(Environment),而 f 是函数(function)。这一公式说明,行为是由个人与环境这两个因素决定的:“不同的人对同一环境可产生不同的行为,同一个人对不同的环境亦可产生不同的行为,甚至同一个人在不同的情景下,对同样的环境也可产生不同的行为。”

除了团体动力学,卢因对传播学的另外一大贡献,是他在去世那年发表的一篇论文里提出的“把关人”理论。把关人(gatekeeper),又译守门人,是传播学的一个基本概念。如果说把关是对信息进行筛选和过滤的行为——即传播学所讲的控制,那么凡是具有或表现这种行为的人就是把关人,如报纸的编辑。

他注意到,信息总是沿着包含有“门区”的某些渠道流动,在那里,或者根据公正无私的规定,或者根据“守门人”的个人意见,就信息或商品是否可被允许进入渠道或继续在渠道里流动做出决定。在一份附带的参考材料中,卢因把它与大众传播中的新闻流动作了比较。①

1950 年,D. M. 怀特运用这个概念,对一位报纸编辑的新闻选择过程做了有名的个案研究,从而开创了传播学的把关研究。后来,许多学者沿着这个方向不断开掘,使把关理论进一步深化、完善,趋于丰满,最后成为控制分析领域的基础成果之一。对此,我们将在后面的正文里详细解说。

3. 拉扎斯菲尔德

保罗·拉扎斯菲尔德(Paul F. Lazarsfeld,1901 - 1976)是美籍奥地利社会学家。他在社会学,特别是应用社会学领域的影响相当深远。和卢因一样,拉扎斯菲尔德也是犹太人,1901 年出生于奥地利维也纳。他在维也纳大学读书时,弗洛伊德正在

---

① [英]丹尼斯·麦奎尔等:《大众传播模式论》,祝建华等译,上海译文出版社 1987 年版,第 134 页。

该校任教。1925 年,他获得哲学博士学位,后来,又在美国的芝加哥大学、哥伦比亚大学、耶什瓦大学获得人文学和法学博士学位。1937 年,他在普林斯顿大学担任了洛克菲勒基金会赞助的广播研究室(Office Of Radio Research)主任,这是他涉足传播研究的开端。1940 年,该研究室迁到哥伦比亚大学,同时更名为应用社会学研究所(Bureau of Applied Social Research),他成为研究所的所长,并任哥伦比亚大学社会学系的系主任。从此,他的学术生涯就一直与该校联系在一起。

拉扎斯菲尔德的应用社会学研究涉及许多领域,而其中之一就是大众传播。他对传播学的贡献,主要在于他的两级传播理论。按照这个理论,大众传播媒介的信息并不是一步到位地传给受众,这个过程其实分为两步。第一步是从大众媒介到受众中的一小部分人,这一小部分人由于在传播中表现活跃(如经常听广播、看报纸,了解许多情况),于是被称为“意见领袖”(opinion leader);第二步再由这一小部分意见领袖,将媒介的信息扩散到广大的受众那里。这个信息的两步流程,就是所谓的两级传播(two—step flow of communication)。

这个理论,是拉扎斯菲尔德及其应用社会学研究所的同事,在 1940 年美国总统大选期间进行的一项大规模社会调查中发现的,后来又在 1948 年出版的《人民的选择》一书里作了详尽阐发。当时,按照通行的理论,大众媒介威力无比势不可挡,大众传播犹如洪水猛兽所向披靡。这也就是早期传播理论被称为“魔弹论”、“靶子论”的原因。而拉扎斯菲尔德等人经过实证研究发现,原来大众传播并不像当时人们所认为的那样可以为所欲为,它的效果实际上非常有限,在整个社会传播过程中真正发挥作用的还是人际间的影响,即意见领袖对受众的影响远远大于大众媒介对受众的影响。所以,两级传播理论成为传播研究的一个重要里程碑。

除了两级传播理论，拉扎斯菲尔德的另外一大功劳，是他对传播研究方法的贡献。他曾获得过应用数学的博士学位，这使他在统计调查、抽样分析、数据整理等方面驾轻就熟游刃有余，因而得以利用这一优势不断改进传播研究方法，使之更具科学性。

4. 霍夫兰

卡尔·霍夫兰（Carl Hovland，1912 - 1961），是美国实验心理学家，被视为行为主义在社会心理学研究方面的代表人物。1912 年，霍夫兰生于美国芝加哥，先后获得文学学士学位、硕士学位，1936 年获耶鲁大学哲学博士学位，此后一直在这所美国著名的大学任教，33 岁起还曾担任该校心理学系的系主任（1945 - 1951）。

霍夫兰毕生研究人的心理对人的行为的影响，具体而言就是研究说服与态度的关系，态度的形成与转变，说服的方式、技巧与能力等。在 1949 年出版的《大众传播实验》和 1953 年出版的《传播与说服》中，他揭示了传播效果形成的各种条件，通过实证性研究，提出了信源的条件、传播方法和技巧的条件对于传播者和信息接受者的影响。C·霍夫兰第一次把实验心理学方法引入到传播学，揭示了传播效果形成的条件性和复杂性。

霍夫兰及其合作者没有研究现实社会生活中的媒介运动和大众传播。另外，他们使用实验法进行研究，研究对象多为学生和实验性对象，范围有限。虽然他在后期也发现了许多实验过程中没有发现的众多影响因素，但是“这项研究的结果对现实生活有无实用价值却不清楚”。

以上是对传播学四大奠基人的生平、学术成就及与传播研究的关系进行的简要介绍。我们从中可以看到早期传播研究的学术基础大多是社会学、心理学、政治学等，这些学科和这些学者对传播学的最终形成贡献很大，但只是奠基作用而已，真正将传播研究系统化为传播学的人是威尔伯·施拉姆。

二、传播学的创立者

施拉姆(Wilbur Schramm,1907 - 1988),美国著名传播学家。他开创了美国传播学硕士和博士学位教育之先河。在传播学理论系统化过程中贡献首屈一指,主编了最早的一批传播学教材,编写了近30部论著,开辟了诸多新的大众传播媒介研究领域,被誉为"使传播科学从梦想变成了现实"的人。

1907年,施拉姆出生于美国俄亥俄州。1928年,获文学学士学位;1930年,获哈佛大学硕士学位;1932年,获衣阿华大学哲学博士学位。毕业后从事新闻工作,曾在《波士顿先驱报》做过记者和编辑,后当过美联社记者。后来从事教育和研究工作。曾任衣阿华大学教授、新闻学院院长;伊利诺伊大学传播研究所主任、研究部教授;斯坦福大学新闻传播系教授、传播研究所主任;夏威夷东西方研究中心传播研究所主任。他还在美国的许多学会、团体、政府机构等任过职。

具体说来,他对传播学的贡献主要表现在以下三点。

第一,他把美国的新闻学与社会学、心理学、政治学等其他学科综合起来进行研究,在前人传播研究的基础上,归纳、总结、修正并使之系统化、结构化,从而创立了一门新学科——传播学。这是他最大的功绩。自此以后,才有了学科意义上的传播研究,而且这门学科日益扩大、完善、成形。

他创立传播学的标志便是1949年由他编纂的第一本权威性的传播学著作——《大众传播学》的出版。这本书收录了政治学家、心理学家、社会学家、语言学家以及许多其他学科的专家对传播的研究成果。施拉姆当时主要还仅限于挖掘前人和他人的传播研究成果,加以整理,使之系统化。

第二,施拉姆不断著书,目的在于立说,推进传播学的壮大。

施拉姆一生共写有30多部传播学论著,500多万字。他的著作基本可以分成两大类,一类是理论性著作,一类是应用性著作。

他的代表性著作主要有:《大众传播学》(1949),《大众传播的过程与效果》(1954),《报刊的四种理论》(1956),《大众传播媒介与国家发展》(1964),《新媒介》(1967),《传播与变化》(1967)《传播学手册》(1973),《人、讯息与媒介:人类传播概览》(1973),《男人、女人、讯息和媒介:人类传播概论》(1982)。①

第三,施拉姆大力推进传播学教育,扩大传播学在教育及学术界的影响。1947年,他在伊利诺伊大学创办第一个传播学研究所,并开设硕士和博士学位课程。1950年,世界上第一个传播学博士学位在伊利诺伊大学获得通过,施拉姆成为该校传播系主任。1956年,施拉姆又创办斯坦福大学传播学研究所。1973年,年逾花甲的施拉姆又协助创办了"东西方中心"(夏威夷)的传播学研究所,并出任所长。

通过这些教育、科研机构,施拉姆培养了一大批传播学研究生,造就了许多学有所成的后起之秀。当今美国传播学者中许多知名者都是他的学生,形成了"施拉姆学派"。

施拉姆曾周游世界,推广美国的传播学。80年代初,他曾数次访华进行学术交流,对当时正在起步的我国传播学研究,产生了很大的推动作用。1984年,其代表作《传播学概论》在中国内地翻译出版,更是掀起了一股研习传播学的热潮,至今仍被视为经典之作。他到我国访问期间,曾对传播学的发展作了大胆的预测。他指出:"在未来的一百年中,分门别类的社会科学——心理学、政治学、人类学等等——都会成为综合之后的一门

---

① 中国社会科学院新闻研究所世界新闻研究室编:《传播学(简介)》,人民日报出版社1983年版,第124页。

科学。在这门科学里面,传播的研究会成为所有这些科学里面的基础。讲话、编写、广播等技术都同传播的过程密不可分。因为要牵涉到这些基本的技术问题,所以综合之后的社会科学会非常看重对传播的研究,它将成为综合之后的新的科学的一个基本学科。"

需要说明的是施拉姆自己有关传播学的理论、观点,开拓和革新对传播学的贡献很大,但是他的最大成就在于集前人和他人有关传播的研究及相关学科的成果于一炉,提炼、整合,最终创立了传播学。

三、传播学的研究现状与发展趋势

传播学自从20世纪40－50年代形成于美国以来,在世界上的许多国家和地区都有较大的发展。英、法、德等国的传播学从20世纪50年代起步,步伐较大,现基本形成各自的学派,并且成为传播学研究的另一重要基地。日本的大众传播研究起步于20世纪50年代末,它的理论体系基本遵循美国的经验学派。

1. 传播学的研究现状

(1)传播学已流传、扩散到世界各国

传播学渊源于欧洲,诞生在美国,随之流向美洲,传至欧洲,进入亚洲,现在已经遍及整个世界。从传播学迅速扩散的现实中,我们发现了知识传播的深层原因。传播学具有某种优越性,使其在知识竞争中处于有利地位,从而极易流传和扩散。传播学具有某种适应性,这种适应性和本土化,使传播学极易冲破民族文化的防线,与当地文化融为一体,所以才在世界各国生根、开花、结果。

(2)传播理论多姿多彩,学术流派层出不穷

纵观当代传播学界,在一般性理论中有:结构和功能论、认知和行为论、互动和习性论、阐释和批判论等;在主题性理论中

有：控制分析、内容分析、媒介分析、受众分析、效果分析等；在层面性理论中有：人际传播论、群体传播论、组织传播论、大众传播论等。这些理论中，还有各种各样的理论形式，如受众研究中的社会分类论、社会关系论、社会参与论；效果研究中的魔弹效果论、微弱效果论、条件效果论、分层效果论，等等。从总体上看学术流派，主要有经验学派、批判学派和本土学派；从学科看传播学派，主要有社会学派、社会心理学派、政治经济学派、社会文化学派、媒介生态学派等。

（3）研究机构相继成立，科研队伍不断壮大

国际性的传播研究机构有五十几家，如"新闻学与大众传播教育协会"、"传播与文化研究中心"、"国际大众传播研究协会"、"国际大众媒介研究中心"、"国际传播学联盟"、"国际传播学会"等。地区性的研究机构更多，如"亚洲大众传播研究和信息中心"、"非洲传播教育理事会"、"阿拉伯受众研究中心"、"欧洲媒介研究所"、"北欧大众传播研究文献中心"、"拉丁美洲传播研究者协会"等。各个国家也都建立了许多传播研究机构，在我国就有新闻与传播研究机构约150家。与此同时，科研队伍日益壮大。仅在美国就有约一万人自称是专搞新闻与传播研究的。在我国，国家和地方的社会科学院、综合性大学、新闻传播媒介的相关教育与科研部门，都拥有一定数量的科研人员，总数相当可观。

（4）研究专著大量出版，学术刊物纷纷创办

根据联合国教科文组织的《世界交流报告》（1989）中有关数据推算，20世纪80年代以来，全世界每年至少出版了200本与传播学有关的专著，而且数量还在逐年增加。传播学作为一门学科，它已具备了自身的概念、术语、规则、原理、方法和理论体系。它在与人和社会的相互作用中存在着特定的规律性，它在与政治、经济、文化、科技的交互活动中产生了巨大的作用，从

而吸引了许多科研人员投入到对它的研究行列，奉献出一批批的研究成果。20 世纪 70 年代以来，与传播研究有关的学术期刊纷纷创办，逐年递增。截至 1989 年，较有影响的国际性和地区性的传播研究刊物约有 300 种，其中有：《国际传播学公报》、《媒介间》、《国际教育媒介》、《传播研究趋势》、《传播学杂志》、《媒介发展》、《传播与政治》、《非洲传播》、《亚洲大众传播学公报》、《发展传播学报道》、《人类传播研究》，等等。在我国，新闻与传播研究期刊约有 80 种，其中有 60 种左右较有学术性和理论性。此外，各种国际性、区域性和国家性的传播学研讨会也定期、不定期地举行。在这种情况下，全世界每年发表的传播研究论文，其数量之大可想而知。①

2. 传播学的发展趋势

传播学是一门十分年轻的学科，也是一门很有发展前途的学科。在中国，目前仍处于摸索、探路的阶段。传播学的发展呈现出如下两个主要趋势。

第一，科学化趋势。作为一门新兴的交叉学科，传播学是从宣传学、政治学、社会学、心理学、新闻学等学科的交叉边缘地带“跑马圈地”形成的一块领地，也是传播学者用信息论、系统论、控制论的锄头在荒无人烟的沼泽地辛勤开垦出来的一块种植园。它的产生、形成乃至不断发展，既是工业革命、信息革命、技术进步的声声召唤，也是多姿多彩的人类传播活动的强烈要求；既是人类对自身传播行为的认识逐步深化的必然产物，也是传播学摆脱对其他相关学科的依赖走自创自建之路的必然抉择。既然传播学适应了社会需要和人类需求，那它也必然会吸引越来越多的人加入研究者的行列，促使大家一起来丰富、完善、发展它的科学体系，使其取得与一些传统学科相等的地位。

---

① 邵培仁：《传播学》，高等教育出版社 2005 年版，第 19－25 页。

第二,本土化趋势。传播学最先出现在美国,对于引进这门学科的其他国家来说,传播学是舶来品。但是,引进不是照搬、不是移栽,而只是一种手段、一种途径,最根本的是要通过引进达到系统了解、分析研究、批判吸收、自主创造、为我所用的目的。如果传播学不同一定的历史、社会、文化条件相吻合,不在一定的民族土壤上生长出来,不与所在国家传播实践相结合并为其服务,而只是简单地贩卖和照搬,那必然会遭到人们的拒绝,甚至反对。本土化趋势,既不是一概排斥西方传播学,也不是照抄照搬西方传播学,它实际上是"迎中有拒、拒中有迎",努力把内面和外面两个世界的优点和精华都收归己用。重视传播学的本土化建设,还要注意继往开来、承前启后。亦即研究现实,不要割断历史,而要研究历史,也要联系现实,使开放的传播学有着深厚的本土根基。

传播学进入中国20余年,正处于发展时期。目前主要着力于传播学的深层次本土化、网络传播、分众传播诸方面的研究。对于中国传播学来说,正确处理引进与吸收、批判与借鉴的关系,实现传播学本土化是一个关键问题。本土化建设既可以增强其学科个性和民族特点,也可以推进其走出国门、走向世界,适应传播学研究的国际化趋势。而更重要的是可以为中国大众所接受,成为他们的精神食粮。因此,中国传播学只有针对中国国情,联系传播实际,从中国传统文化和现代学术中吸取营养,适应中国的社会特征、文化积淀和受众的心理态势、意识取向等条件,才能真正在中国大地上生根、开花、结果,才能真正融入中国的主流文化,成为一个有机组成部分,也才能参与国际传播研究的沟通与交流,取得与国外学者平等对话的地位与权利,并为国际传播学作出贡献。

第三节　传播学的研究方法

一、传播学研究方法概述

传播学的研究方法主要分为三类：哲学方法、社会调查法、控制实验法。其中社会调查法有560种之多，常用的有40余种，经常用的有10余种。包括：问卷法、观察法、文献法、座谈法、统计分析法、特尔斐法、头脑风暴法、内容分析法、民意调查法等。

哲学是人们对世界的根本看法与观念，哲学方法就是指从哲学的视角（运动、系统、矛盾、联系等）来审视传播行为。哲学方法主要研究内容有：(1)传播观；(2)传播属性；(3)传受双方的矛盾运动；(4)客观环境、拟态环境与主观环境的关系；(5)传媒存在与客观存在的关系。

传播学作为一门相对独立的学科，它的研究方法多种多样。与其他学科相比，传播学在研究方法上有自己的一些特点。①

第一，方法论基础的多元化。传播学兴起于美国，但是后来在许多国家都得到壮大发展，不同的国家拥有不同的认识原则和方法。在不同指导思想的导引下，其方法论基础也有较大的差异，如美国进行社会科学和人文科学研究时更强调行为主义、实证主义和经验主义的方法论基础。

第二，方法的综合性。传播学的具体研究方法呈现出多种多样的特征。一方面是由于传播学的边缘性，它是在综合吸收许多学科研究成果的基础上形成的，因此用来进行传播学研究的具体方法也是从其他学科借用来的。可以说，传播学尚无诞生于本学科的研究方法。另一方面由于传播学研究的开拓和深

---

① 胡正荣：《传播学总论》，北京广播学院出版社1997年版，第31－35页。

化,又有大量的具体研究方法综合进传播学研究方法体系中,如,在传播学研究具体方法多为调查研究、内容分析等定量方法的基础上,又逐渐引进了符号学、文化研究等许多定性方法。

二、内容分析法

1. 内容分析法概述

内容分析法(content analysis)是对传播内容进行客观、系统和定量分析与描述的一种传播研究方法。一切能够记录与保存并有传播价值的内容都可进行分析。

内容分析法的重要功用之一就是产生一种文化指标,使之能够指明信仰、价值、意识形态或其他文化系统的状态。其余的功能或适应范围还有:揭露传播内容上的差异、比较传播的媒介或是"层次"(level)、根据目的审查传播内容、针对调查表中的"开放式问题"(open - ended questions)来进行"编码"(code)、确认传播者的意图及其特征、测定个人或团体的心理状态、描述对传播的态度及行为上的反应、反映团体和机构或社会的文化模式、描述传播内容的趋势等等。其分析的单位、对象包含词、句子、段落、写作素材的主题、素材、镜头、场景、举止、剧本,甚至性别等。

詹尼士(Janis)从符号学角度将内容分析法分成三种:

(1)语用内容分析(pragmatic content analysis):符号归类的标准是发出符号的原因及其可能产生的结果,例如,"克林顿表示,将争取国会通过给予中国永久性最惠国待遇"这句话,就可以归入"对中国有利的言论"这一类。

(2)语义内容分析(semantic content analysis):依照符号的内涵,将其归类,如统计一篇文章中"中国"出现了几次,"太平洋西岸新崛起的大国"、"拿破仑预言过的'睡狮'"这类词语也被计算在内。

(3)符号内容分析(sign - vehicle analysis):以符号为计算次数的标准,如一篇文章里"中国"出现几次就算几次,"世界人口最多的国家"、"最大的社会主义国家"则不算数。

在大众传播的符号学研究中,如何找到一个适当的切入点,将语法学、语义学和语用学三个维面的内容有机结合起来,从而使传播学的研究在广泛性之上又呈现出内在逻辑的一致性。

2. 内容分析法的应用领域

一直以来,内容分析法作为大众传播媒体经常引用的研究方法,被广泛用于揭示各国传播、交流内容的差异;监测宣传机构的运行状况;识别个人、团体或机构的意识倾向、关注焦点和交流趋势;描述人们在态度和行为上对交流的反应;调查个人或团体的心理和情绪状态。

内容分析法也可用于文本假设(Text Hypotheses)的研究,这种假设的形式是:如信息来源具有 A 特性,那么产生的信息便具有 X 和 Y 特性;若信息来源具有 B 特性,则产生的信息会具有 W 和 Z 特性。

最后,内容分析法还可用于研究社会发展的态势或趋势。例如 Gilly 在 1988 年进行的跨文化内容分析研究,他将墨西哥、澳大利亚和美国三个国家广告中的性别角色加以比较分析,发现墨西哥的广告显得最呆板,而澳大利亚的广告最为活跃。

3. 内容分析法的应用原则

内容分析法是一种社会科学研究方法,其应用的领域广泛。但这并不是说,它是无所不能的法宝。只有在一定的应用原则的前提下,内容分析法才能发挥其正确的作用。对于内容分析法所应遵循的原则方面,贝雷尔森做过深入的研究。他认为在应用内容分析法时,有几个关键原则必须遵守。分别如下:

(1)客观性。指的是在研究过程中,每一个步骤的进行都必须基于明确的规则和秩序。在内容分析过程中,要按预先制定的分析单位、分析维度(类目)抽样,判断并记录客观事实的内容,根据客观事实再做出统计分析描述,而不是凭主观印象对有关材料进行评判记录。对不同评判者,则要求有较高的信度判断,保证以客观事实和客观评价为基础。

(2)系统性。指的是内容或类别的采用和舍弃,必须符合始终如一的法则。在研究过程中,对所有被分析的材料按照一定的、标准的程序和方法逐一进行评判记录。它包括从研究目标、研究总体、选择分析单元、设计分析维度,到抽取资料样本、按分析维度评判记录、计算评判结果和统计推论等系统过程和步骤。分析过程是按一定的程序进行的系统过程。

(3)量化性。指的是应按规则对拟订的类别和分析单位加以计量,用某种数学关系表示,如用次数分布、各种百分率或比例、相关系数等来描述,而不是笼统和不确定的描述、说明或主观印象。用数字来比较符号文字出现的次数,这样才能达到准确的目的。

4. 内容分析法的一般过程

内容分析法的一般过程包括建立研究目标、确定研究总体和选择分析单位、设计分析维度体系、抽样和量化分析材料、进行评判记录和分析推论六部分。

(1)建立研究目标

在传播学研究中,内容分析法可用于多种研究目标的研究工作。一般有趋势分析、现状分析、比较分析、意向分析四种不同类型研究目标。由于四种不同类型的研究目标、任务不同,因而,研究的总体、抽样的方式、内容及分析类目、内容分析模式也不同。

A. 趋势分析:通过比较同一对象在不同时期内容的变化,探讨某一传播现象、某种理论观点、某一研究领域的发展变化过程、规律及其趋势。例如《中国媒体发展研究述评(2003 -

2004)》。我们在研究工作中,采用的工具、方法和研究重点问题的扩展和变化情况的量化分析、统计推论等属此类。

B. 现状分析:通过对有关研究材料的分析,了解和把握存在的问题与不足。例如《中国广告发展现状研究》。我们可以把广告主、广告公司、广告媒体、广告受众四个层次作为分析维度,抽样、量化,进行分析推论和发现问题。

C. 比较分析:通过横向比较不同对象、不同来源样本的分析结果,揭示它们之间的相似性和差异性。例如,比较不同国家的传媒素养。我们可以从传媒教育、传媒伦理、传媒制度等方面比较不同国家的异同。

D. 意向分析:即通过比较某一对象在不同问题上的分析结果,了解其对事物的不同意向、倾向和态度。如受众对《超级女声》节目的认同研究。

除上述几种目标类型外,内容分析法还可以用于其他目标的研究。在实际研究过程中,研究目标的侧重不同,或者同时兼有上述几种目标类型,需要研究者根据自己的具体情况或课题建立适当的研究目标。

(2)确定研究总体和选择分析单位

A. 研究总体的确定直接依赖于研究目标的建立。在适当的研究目标建立起来后,就可以分析、确定出它的研究总体。例如在中国媒体发展述评研究(2003-2004)过程中,我们确定研究的总体是2003-2004年以来,所有该方面的论文、著作、言论和会议。

B. 分析单位是指在内容分析法中描述或解释研究对象时,所使用的最小、最基本单位。例如,在研究中国媒体发展(2003-2004)时,具体的每一篇关于中国媒体发展的论文或著作就是分析单位。

当分析单位比较大时,常常需要选择一些与其有关的中、小层次的分析单位来加以描述、说明和解释。例如在中国媒体发展述评研究(2003－2004)时,我们重点选取了新闻类核心期刊(大分析单位),又从中抽取部分涉及到媒体发展的文章和著作作为分析的样本(中分析单位),然后再从入选的著作和文章中抽取一些章节或段落(小分析单位)。

分析单位的确定具有重要的意义,它直接影响着设计分析维度和材料的取样。选择分析单位与具体的研究目标、研究总体密切相关,并以它们作为确定和选择的基础。

(3)设计分析维度及体系

A.分析的维度:又称分析的类目,是根据研究需要而设计的将资料内容进行分类的项目和标准。例如,设立简洁性、准确性两个独立的维度来分析文章的标题。内容分析法按照一定的维度(即类别)对各种形态的材料进行分类和记录。分析维度是一个层层隶属的体系,对比较大的维度需要进一步分解成若干个子维度。

设计分析维度、类别有两种基本方法,一是采用现成的分析维度系统,二是研究者根据研究目标自行设计。采用第一种方法时,先让两人根据同一标准,独立编录同样用途的维度、类别,然后计算两者之间的信度,并据此共同讨论标准,再进行编录,直到对分析维度系统有基本一致的理解为止。最后,还需要让两者用该系统编录几个新的材料,并计算评分者的信度,如果结果满意,则可用此编录其余的材料。采用第二种方法的工作程序是,首先熟悉、分析有关材料,并在此基础上制定初步的分析维度,然后对其进行试用,了解其可行性、适用性与合理性,之后再进行修订、试用,直至发展出客观性较强的分析维度为止。

采用上述任何一种方法,设计出来的分析维度,特别是子维度(例如,题目的简洁性、准确性),都必须有明确的操作定义,以保证随后的评判记录工作有具体、统一的依据。

B. 设计分析维度过程基本原则

分类必须完全、彻底，能适合于所有分析材料，使所有分析单位都可归入相应的类别，不能出现无处可归的现象。对既不属于某一类别，又因数量太少而难以列为一类的特殊内容，可使用“其他”作为一个类别，以保证所有内容都“有处可归”。

(4) 抽取分析材料（抽样）

对由于总体太大带来的研究中的分析材料过多、操作困难的情况，可以采用随机抽样的方法，从总体中抽取有代表性的样本进行内容分析。抽样工作包括两个方面的内容：一是界定总体，二是从总体中抽取有代表性的样本。内容分析法常用的三种抽样方式是：

A. 来源取样：即对资料的来源进行取样，如选取哪些学术杂志、教材、学生作业、电视节目来进行分析。

B. 日期抽样：即选择哪一段时间的资料。

C. 分析单位取样：即如何从上述期间中的有关资料抽取所要分析的基本单位，如某篇文章、某页、某段。

在内容分析法中，抽样可以依据词汇、短语、句子、段落、页码、章节、书籍、作者、时间、来源等不同层次和概念，形成不同的组合形式和内容。抽样方法可以根据具体抽样情况，加以选择。如果抽样单位在抽样范围中呈有序状态，可以使用等距随机抽样方法（例如，从某书中每隔 20 页取一页）。如果按地区、机构、时间收集情况，可以采用分层随机取样法。

(5) 量化处理

量化处理是把样本从形式上转化为数据化形式的过程，包括作评判记录和进行信度分析两部分内容。它是运用内容分析法时工作量最大的、操作最细致的阶段。

A. 评判记录：评判记录是根据已确定的分析维度（类目）和分析单位对样本中的信息作分类记录，登记下每一个分析单位中分析维度(类目)是否存在和出现的频率。为计数方便,分析维度(类目)和分析单位可排列成表格形式,编上序号。要做好评判记录工作,需要注意以下几个方面:

第一,评判记录应该严格按照分析维度(类目)进行,用量化的方式(例如,有、无、数字形式、百分比)准确记录研究对象在各分析维度(类目)的客观事实,避免主观的判断。

第二,采用事先设计好的易于统计分析的评判记录表记录。先把每一分析维度的情况逐一登记下来,然后再做出总计。

第三,相同分析维度的评判必须有两个以上的评判员分别做出记录,以便进行信度检验。正式的评判记录应当在进行信度检验后,并证明评判记录取得可接受的信度之后才成立。评判记录的结果必须是数字形式。

第四,在根据类目出现频数进行判断记录时,不要忽略基数。

B. 信度分析:内容分析法的信度指两个或两个以上的研究者按照相同的分析维度,对同一材料进行评判所得结果的一致性程度,它是保证内容分析结果可靠性、客观性的重要指标。

内容分析法的信度分析的基本过程是:

· 对评判者进行培训;
· 由两个或两个以上的评判者,按照相同的分析维度,对同一材料独立进行评判分析;
· 使用信度公式对他们各自的评判结果进行信度系数计算;
· 根据评判与计算结果修订分析维度(即评判系统)或对评判者进行培训;
· 重复评判过程,直到取得可接受的信度为止。

(6)统计处理

对经过信度计算的评判结果(所获得数据)进行统计处理。

描述各分析维度(类目)特征及相互关系,并根据研究目标进行比较,得出关于研究对象的趋势、特征或异同点等方面的结论。使用的统计分析方法有次数分布、各种百分率或比例、相关系数、回归分析、主成分分析、聚类分析等。

内容分析法的主要缺陷表现在:主要为“二手素材”,不能真实反映实际情况,不能单独作为论证的依据。它不只分析传播内容,还根据研究目的,设计假设,收集资料,分析结果,证实或推翻假设。同时其采用定性分析及定量分析:定量研究适用于对“显著内容”的构成要素的非推论材料进行分析,它较重视系统性、客观性的分类;而定性研究适用于对“潜在内容”的构成要素的推论材料进行分析,分析其蕴含的、潜在的意义。

三、控制实验法

1. 控制实验法概要

控制实验法源自于实验心理学。实验法分为两种:控制实验法(室内实验法)和自然实验法(室外实验法)。是在实验室对某些实验因素加以人为的控制后再进行研究的一种传播研究方法,是探索各因素之间的因果关系的最有效的方法,能得出“X 是/不是引起 Y 变化的原因”这样的结论。

传播学的奠基人库尔特·卢因和卡尔·霍夫兰最早在传播研究中使用实验法。霍夫兰在第二次世界大战及战后的研究中,就是利用控制实验法对说服与态度进行研究的,此项研究成为传播学研究中的经典之一。

实验法中的控制实验需要在一个特殊设计的实验室中进行。这个实验室内装有实验所需的必要设备和仪器,如阅读机、录音机、放映机、记录和测量研究对象反应的仪器。有时还对室内的装修有专门的要求。

2. 控制实验法的步骤

第一步，建立研究假设。如："电视广告的最有效播放次数为六次"，"高可信度信源的信息比低可信度信源的信息更易使人改变态度"。

第二步，简化因素模式，确定研究样本。简化众多的影响因素，选择具有重要影响的因素，确立其中一对为自变量和应变量。

第三步，分组：控制与实验。将选择出来的研究对象分为"控制组"和"实验组"，两组人数相同，特征相似。给实验组提供我们简化并确定的自变量，给控制组提供的则是普通的、非研究所用的自变量。

第四步，统计分析，验证假设。统计、分析，将实验所得的大量的变量数据进行记录、统计。从中得出某些结论，以此结论对假设进行检验。

控制实验法的优势在于研究者可以主动控制实验因素，而且实验本身具有严密的逻辑性。但是，这些实验都是人为地制造出来的。实验情景被简单化了，其发现还要经人演绎，因此，现实生活中复杂多变的众多因素都被忽略了，其结论必然带有误差。

为了弥补控制实验法过于"纯粹"、人为的缺陷，后来的传播学研究中又出现了将实验放置在社会环境中自然进行的趋势。这种方法就是"自然实验法"。这种方法相对控制实验法而言，真实可靠，客观准确，但是在社会真实背景中进行实验，难于控制。进行自然实验，可以用"分别进行"的方法，用两种方式、途径或媒介将讯息发送出去，随后通过电话访问、上门询问等方法测定实验的结果；也可以事先设计好一个研究方案与程序，然后等候一个合适的时机，当事件一旦发生，研究者便进入，对调查对象进行研究。这种结果就非常可靠。

第四节　传播学的主要学派

传播学的发展已有近百年的历史。由于学者们的方法论和学术立场不同,形成了各种各样的流派。主要是以美国为代表的经验学派,又称传统学派。除了经验学派,传播学领域还有一大学派,那就是以欧洲为典型的批判学派。20 世纪 60 年代以前,传播学的研究一直都是经验学派一统天下。后来,欧洲的批判学派异军突起,才打破了这种一枝独秀的局面,形成了两家分庭抗礼之势。

一、传播学的经验学派

经验学派一词,在广义上指的是主要以经验性方法来考察社会现象的社会科学流派,它与主要以思辨性方法考察社会现象的流派相区别。在传播学中,经验学派尤其指以美国学者为代表的主流传播学。它既是一个方法论的概念,又在很大程度上代表了一定的社会观和传播观。

1. 经验性的主要观点及其局限性

经验学派,顾名思义是主张从经验事实出发、运用经验性方法研究传播现象的学派。所谓经验性方法,是一种运用可观察、可测定、可量化的经验材料来对社会现象或社会行为进行实证考察的方法,它出现于 19 世纪后期,在现代社会科学中有着广泛的应用。经验性方法论有三个基本前提,即认为:(1)普遍存在的社会现象具有自身的客观性,这些客观性可以通过一定的科学方法加以揭示;(2)人类有能力开发或设计出揭示社会现象的科学方法;(3)任何关于社会现象的理论和假设,都能够通过一定的科学方法得到证明或否定。因此,经验性方法论与社会科学中的实证立场是联系在一起的。

经验性研究方法反对从观念到观念地对社会现象做纯主观抽象的说明，强调切实可靠的经验材料或客观数据的重要性，主张从环境或外部条件的变量出发来揭示社会现象和社会行为的原因和客观规律。从这个意义上来说，经验性研究方法也是社会科学的一种必不可少的重要方法。

但是，经验性方法并不是研究社会现象的惟一方法，它本身也存在着严重的缺陷。第一，社会现象和人的行为无限复杂，而可观察、可测定、可量化的经验材料是有限的，尤其是作为社会实践主体的人的理性和精神活动，在许多情况下并不能单纯地用经验材料就能够加以说明。第二，在目前的情况下，经验性研究所依赖的程序或技术主要是问卷调查或控制实验。就前者而言，仅仅具有“概率论意义上的科学性”，并不具备自然科学的精确和严谨；就后者而言，虽然一部分变量或条件在实验环境中得到操作、分析和处理，但在有限的实验控制条件下得出的结论，往往说明不了丰富多彩和复杂的社会现实。第三，经验性研究所依赖的主要是个人或小群体层面上的经验材料，在研究现实的社会微观现象方面具有一定的效用，但在考察社会的历史过程以及宏观社会结构方面缺乏有效的手段。第四，尽管经验性方法论者主张用“纯客观”的态度来研究社会现象，但这一点在现实当中很难做到。每一个学者都有自己的文化背景、社会价值和意识形态，这使得他们的学术立场或多或少都具有特定的倾向性。

2. 美国的经验学派

经验学派是西方传播学的主流学派，以美国学者为代表。美国的经验学派除了在方法论上坚持经验性实证研究立场以外，还有以下两个重要特点：一是实用主义的研究目的，二是多元主义的社会观。

实用主义是西方社会广为流行的一种思维方式和哲学流

派,产生于18世纪、19世纪的美国,早期代表人物有富兰克林、杰佛逊、爱默生等。这种思维方式认为,判断事物(或真理)的标准不是思想或语言本身,而是思想所引起的客观行为。实用主义认为"真理就是效用",而社会科学研究必须立足于社会现实生活,解决实际问题。

实用主义哲学通过皮尔士、杜威、米德等人的学术思想深刻地影响了美国的传播学研究。经验学派的主要学者——拉斯韦尔和他的宣传研究、拉扎斯菲尔德等人的"传播流"研究、霍夫兰等人的说服实验、卡兹等人的"创新与普及"研究,无不带有明确的实用目的。他们的着眼点在于考察传播过程的结构与功能,传播对人的心理、态度和行为的影响,以及如何通过传播来达成个人或群体的目标,这使得传播效果问题一直是经验学派关注的核心和焦点。

经验学派崇尚多元主义社会观,他们否认西方资本主义社会是阶级支配的社会,而认为是一个由多元利益相互竞争、相互制衡的社会,因此,传播学研究的重要任务不是为了变革现存资本主义制度,而是通过改进传播机制来实现社会管理。在多元主义者看来,资本主义社会并不存在阶级支配现象,而是由相互竞争的各社会集团和利益派别所组成的复合体,这些集团和派别的合纵连横状况是与时俱变的。大众传播媒介是一种保持着自己独立领域的组织体,它在国家、政党以及其他压力集团面前保有某种自治性。控制大众传播媒介的并非传媒企业的所有者,而是独立的、享有相当的自由决断权的专职管理者和专业工作者。大众传播制度和受众之间基本上是一种均衡的、平等的关系。之所以如此,是因为受众可以根据自己的需求自由地选择接触各种传播媒介,自主地决定自己或赞成、或反对、或顺应、或挑战的态度。经验学派的这种多元主义意识形态,决定了他们不可能从批判的立场上研究资本主义制度下的大众传播,也不可能触及资本主义社会的基本矛盾。至多，他们只能出于维护现存制度的目的，从“管理”的角度做一些完善的工作。20 世纪 60 年代以后，经验学派的这些倾向，受到了来自批判学派的激烈抨击。①

3. 经验学派的主要研究成果

从实用主义目的出发的美国的经验学派，其关注的焦点主要是传播效果问题。在这个领域，经验学派的成果积累非常丰富，归纳起来有 10 项主要成果：

(1)20 年代的培恩基金会关于电影对少年儿童影响的研究。这项研究开创了以经验调查方式考察大众传播效果的先河。

(2)对 1938 年“火星人入侵地球”广播引起的社会恐慌研究。该研究的侧重点不是为了提出关于大众传播效果的一般理论，而是探讨引起恐慌的各种心理因素。

(3)1940 年的“伊里调查”。这项调查采用了精心设计的方法和程序，是经验性研究的一个典范。不仅如此，该调查还提出了“政治既有倾向的作用”、“选择性接触”、“意见领袖与两级传播”，对后来的传播效果研究产生了极为重要的影响。

(4)霍夫兰等人在二次大战期间关于电影的说服效果的实验，揭示了传播效果形成的条件性和制约因素。

(5)二次大战后至 60 年代的“耶鲁项目”，进一步从传播的主体条件、内容条件、对象条件等方面对传播的说服效果进行了较为系统的心理实验。

(6)50 年代《个人影响》是对《人民的选择》提出的各项理论假说的进一步验证，其意义在于揭示了大众传播与人际传播的交织性。

---

① 郭庆光：《传播学教程》，中国人民大学出版社 2001 年版，第 266－270 页。

(7)50年代至60年代施拉姆等人关于电视对儿童生活影响的研究,从"使用与满足"的角度对少年儿童的电视接触行为进行了详细调查,揭示了电视在儿童的生活、学习和社会化过程中的功能、影响和效果。

(8)70年代以后的"议程设置"研究是经验学派效果研究的一个重要转折点,它使得研究人员的关心由微观、个人层面的效果开始转向大众传播的宏观社会影响和效果。

(9)60年代至70年代由格伯纳等人进行的关于媒介暴力内容与社会犯罪的研究。这些研究虽然未能证明两者之间的直接、必然的联系,但发现媒介内容在形成人们的现实观方面有着重要的影响。

(10)60年代末至70年代初由美国国会拨款实施的关于电视与社会行为的大型研究,该研究的结果以《军医署长报告》发表。整个报告共分6卷,包括《电视内容及其控制》、《电视与社会学习》、《电视与青少年的侵害行为》、《日常生活中的电视》、《电视的效果》、《电视与成长》。这是关于电视的社会化功能及其正负效果的一次较全面的研究。

不难看出,经验学派的研究兴趣主要集中在传播与人的行为问题上,着意探索如何通过传播来控制和修正人的行为,这些研究对社会管理来说具有很高的应用价值。但是,由于经验学派的方法论和学术立场的倾向性,他们有意无意地忽视和回避了传播学研究的许多重大课题,如信息生产和传播与宏观社会结构、信息传播与社会的上层建筑和经济基础的关系、传播制度与社会制度的关系等等。这些问题,正是传播学的另一主要学派——批判学派研究的重点。

二、传播学的批判学派

传播学中的批判学派萌芽于20世纪60年代,70年代开始兴盛,及至80年代已经成为传播学研究中的主流之一。批判学派的传播学研究起源于欧洲,但是其影响和发展已波及世界许多国家和地区。60年代至80年代,批判学派和经验学派之间的大辩论曾经是传播学研究瞩目的焦点。经过这场大辩论,双方在方法论上虽然有所接近,但在社会观和传播观上依然存在着根本的对立和分歧。

1. 批判学派的形成与主要观点

传播学的批判学派正是植根于欧洲悠久的历史和文化传统之中的。具体而言,批判学派的理论基础主要有两个:一是"法兰克福学派"。这个学派是指以德国法兰克福大学社会学研究所为主的一个学术派别。该所成立于1923年。这一学派主张从哲学、社会学的角度研究和批判现代资本主义社会,对欧洲的学者影响很大。法兰克福学派批判理论的代表人物有霍克海默、阿多诺、马尔库塞等。这一学派的学者对资本主义社会中的文化危机及现代西方文明进行批判。二是"西方马克思主义"。这是60年代开始在欧洲流行的一种理论。这些学者主张用"马克思主义"的观点对资本主义社会结构、文化及意识形态等进行批判。英国的传播学者进行的文化研究就是这一思潮在传播学中的体现。

法兰克福学派学者一开始就对美国传播学的实用主义和实证主义态度抱有强烈的批判态度。与"经验学派"不同的是其目的不是为了解决现实的社会问题,而是为了研究现代社会的一般趋势以及人的基本价值,并在此基础上探讨大众传播的社会作用。具体来说:(1)批判学者认为"促销文化"(promotional culture)是现代资本主义社会的一般倾向;(2)他们着重分析大众传媒是怎样表现和强化这一倾向的;(3)关心的焦点是资本主义垄断媒介是如何剥夺了人的尊严和自由的;(4)研究的目的是为了探讨恢复这些被剥夺的人的基本价值的方法和途径。

不难看出,与经验学派在现存制度内部寻找解决社会问题对策的立场相比,批判学派是把资本主义制度本身作为变革对象的。罗杰斯曾经承认,经验学派和批判学派都关心传播的社会控制作用:经验学派的核心课题是"如何"控制或"在多大程度上"进行控制;而批判学派关心的焦点则是"谁在控制"、"为什么存在着支配与控制"以及"为了谁的利益进行控制"。这种学术关心的不同,显然是由他们的社会观和意识形态立场所决定的。

2. 批判学派中的主要流派

由于学者们研究的对象课题、分析问题的角度和方法的差异,批判学派中也形成了各种各样的流派。

(1)政治经济学派。又称"政治经济传播媒介理论学派"。该派着重分析西方垄断传播体制的经济结构和市场经济运行过程。其代表是英国累斯特大学大众传播研究中心的 G. 默多克和 P. 格尔丁等。该学派依据马克思关于一个阶级是社会上占统治地位的物质力量,同时也是社会上占统治地位的精神力量;支配着物质生产资料的阶级同时也支配着精神生产资料的观点,从经济基础对上层建筑的决定作用出发来揭示资本主义社会大众传媒支配与控制的现状。70 年代以后,默多克等人撰写了大量论文,对资本主义社会的大众传播与阶级关系、文化产品的生产过程及其结构进行了尖锐的剖析。

(2)"文化研究"(Cultural Studies)。也称伯明翰学派,该派着重研究大众传播在社会及文化过程中所扮演的角色。该学派创始人是 G. 马尔库塞(H. Marcuse)等西方马克思主义者,经过 S. 霍尔(S. Hall)、D. 莫利(D. Morley)等人的发展,形成了"文化研究"学派。该学派继承了格拉姆西、阿尔都塞等新马克思主义者的观点,反对简单的"经济基础还原"论,其思想是,大众传播通过新闻、娱乐和商业信息的选择、加工和结构化活动,时时刻刻在为社会事物赋予各种“意义”，但是“赋予的意义”并不是中立的，而是有着利益和意识形态的驱动。

阿尔都塞关于大众传媒是从事“合意”的生产和再生产的“国家意识形态装置”的观点，对“文化研究”有着重要的影响。根据阿尔诸塞的观点，一个国家要维持其统治秩序，必须要有维持、形成和创造社会“合意”的机制或“装置”。过去，这种装置主要是由学校、家庭和教会来充任的，在现代社会其重心则移向了大众传媒。

霍尔等“文化研究”学者认为，大众传媒之所以能够作为“国家意识形态装置”从事“合意”的生产与再生产，是因为它有一种“赋予意义”(signification)的独特功能。大众传媒通过新闻和信息的选择、加工、结构化等活动，每日每时地都在为社会事物赋予这样那样的“意义”，但“赋予意义”活动并不是客观中立的，其背后有着利益和意识形态的驱动。资本主义媒介的一种突出倾向，就是把统治阶级的特殊利益作为似乎得到广泛社会“合意”的普遍利益加以提示。

“文化研究”学者采用的研究方法主要有文本分析(text analysis)和受众调查两种，前者主要是为了揭示大众传媒为占统治地位的利益和意识形态服务的倾向，后者则是为了考察受众符号解读的多样性。70 年代以来，“文化研究”成了批判学派中最有影响的一个流派。

(3)意识形态“霸权”理论。该派着力研究意识形态本身，研究意识形态的表达方式。“霸权”一词，原指国家的霸权或政治运动的主导权，由意大利共产党的创始人 A. 格拉姆西在《狱中笔记》中最早作为社会分析的一个主概念加以使用。格拉姆西把现代国家的形成看作是作为“强制装置”的政治社会和作为“霸权装置”的市民社会的融合，认为市民社会主要是通过“合意”或“同意”的组织化过程而维持统治的社会，随着市民社会的发展,它将吸收政治社会而形成新型的国家。

批判学派的学者继承了格拉姆西的这个观点,把"霸权"看作是支配阶级在一定历史时期内为维护自身利益而行使社会主导权和文化主导权的能力,而实现"霸权"的手段不是通过直接的高压政策,而是通过决定国家的经济、政治和文化方向,使被支配阶级对现有权力结构和社会关系产生认同或从属意识。换句话说,批判学者认为,在现代资本主义社会,支配阶级不再主要依靠国家、军队、法院等"强制装置",而主要是通过意识形态"霸权装置"来维护自身利益。以私有制为基础的大众传播制度就是重要的意识形态"霸权装置"之一,大众传媒通过日常的新闻报道、宣传和广告活动,把支配阶级的特殊利益描述为社会的"普遍利益",其目的是操作形成"同意"或"社会合意",但这归根到底只不过是一种"虚假的合意",因为它掩盖了阶级支配的实质。一些批判学者认为,资本主义大众传媒的一种明显的倾向,就是把支配阶级的意识形态"自然化",把它表现为"正常的"、"人性的"产物,而把对立的政治和社会意识描述为"怪僻的"、"无意义的"或"不可想象的"东西。

(4)哈伯马斯的批判理论。该派主要观点集中于对资本主义社会商业化体制下文化工业及大众文化的批评上。主要代表J. 哈伯马斯是德国哲学家和社会学家,法兰克福学派的第二代旗手。第二次世界大战后,哈伯马斯在批判地继承阿多诺、霍克海默等第一代学者观点的基础上,针对后期资本主义的社会状况的变化,试图建构一种新的社会理论。他在1962年、1968年、1971年先后出版了《公共性的结构转换》、《传播行为理论》和《知识和人类兴趣》。在这三部著作中,哈伯马斯提出通过改善"传播的合理性"来实现社会变革的观点。他认为,近代以来的资本主义追求的是一种"工具合理性",这一合理化过程不仅带来了对自然的支配和操作能力的扩大,而且也强化了社会的支配结构和支配关系。哈伯马斯反对导致人的异化的片面追求“工具合理性”的立场，提倡“综合的合理性”，即主张通过扩展“没有支配和强制的传播关系”来改革社会，建立基于“理性合意”的新型社会关系。哈伯马斯主要以社会哲学和语言哲学的方法来探索传播与社会变革问题，其中包含着对现行资本主义社会的否定和批判，但也有不少学者指出，他的传播观中带有明显的“普遍主义”和“伦理主义”的色彩。他认为大众传播属于“公共领域”，要以“传播的合理性”来取代“工具合理性”。主张建立没有“支配和强制”的传播关系的社会，反对现代资本主义社会带来的人的异化的现实存在。他指出，批判学派的作用在于揭露导致意识形态霸权的社会结构和过程，只有当人们真正思考自己的存在时，才有可能实现人的解放。

(5)女权主义批判理论。最具批判学派思潮特色的是女权主义理论。该理论由“自由女权主义者”、“激进女权主义者”、“立场女权主义者”和“后现代女权主义者”的学说构成。主要代表有 J. 马绍(J. Marshall)、P. 巴泽乃尔(P. Buzzanell)和D. 蒙比(D. Mumby)、R. 克莱尔(R. Clair)等人。该流派认为，传统形式的组织天然就是“父权制”，女性有自己独特的观察世界和通过互动创造意义的独特方式。他们强调突出女性地位，提倡合作的价值、综合性思维和相互联系。克莱尔通过对“性骚扰”的研究，揭示出了组织文化赋予官僚人员特权，而把其他人(性骚扰的受害者)边缘化的规律性认识。在批判学派理论家这里，他们运用的研究方法是“意识形态批判方法”(Ideology-ritique)，采用的是“解构”(Deconstruction)技巧，来分析传播现象及其社会政治意义。

批判学派中还有其他一些流派，在此不再一一介绍。总的来说，批判学派具有以下几个特点：第一，他们都对现行的资本主义制度持否定和批判态度，这也是他们之所以被称为批判学派的最主要理由。第二,他们更多地将传播理论和社会理论结合在一起,着重考察与社会结构和意识形态相关的宏观问题,这些问题在经验学派的研究中大多有意无意地受到忽视和回避,但它们本身的重要性和启发意义是不容置疑的。第三,批判学派在方法论上以思辨为主,反对实证主义态度。不过,批判学派并不排斥实证调查和量化研究,近年来,辩证分析和实证调查相结合的方法,已开始为不少批判学者所接受。例如,"文化研究"学者 D. 莫利进行的关于社会结构与电视释码的"文化地图"分析等研究,就系统地采用了实证调查的方法,被称为"批判的经验性研究"。

【练习题】

1. 传播学形成于什么时期?有哪些因素推动了传播学的诞生?
2. 传播学的四大奠基人和学科创始人是谁?他们各自的主要贡献是什么?
3. 什么是传播学经验学派?谈谈美国经验学派的特点。
4. 什么是传播学批判学派?批判学派在方法论、社会观和传播观上与经验学派有什么分歧?
5. 批判学派中包含了哪些主要流派或理论?各有什么特点?

第二章 传 播

传播是人类发展史上一种神奇而独特的社会现象 它无处不在,如影相随 有了它,人类文明得以传承;有了它,人类情感得以传递

本章概要

传播是一种人类社会的普遍现象,只要有人类存在,人类的交流、沟通活动一天也不会停止,无处不在的传播行为是人类社会赖以生存和发展的基础。本章分析和探讨人类特有的传播现象,阐述传播的含义、传播的特征、传播的功能以及人类传播的发展历史,着重分析了传播对人类的负面功能及影响。

学完本章后,你应该可以:

· 掌握传播的含义和特征;

· 了解传播的功能,尤其是负面功能;

· 掌握人类传播行为发展的演变历程。

传播是一种人类社会的普遍现象，只要有人类存在，人类的交流、沟通活动一天也不会停止，无处不在的传播行为是人类社会赖以生存和发展的基础。研究传播活动，首先要理解它的基本概念——传播。

第一节　传播的定义与特征

一、传播的定义

对于“传播”，古今中外有许多不同的解释。

在我国古代，“传”与“播”通常是拆开来用的，他们有着相近但是不同的含义。

“传”的行为客体通常是知识、消息、情感，主要强调“流动”的意味。如“师者，所以传道授业解惑也”（见韩愈《师说》）中“传”是传授、教授之意；“此王君者所染当，故霸诸侯，功名传于后世”（见《墨子·所染》）中的“传”是传承、流传之意；“而口不传心，笔不尽意”（见《抱朴子·行品》）中的“传”是表达、流露之意……

“播”的原意是播种、撒种，引申义主要强调“散开”的意味。如“明白之文，或称露布，播诸视听也”（见《文心雕龙·檄移》）中的“播”有传布、宣告之意；“又北播为九河，同为逆河，入于海”（见《书·禹贡》）中“播”是分散的意思……比较而言，“播”的行为客体不仅包括精神内容还包括物质内容，但是针对精神内容的行为意义较单一。

方汉奇教授认为，我国“传播”一词的合用出现在1400年前，大约始见于《北史·突厥传》一书：“传播中外，咸使知闻。”[①]意为:广泛地宣布、传扬。经过千年的发展,“传播”的意义变化不大。在当代日常生活中,人们一般将“传播”用于事物(包括知识、消息、病菌等)的传递、散播。

传播学中所使用的“传播”是英语“Communication”的对译词。Communication 源自拉丁语的 communicatio 和 communis。其意义广泛,包括“通信”、“会话”、“交往”、“交通”、“交流”等等。它与汉语中一般意义上的“传播”有区别,communication 的意域更加广泛。

“传播”与 communication 的词义比较[②]:

	传达	传染	交通	交流
传播	○	○	×	×
communication	○	○	○	○

由此可见,communication 所指代的物体更多,不仅包括“传播”中的精神内容和病菌,也包括有形的物质;另外,communication 所指代的行为方式也更多,它更强调传播的双向性和行为主体双方地位的平等,而“传播”则更强调一方向另一方的行为,二者是主被动关系。对于二者含义的差别,许多权威人士认为把“communication”译为“传播”是勉强为之,因为在汉语中没有内涵完全对应甚至更加贴切的词语。《新闻学大辞典》中就指出:

“Communication”被译成“传播”,其内涵与英文原意不尽相同。因此,海内外都有华人学者认为应将“传播”改译为“传通”、“沟通”、“交流”,这种主张是可取的。由于约定俗成的历

① 方汉奇:《中国近代传播思想的衍变》,载《新闻与传播研究》第1卷第1期(1994.1),第79页。

② 张国良:《传播学原理》,复旦大学出版社1995年版,第3页。

史原因,在大陆新闻界及其传播研究中仍通用“传播”这个概念,并赋予其“交流”、“传通”、“沟通”的含义。①

在世界传播学研究中,对传播这一基本概念的解释更是不胜枚举。1976 年,美国学者法兰克·丹斯在《人类传播功能》一书中对传播的定义作过统计,共有 126 种之多。而近 30 年以来,更是有许多新的定义问世。不同的学者从不同的角度给传播下了不同的定义。在早期的研究中,西方学者们通常从某个研究领域或研究角度出发,因此所下定义非常丰富。

例如符号学家皮尔士就是从符号学的角度对其进行定义的,他认为“传播的唯一手段是像(icon)的集合”(见皮尔士:《思想的法则》,1911 年)。与他同样从传播手段、符号入手的还有 J. B. 霍本、贝雷尔森和塞纳等人。霍本认为“传播就是用言语交流思想”。贝雷尔森和塞纳认为:“运用符号——词语、画片、数字、图表等传递信息、思想、感情、技术等。这种传递的行动或过程通常称作传播。”这种“符号”说的特点是强调语言、图画等载体在传播中的重要作用。

社会学家威尔伯·施拉姆从社会学角度对“传播”进行定义:“我们在传播的时候,是努力想同谁确立‘共同’的东西,即我们努力想‘共享’的信息、思想或态度”;“我们可以给传播下一个简单的定义,它即是对一组告知性符号采取同一意向”。这种定义源自对 communication 一词原意——“分享、共享”的理解。它强调了传播的结局是传播的客体被传播者和接受者分享。同属这种“共享说”的还有亚历山大·戈德。戈德认为传播“就是使原为一个人或数人所有的化为两个或更多人所共有的过程”。

心理学家卡尔·霍夫兰从他的“劝服”研究出发,强调了一

---

① 甘惜分主编:《新闻学大辞典》,河南人民出版社 1993 年版,第 55 页。

种心理上的“有意图的影响”,认为传播就是“某个人(传播者)传递刺激(通常是语言的)以影响另一些人(接受者)行为的过程”。另外,奥斯古德、沃伦·韦弗、米勒等人的定义也属于这种强调传播目的性的“影响”说。奥斯古德等人认为:“传播就是一个系统(信源),通过操纵可选择的符号去影响另一个系统(信宿)。”沃伦·韦弗说:传播是“一个心灵影响另一个心灵的全部程序”。

对人内传播和人际传播研究有重要贡献的 G. H. 米德所下的定义则是:“互动,甚至在生物的层次上,也是一种传播;不然,共同行动就无法产生。”这种说法强调了传播者与受传者之间通过信息传播相互作用、相互影响的双向性和互动性。这种“互动”说也包括了 C. 库利、瓦茨罗维克、格伯纳等人的定义。库利在《社会组织》中为传播所下的定义是“传播指的是人与人关系赖以成立和发展的机制,包括一切精神象征及其在空间中得到的传递,在时间上得到的保存”。格伯纳认为:所谓传播,就是“通过讯息进行的社会的相互作用”。瓦茨罗维克也认为:“在互动的情境中,有讯息价值的所有活动都是传播。”

除此以外,还有吸收了心理学中刺激—反应论的观点的“反应”说(史蒂文斯、理兹等人)、强调了传播过程的完整性和连续性的“过程”说(希伯特、德弗勒和丹尼斯等人)等等,这些观点往往只从一个角度强调传播的某个特征:或结果或过程或要素……并没有全面看待传播活动。

如何理解全面传播?我们首先要确定传播这种行为的主体、客体以及主体对客体的作用方式或主客体的关系。在传播活动中,传播主体是人,作用方式是传递、交流,而传播的客体直到信息概念的出现才有了简洁、准确的概括。信息是符号和意义、精神内容和物质载体的统一体,它作为一个整体成为人与人传播的介质,成为传播活动的客体。

有了信息的概念，我们对传播的理解就更深一层了。自从上世纪 80 年代传播学传入我国以来，我国学者陆续对什么是传播进行了讨论和概括。早在 1990 年徐耀魁就提出："传播就是人们进行信息交流的一种活动。"其后，在 1997 年，胡正荣认为"所谓传播，就是信息的流动过程"。1999 年，郭庆光进一步发展了这种观点，认为"所谓传播，即社会信息的传递或社会信息系统的运行"。

分析以上几种定义，它们不约而同抓住了名词"信息"和动词"传受"、"流动"、"交流"、"互换"两大方面。由此我们可以知道，传播就是信息在传受两端间的传递与流动。

这种说法明确地指出了传播中最重要的要素和行为，但是是否这就是传播的全貌？答案当然是否定的。要全面地理解传播，我们还必须研究传播的特征。

二、传播的特征

在传播学及其相关理论的研究中，学者们从不同的角度对传播下定义，突出了它的不同特征。1970 年，法兰克·丹斯在《传播学报》上发表了一篇论文，指出在已有的定义中，存在着 15 种明显的观念成分①：

(1)符号/语文/说话：传播是思想或理念的语文交换；

(2)了解：传播是我所了解他人乃至被他人所了解的过程。它是动态的，不断为了回应整个局势而改变和转换；

(3)互动/关系/社会过程：互动即为一种传播，否则，共同行动就不能发生；

---

① Frank Dance, " The Concepts of Communication", Journal of Communication, 20 (1970:201 - 210)，转引自徐佳士：《大众传播八讲》，台北正中书局 1992 年版，第 4 - 6 页。

(4)“不确定”的减少:传播的发生,是由于需要减低不确定性,需要行动有效率,需要防卫或增强自我;

(5)过程/传播:资讯、观念、情绪、技术等的传递,使用的是符号——语文、图像、数字、图表等。它是通常被称为传播的传递动作或过程;

(6)转达/传递/交换:某一事物的观念,从一地或一人转达到另一地一人。这种转递之后仍可继续维持共享。因此,传播一次亦含有参与的意义;

(7)联结/束缚:传播是把生命世界中的间断的部分相互联结的过程;

(8)共同性:传播是把原本为一人或若干人所独知的东西,变为二人或数人所共知;

(9)通道/载具/工具/路线:传送军事信息、命令等的工具。经由电话、电报、无线电、信差等;

(10)复制记忆:传播是以复制记忆为宗旨而指挥他人注意力的过程;

(11)明白的回应/行为改变的回应:传播是一个有机体对一个刺激所作的明白的回应;

(12)刺激:每一个传播行为可视为一次资讯的传递,其中包括一个明白的刺激,从一个来源发向一个收受者;

(13)有意图的:传播的中心兴趣是那些行为局势,其中有一个来源传送一个信息给一个或多个收受者,前者具有影响后者行为的自觉意图;

(14)时间/局势:传播过程乃是把一个结构完整的局势,以所愿望的设计,转换为另一个局势;

(15)权力:传播是权力得以施行的机制。

此后出现的定义中又加入了系统等观念。由此我们可以概括出传播(这里主要指人类传播)的几大主要特征:

1. 双重性

这里指的是传播手段、工具、介质的双重性。其他社会行为所使用的工具是独体的。例如，缝衣用针、线；扫地用扫帚……与其他行为的工具不同，传播的工具或中介是信息，它不仅包含了物质载体——符号，也包括了精神内容——意义，二者密不可分。符号是有形的、可感的，没有符号我们就无从知晓他人的意图；意义是无形的、潜在的，没有意义传播就不起作用，二者缺一不可。

2. 双向性

传播是一种双向的社会互动行为。传播者将信息传递给受传者，受传者又作出相应的反馈，二者始终处于你来我往之中。即时在传者传递出信息后，受者沉默不语，那也是一种反馈的形式。在所有的传播类型中，人际传播和网络传播的双向性较强，而组织传播和大众传播的双向性较弱。尽管有强弱之分，但是双向性是每种类型的传播都必然存在的特征。

3. 共享性

戈德认为："传播就是变独有为共有的过程。"信息不同于物质，它能够在瞬间不断复制，即使传递给他人，自己仍然拥有。因此，在传播过程中，一个人所拥有的信息在传递、交换和扩散后，不仅就为他人所有，而且自己仍然保留。因此，信息的传播过程也是信息为传播者和受传者所共享的过程。

4. 共同性或共通性

这里强调的是传播者和受传者对信息理解的共同性，也就是说，二者要有共通的意义空间。"对牛弹琴"时，琴音的美妙和它蕴涵的感情并没有为牛所接受。这种没有受者接受的传播是不完全的，称不上传播。传播的完整过程是传播者先编码，将要表达的意义转化为符号，通过介质传给受传者，受传者再对符号进行解码，转化为自己所认为的意义。而编码和解码是利用传播主体已有的符号系统、认知结构和知识经验进行的。如果要使传播顺利进行,这种编码解码工具必须相同或者有交集,也就是说,传播主体对符号的解释要具有共同性。

5. 社会性

在传播学研究中,传播的主体是人,而人区别于动物的基本属性就是它的社会性,因此传播不可避免地带有社会性。人的传播活动在社会中进行,它促成了社会关系的形成,又反映了一定的社会关系。如果没有人类社会,人们就不会相互交流、共同协作,信息就没有形成的条件和空间,那么就不会有传播;如果没有传播,人们之间就不会凝聚在一起,形成某种特定的社会关系,那么也就不会有人类社会。一旦社会关系形成了,传受双方就处于一定的社会角色和地位之中,他们传达的内容、语气、神态就会反映出他们之间的社会关系。

6. 目的性或自觉性

传播带有目的性是由于传播主体——人的行为总是带有目的性。相对于动物而言,人类的传播行为不是某种非条件反射或条件反射,而是有意图的精神活动,是自觉的。

7. 系统性

传播是一个系统,它具有一切系统所拥有的特征:复杂性、动态性、开放性、连续性等等。首先,从单个的过程来看,传播的要素不仅包括传播者、受传者和信息,也包括传播的媒介以及其他噪音。传播者、受传者在传播信息和反馈的过程中受到本身的个性心理、知识经验、价值观及所属群体、组织乃至整个社会的影响;而传播的过程又将受到自然或人为的噪音的影响。因此,单个的传播过程并不是一个简单的过程,它与社会历史环境以及传播情境密切相关。其次,在现实社会的传播中,往往是许多这种复杂传播过程交织、穿插在一起。它们彼此作用,相互制约,形成了一个庞大的信息传播系统。这个系统是一个复杂的过程集合体，各种信息在其中形成、变化、融合、消亡……同时，这个系统处于与其他的社会要素或系统你来我往、相互影响的过程之中。传播系统不断运动，随着人类的产生而产生，随着人类的消亡而消亡。

第二节　传播的社会功能和作用

前面已经提到，传播与人类社会如影随形，它在社会系统运行中起着重要的作用，是人类社会形成和发展的重要基础。接下来，本节就重点介绍传播的社会功能和作用。

在介绍之前，我们先区分一下传播功能、效果和作用的概念。

日常生活中，我们通常会把三者联合起来，表示某种活动具有的能力及其对人和社会所起的作用或效果。将传播功能和作为区分开来主要是为了本节讨论的需要。传播功能主要强调的是传播活动所具有的某种具体的能力，即“它能做什么事情”，是微观层面的，如告知性信息带来的环境监测功能、引导性信息带来的社会协调功能等等；传播作用主要强调的是传播行为对整个社会及社会各个方面所产生的影响，是宏观层面的，如传播在政治上的作用，在经济上的作用等等。在传播学研究中，功能与作用通常被合称为传播功能，许多学者在讨论时并没有明确地将二者分离开来。而传播效果与传播功能通常被区分开来，用来表示不同角度的审视和研究。如果是研究者从社会角度和受传者层面来看待传播活动所产生的作用和媒介所释放的能量，则属于“功能”研究；如果是研究者从传播者和媒介自身的角度来认识传播活动所造成的最后结果以及在受众那里所引起的反应，则属于“效果”研究。严格地讲，前者是一种社会研究、向上看的传者研究；后者是一种传播研究、向下看的受众研究。

关于传播效果的研究我们会在以后的章节中阐释,这里主要介绍传播的社会功能和作用。

一、传播的社会功能

在日常生活中,人们通常认为功能是好的作用。但在传播学研究中,众多学者却指出传播功能有正负之分。例如1948年,拉扎斯菲尔德和默顿提出的三功能说就有意识地将传播功能分为正负两方面。正功能是信息传播对社会产生的良好影响,是传播活动对社会发展人类进步的促进,也是传播者所预期的和追求的。负功能是信息传播对社会产生的不良影响,是传播活动对社会发展人类进步的阻碍。美国学者梅尔文·德弗勒就曾归纳了一些对媒介的指控和赞许[①]:

对媒介的指控	对媒介的赞许
1. 降低公众的文化情趣 2. 增加青少年犯罪率 3. 促使世风日下 4. 诱使民众陷于政治肤浅的境地 5. 抑制创造力	1. 揭露罪孽腐败 2. 担当言论自由的卫士 3. 给千百万人带来一些文化 4. 每日为疲惫的劳动群众提供无害的娱乐 5. 告诉我们世界上所发生的事情 6. 通过不懈地催促我们购买和消费各种产品来刺激我们的经济,使我们的生活更加充裕

根据马克思主义哲学矛盾论,事物有对立统一的两方面。因此,传播的每一项功能也都有正负两方面,二者相互包含,相

① [美]梅尔文·德弗勒、桑德拉·保尔-洛基奇:《大众传播学理论》,杜立平译,台北五南图书出版有限公司1999年版,第30页。

互转换,相互影响。正功能有着向负功能转化的趋势,负功能经过良好的控制也有可能转化为正功能;正功能的有效发挥,也有助于抑制负功能,负功能对正功能的影响力有干扰、减退的作用。例如,传播对信息的告知功能一方面为人们监测环境使其正确行动,另一方面又使人们过分依赖于这种虚拟环境丧失行动能力;传播对舆论的引导可以是正确的,有利于国家发展、社会和谐,也可以是错误的,引起社会动乱甚至世界大战。

1. 正功能研究

在正功能的研究中,西方许多学者纷纷从不同的角度出发,提出各自的看法。研究成果不断发展,所发现的传播功能不断丰富。比较有影响的研究归纳如下:

瑞士心理学家让·皮亚热从研究儿童的传播心理出发把儿童的谈话分为社交性和自我中心性两种,从而归纳出简单的两项传播功能:社交功能和内传功能。

美国心理学家爱德华·托尔曼认为人类说话只是一种工具,就像绳子、棍子一样,从而提出传播的工具论。

1976 年,英国实验心理学家威廉·斯蒂芬森在《传播的游戏理论》中提出传播的游戏理论。他将人类的全部活动分为工作与游戏两种,并进一步划分出两种传播:工作性传播和游戏性传播。与托尔曼的工具论不同,他认为大众传播应该是一种玩具,用来满足需要,带来轻松愉快,从而提出了传播的满足功能和快乐功能。

这些理论都是从对立的两方面——内和外、游戏和功利——入手来看问题。这种分法显然过于简单,而且主要是对个人的心理影响而未涉及到整个社会。

1948 年,美国政治学家、传播学的先驱哈罗德·拉斯韦尔在《传播的社会结构与功能》中,将传播的社会功能概括为三个方面:第一,监视社会环境:自然社会环境处在不断的变化之中,人类从事社会活动必须了解真实环境的机遇或威胁，才能做出正确的决策和行为；第二，协调社会关系：社会是由不同部分组成的复杂系统，要想保持系统的稳定发展必须使得社会各部分协调发展，形成统一的向心力。传播通过信息的传递使各部分顺畅沟通，和谐有序，向特定的方向努力；第三，社会遗产传承：人类社会的不断繁荣进步，是建立在前人经验和成果的基础上的。而这种经验和成果又是通过传播才累积、保存下来的。这是最早的较全面的对传播的社会功能的阐述。

同年，美国社会学家拉扎斯菲尔德和默顿在《大众传播的社会作用》一文中提出，大众传播有三种主要功能：第一，授予社会地位：任何事物、事件，只要受到大众传媒的报道和关注，就能成为整个社会的焦点，提高其社会地位；第二，促进社会准则的实行：大众传媒会对违背社会准则的行为进行揭露，使那些意图或已经违反社会规范的人在社会舆论的压力下打消这种念头或停止这种行为；第三，麻醉神经。这种功能为负功能，在下面再详细介绍。

到1959年，美国社会学家查尔斯·赖特在《大众传播：功能的探讨》中对拉斯韦尔的三功能说进行了补充，提出了传播的"四功能说"：第一，环境监视：包括社会内部和外部环境的监测；第二，解释与规定：提供解释性信息以引导和协调社会成员的活动；第三，社会化功能：大众传播通过知识、价值观和行为规范的传播促使个人融入社会，成为社会人；以上三个功能都与拉斯韦尔的三功能说相同或相似。第四，提供娱乐：这种功能类似于斯蒂芬森的游戏功能。赖特认为传播的内容不仅包括实用性的，也包括娱乐性、消遣性的。提供娱乐是大众传播的一项重要功能。

传播学之父威尔伯·施拉姆曾先后两次对传播的功能进行探讨和总结，在1982年出版的《传播学概论》一书中，他正式将传播功能定为:雷达功能、控制功能、教育功能、娱乐功能,并且从政治、经济、一般社会功能三个方面对其进行了分类讨论。其中,在对经济功能的分析上是有独到见解的。在经济方面,雷达功能是提供关于资源以及买和卖的机会的信息;控制功能体现在解释这种信息,制定经济政策和活跃、管理市场上;教育功能在于开创经济行为。他认为大众传播的经济功能不仅仅是为其他产业提供信息服务,而且它自己也是一种知识产业。

1987 年,英国传播学家麦奎尔在告知、联系、教育和娱乐的基础上又新增了一项"动员功能"。他认为动员功能就是"在政治、战争、经济发展、工作和有时在宗教等领域内,开展适合社会目标的运动"①。传媒在任何国家都担负着扩大国家利益、促进主要价值观和行为模式的使命,尤其在危急时刻更是如此。

事实上,以上学者的归纳只是传播功能的主要分类,传播的社会功能涉及多方面,从不同的角度、不同的高度看它就有更加丰富的内容。例如,1980 年,联合国教科文组织国际传播委员会发表了《多种声音一个世界》的报告。报告站在全球的高度概括了八种传播功能:(1)获得消息情报:收集、传播信息作为人们决定和行为的参考;(2)社会化:促进人们积极投入社会生活;(3)动力:激励人们为社会目标的实现而奋斗;(4)辩论和讨论:为取得共识提供事实与论坛;(5)教育:促进人们科学文化知识和道德水平的提高;(6)发展文化:文化的交流与保存,提高人们的审美能力;(7)娱乐:消遣、享受;(8)一体化:使不同的个人、团体、国家进行文化交流,增进了解和共识。

2. 负功能研究

前面已经提到,传播对社会不仅有正面影响,也有负面影响,例如二战时期法西斯国家利用民族情绪对本国人民进行煽

---

① 吴文虎主编:《传播学概论》,武汉大学出版社 2000 年版,第 15-20 页。

动性宣传，使得许多人积极投入战争，包括妇女和儿童。相对于系统的正功能研究，传播的负功能研究没有概括式的分类，比较零散。主要的研究成果包括：

1948 年，拉扎斯菲尔德和默顿提出的麻醉精神理论：拉氏和默顿认为“大众传播可以算是最高尚、最有效的一种社会麻醉品”①。现代大众传媒向大众源源不断地灌输大量庸俗和肤浅信息，使得大众将大多数的时间和精力浪费在媒体接触上。他们误把媒体信息的接触当作对事物的真实了解和对事情的真实体验，沉浸在虚幻的满足中，失去了参与社会实践的热情。大众媒介成为了一种麻醉剂，麻醉了他们的运动神经，使人们丧失了参与社会的能力，只是被动地接收信息。除此之外，拉氏和默顿还指出了媒介的几个负功能：

(1)媒体坚持不懈的宣传使人们丧失了辨别能力，不假思索地顺从现状。拉氏和默顿从美国媒体的所有者及其与现存制度的密切关系出发，指出：媒体在传播过程中，反复宣传现存制度的优点，只选择对现存制度有利的内容，而不宣传它所存在的问题和批判它的内容。这种宣传使人们顺从现存制度，认为它只有好与更好的区别，而没有不好的地方。这样间接地阻碍了人们对社会的正确判断。

(2)媒介是使大众的审美鉴赏力和文化水平下降的重要原因。拉氏和默顿认为过去的文学艺术是为少数上流社会的精英服务的，也只为他们所享用。贵族们为了显示自己的身份和地位，喜欢高雅精致的“有品位”的文化内容。因此，那时的文学、歌剧超凡脱俗。随着大众媒介的兴起，媒体必须满足最大多数人的口味，提高发行量和收听收视率。而高雅文化却只能符合

① 中国社会科学院新闻研究所、世界新闻研究室编：《传播学(简介)》，人民日报出版社 1983 年版，第 170 页。

少数知识文化水平较高者的审美需求,大多数人没有时间和精力去培养审美能力,他们需要的只是紧张工作后的轻松与快乐。因此,媒体只能降低艺术品位,传播肤浅的、庸俗的内容,渐渐地大众的审美力和文化水平自然下降了。

(3)媒介以低廉的代价占用和剥夺了人们宝贵的自由时间。拉氏和默顿指出,一直以来,人们为争取休息时间而奋斗,是希望自己能够做一些有意义的事情。现在人们的休息时间比过去多了,他们本应该有更多的时间接触文化遗产。但是大众媒介却骗取了人们的宝贵时间,使他们沉迷于那些诱人的通俗的传播内容。

同样对大众传媒提出指责的还有日本的林雄二郎和中野收。林雄二郎在《信息化社会:硬件社会向软件社会的转变》一书中,提出了“电视人”的概念。所谓电视人,就是伴随电视的普及而长大的一代人,他们在电视充满感官刺激的音像中长大,是注重感觉的感觉人。电视人的行为方式、价值观念都来自电视,长期的电视接触使他们养成了孤独、封闭、内向、自我的性格,社会责任感弱。另一位学者中野收在《现代人的信息行为》中也提出了类似的“容器人”理论。他认为在以电视为主的媒介环境中成长起来的现代日本人的内心类似于一种密封的“容器”。虽然他们渴望与他人接触,但这种接触只是一种容器外壁的碰撞。容器人不愿认同任何外部压力和权威,却非常容易受大众传播媒介的影响。另外,日本学者左藤毅也在《人的自律》一文中探讨了电视对日本人的自私化和“充裕主义”价值流行的影响。他指出电视中充满诱惑力的商品信息以及电视这种商品本身都直接刺激了人们对物质商品的占有欲,导致了享乐主义的盛行和日本人的自私化。

另外一种比较热门的研究是刻板印象及由此引申出的传媒歧视的研究,美国著名新闻工作者李普曼就曾系统地研究过刻板印象问题。大众媒介为了帮助、引导受众对不同的社会群体进行辨认、理解就必须刻画某种角色图示。但是,由于文化偏见、经济歧视等因素的影响使得刻板印象的刻画具有某种非公正性。就性别而言,在主流新闻报道中,妇女被报道的次数相当少而男性出现的比例却较多;在广告中,女性形象集中表现了对女性身材、相貌、品质的刻板印象;许多时候,妇女被当作受虐对象和色情形象出现在媒体中……

此外,许多学者还就"电视暴力"进行了研究。他们认为媒介在人们尤其是儿童的社会化过程中起着重要的作用。观看暴力的电视内容与暴力行为之间有着密切的关系。对电视暴力内容接触多的人比接触少的人更加具有攻击性。

关于传播负功能的研究还有很多,很难一一列举。但是,传播的正功能毕竟占多数,它在社会及其各方面的发展中起到了不可替代的作用。

二、传播的作用

这里,将从政治、经济、教育、文化四个方面来探讨传播的作用。

1. 政治作用

明人方孝孺在《答王秀才书》中有云:"凡文之为用,明道立政二端而已。"在这里,"文"被作为"明道"和"立政"的工具。这足以表明传播的政治功能。特别是大众传播媒介,它利用特有的信息权利在国家政治生活稳定中发挥着重要作用。

回顾历史,在大众传媒产生之初,人类社会是专制的社会。自从大众传媒产生以来,人们逐渐产生了通过传媒监督政府,利用传媒发表观点的要求。大众传媒使他们有了了解和参与政治的机会,也使他们的思想日益开明,最终为资产阶级革命和政治民主化作出了不可替代的贡献。

而在当代,政治日益开明,人际交往、大众传播中无不反映政治信息、表达政治观点、参与政治活动。大众传播的作用更是巨大:

首先,它帮助政府收集民情、敌情和外情,以便其采取制定的政策;

其次,它宣传政策,解释政策,帮助人民了解政府的意图和决策,以便它顺利贯彻;

其三,它宣传法律,传递规范,稳定社会秩序;

其四,它可以帮助人民监督政府和从政人员;

最后,它通过选择和解释信息引导舆论,积极宣传社会的主流正面的影响,有力地维护着现有的社会政治制度。

2. 经济作用

传播不仅在社会政治生活中起着重要作用,同时也是一股推动经济发展的巨大力量。

首先,传播媒介是经济变革的"催化剂"和"扩大器"。传播媒介通过信息的大量复制向全社会传播先进的生产技术和思想观念;同时,它又通过提高人们的文化水平,扩大先进技术和思想的接收层,增加了它的接收速度,在社会上创造经济变革所需的合适的气氛环境和物质条件。美国学者罗杰斯(E. R0lgells, 1969)指出:大众传播是国家现代化的"催化剂"。他认为经济发展不是目标,而是过程。这个过程一步步由农业前社会、农业社会、工业前社会、工业社会向更高级的社会迈进,而传播都在其中起了一定的"催化"作用。因此充分使用媒介,对于促使不发达国家加快历史的步伐有着至关重要的意义。

其次,传播媒介又是经济发展的"推动者"。第一,大众传播可以通过先进技术和经验的传播,使大多数人掌握发展生产力的科技力量,并通过这种对其他产业的技术辅助将其转化为现实的生产力。第二,大众传播中商品信息的发布、购买劝服以及新的消费方式的提倡，推动了整个社会的消费，进而促进了生产的发展。其三，大众传播作为一种信息产业，本身具备着其他产业所没有的特征。它是一种创意产业，能够超越时空，实现跨越式发展。它不需要从耕地播种开始，也不需要制造一座工厂，它能够在无形中创造价值，并且发展速度惊人。

3. 文化作用

传播对文化的影响是持续而深远、广泛而普遍的。人类文明之所以能够发展到如此的高度，都是因为自人类产生以来的文化都被保存下来，并在现代传播中不断发展。

传播的文化作用主要表现为：(1)传承文化：人类所创造的历史文明尤其是无形的优秀精神成果是通过符号和意义的结合体——信息的传播才保存下来的。(2)交流文化。它将各民族文化中的精华传播出去，使其取长补短，相互融合，促进发展。(3)创造文化。面对外来文化，传播媒介并不是一味排斥或盲目照搬，而是依据一定的标准加以合理选择，并结合本土文化形成新的元素，进行创造性的发展。(4)享用文化。传播使文化在历史长河中得以保存，因而形成了深厚的文化积淀和丰富的文化成果，这为文化享用提供了丰富的内容。①

4. 教育作用

传播在教育中占有举足轻重的位置。任何一种教育都需要信息的传播，传播是教育最基本的方式。不论是“言传”还是“身教”，都是一种教育传播。从传播的角度来看，教育主要可以分为人际教育(爸爸或妈妈的教育)、初级群体教育(朋友、亲人的影响和提醒)、组织教育(学校教育、工作培训)和大众教育(媒体接触)。其中大众教育的形式最为广泛和特别。大众传播的教育功能，首先表现为它可以创造一种重视教育、具有强烈

① 邵培仁：《传播学》，高等教育出版社 2005 年版，第 65 页。

教育意识的社会环境,使社会大众争相学习文化知识;其次,它摒弃了学校教育的枯燥形式,能够通过寓教于乐促使人们吸收知识信息;再次,它是真正能够实现全民学习和终生学习的教育机制。尤其是电视传媒的接收对文化知识的低要求,使得更多的人能够利用传媒学习;同时持续不断的信息传播和接收能够延续一生,积聚知识;还有,正如贝尔纳·瓦耶纳所说:"小学和中学是传授已构成的知识,高等学校教授正在构成的知识,而新闻(媒介)的任务是传播处于萌芽时期的知识。"同时,"真正的教育也离不开新闻(媒介)。因为大众传播工具是一种扩大器,可以使教育者的作用超越一般传统的对象"①。大众传播能够最快速地传达最前沿的信息。

另外,从整个社会的形成和发展来看,传播也起着巨大的作用。美国学者 D·拉纳就曾以中东 6 国为分析对象,以识字率、都市化率和传播体系为指标进行分析,并得出结论:传播体系的变动,既是整个社会体系变动的结果,又是其变动的原因。② 总之,传播是人类社会联系的基础,它在人类社会中不可或缺。

第三节　人类传播的发展历程

传播是自然界和人类社会的普遍现象,自从有生命开始就有了传播。人类传播自人类产生之时就已出现,并随着人类自身和人类社会的进步不断发展。在非语言时代,人类祖先主要通过叫喊、手势、表情、姿势等"拟势语"来进行传播。自从有了

---

① [法]贝尔纳·瓦耶纳:《当代新闻学》,丁雪英译,新华出版社 1986 年版,第 277–281 页。

② 张国良:《传播学原理》,复旦大学出版社 1995 年版,第 54 页。

语言人类传播才真正开始。基于媒介在传播中不可替代的作用,我们以传播媒介的跨越式发展作为划分人类传播活动发展阶段的标志。据此人类传播活动经历了以下几个发展阶段:(1)口语传播时代;(2)文字传播时代;(3)印刷传播时代;(4)电子传播时代。在这一过程中,人类使用的传播媒介不断多元化,社会信息系统也不断复杂化(见图2-1)。

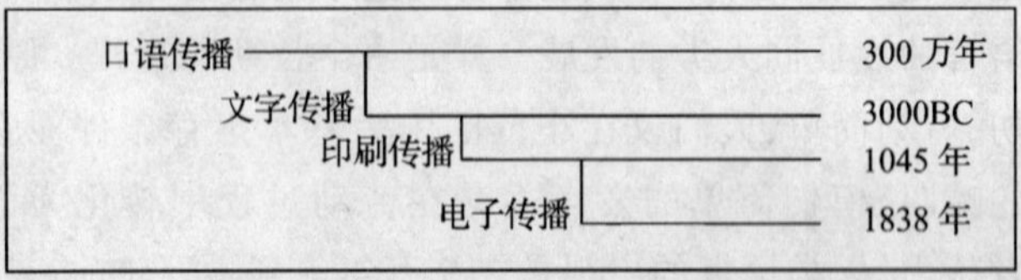

图2-1 人类传播行为的发展历程

一、口语传播时代

在人类出现后的漫长时期内,直到文字出现,人们主要是通过口头语言进行传播的,我们把这一阶段成为口语传播时代。

作为口语传播时代的主要传播工具,语言究竟是怎样形成的呢?在对语言起源的探讨过程中,语言学家给出了许多不同的假说:(1)模仿说:认为语言是通过模仿自然声形成的;(2)感叹说:认为语言发生是由表达感情而产生的;(3)劳动口号说:认为语言是从人的劳动感受中创造出来的;(4)歌唱说:认为语言是在欢庆事件的歌声中演变而来的;(5)上帝赋予说:认为语言是上帝创造的神学观点……

由于发生年代的久远和无从记录,我们无法得知哪一种理论是正确的。但可以肯定的一点是:语言是从劳动中并和劳动一起产生出来的。首先,劳动创造了语言产生的主体条件,包括生理条件和心理条件两方面。在进行社会劳动时,人类祖先的脑部发生了重大变化:脑的容量大大增加,脑的结构也变得更加复杂，猿的脑髓逐渐变为人的脑髓，具有了进行抽象思考的能力。另外，劳动也使人类产生了心理上的自觉意识。马克思说，“意识起初只是对周围可感知环境的一种意识”①，但是通过生理的进化和劳动经验的积累，原始人逐渐具有了人类的意识。其次，劳动也创造了语言产生的客观需要。在群体劳作的过程中，人们需要监测周围的环境并向他人传播告知，也需要进行相互交流以完成劳动协作……这些都促进了语言的产生。

语言的发展同人类的发展一样是一个长期的过程。原始社会之初，劳动简单，人们仅在小范围内为基本生存条件而奋斗，原始的喊叫，模糊简单的发声逐渐在劳动过程中转化为语言。有学者认为，人类语言的出现是在9万年前到4万年前，克罗马农人开始说话；也有学者说是在36000年前。在这一阶段中口语只是作为一种用来反映周围事物或环境的声音符号，它对距离的限制，阻碍了庞大社会群体和国家的形成。随着生产力的发展，人们除了自己生产生活必需品外，也开始通过与其他地方的人群进行相互交换，同时也伴随着对其他群体的掠夺，语言在这种融会中不断发展并成为不同群体交往的基本工具，成为能够表达复杂含义的音声符号系统。

相对于低级“拟势语”来说，口语的表意更完备，它不仅可以指代具体的事物，也可以表达情感的抽象的含义；语言符号可与所指代的对象分离，人们可以脱离所指环境在不同的地点传达信息，这就使传播的距离范围相对扩大；同时，人们还具备了将经验转换成语言储存在大脑中并在不同时间传递信息的能力，这又使传播的时间相对延长。这些前所未有的优势给人类的发展带来了巨大的意义。它增强了人类的思维能力，使人类作为一个物种得到跨越式的进化；它使大规模的群体行动成为

---

① 《马克思恩格斯选集》第1卷，第35页。

可能，促进了部落和集团的发展；它使人们可以更有效地观察环境，对事物进行分类，可以抽象地计划构思行为……这一切促使人类社会发展的速度大大加快。

相对于高级媒体来说，口语不仅是最初始的媒介，也是最重要的媒介。一方面，它具有其他媒介无法取代的优势。第一，它的互动性最强，能够即时传播即时反馈；第二，口语简便快捷，不需要采用其他物质中介，因此成本低，最为经济；第三，口语亲切生动，不同的音色、音调、响度能够表达不同的情感意义，同时它还能够进行眼神、表情等多渠道传播，使传播活动更加生动；第四，口语传播易控制，它属于个人行为，只受个体控制，而且无需通过复杂中介，噪音干扰小……另一方面，它也是最基本的媒介，其他媒介的传播都要以其为基础。文字是口语的可视符号，它以口语为初始的思维方式，严格与口语配套。因此，文字媒体（如报纸、杂志）或音像媒体（如广播、电视）甚至多媒体，都是直接或间接以口语为基本单位进行传播的。

但是口语传播仍然又很大的局限性。比如，口语受到部落集团的活动范围、语言差别的限制，因而只能在近距离传播；口语的信息可能随着记忆或生命的逝去而消失，它的保存性差，这就是我们难以考究前文字时代的历史的原因；即使以故事的形式代代流传或者以人际传播的形式小范围流传，也可能由于记忆不全、主观修改等中间环节的问题而造成信息的变异。

当然，口语并不是口语时代的唯一媒介，其他体外化媒介也在当时的人类传播中发挥了巨大的作用。当时常见的体外化媒介包括：用于远距离传播的烽火台、擂鼓等，用于近距离传播的结绳、结珠等。它们虽然较为零散、简单，但是却促进了文字的产生，使人类传播实现了从体内信息系统向体外信息系统的一大飞跃。

二、文字传播时代

随着生产力的继续发展，人们已经不满足于基本生活资料的生产和野蛮劳动，他们开始创造自己的精神文明，并将劳动资料和经验用体外化媒体记录、传递。这就带来了文字的发明。

早期的文字是从原始图画的基础上发展而来的。我国早有“书画同源”的说法，在法国、西班牙及我国发现的岩洞壁画就是古文字的原形。当时的人们用图画或象征性图形来表达意义记录信息。关于文字起源的时间，有说是公元前4000年，两河流域和埃及出现象形文字。但是大多数学者认为文字约产生于公元前3000年左右，还有人认为是在约公元前6000年左右。文字在传承文化和传递经验上起到了非常巨大的作用，它不断提高人类创造的起点，拓宽了人类征服自然的范围。到公元前1700年，波斯湾以北的苏美尔人发明了楔形文字；公元前1200年，希腊出现了人类第一套完整的字母文字。而我国最古老的比较成熟的文字是3500年前殷王朝时期出现的甲骨文。经过人类社会的长期发展，文字从单纯的记事图画发展到有了读音和语义的文字化图像；从个人表达情感的复杂图案发展到大家公认的简单符号。这样，世界上出现了表形、表意和表音三种不同形式的文字。

文字是人类掌握的第一套体外化符号系统。它的记录离不开物质的载体，在我国古代，人们常将文字刻于石壁和金属器皿之上用以歌功颂德。我国的傅山碑林、西安碑林、浯溪碑林等就是古代留下的文化遗产。除此之外，木简、竹简、锦等等也是我国曾出现的记录工具。随着文明的进步，笔墨纸张开始出现，这种记录方式更加简单轻便。从石壁、石器、陶器、青铜器到甲骨、竹简、木简、羊皮，再到纸张……文字的产生大大加速了人类利用体外化媒介系统的进程。

英国历史学家杰弗里·巴勒克拉夫在《泰晤士世界历史地图集》中指出：

> 公元前3000年左右的文字发明，是文明发展中的根本性的重大事件。它使人们能够把行政文献保存下来，把消息传递到遥远的地方，也就使中央政府能够把大量的人口组织起来。①

这段话不仅指出了文字发明的时间及其对人类文明发展的重大意义，而且表达了文字能够跨时间、跨地域传播的特点。文字使信息摆脱了人体的束缚，承载于一种能够独立存在的有形符号。通过书信的传送，人们可以了解活动范围之外发生的事情；通过书籍的记载，我们可以了解千年之前发生的事件。除此之外，文字还摆脱了口语传播易使信息变形的缺点，使信息传播更加规范。文字方便记载，它的发明使信息的载体扩大了，它所承载的信息更复杂、更繁多。如果没有文字，单凭口语传播，中华民族的文化宝藏根本不可能流传至今。

文字的产生在人类社会发展史上具有极其重要的意义。

其一，文字是人类文明的标志。文字产生后，人类文化中由于口语传播不确定所产生的随意性降低了，制度和思想乃至整个社会的发展更加规范化、系统化。人类经验在记录的基础上不断归纳叠加，他们的成就高于以往的任何时候。人类社会由原始走向了文明。

其二，文字推动了各地区经济、政治、文化的交流融合。例

① [英]杰弗里·巴勒克拉夫主编：《泰晤士世界历史地图集》中文版，三联书店1985年版，第53页。

如,在春秋战国时代,有很多宣传“合众连横”的政客,又有“百家争鸣”的学者,他们利用文字晋见、记录,促进了各国的相互交流,也创造了精彩纷呈的百家文化。

其三,文字使大规模社会管理和控制成为可能。在我国古代,秦始皇要求“书同文,车同轨”就为秦国统一六国作出了不可忽视的贡献。

其四,文字的发明和使用带来了社会结构的变革。由于文字传播具有复杂性以及初期文字记录的高成本,因此在文字产生之初不是所有的人都能够游刃有余地使用文字。社会上出现了特定的使用文字的阶层,这些精英阶层把文字的使用方法和使用权牢牢掌握在自己手中。这种对文字传播的垄断又促进了政治、经济、社会分层的加剧。

其五,文字的产生使文化传承有了确切可靠的资料和文献依据。它尤其为民族文化的长存、民族的团结作出了巨大贡献。“要消灭一个国家首先要消灭它的文字。”正是由于这一点二战时法西斯国家才要求其占领地使用它的文字。“语言文字,它不仅使一种交际工具,而且是维系一个民族的巨大力量”①。

语言的产生是人类传播史上的第一个里程碑,它使人从动物变为了人类;而文字的产生是人类传播史上的第二个里程碑,它使人类从原始走向文明。

三、印刷传播时代

文字发明之初,人类是用篆刻或手抄的形式将文字信息记录或复制下来。这种方式效率低、成本高,只能在少数“精英”

---

① 张岱年、程宜山:《中国文化与文化争论》,中国人民大学出版社 1990 年版,第 14 页。

中传播。而到了印刷时代,信息通过机械化生产大量复制,印刷使人类社会从“专制”走向“民主”。

印刷时代的来临需要两大硬件:纸张和印刷术。纸张的发明是在公元105年以后,我国东汉时代的宦官蔡伦利用破布、麻头、树皮等制造了纤维纸。而印刷术的发明则可追溯到公元450年,我国唐朝出现雕版印刷;到宋庆历年间,毕昇发明了胶泥活字印刷。但是,这时的印刷术靠的是手工劳作,效率低,操作麻烦,而且受到当时政治、经济条件的制约,未能形成规模生产,技术发展也处于停滞状态。直到公元1456年,德国人古登堡发明金属活字印刷,将压榨机改为印刷机,这才使手工作业印刷转化为信息的机械化生产。古登堡的发明标志着印刷时代的到来。到19世纪初,以蒸汽机为动力的印刷机出现,信息开始以前所未有的规模大量复制。

印刷传播相对于手抄传播而言,优势显而易见,就是信息的大量复制,批量生产。这种优势带来了人类历史上的两大革命:

1. 传播界的革命

印刷传播促成了近代报刊的诞生和大众传播时代的来临。1605年,世界上第一份定期出版的报纸荷兰的《新闻报》创刊;1833年本杰明创办了第一份成功的大众化报刊《太阳报》。这两大报纸的出现在传播史上具有重大的意义,而它们都是建立在印刷传播的基础上的。

2. 社会制度革命

印刷传播带来了资产阶级民主革命。美国学者阿特休尔在《权利的媒介》一书中指出:“正是印刷术的发明(而不是别的)使历史从中世纪发展到近代;这期间,能够阅读的大众日益增多导致了思想的广泛传播,思想的广泛传播又推动了哲学和科技的变革。这些变革最终推翻了教士和贵族的统治,从而产生了崭新的政治、经济、社会、文化和宗教制度”①。

我们知道每一次社会的变革都伴随着生产力的巨大发展和社会观念的巨大变革，而印刷传播正是带来了这些。首先，信息的大量复制和大众报刊的出现促进了知识的普及，使教育面向民众，扩大了民众的视野，开启了民众的思想；其次，印刷传播使得新思想新知识能够快速被人们掌握并且运用到生产上，加上后来以大众传媒为载体的广告的出现，推动了生产力的发展；再次，大众传媒的出现使民众有了了解政治参与政府的机会，推进了民主的进程。

四、电子传播时代

进入大众传播时代以后，人类社会的发展进程不断加快，人类传播很快也迎来了新的革命。19 世纪中后期，电子传播技术开始产生和发展。

电子传媒分为人际或小众传媒和大众传媒两种。人际或小众媒体包括电话、电报、手机等；大众媒体包括广播、电视、电影等。而网络媒体更是集人际传播（如 e－mail）、小众传播（如视频会议）和大众传播（如新闻发布）于一身的新兴媒体。

在电子传播的发展历程中有三次飞跃：20 世纪初广播、20 世纪中电视、20 世纪末网络的出现。

1840 年美国人 S·莫尔斯发明有线电报，开通了从华盛顿到巴尔打的电报线路，成功拍发了第一条电报“上帝创造了何等的奇迹”，揭开了电信时代的序幕；

1858 年，第一条横跨大西洋的海底电缆铺设完成，沟通了欧美两大洲的电讯联系；

---

① ［美］J. 赫伯特·阿特休尔：《权力的媒介》，黄煜、裘志康译，华夏出版社 1989 年版，第 4 页。

1876 年,美国发明家贝尔研制出电话,使声音突破了空间的障碍;

1877 年,美国人爱迪生发明了留声机,使声音突破了时间的障碍;

1894 年,托马斯·爱迪生发明的电影摄像机开始在纽约放映电影;

1895 年,意大利科学家马可尼成功进行了无线电通信试验,开无线传播之先河;

1902 年,无线电横跨大西洋;

1904 年,英国人弗莱明发明了二极管,1906 年,美国人德弗雷斯特又发明了三极管,解决了无线电通讯上的关键性技术问题;

1906 年,美国第一个无线电节目试播,1910 年,无线电广播初次试验完成;

1920 年,美国西屋电器公司创立了世界上最早的无线电广播台——KDKA 广播电台,无线电开始用于大众信息的传播;

1936 年,英国建立了世界上第一座正规的电视台,标志着电视的诞生,50 年代,彩色电视节目播出,电视迅速普及;

1950 年,出现社区天线电视系统,标志着有线电视技术的出现,到 70 年代以后,有线电视迅速普及;

1957 年,苏联发射了第一颗人造卫星,1962 年,美国发射了"电星 1 号"卫星,专用于传播电视节目;

从 20 世纪 90 年代开始,各国陆续提出建设大面积的信息传播网络……

电子传播从一开始就显示出它无与伦比的优势:一方面,它实现了远距离的快速传播,使信息的传递突破了交通工具的限制。在印刷时代,一件事实成为新闻要经过写稿、交通工具传送、印刷再到发行的漫长过程;而在电子时代,广播电视可以对遥远地方的新闻事实进行即时直播，大大压缩了信息传播的时间和空间，使其成为一个独特的跨时空产业。而网络的发明，更是印证了麦克卢汉关于“地球村”的预测。另一方面，它形成了人类体外化声音信息系统和影像信息系统，使人类的传播形式更加丰富，传播情境更加真实，也满足了更多层次受众（如小孩、文盲等）的信息接受条件。

电子传播的发展带来了人类社会的巨大进步。首先，电子传播依靠卫星和电缆实现了全球化，这使得信息的交流比以往更顺畅，信息的分布比以往更广泛。人们可以在地球的一端马上得知另一端所发生的事情，整个地球出现了缩小的趋势，而人类的发展也更加迅速。其次，电子传媒尤其是网络传媒的发展带来了人们生活方式、消费方式的改变。人们可以在家中交费、工作、购物，大大方便了人们的生活，减少了时间和体力的耗费。但另一方面，又出现了消极的“电视人”、“容器人”等。再次，使人类知识经验的积累及文化传承的效率和质量产生了新飞跃。人们不仅可以用抽象的符号，也可以用生动的音像记录知识经验和文化。

通过以上四个阶段的发展我们可以发现：人类传播的发展史不是一个媒介取代另一个媒介的过程，而是传播媒介依次叠加的过程。

在这个不断叠加的过程中，人类传播的发展速度越来越快，新技术精巧程度越来越高。

F. 威廉姆斯在《传播革命》一书中绘制了一个传播史表盘。在这个表盘中显示了从克罗马农人以来 360 个世纪的人类传播发展阶段分布。从 00:00 到 20:00 属于口语传播时代，占一天时间的 20 个小时；从 20:00 到 22:38 属于文字传播时代，约占 2 个小时；从 22:38 到 23:57 属于印刷传播时代，所占的时间为 1 小时多；一天时间的最后三分钟属于我们现在所处的电子传播阶段。可见人类传播是呈加速度发展的。从体内化符号系统到体外化符号系统,从体外化文字符号系统到体外化声音和影像的符号系统,人类传播媒介从引发单一的感觉发展到感觉的集合,传播的速度越来越快,范围也越来越广。

除此之外,人类传播史的发展也存在另一个规律:社会发展与媒介发展形成互动。社会的发展为媒介的发展创造物质条件和主体需要,媒介的发展又推动了生产力和人们知识、思维的发展,加快了社会发展的历史进程。

今天,我们的社会具备了比以往任何时候都要强大的生产力和信息技术,社会发展的齿轮越转越快,相信在不久后的一天,我们将发现比网络更加先进的技术,迎来传播史上新的革命。

【练习题】

1. 什么是传播？如何理解其含义？
2. 简述传播的特点？
3. 结合实际,简述传播的主要功能？
4. 传播的负面功能有哪些？如何克服其产生的负面影响？
5. 人类传播的发展可以划分成几个阶段,各阶段的特点是什么？

第三章　传播者

传播者话语权
把关
个体传播者
组织传播者

本章概要

人类有别于其他动物社会的主要区别是人类传播的特性。有意识地主动充当传播者，主动寻求信息、传递信息是人的卓越之处。我们将传播者看作是传播起点的个人、组织、社会的混合体，并依据由小到大的分析层次从三个层面加以分析和思考：个人层面上的个体传播者；组织层面上的大众传播媒介；社会层面上的大众传播制度。

学完本章后，你应当能够：

- 了解传播者的角色、特点、权利、社会责任和职业道德建设；
- 考察媒介组织是如何运作的；
- 掌握把关人理论以及把关人所充当的角色和特征，并能列举出他有哪些功能和责任。

传播者是传播活动中的第一个要素，是使传播得以实现，传播媒介得以发挥作用的一大要素。传播者就是传播主体，是传播信息内容的发出者，是对传播过程产生直接影响的重要因素。尤其是面向大众的传播者，是维系社会的纽带，是人类文明进程中活跃的因素。我们可能永远无法完全了解整个世界，无法完全地客观地反映世界，但人类的求知欲是永无止境的，人类社会能够延续并发展，借助的正是人类文明的传播者。

在传播者的研究中，我们一般将传播者看作是传播起点的个人、组织、社会的混合体，并依据由小到大的分析层次从三个层面加以分析和思考：个人层面上的个体传播者；组织层面上的大众传播媒介；社会层面上的大众传播制度。在这里我们重点探讨前两者。大众传播制度另有专章论述。

第一节 个体传播者

在传播活动中，最活跃的角色莫过于作为传播者的人，即使我们把传播者看成是传播组织，组织也是由单个人组成的。所以，研究传播者，离不开研究个体传播者。个体传播者研究即传播个人层面的传播者研究，是一种微观的分析。它涉及个体传播者的角色、特点、权利、社会责任和职业道德建设等各种自身因素。

一、个体传播者的定义和分类

在传播过程中，凭借生理或各种技术手段向对象发出信息的一方即为传播者。它是一个广泛的概念，既指传播机构，也指传播机构的从业人员，同时也包括那些单独的个体传播者。本节中的传播者主要指那些单独的个体传播者。

传播者是发起传播行为的人，是利用某种传播技术和工具，以发出的信息主动作用于他人的人。传播者是相对于受传者、也就是接收者而存在的，二者是相互依存的关系，并且常常互换角色。这种角色的互换，也是传播的需要，是信息沟通、回环流动和增殖的基础，是社会得以保持活力的基础。

依照不同的分类标准，传播者也可分为不同的类别。

1. 按照与受传者的关系，传播者可分为直接传播者和间接传播者两类

(1)直接传播者。在人类的传播活动中最早出现的就是直接传播者，他主要活跃于个体与个体面对面的传播中，角色极不固定，很快就转为受传者并始终在两者之间变化。对直接传播者来说，传播者同时就是传播工具，能运用的主要是自己的身体各器官。但是我们也应看到，直接传播者一直是传播领域最为活跃，数量也最为庞大的一部分，他们亲自传播着最具人情色彩的信息，大众传播的影响力也常常要借助直接传播者的力量才能得以更好地发挥。直接传播者的身体语言，比如动作、手势、表情、语音语调等往往比语言本身更具有感染力，这是直接传播者的一个突出的特点，即使在电子媒介已普遍运用的今天，我们仍然无法忽视直接传播者的强大作用，他们仍然是传播活动的强大基础。人们可以不接触大众传媒，但却无法不与人交流，有交流就有直接传播者的存在。这也正是大众传播媒介力求将大众传播与人际传播结合起来，力求培养更多的直接传播者，从而加强传播效果的主要原因所在。

(2)间接传播者。自从人类学会以结绳记事、刻画记号图画来传播消息，并用火光等来传递信息时，间接传播者就产生了。不同于直接传播者，间接传播者与传播工具是分开的。绳子、刻画记号的石块还有火光，都不是传播者自身的一部分。但是开始时间接传播者的活动范围是很小的，传播对象也少，更多的还是以亲自传播为主，与后来的间接传播不大一样。随着交

通工具的发展，间接传播者的作用也得以增强，传播范围得以进一步扩展。而造纸术、印刷术、电子媒介的产生，无异于添翼与虎，空前地增强了间接传播者的影响效力。借助于传播工具也就是各种媒介，间接传播者的活动舞台越来越广阔。

2. 按照在传播活动中地位的不同，传播者可分为普通传播者、专职传播者和辅助传播者三类

(1)普通传播者。不是专门负责传播的人，同时也包括那些不以传播谋生，但经常从事传播活动的人。这一类传播者所传播的信息多为大众日常生活内容或是群体所关心的话题。

(2)专职传播者。原始社会时期，氏族和部落的长者、酋长、巫师等就是实际上的专职传播者，只是由于当时的社会条件所限，传播活动主要还是以亲身传播为主，规模化的传播活动尚未广泛形成。

国家产生以后，就开始形成了专职的传播机构，专职的传播者随之大量产生。

造纸术和印刷术产生后，官方的编修馆、书局、民间印刷刊刻作坊等大量出现。传播者开始面向更为广泛的接收者进行间接传播，传播者内部也出现了越来越细致的分工。间接传播因为社会的稳定需求而逐渐成为一种稳定的职业，并演进成为社会发展必不可少的一个行业。大众传播事业突飞猛进的发展，使得传播者内部的分工日趋多样化，出现了大量的专职传播者。专职传播者的概念既是与普通传播者相对而言的，也是和辅助传播者相对而言的。专职传播者一般是指直接从事传播工作的传播工作人员，比如报刊的编辑、记者，广播电视的制片人、编辑、主持人等，还有广泛兴起的网络编辑、网络主持人等。总之，专职传播者一般是控制传播内容的那部分人群。

(3)辅助传播者。主要是与专职传播者相对而言的，专职传播者对传播内容起着决定性的作用，然而在今天的传播领域，

没有辅助传播者,顺利、有效的传播是不可想象的。举一个简单的例子,新型的传播方式——互联网络的兴起,使无数专业编辑跃跃欲试,想在这一新的领域一显身手,但多数人很快就发现,原以为自己早已驾轻就熟的工作此时却变得如此陌生,离开了网页制作专门技术人员的帮助,工作简直无法展开。①

在大众传播中传播者既指组织机构媒介,也指个人,即媒介组织机构的从业人员。媒介从业人员个人负责搜集加工信息、制作信息等具体操作。

二、个体传播者的任务

传播者的任务决定于传播工作的性质,决定于它与传播活动中信息因素的关系。他的任务就是如何把有价值的信息,有效地传达至接收者处,并取得相应的效果。但传播活动尤其是大众传播是一项较为复杂的、协同性较强的工作,不同传播者在传播活动中所起的作用也不尽相同。具体来说,传播者的任务主要有下述几点:一是收集信息;二是加工制作信息;三是收集处理反馈信息;四是议题设置。

1. 收集信息

传播主要是一种输出性活动——由传播者向受传者输出信息,从控制论角度而言,任何一个系统只有输入必要的内容,才有可能产生必要的输出。传播者只有掌握了大量的信息之后才能有选择、高质量地向外输出,也才能完成把关人的角色责任。所以,广泛地收集各方面信息是传播者的第一任务。这是作为传播者尤其是专职传播者的立身之本,是传播活动顺利进行的前提条件。

要保证在错综复杂的社会环境中及时得到各种信息,对传

---

① 张迈曾:《传播学引论》,西安交通大学出版社 2002 年版,第 155 – 156 页。

播者就有一定的要求：

第一，高度的政治敏感性和敏捷的思维能力。

第二，要能吃苦耐劳，有多方面的工作能力和生活适应性。

第三，细致的观察力、准确的辨认力和迅速的判断力。

第四，要有较高的理论水平和丰富的知识、材料的积累。

第五，传播者要有明晰、准确的表达能力。

2. 加工制作信息

传播者千辛万苦采集到手的信息往往只是一些原始的素材，并不能直接进入传播过程，尤其是对专业性传播机构和传播工作者来说，他们对于所要用于发布的信息必须进行内容上和形式上的加工，使之既符合特定社会集团的要求，又能满足社会公众的需求，同时还适宜于特定媒介的技术要求。信息的加工制作过程是传播者把关人角色最直接的体现。

在加工制作信息过程中，有两个原则性的问题需要加以注意：一是要注意将政治、经济、文化的大气候同广大受传者的切实利益结合起来加以考虑，也就是我们常说的将国家民族的长远利益同群众的眼前利益结合起来加以考虑。要善于寻找长远目标和群众现实利益之间的结合点，如果能在这个结合点上挖掘、加工、发布各种信息，那才真正发挥了传播者反映现实、参与现实的积极作用。二是要处理好个人兴趣、个人追求同国家政策、同群众利益之间的关系，不能用个人感情代替信息加工制作的标准。

从信息加工制作的过程来看，在工作中有四条具体的要求：

第一，无论是简单的加工还是复杂的制作，自始至终都要保证信息的真实、准确。

第二，要力争使经过加工后的信息在内容上和形式上都有独特之处。有无与众不同并引起受众注意的信息，直接决定了传播机构和传播者本人的社会价值。目前，各传播机构的竞争中,突出信息的独特之处是主要竞争内容之一。

第三,在选择信息和制作加工时要注意与受众的关注焦点相协调。在不违背信息真实性原则的前提下,在信息加工中突出同受众关注焦点相一致的内容,并采取符合公众关注焦点的形式制作信息。要使广大公众感觉到传播者同他们是同甘苦共命运的,从而拉近双方之间的感情距离,使公众的观念在潜移默化中向既定方向变化。

第四,在信息加工制作阶段就要考虑到信息的"出路",考虑到将要采用何种传播媒介。力求使经过加工的信息(符号)符合特定媒介的技术要求。现代信息传播是一项集体性的社会活动,需要多工序的配合才能完成。在加工制作信息时要力求为下一步工作提供方便,留有余地。

在现代化传播机构中从事信息加工制作工作,除了上述要求之外,传播者本人还要掌握必要的信息加工制作技术,如写稿、改稿、制作标题、拍电视、作录音、编辑、排版和电脑操作、翻译等。①

3. 收集处理反馈信息

不论是多么高明的传播者,也不论事前的准备工作多么充分,在实际的传播过程中都会出现一些事先没有料到的问题。传播效果的取得也可能出现各种情况,有时可能远离预定的目标。怎样才能随时了解传播过程的各种实际运行情况和所出现的变化,怎样才能准确地把握传播活动的实际效果呢?这主要依赖于对传播过程中各种反馈信息的收集和处理。

收集和处理反馈信息,关键是要有正确的态度。要将受传者放在传播活动的重要位置上,重视他们、尊重他们,对他们发出的各种反馈信息都要认真对待,热情处理,不能有丝毫的反

① 段京肃、罗锐:《基础传播学》,兰州大学出版社 2002 年版,第 140 - 141 页。

感。特别是对那些同传播者个人感觉不同的反馈信息更要格外关注,吸取其中的合理成分。

4. 议题设置

社会舆论普遍具有倾向性的特征,一般表达的是公众对社会问题的判断。人们关注公众对一些特定问题赞成或反对意见的分布情况,并因此进行舆论研究。1961 年英国学者特雷纳和麦克奎尔根据他们对电视和政治现象的研究指出,研究得出的证据明显地说明人们思考媒介提出的问题,但并不一定支持媒介灌输的观点。之后美国学者库恩也提出了类似的意见,虽然尚未用议题设置一词,但他们提出了日后议题设置论的基本观点:大众传媒的传播活动,左右着公众思考和议论的主要问题;媒介及其从业者有义务把有些问题确定为社会公众的议题。

在当代社会,对于有些客观事实,很多人是没有办法直接接触的,他们所接触的只是通过媒介报道的事实。对重大的社会事件,人们主要依赖媒介提供的信息来了解这些事件发生的始末与背景;媒介报道新闻的过程,是与他们对新闻事实的选择,对信息的把关不可分割地联系在一起的,经过这样的信息把关活动,媒介就形成了自己的议题或议事日程,贯穿于大众传播过程的每一个具体环节。毫无疑问,媒介从业人员日常对信息的选择和传播方式,直接影响公众对现实的理解,他们设置的议题使某些事实从无数客观事实中凸现出来,公众往往把这些信息视为重要的问题,另外,公众也会根据信息在传媒中出现的频率来判断议题及其背后的信息重要与否。因此,大众传播者的议题设置极大地影响公众对现实世界的认识和对事实重要性的理解。大众传播者要认识到这一点,充分发挥自己的主观能动性,充分发挥大众传媒的导向作用,在传播活动中对有些主要议题要有长期而深入的关注。一类是与人们生活息息相关的问题,几乎所有的人都可通过自己的切身体会亲身感受,像物价上涨、房改、医保等等。另一类是只有部分公众能通过个人经验亲身感受的问题。像贫困地区少年失学问题，对城市里富裕的人群来说，如果没有传媒的报道，他们是难以想象的。还有一类就是与公众的普遍经验都相距较远，但却是这个世界不可分割的一部分内容，像国际关系，像人类登上月球等。这三类议题都是媒介经常接触报道的话题，然而关注不同的话题，采用不同的传播策略以及利用不同的传媒方式等都会对受众产生不同的影响。①

三、个体传播者的权利

传播者的权利可理解为传播者通过现代传播媒介对他人或社会进行影响、操纵、支配的权利。传播者具有是否或如何报道事件、界定议题以及对议题提供解释与论述，由此形成或塑造公共意见的种种能力。传播者通过占有、操纵媒介实现对被支配者的信息控制，迫使被支配者在认知行为和价值判断上顺从于支配者的利益要求。

一般而论，传播者的权利，可分为普遍性的与专业性的两种。普遍性权利指的是一个国家公民进行传播活动的自由，一般由国家的宪法予以规定。专业性权利，特指的是大众传播领域工作人员的权利，包括新闻、出版、文艺、文化机构的专业权力。这些权利主要包括知情权、编辑权、知识产权、秘匿权和安全保护权等。

1. 知情权

又称"知晓权"、"知的权利"。人民有权力知道他所处的政府、社会动态及一切有利于正当活动的信息，这是人民的知情权。这实际上也就是新闻传播中所说的采访权，即传播者有权

---

① 张迈曾：《传播学引论》，西安交通大学出版社2002年版，第167－168页。

接近他们认为有必要接近的消息来源，有权进入新闻事件发生地，有权采访与事实有关的各方面人士，有权要求有关人士和有关方面为他们提供真实可靠的信息。表面上看，传播界是独立于社会各种团体之外的一种特殊行业，他们与所采访的对象并无行政隶属关系，但实际上他们是在代表社会、代表大众从事这种社会性的工作。在一个民主开放的国家中，人民群众有权知道一切有关生活、生命财产安全、生产运行过程及其他方面的各种消息，他们要求传播者能及时而全面地提供这些消息。为了很好地履行这一职责，传播者自己首先要有权了解受传者应知的甚至更多的各种消息。知情权的获得需要全社会的配合，并应有法律的依据或行政法规的协调。不论在什么时候，传播者所要获取的信息并不是全部令人愉快的。有些信息对当事人和当事的社会组织可能不利，传播者采访这类信息时就可能遭到拒绝或有其他障碍。有了法律的支持才能圆满地达到工作目的。知情权有多种形式，一种完全是由传播者掌握，他可以在法律许可的范围内，采访任何他认为重要的、感兴趣的事件，可以与任何部门、任何人接触；另一种是有限的，即由编辑部和行政机关联合任命与委托传播者，在有限范围和时间内进行采访。传播者必须在行政机关认可的情况下，为大众采集感兴趣的信息，而防止泄漏国家机密。国家对大众传播者知情权的认定是通过限量发放记者证等形式实现的。

2. 编辑权

这是一种对信息进行控制的把关权，同时又是一种自控权力。它的内容包括决定和实施编辑方式；行使一切必要的业务权。许多国家的有关法律中规定传播者独立工作不受其他社会力量干扰，实际上就是保证传播者有权决定什么信息进入传播过程，什么内容不能进入传播过程。信息社会中，信息是资源，是财富。对信息的控制也就是对生产资料的控制，这就使传播者的编辑权在社会生活中格外引人注目。在现代传播活动中传播者的编辑权还大量地通过各种编辑处理技巧表现出来，对各种相关信息可根据编辑者的态度予以突出、强化或夭折、淹没，在表面上客观、公正的掩护下表达自己的倾向和观点。当然，传播者毕竟不能脱离社会和所属团体而从事传播活动，所以他必须根据特定的社会需求、根据特定的政治经济利益、根据传播媒介的特点来决定编辑方针，小心谨慎地行使信息的取舍、修改、制作等方面的权利。要在服从国家民族根本利益、维护所属传播机构根本利益的前提下控制个人因素的作用。①

3. 知识产权

传播者制作出信息产品后，信息产品的复制权就由该传播者控制，不经其同意，任何个人或机构不得完整地大量地复制，这便是我们常说的知识产权。知识产权分为精神权利和经济权利两个方面。精神权利是法律赋予的人身权，包括作者有公开发表作品的权利；有在作品上署名或不署名的权利；要求承认作者身份的权利；要求保护自己作品完整性的权利；必要时修改作品的权利；收回已经发表作品的权利。经济权利是法律赋予作者的财产权，即作者本人或授权他人利用自己的作品获取经济报酬的权利。任何单位和个人如果以出版、复制、改编等各种形式使用作者的作品，则应向作者支付相应的报酬。经济权利的保护一般有期限的不同规定。知识产权有本国性的和国际性的。根据一国法律产生的知识产权，只在该国范围内有效。参加国际性知识产权公约而获得的知识产权，在所有签约国范围内享有国际性知识产权。目前的国际性知识产权有两个条约，一是1886年9月签订的《关于保护文学与艺术作品的伯尔尼公约》；二是1952年8－9月在联合国教科文组织召开的会议上通

① 段京肃、罗锐：《基础传播学》，兰州大学出版社出版2002年版，第144－145页。

过的《世界知识产权公约》,我国于 1992 年加入该公约。目前国际上有"世界知识产权组织",定期开会研究国际知识产权的保护。我国于 1990 年制定颁布了《中华人民共和国著作权法》,把知识产权的维护正式纳入法制的轨道。

4. 秘匿权

秘匿权也叫"取材秘密权"与"消息来源保密权",即传播者、新闻机构有对消息提供者的情况实行保密的权利。消息来源提供的消息和消息提供者本人的情况,传播者只向本机构主管人说明,对外则严加保密。在西方新闻界,一直将这一权利作为一项传统的职业道德加以奉行。其理由是:如果不保守消息来源的秘密,则是对消息提供者自身权利的一种侵犯,传播机构也将因此而失去他们的信任,以后便没有人愿意再向传播者和传播机构提供消息;同时,保守秘密也是为了保护消息来源的名誉和人身安全,有些消息公开传播之后,将因为涉及到某些人的利益而对消息来源构成不同程度的威胁。我国大陆没有关于消息来源保密的法律规定,但并不意味着没有消息来源保密的问题。当公开消息来源后可能给提供者带来不利因素时,传播者应尽力予以保密,防止消息提供者遭报复打击的事件发生。在行使消息来源保密权时传播者也应谨慎,主要是要注意考察消息来源的可靠性,防止有人利用这一权利而传播不负责任的信息。当必须要公开消息来源时,提供者要力争使自己所提供的消息来源能够对有争议的传播内容负责,至少不否认自己与消息的关系,防止使传播者处在一个非常难堪的境地之中。[①]

5. 安全保护权

安全保护权指传播者在正常履行职责时有权要求社会对自己的人身安全加以保护,不能因为开展合法的传播活动而受到

---

① 段京肃、罗锐:《基础传播学》,兰州大学出版社 2002 年版,第 146 页。

非法的攻击、诬蔑或其他形式的侵犯，甚至被抓被杀。传播者人身受侵犯的情况时常发生，世界上几乎每年都有记者遭暗杀、被绑架的事件发生。从早期的布鲁诺等异教徒到后来的马克思、列宁等革命者，无不时时刻刻面临着危险，很多还为之付出了生命的代价。我国历史上诸如张作霖以“赤化”为名枪杀著名记者、新闻学家邵飘萍；《申报》总经理史量才 1934 年被国民党特务暗杀；以美国为首的北约轰炸科索沃时，在一线工作的中国新闻工作者许杏虎等人献出了宝贵的生命。因此《国际交流研究委员会文件第 90 号》倡议讨论对新闻人员提供特殊保护。《日内瓦公约》中关于保护国际武装冲突中受害者的附加协议里，就有一项保护新闻人员的条例，规定应将在冲突地区从事专业任务的新闻传播人员视为平民而予以有条件的保护。

1978 年，联合国教科文组织通过的关于大众传播工作的宣言第 2 条第 4 款规定：“保证从事大众传播工作的新闻人员和其他人员在本国和国外都能得到保护，保证他们有进行本职工作的最好条件，是十分重要的。”虽然也有不少害群之马利用安全保护权进行危害社会的活动，一些记者也认为要求特殊保护会削弱独立性，大众传播者这一特殊性质的工作还是要求对从业人员的安全性要有足够的重视。[①]

当然，不论对大众传播中的传播者来说，还是对其他传播中的传播者来说，都具有上述的权利。作为一个公民享有宪法所规定的一切权利。此外，对组织传播及人际传播中的传播者来说，他们的角色常常在传播者与接受者之间变换，具有更多相对自由的权利。

---

① 张迈曾：《传播学引论》，西安交通大学出版社 2002 年版，第 173 - 174 页。

四、个体传播者的责任

世界上没有完全不受约束和规范的传播自由。法律在保护新闻传播者权利的同时,也规定了他们应尽的责任和义务。社会在赋予传播者特殊权利的同时,也对他们提出了相应的责任要求。一方面,要求他们很好地履行自己的职责,向社会及时迅速地提供各种信息;另一方面,又要求传播者慎重行使自己的权利,要在自由开展传播活动的同时,承担必要的社会责任。

狭义的传播者社会责任主要是指其道德责任。传播者作为一种特殊的行业的从业人员,它既要承担经济责任和法律责任,又绝对不能忽视其社会责任。传播者的基本社会责任包括:真实明智地充分报道公众事务新闻;充当公众意见与批评的论坛;真实平衡地报道社会团体事务,促进相互了解;确立社会价值标准和社会共同奋斗的理想目标,并以此教育大众等。但在利益主导的市场经济中,如果没有保证这种传播者权利和责任的相应约束机制,就难免发生“权利”与“权力”的错位,传媒也就由公众利益的守护者变为个人或小集体谋求私利的工具,舆论监督也自然会畸变为一种谋求私利的手段和装饰。所以,要求传播者履行社会责任,实质上也就是要求传播者讲求伦理道德。

传播者的社会责任在不同国家有不同的要求和内容,一般都以法律法规中的有关条文加以规定。在西方则流行所谓的“社会责任论”,强调自由是伴随义务的,享有特权的传播媒介和传播者,对社会承担公众通讯工具的主要职能,这一责任是传播机构业务政策的基础。为确保担负社会责任,这一理论还主张实行政府干预的方法,强制传播机构实行这种转变。西方新闻传播界称“社会责任论”是传播领域中一种“积极的自由”,为了维护整个国家和资本主义制度的社会与稳定,需要实行一种“有控制的新闻传播自由”;传播机构和传播者也要作必要的

“自我改进”,做好社会安全与自由的“警卫”。

在我们社会主义中国,对传播机构和传播者的社会责任历来都有明确的要求。当然这同西方的“社会责任论”是有很大不同的,它维护的不是少数人的利益和自由,而是要求尽最大可能保护广大人民群众的利益和自由。总体上来说,我国对社会责任的要求主要是传播者要对人民利益负责,自觉地服从代表人民最高利益的共产党的正确领导,服从人民政府的科学管理。在国家法律允许范围内,在各级有关部门统一管理下开展正常的传播工作。一般来说,传播者的社会责任可以归纳为四个方面:保守国家机密;保守法律秘密;维护民族团结;维护国际和平。①

五、个体传播者的职业道德建设

1. 传播者的职业道德

传播者的职业道德主要是传播者个人行为的规范与要求。所谓传播者职业道德是指传播者在信息的收集、发布过程中与社会各阶层人士处理关系时的行为规范和准则。它在一定的历史时期形成并逐步发展完善,最终为大多数人所接受并信奉。传播者职业道德是社会道德、人类总体行为规范在传播领域的具体表现。传播职业道德没有法律的强制性,也不像党纪、政纪那样有约束力,而是传播领域人员自觉遵循、在长期传播实践中约定俗成的行为规范与准则。下面我们来介绍传播者应该具备哪些约定俗成的职业道德。

第一,传播者要对国家和民族利益负责。

许多国家都用法律的形式对传播者要承担的责任做出了相应的规定,主要内容涉及以下几个方面:(1)传播者不得泄漏国

① 段京肃、罗锐:《基础传播学》,兰州大学出版社 2002 年版,第 147 页。

家政治、经济、军事、外交方面的机密。凡未公开发行的内部刊物文件等,一律不得向限制范围以外的人传播。不得从事其他有损国家、民族利益的传播活动。(2)不损害国家各民族人民的团结、和睦与合作。要实现社会的发展和繁荣,团结与稳定是第一位的,因此维护和增进各族人民的团结,是义不容辞的责任,是大众传播者必须遵守的职业准则。(3)未经有关部门批准,不得为外国相关机构提供服务。这主要是指在提供非日常生活信息时,不得涉及有损国家利益的机密文件、经济信息以及军事情报等。(4)未经批准,不得公布法庭秘密和开庭审讯的内容。某些案件,在未弄清事实之前,不宜公开传播,以免给法庭工作带来不必要的麻烦,妨碍正常的法律程序。还有一些案件,因涉及机密内容,既不能公开审讯,也不宜公开报道。

第二,传播者要遵守新闻道德。

新闻道德规范一般由新闻机构做出规定,是新闻从业人员进行自律的一种手段。它包括:(1)不得传播虚假的、未经证实的消息情报。这是保证新闻真实性的最基本的要求,也是保证传播者在受众心目中良好形象的最基本的一条。(2)要保持大众传播者工作的正当的独立性,不要因为政治经济等方面的负面影响而改变自己原有的正确立场。这点是最重要的,也是"新闻自由"所提倡的。(3)不得对任何个人或团体进行诽谤或不实报道。这同样是传播求真求实的基本要求,同时作为一种公众产业,传播者是以一种公众形象的身份出现的,要求他注意自身的言行,不要触犯社会生活的规则。法律对诽谤或不实报道的行为已有定性,进行这一类的报道是触犯法律的。(4)未经当事人同意,不得擅自拍摄其非公开活动的照片,不得擅自录制和公开别人的谈话,不得刻意了解或传播别人的私生活隐私。传播者要具备一定的法律常识。(5)不得以权谋私,不得行贿受贿。(6)不得为追求宣传效果而制造假新闻。新闻炒作不是长久之计,更何况假新闻根本就违背了新闻传播的实质。

2. 加强传播者职业道德教育

学校教育是传播者职业道德教育的主要阵地。如果在学校教育的过程中,学生没有及时建立正确的媒介伦理道德观,毕业后,他/她们很可能受一些社会不良风气的影响,随波逐流,其并不牢固的道德壁垒很快就会被经济利益攻破。

高校的新闻传播院、系是培养媒介工作者的摇篮。新闻传播学专业的学生如果在学校受教育的时候就能够受到良好的职业道德教育与训练,这些良好的道德观念在长期实践过程中就会慢慢内化,成为其自身内在的品质。在以后的媒介工作中,这些内在品质就会体现出来,促使其成为一名坚持职业道德的合格媒介工作者。

个人道德品质的形成,主要是靠个人的学习、实践和修养。但是,我们也不能忽视各级领导机构和行业自律组织的教育、帮助和引导。应该把自我教育与组织引导两者结合起来。各级领导机构要高度重视加强对本单位人员职业道德修养的教育,新闻工作者协会作为行业自律组织,有义务也有权利对媒介工作者加强职业道德教育。当前,我们有些媒介单位对记者的职业道德和思想教育还不够重视,平时基本上不抓,等出了事才猛抓一阵。一些记者出现受贿问题,除了个别记者道德素质不过硬以外,有关的媒介单位也应该负一定的责任。

为了加强新闻工作者职业道德修养,我们还应加强媒介伦理道德制度建设。1991 年,全国记者协会正式颁布了《中国媒介从业人员职业道德准则》。1993 年中宣部和国家新闻出版署又联合发出了《关于加强新闻队伍职业道德建设,禁止“有偿新闻”的通知》。各级新闻单位应该利用一定的时间很好地组织学习这些文件,并在平时的工作中严格按照有关规定去抓落实,大力加强思想道德和职业道德建设,加强行业自律,坚决抵制有偿新闻、虚假报道等不正之风，正确树立媒介队伍的良好形象。对于有关人员，要予以严惩，该辞退的要辞退，该法办的就要法办，不能手软。只有各级单位互相配合，常抓不懈，才能较好地防范类似事件的发生，以保持媒介队伍的纯洁性。

我们还必须有组织地进行加强新闻专业主义准则和信条的建设。专业主义建设需要完善的、理性的专业准则和道德信条的引领和规范。在长期的新闻探索中，我国传媒业已制定了较为规范的新闻职业道德准则，并逐渐形成了一定的自律体系。在建设新闻专业主义准则的过程中，要以我国现有的职业道德准则为基础，结合我国媒介伦理道德发展中暴露出来的重点问题并积极借鉴国际经验，制定出指导性、针对性、约束力强的新闻职业道德信条。

第二节　组织传播者

在这里，组织传播者就是指媒介组织。媒介组织是传播者的组织，是传播者的集合，但又大于传播者的集合。它通过媒介规章制度来约束传播者的言行。

一、媒介组织的概念

许多研究者对媒介组织对媒介从业人员独立作业的影响，抱着相当悲观的看法，如倪可生和马特克，他们认为媒介组织会对从业员产生极大压力，后者只是技术性僚佐，服从组织的既定政策，发挥执行功能而已。因此，他们非常关注媒介组织的经营和运作。

1. 媒介组织的定义

所谓媒介组织，是指专门从事大众传播活动以满足社会需要的社会单位或机构。它既是事业单位，又是产业机构；既自成媒介系统,又难逃社会制约;既受惠于社会系统,又反哺于社会系统。它是具有双元特点、两种面貌、多种功能的特殊机构。媒介组织研究就是研究媒介组织的内部结构关系、互动关系、社会化过程等。

媒介组织作为一种社会机构,渗入社会的一切过程和现实生活的一切领域,并同国家或社会的一定机构有机地联系在一起,通过反映、阐明和分析、报道各种社会现象与社会问题实现其社会价值。它是经过认真筹划、充分准备而有意建立起来的,而且它得到了人们和权威部门的认定和承认,具有明显的集体认证过程和服务大众的计划以及人员更替的程序。媒介组织以满足社会大众的信息需求为目标,合理地分化功能、协调行动、划清权限,并具有它自己的独特的角色关系和独特的地位。它讲究效率,强调时效,追求时间上的延续性、互动关系的持续性,制订各种规章制度,以约束媒介组织成员的行为,为实现目标提供保证。

传统的传播组织是指报纸、电台、电视台、通讯社、电影制片厂及期刊等大众传播机构。网络传播时代,传播主体既包含利用网络媒体传播新闻的传统新闻传播媒介,也包括从事新闻传播的非专门性机构(如综合性网站、商业网站),还包括利用网络媒体发布新闻的个人。

2. 媒介组织的独特地位

媒介组织就其本性而言是双元的、混合的,具有双重性、兼容性的特点和特殊的地位。

第一,媒介组织是一种公共事业单位。作为公共事业的媒介,它是人民事业的一部分,是一种"社会公器"。它必须忠诚而负责地为公众利益去尽力,为公众着想,为受众讲话。任何人都没有权利用它来污染社会、伤害大众或者为个人谋取私利,也不得用它来煽动民族仇恨、鼓动社会动乱和危害国家安全。不仅如此，它还必须发挥政治功能，积极反映政治、服务政治、参与政治，承担宣传任务，讲究社会效益。

第二，媒介组织是一种信息产业机构。更确切地说，它既是一种信息产业、知识产业，不断把各种信息加工为成品，并通过各种手段将这些精神商品"推销"出去。作为信息产业的媒介，它的产出物是信息，投入物也是信息，售出物更是信息，采集、加工、传播信息是媒介的主要任务。在此情况下，媒介组织必须遵循市场规律，听从市场呼唤，讲究经济效益，重视产品质量、受众需求和经营管理。

第三，媒介组织是一种社会机构。传播是社会的粘合剂，也是社会产物和社会现象。媒介组织与社会是一种相辅相成、共存共进的关系。它处于三种主要力量（政治的、经济的和技术的）的中心交叉地带。它依赖社会提供制度保障、法律保护、优惠政策，也依赖社会提供经济条件和市场（媒介市场、受众市场、广告市场、人才市场和信息市场），还依赖社会的传播设备和技术的进步与创新；同时，它又服务于社会，对社会稳定和进步具有重要作用。①

二、媒介组织的运行

各种媒介组织的运行程序、方式虽然不尽相同，但它们有一个基本的共同点，即：收集信息，整理信息，把各种零散的信息整合成有一定的使用价值的信息。我们分别从媒介组织的内部运行与外部运行进行阐述。

1. 媒介组织的内部运行

媒介组织的内部运作，尽管世界各国的体制不同，但综观报纸、广播和电视等大众传播组织的结构，大体相同，一般都实行

① 邵培仁：《传播学》，高等教育出版社2005年版，第86页。

总编辑负责制。社会主义体制下，多实行党委领导下的总编辑负责制，由总编辑主持日常工作。资本主义体制下，媒介产业多实行股份制，由股东大会选举产生的董事会为最高机构。总编辑掌管编辑部，对董事会负责，并开展日常工作。

在媒介组织内部，各个部门、各个环节都必须紧密配合，协同工作。每一项工作皆如整台机器中的零部件，不可或缺。因此，媒介组织内部必须高度重视、妥善处理各种关系，才能充分地发挥整体效应，使整台机器正常运转，完满有效地生产出各自的成品——为人们提供各种信息、知识和娱乐等合格的精神食粮。

2. 媒介组织的外部运行

大众媒介与生俱来的“宿命”，就是与“大众”——社会的一切个人和团体，即各个阶层、各个行业、各个部门发生关系。在日常工作中，媒介组织更多地与信源、受众、政府、采访对象、广告客户、社区及其他媒介发生种种关系。这种关系至为重要，因其直接构成媒介组织的生存环境，所以不能不慎重对待。下面我们着重从传播者与信息来源、受众之间的关系层面对媒介组织作出描述和分析。

(1)受众关系

媒介组织与受众的关系，是非常重要的，有时甚至关系到它的生死存亡。没有受众，它就不可能生存。从这个意义上说，广大受众确实是媒介的“上帝”。在社会实际生活中，许多受者，都时常写信、打电话给媒介，告知自己的意见、建议和批评。因此，几乎所有的媒介都设置了专门处理民众来信来访的部门，如西方国家的报社，一般设秘书处，专门接待来访，处理来信来电。社会主义国家的报社，则大都设群众工作部或信访部，以保持与大众的联系，吸收他们的意见，改进工作。

为妥善处理媒介组织与受众的关系，应注意以下几点。

第一,要了解受众。媒介应针对不同类型、不同层次、不同年龄的受众展开研究。这包括召开受众座谈会、进行民意测验和专项个案调查等。

第二,应大力提倡媒介为公众、为社会服务。如,策划、举办各种让受众参与的活动;刊播受众来信来稿;认真回答公众所共同关心的问题等。这样,必有助于提高媒介的声誉。

第三,应不断提高媒介的质量。受众需要媒介提供的内容,既"不同凡响",又"雅俗共赏"。无论消息、通讯、评论、报告文学、录音报道、现场转播等都应当精益求精;书籍也应是珍品;影视作品不能粗制滥造。这样,长此以往,媒介就会在受众心目中树立起美好形象,为两者之间的良好关系打下牢固的基础。

对于许多人来说,大众媒介中的传播者有点高高在"上"、难以接近。传播者与受众之间有一道天然的屏障和无形的鸿沟。邵培仁教授认为他们的关系可细分为四种形式:支配的关系、疏离的关系、圈层的关系、服务的关系。

所谓支配关系,是指传播者根据自己的目标或意图将思想、观点或信息强行灌输给特定受众的传播情境。例如,上级对下级、父母对子女、教师对学生的传播关系,其实就是一种支配关系。在政治传播中,传播者以权威传播作召唤,以组织渠道作保证,以人际交往作辅助,以利害关系作后盾。在经济传播中,他以市场调查作前提,以特定受众作目标,以强烈诉求相威胁,以有利可图作诱饵。这些都是支配关系的表现。

所谓疏离关系,是指传播者把自己与受众的关系看得很淡,往往缺乏为受众而采集信息、传播信息的意识。他们主要是为自己、为朋友、为获奖、为政治等目的写作和传播。美国的伯恩斯和埃奥特曾对持有这一心态的电视制作人员作过类似描述:对他们来说,同事的评价是更为重要的,至于受众的估价则可以不必关心。麦克奎尔和温德尔则讥讽他们不考虑受众需要,只专心于巴结上司,目的是想得到提升和担负管理职责。

所谓圈层关系,是指传播者有愿意将自己的目的与部分受众的需求、兴趣相投合,愿意将人际传播和群体传播中那种关系引进大众传播的态势。处于圈层关系中的传播者,没有操纵公众的意图,也没有特殊的使命感,有的只是想与为数有限的特殊受众(如影迷、球迷、歌迷)和潜在受众联系的愿望以及博得他们喝彩或好感的心愿。作为这种关系中的受众,他们与这些传播者往往也拥有基本相同的文化背景、理想抱负和兴趣爱好,而大众传播媒介则是他们共享社会信息、个人想象或体验的工具,现代通讯手段也为人际传播形式进入大众传播媒介提供了便利。

所谓服务关系,是指大众传播者将受众看作是服务对象。在传播媒介和传播者的眼里,受众满意与否至关重要,因为大众传播只有满足受众对信息的需求,才能获得生机与活力;只有受到受众的喜爱与信赖,才能获得生存和发展。在这种关系中,有人认为,受众作为顾客犹如上帝,而上帝总是正确的和无可指责的,因此它需要什么,大众传播媒介就应该提供什么;也有人认为,受众作为顾客理应受到特别尊重,但尊重并不意味着有求必应和满足其所有要求,传播者还应承担起鼓励受众健康、合理需求和引避其低级、庸俗需求的责任。服务关系是对支配关系的一种超越和进步,但是若将其变成一种服从关系,则可能是一种倒退,并可能造成十分严重的后果。

一些西方学者甚至认为,不宜夸大受众的重要性。因为,受众是抽象的、笼统的、模糊的,传播者并不知道受众的具体需要,何况多数受众不作信息反馈,只是被动接受,结果传播者只能照顾那些少数肯出头争取权益的受众。虽然传播者把受众的需要挂在嘴边,但他们对受众的观念却是十分模糊的。实际上,媒介组织的内在逻辑和规定规矩往往比受众的需要更重要。

(2)信源关系

韦斯特利和麦克莱恩在《大众传播研究的一种概念模式》一文中对信源关系是这样描述的:信源(个人或组织)是从混乱的社会事件或事物中选择信息,作有意图的传播;而媒介组织或其中的成员则根据自己理解的受众兴趣和需要的标准,对诸多的信源进行选择,而后通过渠道传向受众。在这种情况下,大众传播者成了满足受众需要的代理人,也成了为信源传话的邮递员。为使传播持续不断,传播者总是在一定程度上依赖信源提供信息,又在一定程度上依靠受众反馈的指导去寻求信息和选择信息。

吉伯和约翰逊在《市政厅抢新闻:记者与信源角色的研究》一文中认为,传播者与信源的关系,实际上是很复杂的,它们至少有三种可供选择的关系模式。一是分离的关系。在这一模式中,传播者具有很大的独立性,他与信源之间相距遥远或不常联系或分属不同党派,他从信源处得到信息,但又不依赖信源,他们对新闻价值的认识也各不相同。二是合作的关系。虽然传播者和信源分属不同的社会系统,而且代表不同的机构,但是他们在传播上所扮演的角色却是可以相互合作的。他们对传播观念和媒介功能的理解,比较接近。因此,在大众传播中,传播者与信源往往互相利用、互相帮忙,共同达成彼此认可的目标。三是同化的关系。在这种模式中,传播者与消息来源所处的体系是完全相同的,他们所扮演的角色也不再各自独立,而且对新闻价值和媒介功能的看法完全相同。信源对传播者具有完全的支配权,而传播者也是信源体系或党派中的一分子。一般来说,在传播者与政府信源的三种关系模式中,合作关系和同化关系占主导地位,而分离关系则在特殊情况下才出现或偶尔才会出现。但是,它们不一定适合用来描述传播者与一般信源的更为复杂的关系。

传播者报道新闻可以运用"间接"观察法从消息提供者那里得到信息和选择信息，也可以运用"直接"观察法从事件发生地亲身感受事实并提取信息。尽管在大众传播媒介的新闻信息总量中有75%由信源提供，只有25%由传播者亲眼所见写成，但毕竟可以让我们从另一层面看到媒介组织的内部运作状况。曾有一位传播学家对两位属于不同媒介的记者对一场火灾的报道进行过研究，结果发现，面对同一火灾事故，他们用于观察和采访的时间虽相同，但是他们对事件报道的形式和风格却各不相同，对事件要素的选择和描述也有较大差异，于是，两篇报道与火灾的真实情形相比，只有小部分是相同的。所以，即使采访类似火灾的单纯事件，要记者们写出一模一样的报道也是不可能的。

正是出于对新闻报道中不准确、不公正现象的担心，人们提出了"精确新闻学"的口号，要求记者运用比从前记者更先进的观察、采访方法，进行翔实的精确的客观的报道。从目前情况看，新闻传播者运用社会科学研究中的民意测验、抽样调查、实地实验、参与观察等方法进行信息采集，的确有助于纠正偏见、减少失实新闻，有助于增强社会敏感性和新闻事件真实性，提高媒介组织的权威性和可信度。①

(3)政府关系

媒介组织与政府的关系，因各国体制不同而存在很大差异。有些国家提倡新闻自由，媒介与政府的关系常表现为对立状态。媒介作为监督政府的舆论工具，频繁揭露政府工作中的失误，抨击政府工作人员的腐败现象。从机制看，媒介不受政府控制，只受法律约束，他们的关系既对立又相互协作。从政府方面说，为顺利开展工作，不能不拉拢媒介；从媒介方面说，由于政府是主

① 邵培仁:《传播学》，高等教育出版社2005年版，第86－87页。

要信息来源之一，也不能不与之保持一种若即若离的关系。有些国家则不同，政府将所有媒介都控制在手中，有关部门可审查媒介的各种信息。也有些国家的政府不通过具体的审查，而通过新闻政策从宏观上制约媒介。在这些国家，媒介与政府的关系是领导与被领导关系。媒介必须自觉遵守政府的法令、规定等，熟悉政府的新闻政策，不断关注、研究政策的变动，与政府各有关部门保持良好关系。

(4)广告客户关系

媒介组织与广告客户的关系颇为微妙。市场经济在很大程度上有赖于广告业的推动，而广告业的发展又有赖于大众媒介的发达。特别是报纸、广播、电视，每天都拥有亿万受众，由它们进行广告传播，极为有效。广告依赖媒介，反过来，媒介的生存也依赖广告，广告费已成为大众媒介的主要经济来源。如今，发达国家的广告费开支，一般占国民生产总值的1% -3%；发展中国家的广告费比重也逐年上升，各国广告费的1/2至3/4为大众媒介所吸纳，各媒介收入的一半至全部为广告费收入。

作为广告媒介的报刊、广播、电视，同时还作为新闻媒介发挥着监视环境、引导社会舆论的功能。这两种“身份”不发生冲突时，媒介与广告客户的关系较容易处理，一旦媒介的内容与广告客户的利益相抵触，尤其是媒介为履行社会责任而批评广告客户时，关系就难以处理了。一方面，媒介组织应热诚为广告客户服务，发挥自身的特长和优势。媒介组织可运用各种形式把广告信息传播到每家每户，乃至每个潜在的顾客。媒介广告能达到各个不同的社会阶层，并重复使用，渗透性极强。媒介广告还可以最大限度地根据顾客的性别、年龄、地理位置、社会职业、生活方式、兴趣爱好等特点，有的放矢，以取得最佳效果。另一方面，大众媒介应坚持某些原则，为维护社会公众的利益而拒绝刊播某些广告，甚至不惜得罪某些广告客户。总之，处理媒介与广告客户的关系,最重要的原则是维护社会公益和公德。

(5)社区关系

从活动空间看,大众媒介可分为两大类:全国性媒介和地方性媒介。后者包括为数众多的社区媒介。因此,妥善处理社区关系,便成为这些媒介的重要课题。媒介作为法人单位和社区公民,必须遵守地方法令法规,树立良好的风范和威信,以获得地方政府、公民的爱护、合作和支持。社区是媒介的用武之地和受众市场。因此,媒介必须为公众说话,关心公众疾苦,保持与社区公众的密切联系。媒介还应对社区的公益事业担负起应尽的义务,为当地民间团体和公民个人热情服务,使自己成为名符其实的社区信息中心。这不仅对大众有利、为社区造福,同时也树立起媒介的良好形象,从而有利于媒介的发展。

(6)其他媒介关系

大众媒介之间的关系,是一种竞争加合作的、错综复杂的关系。报刊和广播电视各有长短,因此,竞争中应各自扬长避短,合理地分割、占领受众市场。即使是同一种媒介,如报纸,因各自的性质、方针、对象等的不同,彼此之间也不会只形成竞争而完全有可能互补和合作。任何媒介都必须意识到,正确处理与其他媒介的关系是十分重要的。

综上所述,在处理外部关系的过程中,大众媒介应坚持原则性和策略性的完美结合,既重视协调与信源、受众、政府、广告客户、社区等各方面的关系,又始终保持自己的独立品格,伸张正义,主持公道,并充分发挥监视环境、监督政府、服务社会、提高大众等作用。唯其如此,媒介才可能获得最大数量的受众,在激烈的竞争中使自己立于不败之地。[①]

① 张国良:《传播学原理》,复旦大学出版社 2004 年版,第 152 页。

第三节　传播者与把关

一、把关人理论

把关人又称守门人，这一专业术语是由心理学家卢因（K. Lewin）所提出的。卢因在1947年发表的《群体生活的渠道》一文中考察和研究了家庭主妇如何决定购买食物以及向家庭成员推荐食物的过程。卢因发现，信息总是沿着包含有“门区”的某些渠道流动，在那里，或是根据公正无私的规定，或是根据“把关人”的个人意见，对信息或商品是否被允许进入渠道或继续在渠道里流动做出决定。他认为，信息的传播网络中布满了把关人。如记者和编辑决定报道什么事、采访什么人、传播什么消息、什么为重大新闻、版面和节目如何编排；作家决定写什么人或什么事；出版社决定采用什么稿件、出版什么作品……在一切信息的采集、制作过程中，传者都起着把关、“过滤”的作用。

有研究者认为把关是一个信息控制的过程。新闻编辑在处理每日所发生的新闻讯息时，对新闻稿件进行了过滤。由于把关人在对每日呈现给受众的媒介信息内容及呈现面貌有重要的决定权力，其在创造社会真实图像上扮演重要的角色。新闻编辑应该被视为新闻流动主要的“门”，具有决定新闻是否向前流动的动力就是媒体的新闻观或办社办台理念。

每一件精神产品，从最初的信息源到最终的成品，都必定经过许多人的“关口”。例如，某公司把一篇新闻稿寄给某报。报社里，首先由专门处理来信来稿的工作人员拆阅，然后把稿件转给经济部；经济部主任助理收阅后，可能直接交给部主任，也可能交给某记者，让他据此再补充一些信息；这项工作完成后，稿件就被送到编辑部，由部主任的助手决定是否采用或是否还需补充；获得通过后，这篇稿件又被摆到报社夜班编辑的桌上，由他作进一步修改，确定标题，然后发往排字房或打字间。与此同时，可能要派出摄影记者，拍摄有关照片，与稿件相配；还要让版面编辑把稿件安排入版面。最后，总编辑同意之后，报纸才能付印。某公司的这篇新闻稿才得以公之于众。

从上述媒介操作简单例子中，他们中的大部分人，都可能对稿件的内容和形式进行修改，甚至“枪毙”——彻底否定它。他们就是卢因所说的把关人，即在大众传媒中可以决定什么性质的信息可被传播、传播多少以及怎样传播的人或机构。

大众传播的把关人多种多样，除公认的记者和编辑外，还包括专门接收通讯社电讯稿的工作人员——电讯稿编辑、标题制作编辑以及分配工作任务的总编辑、电视编导等等。

电讯稿编辑的工作是十分典型的把关行为——从各家通讯社发来的电讯稿中选择新闻，并决定怎样发表。以美国为例，大多数报纸都订购美联社和合众国际社的电讯稿，将报社的计算机终端与这两家通讯社的计算机中心联网，因此可做到通讯社发稿与报社收稿同步。我国的新华通讯社与世界各大通讯社都建立了合作关系，也订购它们的电讯稿，因而美联社、路透社、法新社、塔斯社、合众国际社等的新闻稿，也源源不断地出现在北京新华社总部的接收机终端的屏幕上。

1949 年，美国学者怀特，对某小报的某电讯稿编辑的工作进行了为时一周的个案调查。在这段时间里，该编辑接收了来自 3 家通讯社的、长度为 11910 英寸的电讯稿，但他只采用了其中的 1297 英寸，不到 11%。部分原因是缺少版面，部分原因是主编从另一家通讯社选用了更出色的稿件。怀特(White)在《把关人：新闻选择的事例研究》(1950)一文中提出了一个简单的把关过程模式(见图3－1)。他还对一家美国的非大都市报纸的电讯编辑,即把关者一周内的稿件选用情况作了研究。他的研究表明:(1)只有10%的电讯稿被选用;(2)电讯稿在内容上比例失衡,国际性政治新闻,全国性政治新闻和人情味、趣味性新闻占总用量的三分之二;(3)收进电讯稿比率和实际采用的比率大致接近(见表3-1)。

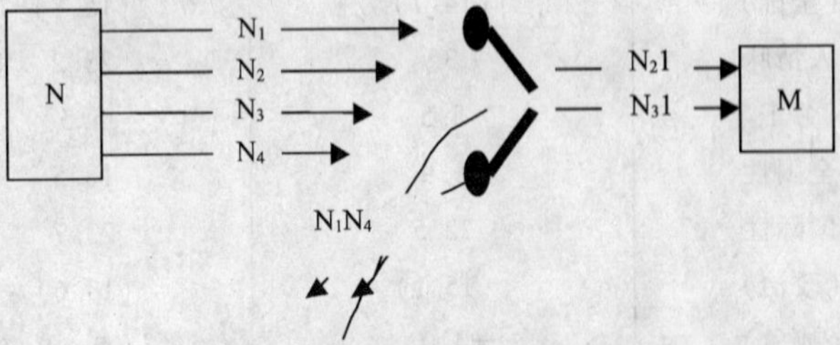

N=Source of news items(新闻项的来源)

N_1,N_4=Discarded items(舍弃项)

M=Audience(受众)

N_1,N_2,N_3,N_4=News items(新闻项)

N_21,N_31=Selected items(被选项)

图3-1 怀特的简单的把关过程模式

那么,这些编辑在取舍稿件的工作过程中,有没有统一标准?没有。他们创造性地工作,各自的标准都不尽相同。1959年的一项对6家小报的调查表明,一周内,有764条电讯稿被它们(即至少一家)所采用,但其中只有8条稿件同时被6家报刊登,只有4条被6家报安排在第一版。它们采用电讯稿的数量,从122条到385条不等;刊登于头版的数量,从45条到105条不等。其中,有一家几乎不刊载国际新闻,而另一家则大量刊载国际新闻,几乎与国内新闻相等。

表 3-1 把关人取舍通讯社稿件的分类比例

分类	收进电讯稿(%)	采用比例(%)
犯罪	4.4	3.2
灾难	3.4	3.4
政治	19.5	22.6
(州)	(4.7)	(6.8)
(全国)	(14.7)	(15.8)
人情味	35	23.2
劳工	5.5	5.5
全国性	9.9	18.5
国际性	22.5	23.7
(政治)	(15.1)	(13.6)
(战争)	(4.0)	(5.6)
(农业)	(2.5)	(6.0)
(经济)	(2.5)	(3.3)
(教育)	(3.2)	(3.3)
(科学)	(1.7)	(4.9)
总计	99.9% 11910(则)	100.1% 1297(则)

由此可见,这些电讯稿编辑确实是名符其实的把关人,他们在相当程度上执掌着信息的"生杀大权"。

电讯稿中只有10%的稿件被选用,其余的90%被舍弃、淘汰,其原因又是什么呢?怀特询问值班编辑得知有两大理由:(1)不值得登(占被舍弃稿的40%);(2)已选登其他稿件(占被舍弃稿的60%)。在"不值得登"的具体理由中,有许多为"主观"理由,即编辑个人认为不该登就不登,选择新闻的标准是个人的喜好和情绪(见表3-2)。

表 3－2　把关人抛弃稿件的理由

理由	次数	备注
不值得登：	423(40%)	
没有趣味	104	
写得枯燥含糊	80	
很不好	67	
常出现，登得太多	62	
琐碎，浪费篇幅	55	
不用此稿	23	
宣传	18	
不喜欢自杀消息，挑逗，庸俗	14	
已选登其他稿件：	910(60%)	
篇幅不够	640	
等进一步发展	172	
太远，不在本地区	40	
太地区化	36	
已用另一家通讯社的稿	20	
已登横贯全页大标题	1	
漏掉了	1	

何胥(Hirsch)认为，怀特夸大了编辑的权限，而且其模式表明传播只有一个关卡和一位把关人。后来，麦克内利在《新闻的国际交流中的中间传播者》(1959)一文中认为，在新闻事件与最终接受者之间存在着各种各样的中间传播者即把关人，如驻外记者、分社编辑、总社编辑、报社电讯编辑等。巴斯在《使把关人概念更趋完善》一文中对以前的把关人研究提出了批评，认为最重要的把关行为出现在媒介组织内部，把关的过程应分为新闻采集和新闻加工两个阶段。新闻采集者——记者是最

接近信源和最倾向于信源的人,新闻加工者——编辑是那些对流入的新闻内容进行挑选、修改或剔除的人,他们的工作最具把关意义。

盖尔顿和鲁奇在《国外新闻的结构》论文中打破了别人的思维定势,着重分析新闻内容或社会事件具有怎样的特点和因素才可能被把关人选中。他们认为,把关人在决定选择或拒绝新闻内容时是有一定的标准的。而且并非完全主观的,而是有一定的客观依据和系统性的,因而在一定程度上这也是可以解释和可以预测的。他们列举的新闻因素共九个:时间性,重要性,明晰性,文化接近性,一致性,新奇性,连续性,构成平衡性,社会文化价值观念。据此提出假设:上述新闻因素越多,这一事件就越有可能成为新闻;某一因素偏低,但其他因素偏高,也可以成为新闻;一个在所有因素上都偏低的事件,将不能成为新闻。

从社会控制的角度看,无论在资本主义国家还是在社会主义国家,把关人的根本作用是相同的,即体现决策人的意志。但因为媒介组织运行的宗旨不同,具体标准也不同,实际操作的差异则更大,从而形成各自内容、风格的千差万别。

社会主义国家对把关人的作用更加重视。因为这里的大众媒介,不仅是信息载体,而且是党的耳目和喉舌,党和政府视之为社会控制的重要组成部分,因此,对把关人的思想和业务的要求就更严更高。

二、把关人的特征

把关人在对稿件进行把关的同时,他其实还充当了传播者的角色。例如:当代电影、电视剧的导播和制片人,他们既是读者又是著者,既是把关者又是传播者,既评价他人的初传作品,又在初传作品上实施创造。

把关人其实也是一位接受者。作为报刊编辑来说，他是新闻稿件或一般文章的第一位读者；对影视导演来说，他是影视剧本的首批读者之一；对广播电视台导播来说，他又是广播电视新闻的第一位受众。此时他所充当的角色就是一位接受者。

把关人具有以下几个特点：

第一，追加性。

追加性是指把关人所进行的一系列选择、舍弃、修改、润色、排版、转换、发挥等追加劳动。没有把关人的追加劳动，编剧的劳动成果剧本就不能成为正式演出的电影、电视剧；学者的专著、记者的新闻作品，也不会出现在报纸杂志上或成为书籍等。

第二，完善性。

完善性是指通过把关人的追加劳动使信息传播更加无懈可击，或者说使有瑕变无瑕、使缺失变完美、使幼稚变成熟。他们在把关中坚持去伪存真、精删细改、宁少勿滥、尽善尽美的编辑原则。因此，完善性既可以看作是把关人的一个特征，也可以作为把关人追求的目标。

第三，隐形性。

隐形性是指把关人总是置身幕后，很少抛头露面，因而很难为公众所知晓。读者知道报纸上著名记者的名字，但往往不知道编辑是谁；听众可以列举出一串广播节目主持人的名字并能辨别他们的声音，但节目的编导几乎无人知晓；观众对电影、电视上的一些演员和主播人、主持人更是熟如家人，而对一大批忙碌的把关人几乎无人理睬。因此我们说把关人具有隐形性。

第四，依附性。

依附性是指他的劳动成果总是依附在传播者的劳动成果上；没有他人传送来的初期作品，把关人的劳动就没有对象。著名天才编辑帕金斯曾严肃地告诫那些孤傲武断的编辑，要正确认识依附性的特点，以免创造过头。他说：“如果你有一个马克·吐温，切勿把他变成一个莎士比亚，也不要把一个莎士比亚变成马克·吐温。因为一个编辑最终能够从一个作者身上发挥的，只能是作者本身所固有的。”①

三、把关人的功能与责任

1. 把关人的功能

在大众传播中，把关人的作用和功能主要表现为：检查功能，加工功能，评价功能，导向功能，桥梁功能。

(1)检查功能

把关人即采集、制作信息的过程中对各个环节乃至决策发生影响的人。他们像公共场所入口处的检票员、看门人，检验入场者是否合格，从而做出放行或拒之于门外的决定。不同的是，后者是检验人，前者是检验信息。美国记者鲁德罗这样说：“从表面上看，报纸内部的组织系统是严格的，权力和责任也十分清楚。记者对编辑部主任负责，编辑部主任对主编及出版人负责。但内部工作人员都知道，大部分时间里，记者们在工作中事先都确实有自己的工作战略、战术乃至原则和政策。”

(2)加工功能

把关人对被允许进入传播通道的信息进行加工。把关人对信息的加工有三种形式：一是要求传播者按照他的意图加工；二是指令别人依据他的意图进行加工；三是他自己亲自动手加工。

(3)评价功能

把关人是信息的评价者、赞赏者。有时，他们是以编者按、短论、内容提要的形式直接表明态度；有时，他们是以字体、字号、版面位置、传播时间、篇幅长短、顺序先后的形式间接反映立场。

---

① 邵培仁：《传播学》，高等教育出版社 2005 年版，第 93 页。

(4)导向功能

检查、加工和评价功能的释放,对传播者和受众的先前传播、接受行为具有促进或抑制的作用,亦即具有导向的功能。当人们得知色情信息、暴力内容等总是被中国大众传播的把关人拒之门外,而其他健康、高雅的信息内容则很容易与受众见面时,传播者就会依照把关人的指挥棒来组织生产,减少低级庸俗的内容,增加健康向上的信息。

(5)桥梁功能

把关人处于传播者与受众的中间地带和交接点,具有桥梁的作用。换句话说,传播者与受众之间要想建立联系,或者传播者要想将信息传给受众,而受众又想从传播者那里得到所需信息,就必须通过把关人这一"桥梁"才能达成。所以,优秀的把关人,往往既是传播者的良师益友,又是受众的忠实代言人;既是大众传播的忠诚卫士,又是沟通产销关系、密切传受感情的精明商人。

2. 把关人的责任

把关人除了具有上述功能之外,他还担负着一系列重要的责任。

(1)确定"编导"方针

大众传播的把关人有责任根据党和政府的有关政策,结合本媒介的性质、特点和开办宗旨以及人员构成,针对一定受众的特点和需求,制定和确立自己的编导方针,从而使编辑、导演、导播等把关工作在较长时间内都有可遵循的基本原则,同时,也便于在此基础上制定进一步的编导计划和确定各个阶段的传播重点。

(2)确保"产品"质量

作为把关人,必须将一切有害的、错误的、不健康的或有差错、失误或片面、失实的信息内容拒之门外,以确保信息产品的质量。在这一问题上,把关人着重要把好政治思想关、事实真相关、科学知识关、语言文字关和传播技术关。但是,确保“产品”质量,不能只是堵和拒,还要对“产品”生产进行科学疏导、积极扶助,有时甚至要根据市场行情和受众需要策划和组织“产品”的生产,直接介入信息产品的生产或传播的过程,从而赢得更大的社会效益和经济效益。

(3)加强整体协调

大众传播是一种“群体”传播,而把关人又居于传播的中心地位,这样,他就必须承担起整体协调的责任。把关人的整体协调不仅是指媒介产品的总集中、总串联、总加工、总装配、总合成、总检验、总传送,而且还指媒介与政府、媒介与社会、媒介与个人、传者与传者、传者与受众、媒介与广告主等各种关系或资源的总配置、总组合、总协调、总权衡。没有科学的协调,就会成为一盘散沙。因此,整体协调既是把关人的重要责任,也是把关人的必备素质。

(4)发现和培养传播人才

新闻传播中的新手,知识创新中的小将,他们在其事业开始阶段的信息产品往往是粗糙的、不成熟的,有时甚至可能是很幼稚的。这时,把关人要独具慧眼,做好“伯乐”,发现他们的优点,使他们顺利而健康地成长。发现和培养各种传播人才,是我国大众传播事业的发展赋予把关人的崇高使命。

【练习题】

1. 试述传播者的分类和特点。
2. 试述传播者的任务和作用。
3. 试联系实际,探讨哪些因素影响传播者的素质?
4. 把关人理论对实际工作有什么意义?

第四章　受众分析

受众的动机和权利 凸现了受众的主体地位 受众选择的心理机制 揭示了受众接受信息的奥秘 受众反馈和调查 建立了传播的有效沟通渠道 受众理论 见证了受众研究方向的变迁

本章概要

在本章中,我们对受众作了简单的定义,介绍了受众的类型和特征、接受动机和权利,使读者对受众在大众传播中的角色和地位有比较清楚的认识。由于受众是大众传播的主动参与者,在接受信息时都会有自己的选择,因此,我们重点论述了影响受众选择的心理机制和选择性心理的特点。同时,我们指出了受众反馈的重要性,介绍了反馈的类型和特点,对用于了解受众反馈的受众调查作了较详细的论述。此外,我们概括了受众理论的发展,对主要的受众理论进行了比较分析。

学完本章后,你应该可以:

· 了解受众的类型及其特征;

· 认识受众使用媒介的接受动机和权利;

- 把握受众在接收信息时的选择性心理特点；
- 熟悉和运用受众调查的方法收集受众反馈；
- 阐述几种主要的受众理论并予以分析评价。

所谓受众，是指大众传播的接触者和大众传播内容的使用者，通常包括报纸的读者、广播的听众、电视的观众等的总和。受众是信息传播的“目的地”，也是传播过程得以存在的前提。受众既是信息传播的收受者，也是传播活动的主动参与者和信源反馈者。因而在传播活动中，受众占有极为重要的地位。

第一节 受众的类型与特征

一、受众的类型

大众传播的受众是由成千上万、形形色色的人构成的。他们不仅具有千差万别的个人特征，而且在参与不同类型的传播时，他们各自也有不同的要求和目的。面对极其复杂的受众构成，可以根据不同的标准将他们划分为不同的类型，以便掌握不同类型的受众在接收信息过程中的活动规律，为传播活动提供必要的依据，从而加强传播的针对性和有效性。

1. 一般性受众与专门性受众

根据受众对信息的关注程度和所关注内容的范围，可以把受众区分为一般性受众和专门性受众。

一般性受众的共同特征在于他们在传播活动中注意中心较为分散，接受信息没有明显的专业倾向。一般性受众并不固定地使用某种传播媒介，接受传播内容的目的性也不明确，在很大程度上是为了满足好奇心或是为了消遣娱乐，没有特殊的专业兴趣爱好。这类受众数量巨大，性格各异，始终是大众传播最主要的受众对象。然而面对他们进行传播活动的难度较大，因此传播机构制作的信息无论在内容上或是在形式上都要做到引人入胜、雅俗共赏、老少皆宜，才能最大限度地满足他们的要求。

专门性受众的共同特征是他们在传播活动中注意中心集中，接受信息有着较高的专业性要求。专门性受众有着共同的兴趣爱好和相同的接受倾向，参与传播活动的目的性、功利性较强，只关心与自己兴趣爱好相关的专门性问题或是为了解决自己工作、生产中的专业性问题。随着物质生活、精神生活的丰富，专门性受众的数量在不断增加，对传播者也提出了新的要求。各种专业性、专门性的新闻、信息媒介不断涌现，极大地满足了有专门爱好的受传者的需求，反映了传播媒介向专门化方向演变的趋势。

2. 读者、观众和听众

各种大众传播媒介具有不同的特点和功能。相对于不同的大众传播媒介，受众的接受行为也会有不同的方式。根据接受大众传播方式的差异，可以把受众分为读者、观众和听众。

读者是印刷媒介的受众，其接受传播内容的方式是“阅读”，包括书刊报的受众。在阅读过程中，读者对信息接受的自主性、灵活性较大，文化水平较高的受众多选择印刷媒介为主要媒体。观众是电视、电影、录像等电子媒体的受众，接受媒介内容的方式主要是“观看”，同时辅助“收听”。影视观众通常是以群体的方式参与，但目前以个体为多。观众的自主性较小，不受文化水平的限制，娱乐的目的较强。听众是广播、录音等电子媒体的受众，获取信息的方式主要是“听”。收听可以是纯个人的行为，也可以群体收听。听众在传播内容和时间选择上受到较大的局限，多以收听新闻或音乐为主。

另外按照人口统计学的可变因素（如性别、年龄、文化程度、工资收入等）的自然分类法，可将大众传播的受众划分为不同的受众群体。如按年龄划分可分为老年观众、中年观众、青年观众和少年儿童观众等;按户口类别划分可分为农村观众和城市观众等;按文化程度划分则可分为大学及以上文化程度的观众、中学文化程度的观众和小学及以下文化程度的观众等几个受众群体。这些受传者在生活中表现出的自然属性和社会属性的差别会影响他们对传播内容的选择和理解,因此在传播活动中也要考虑受众的自然分类情况,决定适当的传播方针和传播内容。

此外,在具体的传播进行的过程中,传播者也可根据具体情况进一步细分自己的受众群体,这对提高传播的针对性和有效性是大有裨益的。

二、受众的特征

传播者要使信息传播有效地进行,就必须了解受众,明确受众的基本特点。我们把受众的基本特点归纳为以下五个方面。

1. 众多性

受众是大众传播的接收者,因而任何人只要使用传播媒介就自动成为受众的一员。在现代社会,无论城市乡镇,无论男女老少,都在广泛地大量地使用各种传播媒介。因此,受众数量极其巨大,根本无法一一数清。即使就某一种传播媒介的受众而言,数量也同样惊人。一家全国性的电视网,其观众可达数亿人;一家小城市的报纸,其读者也可达到数十万人。

2. 分散性

受众不仅人数众多,分布的地域也十分广泛,难以限定,可以遍及全世界的各个角落。广播电视的发明使电子媒介受众散布在无线电波所及之处;同步通讯卫星的出现,使地球上的大多数人可以同时成为某一电视节目的受众。

3. 混杂性

受众的成分也十分复杂,他们分布在社会的各个阶层,是由具有不同年龄、职业、文化程度、经济状况、宗教信仰、政治态度以及审美情趣等特征的社会成员所构成的集合体。因此,任何一种传播媒介都不可能对所有的“大众”进行传播,而总是根据自身特点和市场定位去寻求一些特殊层次或特殊群体的受众。只有这样,才能加强传播内容的针对性,更好地满足受众的需要,达到传播的预期效果。

4. 隐匿性

虽然受众归属于不同的社会群体或社会阶层,但通常情况下他们是分散的、无组织的,彼此处于相对隔离状态,互不知晓,相互隐匿。同时,在大众传播过程中,传播者与受众不能直接进行沟通,传、受活动是相互独立的,可以发生在异时异地。传播者可能了解受众总体的一些主要特征和要求愿望,却很难确定受众的数量和受众成员个人的具体情况,因此受众相对于传播者而言是隐匿的。

5. 流动性

受众并不是固定不变的,而是经常流动变化的。在选择传播媒介时,受众往往具有一定的随意性。有的可能一直热衷于这种媒介,明天却选择尝试另外一种;有的今天收听、收看这个节目,明天却喜欢上了别的节目。此外,随着社会成员自身年龄、职业、社会地位等的改变,导致了他们接收传播的目的和需要的变化,进而造成了大众传播受众结构的相应改变。

第二节 受众的接收动机和权利

一、受众的接收动机

人们从事任何社会活动都有自己的动机,传播对象的活动也不例外。受众接触、使用媒介,很大程度上是基于个人的需求和兴趣,怀有某种动机,通过主动使用媒介内容来实现自己的目的。

由于每个人动机的不尽相同,要确切描述受众的动机显得十分困难。美国传播学者梅尔文·德弗勒认为,受众的接收目的主要包括:(1)获取所期望信息的需要(例如,何处有适意的商品出售?);(2)迎合一种已经养成的接触媒介的习惯(每晚收看新闻节目);(3)为了休息或寻求刺激而使用某种媒介(观看特别喜欢的球队与对手比赛);(4)逃避烦闷或无聊(去看电影,以避免在家里度过一个枯燥乏味的晚上);(5)陪伴(独处时打开收音机或电视机),避免寂寞。[①] 在德弗勒对受众动机具体描述的基础上,我们可以将受众使用大众传播媒介的基本动机分为以下几种类型:

1. 认识世界

人在社会中生存和发展,离不开同外部世界的信息交流。因此,充分地认识和了解外部世界,以便适应外部世界的发展变化,是受众接触媒介的首要目的。这一动机集中体现在受众对新闻的需求上。受众希望通过各种传播媒介获知国内外的新闻时事,了解社会生活中政治、经济、军事、科学文化等领域的最新变化,从而把握自己所面临的社会环境,以确定应变策略。

此外,由于人一般都有求新、求奇的心理,对于外界发生的新事、奇事有了解的欲望,希望获得欲知而未知的新信息。透过媒介,受众可以观察社会上的各种人和事,根据对这些情况的了解来为自己的行为寻找可供借鉴的经验、指南或困难的解决办法等。

2. 增长知识

在当今这个知识爆炸的时代,人们越来越感到自己增加知识和更新知识结构的必要性。不但原来科学文化水平低的人需要学习一些必要的科学文化知识,扩大就业和致富的门路;就是

① 转引自董天策:《传播学导论》,四川大学出版社 1995 年版,第 280 页。

文化层次较高的人也要不断获取新知识，使自己得到进一步的充实和提高。

随着人们对知识需求的增长，大众传播媒介的教育功能也日益重要起来，越来越多的人有意识地利用传播媒介来寻求新的知识。受众通过收听、收看各种教学节目、科学节目，阅读各类科普报刊等不断完善自己的知识结构，提高科学文化水平，以适应社会的发展和需要。

3. 娱乐消遣

由于现代社会生活节奏的加快和工作压力的增大，人们容易身心疲惫，困苦不堪，很希望从疲劳状态中解脱出来，消遣、娱乐便是很好的放松手段。现代生活中很多人把媒介当作消遣娱乐的最主要的方式之一。很多受众介入大众传播活动，接收媒介提供的娱乐休闲内容，常常就是想得到暂时的解脱，获得精神上的放松和享受。

同时，受众也借传媒来消磨时间，排遣寂寞等。“在我国，大多数群众的生活水平还没有达到可以周末外出度假的程度，闲暇时间除了集中处理家务之外，基本上都被大众传播所占据了”①。

可见，受众使用新闻媒介的目的是各不相同、复杂多样的。不仅如此，受众的使用动机也并不是单一的，而是多方面的。事实上，受众在接受信息和处理信息时会受到多种因素的影响，往往以某一动机为主，同时也不排除有其他的动机。

二、受众的权利

受众不仅是传媒信息的使用者或消费者，他们还作为社会成员和公众享有各种各样不同的权利。正如在其他社会领域一

---

① 段京肃、罗锐：《基础传播学》，兰州大学出版社 1996 年版，第 178 页。

样，受众在传播领域的权利也是不容侵犯的。随着受众在传播活动中地位的不断提高，受众的权利也引起了人们的重视。1980年，在联合国教科文组织国际交流问题委员会发表的报告《多种声音，一个世界》中，对受众在传播领域中的权利做了精辟论述。大致说来，受众的权利主要体现在以下几个方面：

1. 知情权

受众拥有获取有关方面真实情况的权利。《世界人权宣言》中指出，人人都有“通过任何媒介和不论国界寻求、接受、传递消息和思想的自由”。通过传播媒介，受众有权得到每一位社会成员所应该获得的各种真实信息，尤其是当有关消息影响到受众的生活和工作，并且要求他不得不做出决定的时候。国家和传播媒介应为公民享有这项权利提供法律实际业务的保障，凡是有意隐瞒这些信息，或者传播假的或歪曲失实的信息，就构成了对受众知情权的侵害。

2. 表达权

受众在接受外来信息的同时也具有表达自己意见和观点的权利。现代社会的受众已不再是单纯的信息被动接受者，他们希望借助媒介将自己的思想、认识和观点及时地传播出去。受众“有权把他所看到的关于个人生活条件、愿望、需求和痛苦的真实情况告诉别人。凡是用恐吓或惩罚使他保持缄默，或剥夺他利用传播渠道的机会，就是侵犯了这一权利”①。

3. 讨论权

受众享有对社会问题进行自由交流讨论的权利。通过有效渠道及时表达意见是公民参政议政的条件，也是受众享有社会民主权利的体现。受众对传播议题的交流讨论可以保证集体行

---

① 联合国教科文组织：《多种声音，一个世界》，中国对外翻译出版公司第二编译室译，中国对外翻译出版公司1981年版，第155页。

为的真正一致，同时可以影响权威人士所作的决定，体现受众的个体价值，增强受众参与传播活动的积极性。因此，有经验的传播者懂得通过保障受众的讨论权来激发受众对传播内容的积极性，从而将传播活动推向前进。

4. 免受侵害权

受众享有免受信息传播所导致的侵害行为的权利。当传播媒介的失实报道、不公正评论或恶意影射而使受众名誉、利益受到损害或隐私受到侵犯时，受众有权要求损害自己权益的传播机构停止侵害，恢复名誉，消除影响，公开赔礼道歉或要求赔偿。因此，大众传播媒介应该真实、客观、公正、全面地传播信息、报道新闻，以维护受众的合法权益。

5. 监督权

受众有权监督大众传播媒介的运作和传播者的传播行为。受众通常根据法律条文、道德规范、行为准则等标准，通过写信、打电话、舆论声张乃至司法上诉等形式向传播机构和传播者反映自己的意见、要求，行使自己的监督职能。对于受众的批评和建议，传播机构和传播者应予以及时答复，并采取积极措施纠正错误、弥补不足，从而保证受众监督权的有效实施。

第三节 受众选择的心理机制

受众接受信息时都会有自己的选择，信息接受的过程同时也是受众一系列选择的心理反应的过程。在这个过程当中，影响受众选择最重要的心理活动就是选择性心理。所谓选择性心理是指“受传者在传播活动中对所接触的各种信息和传播方式本身进行选择的过程中表现出的思维现象”[①]。1960 年，美国传

① 段京肃、罗锐：《基础传播学》，兰州大学出版社 1996 年版，第 180 页。

播学者约瑟夫·克拉珀在《大众传播的效果》一书中，提出受众接收信息时具有三种选择性心理特点：选择性注意、选择性理解和选择性记忆，这三种选择性心理特点关系到受众对信息接受的整个过程。

一、选择性注意

注意是心理活动对一定事物或活动的指向或集中。人的注意力集中的过程也是对信息舍弃和选择的过程。面对每日每时不断涌来的各种信息，受众不可能也没有必要对它们都加以注意、做出反应，只能把注意力集中到某些信息上而舍弃其他的信息，这就是选择性注意。

从传播内容方面来说，受众在接触信息时会自觉或不自觉地注意那些与自己原有观念、态度和价值观相吻合的信息，回避或拒绝那些同自己观念和态度相反的信息，以减轻认知上的不和谐。就传播媒介来说，受众一般选择自己习以为常和喜爱的媒介，如知识分子较教育程度偏低者更倾向于使用印刷媒介。从传播形式来看，不同的人也有不同的选择取向。有些人乐于接受抽象、理论性强的传播方式，而另一些人则选择形象、通俗的传播方式。由此可见，对于一个具体的受众来说，不可能期望他能接触所有的媒介，更不必期待他会接触某一媒介所提供的全部信息。作为受传者接受外部信息时的第一道"防卫圈"，"选择性注意"把守着受传者吸收信息的"大门"，只有突破了它，传播活动才达到了最基本的目标。①

面对选择性注意的防卫圈，传播者也并非无能为力，可以通过更新传播内容和强化传播形式的方法，吸引受众的注意。具体操作过程中应把握一些基本原则，以达到预期效果。(1)信

---

① 段京肃、罗锐：《基础传播学》，兰州大学出版社1996年版，第181页。

息的易得性。很容易得到并理解的信息易引起受众的注意。(2)信息的对比性。同现实环境中其他信息形成强烈对比的信息容易使受众产生浓厚的兴趣,如国内外重大的社会事件、突发事件、毁灭性灾难等的相关报道。(3)信息形式的多样性。使用强调、对比、重复、变化等形式来突出传播内容能加大受众注意的可能性。

二、选择性理解

突破选择性注意防卫圈的各种信息并不能全部被受传者完整接受,还要面临第二次选择——选择性理解。选择性理解是指具有不同心理特征、文化倾向和社会成员关系的人们对于同一信息会做出不同的解释和结论。

1964年,贝雷尔森和斯坦纳提出,理解是一个"复杂的过程,人们通过这个过程选择、组织和解释感知的刺激,使其成为关于世界的一幅有意义的连贯画面"①。受众在理解过程中往往会加入某些主观的因素,如感情、想象、动机、态度、习惯,以至立场、观点等等。因此,受众对信息理解的过程,同时是一个受众对信息进行再创造的过程。鲁迅针对中国古典名著《红楼梦》在读者中产生不同理解的现象所做的阐述就很能说明问题。"单是命意。就因读者的眼光而有种种:经学家看见《易》,道学家看见淫,才子看见缠绵,革命家看见排满,流言家看见宫闱秘事……"②。可见,人们立场、观点和对生活理解及接触传播的动机不同形成了对同一信息认识的反差。这正如德弗勒所

---

① [美]沃纳·赛佛林、小詹姆斯·坦卡德:《传播理论——起源、方法与应用》,中国传媒大学出版社2006年版,第64页。

② 鲁迅:《〈绛洞花主〉小引》,见《集外集拾遗》,人民文学出版社1973年版,第177页。

指出的,受众群体“由于兴趣、信念、原有的知识、态度、需要和价值观等等这些认识因素上的差异,具有不同认识结构的人们实际上对任何复杂的刺激都会产生不同的认识即赋予意义”①。

对于传播者来说,要充分注意到受传者的选择性理解现象。在传播过程中,需要考虑到受众主观因素的影响,对所传信息予以有意识地引导和控制,尽量消除或减少受传者对传播信息的误解,并且防止有人曲解信息再进行二次传播的可能,以提高受众对传播信息接受和理解的程度。

三、选择性记忆

在信息传播中,已经突破选择性注意和选择性理解这两关的信息,要想顺利地被受众存入大脑信息库中,还必须经过选择性记忆这最后一个环节的再“过滤”。记忆是指人脑对经历过的事物或活动的反映。受众对注意和读解过的信息没有必要也不可能完全记住,而是必须忘却其中大部分的信息才能记住他们最需要的那部分信息,这种记忆上的取舍就称之为选择性记忆。

同前两个环节一样,选择性记忆同样受到受众的需要、兴趣、态度、情绪等性格、心理因素以至立场、观点等意识形态的影响。受众往往只记忆对自己有利、符合自己兴趣或与自己意见一致的信息,而且会有意无意地忘掉那些尽管很重要但同自己原有态度不相吻合的信息。1947 年奥尔波特和波斯特曼对谣言流传的研究及 1958 年科勒和琼斯对种族隔离政策赞成与否的研究结果表明:受众面对无数信息的“轰炸”,特别听得进去的是有利于加强和保护自己原有观点的信息,而无视或忘记那

① 梅尔文·德弗勒等:《大众传播学诸论》,新华出版社 1990 年版,第 220 页。

些与自己的观点不同或相反的信息。[①]

选择性记忆除受到受众个人的主观因素的影响外,也会受到信息传播的环境、形式和强度的影响。因此,传播者可以采取一些积极的手段去增强受众记忆的程度,如为受众提供良好的收受新闻信息的环境或加大传播强度以给受众更强烈的感官冲击等。

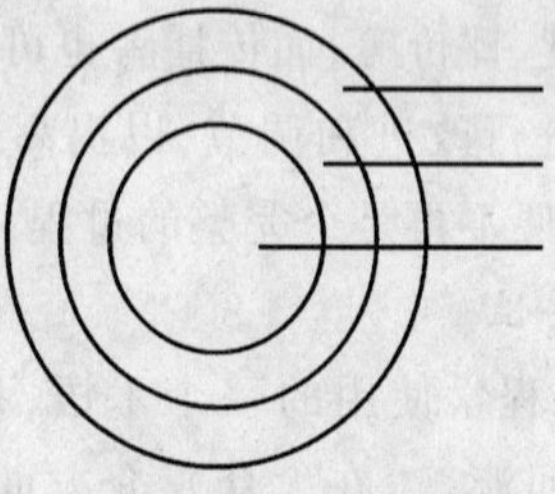

图 4－1　受传者接受信息心理的"防卫圈"

以上受众选择信息的三个程序构成了受传者接受信息心理过程中的三个"防卫圈",由选择性注意依次向内(见图 4－1)。受众首先进行选择性注意,舍弃那些根本不合其口味和需要的信息;舍弃不了的那部分信息则加以选择性理解;如仍回避不了,则采取选择性记忆,摒弃那些反面的和没有价值的信息。由于受众存在这三种选择性心理特点,传播媒介传出的信息往往不能完全按照传播者的意图为受众所接受。传播什么不传播什么的权利在传播者手中,而接受什么不接受什么则是由受传者决定的。由此,传播者需要设法减少各种干扰,打破受传者的心理防卫圈,提高传播信息被受众接收、理解和记忆的质量。

① 胡正荣:《传播学总论》,北京广播学院出版社 1998 年版,第 271 页。

第四节 受众的反馈和受众调查

一、受众的反馈

传播是信息传播者与受传者之间相互交流、沟通、影响的双向过程。传播者可以通过所传信息影响受众,受众也可通过反馈的信息影响传播者。通过反馈受传者可以向传播者表达对信息传播的要求、希望、态度、评价等,而传播者也可根据受众的反馈信息对所输出的信息进行改进和调节,以提高传播效果。没有了反馈这一环节,传播便不再是个完整的过程。

1.反馈的含义和重要性

反馈,最早是电子工程学使用的一个术语,是指发出的电磁波或者所携带信息的回流。“在大众媒介方面,我们也有各种形式的反馈从目的地传回给信源,帮助它调节此后的输出物(信息)。来自读者、听众的信件、电话是一种反馈;对于广告的反应、广播的收听率、报摊零售与订户的增减等等也都是反馈。教室里的反馈也有多种形式,迷惑不解的表情、厌倦的迹象都在告诉讲课人:需要讲清某个观点,或者该换个话题了。”[①]因此,在传播学中的反馈是指受传者对传播者所输出信息的一种反应,即受传者回传给传播者的意见信息(见图4-2)。

---

① 宣伟伯:《传播概论:传媒·信息与人》,余也鲁译述,香港海天书楼出版社1983年版,第56页。

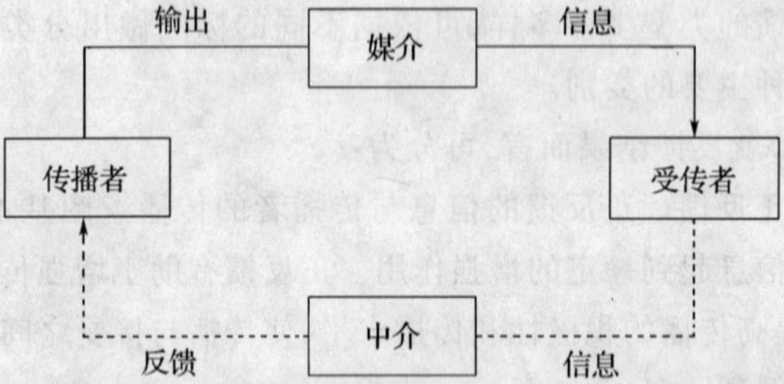

图 4－2　大众传播中的反馈的基本模式

在人际传播中，听话人可以比较及时而明显地向传播者做出反应，传播者可以据此及时做出调整。在大众传播中，尽管受众从接收到某一信息的那一刻起，就有可能立即做出种种反应，或点头表示同意，或摇头表示反对，或微笑表示赞同，或皱眉表示不满等等。但是，大众传播传受行为的分离性使这些反应均不能立即为传播者所知晓，因此都是无效的反馈。只有当受众根据对传播内容的兴趣与好恶采取行动——写信或是打电话或是发电子邮件来予以表扬或批评，或是停止订阅报刊，或是积极回答问卷等等，使传播者得知他们的反应，才能构成有效反馈，也才能称之为真正意义上的大众传播的反馈。

受众反馈的意见性信息直接或间接地反映了受众的接受动机、需求和心态。传播者通过反馈不仅可以了解受传者对信息传播的要求、愿望、评价、态度等，也可以根据反馈的信息调节和改进以后输出的信息，以加强针对性，进行更为有效的传播。可见，在大众传播中，反馈的重要性是不容忽视的。可以说反馈是大众传播者判断其信息传播是否成功的主要依据，有助于传播者检验和证实传播效果，改进和优化传播内容、传播形式和传播行为。

2. 反馈的类型

反馈的类型多种多样，可依据不同的标准做出分类。以下列举几种主要的类别。

(1)就反馈结果而言，可分为：

a)正反馈。正反馈的信息与传播者的传播意图基本一致，对传播信息起到一定的增强作用。正反馈有助于增强传播者的信心，提高传播的积极性和传播水平，使传播与接受之间产生一种良性循环。

b)负反馈。负反馈的信息与传播者的传播意图存在差异。受众对传播信息不喜欢、不信任甚至有反感，对传播信息起到减弱作用。负反馈往往会产生消极作用，抑制传播者的积极性和创造性。

(2)依反馈形式而言，可分为：

a)前馈。它是指传播者在发出信息之前，预先了解受众的意见、要求和建议的过程。重视前馈，有助于加强传播的针对性，提高传播技巧，使传播达到预期的效果。

b)后馈。它是在传播者发出信息之后，受众对信息做出的反应。一般所说的反馈，即指后馈而言。

(3)就反馈的发出者而言，可分为：

a)内反馈。它是传播者在传出信息的过程中的一种心理反应和传播组织内部被动成员对主动成员的信息反馈。内反馈往往产生于受众的外反馈之前。

b)外反馈。它是受众的信息反应。通常意义上的反馈，是指外反馈。外反馈是信息反馈的主要形式，也是调节目标性行为的主要依据。

(4)就反馈的真实性而言，可分为：

a)真性反馈。它反映出受众对所传信息的真正的态度、意见和评价。传播者只有根据真性反馈调节和修正传播内容和传播方法，才符合受众的愿望和要求，增强传播效果。

b)假性反馈。它所反映的是受众对所传信息的经过伪装修饰的心理假象。由于假性反馈具有较大的欺骗性和反导性，极易将传播者引入歧途，使以后的调节和修正出现偏差和失误，结果不仅会影响传播效果，也会造成人力、物力、财力上的浪费。

(5)就反馈的速度而言，可分为：

a)及时反馈。它是指在传播者的传播活动进行当中或结束之后，受众立即对其做出的反应或评价。由于传播与反馈之间的时距很短，传播者可以迅速地对传播的成效做出判断，及时调整传播策略。

b)迟延反馈。它是指在传播活动结束后的较长时间里，传播者得到的受众反应或评价。较之于及时反馈，迟延反馈避免了对正在进行的传播活动的干扰，传播者可以在自我检查、自我总结的基础上适当采取受众的意见信息，修正和改进传播技巧和传播内容。

3. 反馈的特点

不同类型的传播在反馈的速度、程度和表现方式上存在很大差异。在人际传播中，传播信息反馈比较直接、及时和充分，尤其是在面对面交流的情况下，传受双方能够立即从彼此的言行举止中了解对方的反应。但是在大众传播中，由于有传播媒体介于传受两者之间，加之传播对象面广量大，传播关系复杂，使得大众传播的信息反馈远不如人际传播中的反馈那么及时、直接、集中和明显。它的主要特点是：

(1)延缓性

人际传播中反馈与交流过程是同步的，受传者可以通过言语动作做出立刻回应，而传播者也可以根据对方反应及时调整交流的内容和方式。在大众传播中，传播者和受众在时间和空间上是分离的，受众通常只能采用写信、打电话等方式向传播者传递自己的反馈信息，因而传播者无法及时获知受众的反馈信息以相应地调整传播活动，使得大众传播中的反馈具有延缓性。

(2)间接性

在面对面的信息交流中，传播者可以直接获得受传者的反馈。而在大众传播中，除了受众来访、开会座谈外，受众很难有机会向传播者当面陈述自己的意见和评价。为了了解传播效果，传播者主要通过各种媒介如信函、电话、电报、电子邮件等或是委托专门的机构——视听率调查公司、民意调查公司等去收集反馈。因此，大众传播的反馈具有间接性。

(3)零散性

由于大众传播的受众具有众多、分散、杂乱、隐匿等特点，传播者很难从受众那里获得较为系统、集中的反馈，而只能收集到一些零碎、散乱的反馈信息。在这种情况下，传播者可以选取代表受众总体的样本做抽样调查，然后对信息数据进行汇总、整理和分析，从而获得具有代表性的反馈信息，以更好地探知受众的心理。

(4)累积性

在大众传播中，个别受传者的反应会因一时难以确定其是否具有代表性而不被传播者注意，往往只有在数量较多的受传者达到一致的反馈意见时才会引起传播者的重视。这些累积性的反馈信息能较全面地反映受众的看法意见，具有相当的代表性，对传播者制定长期的传播计划和调控传播行为是十分有益的。

(5)量化性

一般来说，大众传播的反馈是以定量化的形式来收集和测定的，如报纸杂志的发行量、广播的收听率、电视的收看率、网站的访问量等，都具有量化性。从事受众调查的机构提供给传播机构的正是这些定量化形式的反馈数据，作为考察传播效果的重要指标和制定传播政策的有力依据。然而由于各种主观或客观条件的影响,有时这些数据并不能完全反映传播内容的质量或是代表受众的真实心理。

二、受众调查

随着受众在大众传播中主体地位的加强,传播者逐渐认识到受众反馈信息的重要性。为了不断改进自己的传播工作,增强传播效果,传播媒介需要尽可能建立和完善自己的反馈系统,提高获得反馈信息的速度。在这种情况下,受众调查成为了解受众反馈的最主要的方式。

1. 受众调查的目的和重要性

受众调查的目的不同于一般的采访活动。一般的采访活动的目的主要在于收集信息,投入传播;受众调查的目的则主要在于了解受众构成、受众的需要和兴趣、受众对传播内容和形式的反应等,以便为媒介信息单位提供有用参考,及时地改进传播工作,提高传播质量,加强传播者与受众的相互联系。

与分散在各地的受众成员自发地、零星地向媒介提供的反馈信息相比,通过系统的科学调查的方法以随机抽样的形式调查一定的受众样本所获得的反馈信息能较好地反映出受众总体对媒介所传播的信息的反应和要求等,这也是受众调查的必要性的体现。

自传播研究兴起以来,世界各国都十分重视受众调查,调查的方法和手段也不断得到改进。在电子传媒十分发达的西方国家这种调查已有几十年的历史,其中尤以美国的传播事业最为发达,受众调查的历史也最为悠久。目前,美国的受众调查和市场调查、民意测验等合为一体。著名的调查公司有尼尔森(Nielsen)、盖洛普(Gallup)、普利策(Pulitzer)、西蒙斯公司(Simmons)、哈里斯(Harris)等,其中盖洛普以民意测验和市场调查著称，尼尔森是著名的电视观众调查公司，而普利策以读者调查见长。①

在我国，采用科学的方法对受众进行系统的抽样调查始于20世纪80年代初。1982年，由中国社会科学院新闻研究所和首都新闻协会调查组发起的"北京市读者、听众、观众的调查"，采用了计算机随机抽样、统一问卷、直接访问等调查方法，标志着科学的、系统的受众调查在我国的兴起。此后，受众调查在我国得到了蓬勃发展，取得了一定进步。一些新闻传播机构、新闻研究机构、教育机构都成立了专门的调查机构，如中国人民大学舆论研究所、中国广播电视学会受众研究委员会等，有计划有组织地实施了一些较大规模的受众调查。例如，前些年，由中国社会科学院新闻研究所和首都新闻学会发起，由新闻研究机构和新闻单位联合对北京和浙江省的读者、听众、观众进行的两次规模较大的调查；其后，由中央电视台同几个地方台联合进行的一次全国性的"电视观众抽样调查"等。但由于我国的受众调查起步较晚，加之受到技术、资金的限制，跟西方的受众调查相比还存在着一些差距，需要在今后的发展中不断克服，使其日臻完善。

2. 受众调查的分类

受众调查大致可以分为读者调查（调查印刷媒介受众）和听众、观众调查（电子媒介受众）两部分。不同的受众调查又可细分为不同种类，如在美国，读者调查主要包括以下五种：

(1)对读者概况的调查

这类调查采用人口统计学分类法来提供构成报刊读者群的概要信息。如"一份旅游杂志的读者概况调查结果显示：按照经济收入、年龄、受教育程度来划分，该杂志的多数读者属于年收入

① 胡正荣：《传播学总论》，北京广播学院出版社1998年版，第229页。

4万美元、年龄25至34岁、大学或大学以上文化程度的社会群体,他们多数拥有几张信用卡,每年至少旅游三次……”[①]这些调查结果可以提高传播者对受众的认识,更好地为传播内容定位。

(2)对报刊信息选择行为的调查

这类调查通常采用辅助回忆法来测量各种报刊文章的读者率,以了解哪些读者阅读报刊杂志的哪部分内容。所谓辅助回忆法就是由调查访问者将报刊等给调查对象看,以帮助其回忆阅读过的报刊文章,也可由访问者事先选择这类报刊文章,以收集有关读者率的信息资料,并询问调查对象是否记得读过这些文章。由于当面采访的成本较高,研究者多是采用电话访问或是邮寄问卷的形式来进行这类调查。其中邮寄问卷调查又分为整份报刊调查法和剪报调查法。整份报刊调查法中调查对象收到的是邮局寄来的前一天的整份报纸及问卷和填写问卷的说明;而剪报调查法中调查对象收到的是某些文章的剪报而不是整份报纸。尽管两者在调查分析的单元上有些区别,研究时都是将各篇报刊文章或是各类内容文章的读者率同受众的心理或人口统计学的特点联系起来加以考察的。

(3)对读者和非读者的调查

这类调查通过当面采访、电话采访和邮寄问卷几种方式来进行。在进行调查时首先需要解决的问题是对“非读者”概念的界定。研究者就此采取了不同的方法。有的使用“你平时是否读报”这个一般疑问句来界定非读者,凡对此问句持否定回答的均被视为“非读者”。有的则根据调查对象对“你今昨两天是否读过报”等具体问题的回答来划分“读者”和“非读者”。还有的采用选择题的方式,让调查对象就“你是否经常读报”这一问题从“天天阅读”、“常常阅读”、“有时阅读”、“很少阅读”、

---

① 张迈曾、李明德、张蓉:《传播学引论》,西安交通大学出版社2002年版,第205页。

“从不阅读”这五种可供选择的回答中选择一种，凡选择最后两者的就被归入“非读者”的范畴。[①] 在确定“非读者”后，研究者一般会根据人口统计学上常用的可变因素来描述非读者的特点，有的还会进一步试图找出非读者不读报的原因。

(4)对读报用途和读者满足的研究

这类调查旨在了解受众读报的动机及其得到的个人在心理上的报偿。这类调查的方法一般比较直接。调查对象会收到一张表，表中列举了读报的可能用途及其可能带来的满足，并询问调查对象的读报动机是否为表中所列的项目，如果不是的话，调查对象可在表中留下的空白处述说自己的看法。

(5)对编辑与读者的比较研究

这类调查用于探讨编辑与读者的意见差别。研究者就某一问题提问一组编辑和一组读者，然后比较两者之间的回答，找出两组意见之间的一致性，作为今后工作的一个重要参考。

美国大约从20世纪30年代起就已开始读者调查，在调查读者方面积累了丰富的经验，为其他国家的读者调查提供了借鉴。随着电子媒介的兴起，听众、观众调查也日益受到重视。一般说来电子媒介的受众调查多以家庭或人口为调查对象的基本单位，根据科学的原则从受众总体中抽取一定数量的样本户或是样本成员对其进行调查。由于电子媒介无法像印刷媒介那样拿出类似发行量的硬数据，电子传媒视听率调查显得尤为重要，成为许多投资商包括一些广告商对媒体的信心保证。

3. 受众调查的方法

(1)面对面调查

调查者去样本户家，逐一询问其家庭成员过去24小时内的

---

① 张迈曾、李明德、张蓉：《传播学引论》，西安交通大学出版社2002年版，第206页。

阅读视听行为。这种方法的优点在于可以了解调查对象的阅读视听行为及他们对文章、栏目、节目的评价等较为详尽的反馈信息。它的缺点在于调查对象的记忆可能不太准确,从而导致对阅读视听率的错误判断。此外这种方法在人力物力上的花费也很高。

(2)电话调查法

调查者随意选定一组电话号码,打电话进行调查访问。这种方法可分为回忆式和即时式两种。回忆式调查中回答者常常被引导回忆自己前一天做过的事情,从而反映前一天的视听行为。即时式调查所调查的则是回答者在接电话时的视听行为。电话调查的好处是比较省时和省钱。不足之处在于,它难以得到比较详尽的答复,加之由于许多人随意挂机而中断访问,使得采访的过程较难控制和操作。此外这种访问只限于那些装了电话的家庭,因此存在着明显的局限性。

(3)日记法

调查对象应约逐日记录收听广播和收看电视的日志,并按期寄回调查公司(通常为一周)。这一方法的优势是能够获得相对较长的一段时间内受众全部的视听行为及其受众构成的数据。然而该方法也存在着一些缺陷,如调查对象没有按时填写而在事后补记或是出于应付而编造视听行为,使数据的可靠性大打折扣。此外由于自己的视听行为将会被记录在日记中,调查对象也会有意无意地比平时多关注媒体的视听节目,因而日记中所记录的信息并不能客观准确地反映出调查对象日常的视听行为。

(4)记录仪法

调查公司与抽样户签约,在他们家中的收音机或电视机上装上记录仪。记录仪会自动记录下收音机和电视机开、关的时间和收听收看的频道,并将这些数据送回调查公司。记录仪可与电话线连接,调查公司的计算机自动拨号即可收集每台记录仪存储的数据,省时又省力。因此,运用记录仪法不仅方便快速,也可以避免手工操作中出现的遗忘和错误。但是记录仪只能记录家庭收看哪些节目和收视的时间,无法反映抽样户中谁或多少人在收看或收听,并且无法提供调查对象在户外的视听行为,因此人们常常和日记法结合起来使用,使调查数据更为详尽,符合实际。

(5)无线电的全面受众调查

无线电的全面受众调查的英文全称为 Radio's All - dimension Audience Research,简称 RADAR 法。在调查展开的前一周,调查者用随机选定的电话号码拨打电话,确定对方是否是住户,并记下家庭成员。在这次联系中,调查者会作自我介绍,说明调查的性质,以求得抽样户的合作并商定调查的合适时间。随后调查者会送出礼物给接电话者,以建立和睦的合作关系。在正式的调查中,调查者每天在约定的时间通过电话联系了解对象前一天的视听行为并确定第二天的调查时间。RADAR 的调查要求十分严格,自前一次截止时间始,调查者需按每一刻钟的时间间隔记下回答者的视听情况,且所有的调查都是在装有监督设备的调查中心进行的,任何偏差都能随时发现并得以纠正。[①] 因此此法的调查质量颇高,可以比较确切地提供某一节目或广告的受众人数。但其弊端在于报告周期一般长达三个月,费用很高。

随着计算机技术及多媒体技术的广泛应用,受众调查的方法和技术也不断得到改进,为媒体的工作提供了很多有用的参考数据。然而这些受众调查也引起了一些非议。一些人指出,在视听率主宰着电视台、电台和节目制作人的美国,由于调查过

① 张咏华:《大众传播学》,上海外语教育出版社 1994 年版,第 208 页。

程中存在着许多偏差,使得调查数据很不准确,不能反映出真正的视听状况,而这一切又受到了过分的重视,致使一些公司撤销了一些高质量的节目,片面追求节目的商业价值,忽视节目的艺术质量。[①] 这些指责提醒人们要正确对待和实施视听率的调查,在调查过程中要严防偏差,尤其防止先入为主的偏见,使视听率数据能够尽量真实地反映受众的视听状况。同时研究受众情况时,仅作定量分析是不够的,要与定性分析结合起来,做更深入的受众研究,从而有力地推动节目质量和视听率的提高。

第五节　关于受众的理论

早期的传播研究者鉴于受众的众多、广泛、分散、彼此疏离等特点,将受众比作“靶子”,认为他们对传播媒介的传播内容是消极、被动的,只要受众被大众媒介的信息魔弹击中,他们就会随之做出相应的反应,这就是早期的关于受众的“魔弹论”(bullet theory)或“靶子论”。这种认为受众中弹即倒的理论,很快便被后来的实证研究所推翻。研究发现受众并不像这一理论所比喻的束手待毙的靶子,任由媒介扫射,毫无抵御能力,他们往往会进行独立思考,对媒介的传播内容做出选择、判断和反应。

在抛弃了“靶子论”之后,西方传播学者提出了一系列关于受众的新理论。梅尔文·德弗勒将受众理论总结归纳为四种,即个人差异论、社会范畴论、社会关系论和文化规范论。另外,后来出现的“社会参与论”和“使用与满足论”作为两种重要的受众理论也引起了学术界的广泛讨论。

---

① 张咏华:《大众传播学》,上海外语教育出版社 1994 年版,第 209 页。

一、个人差异论

个人差异论最早是由卡尔·霍夫兰于1946年提出的，由德弗勒在1970年做了某些修正后成为一种广为人知的理论。这一理论以心理学的“刺激－反应”模式为依据，从行为主义心理学派的角度出发来对受众加以研究的。理论认为媒介传递的信息包含有特定的刺激性，这些刺激性跟受众的个性特征相结合后会产生特定的作用。由于每个人所处的社会环境和经历不同，各自的性格、脾气、心理结构、认知方式等方面就会表现出种种差异，正是这些差异决定了他们在接收大众传播媒介的信息后会作出不同的选择和理解，从而导致他们态度和行为的改变。

德弗勒总结了主要的五种差异：(1)人们的心理结构是千差万别的；(2)个人的先天条件和后天习性的不同，形成了个人之间的差异；(3)人们从不同社会环境中所习得的不同立场、价值观、信仰、态度，造成了心理构造的不同；(4)由不同的社会环境所造成的人们个性上的不同，决定了人们在理解客观事物方面的差异；(5)由于对客观事件的理解不同而形成的稳定见解，又影响人们对各种信息的选择和理解。①

根据个人差异论，特点各异的受众以不同的方式挑选和解释大众传播的内容，因此大众传播媒介在设计劝服性传播前，需要先弄清受众的个性特征，挑选受众感兴趣、与他们观点一致、同他们信仰相和谐、支持他们价值观的信息进行传播。虽然个人差异论所展示的受众与大众传播之间的关系并不全面，但它提出了“选择性注意”和“选择性理解”的重要观点，使人们开始注意到受众个体的差异，对提高大众传播的针对性是有价值的。

---

① 邵培仁：《传播学》，高等教育出版社2000年版，第204页。

二、社会类型论

社会类型论又称社会范畴论，这一理论最先是由约翰·赖利与马蒂尔达·怀特·赖利提出来的。这一理论可以说是对个人差异论的补充和扩展。后者主要强调的是受众个体的心态与性格的差异，而前者重点强调的是受众所属的社会群体的特性差异。

社会类型论认为，尽管受众成员存在着个人差异，但由于他们在性别、年龄、地区、民族、职业、经济状况、宗教信仰、文化程度、兴趣爱好等方面的共同特征，会形成不同的社会类型。同属于某一社会群体的成员具有大致相同的经历，持有相似的社会观和价值观，因而对于媒介信息的选择和接收也会做出相同或相近的反应。

根据社会类型论，大众媒介应该考虑到不同群体的受众对信息接收倾向的差异和受众的接收理解会受到群体力量引导的特点，针对不同的"社会群"选择和制作传播内容，以增强自身传媒的特色和吸引力，提高传播效果。

三、社会关系论

社会关系论主要是由拉扎斯菲尔德、贝雷尔森、卡茨等人提出来的。与前两者的理论不同，社会关系论强调的是群体关系在传播活动中的作用，主要关注受众参加的组织或团体的压力、合力对其个人接收传播信息的影响上。

社会关系论认为，受众都有自己特定的生活圈，并受到其约束和影响。这种生活圈可能是有纲领、有领导、有组织的团体，也可能是无纲领、无组织、临时性的非正式的团体，还有可能只是邻里、家庭等群体关系。大众媒介传播的任何信息都要经过这种生活圈的审查、过滤或抵制，从而使受众接受那些与本团体意向相符的信息。当传媒信息与团体意见相反或有损于团体利益时,其中坚分子就会起来攻击媒介以加强原有观点,或是对传媒的不同意见进行解释、修正,以削弱媒体的力量和作用。即使团体内有少数人与团体意见相左,也不敢公然去接受那些与团体意见相悖的观点。

社会关系论否定了大众媒介的效果是直接的、一致的和无比强大的。受众接受到的很多信息往往不是来自大众媒介而是来自生活圈中比较活跃的“意见领袖”,而这种二次传播的信息并非不偏不倚。① 个人间复杂的社会关系在影响受众成员对媒介信息的接收和反应方式上起到了重要作用,极大地限制和制约了大众传播效果。

四、文化规范论

文化规范论与其说是一种受众理论,还不如说是传播效果理论,与后面章节论述的“议题设置”理论有一定的联系。这一理论认为,大众传播不一定对受众产生直接的效果,但它可以通过影响受众所处的社会文化环境,间接地使受众的观念发生变化。如果传播媒介长期倡导或反对某种观念,就会为社会树立某种文化规范。人们看待事物时,自然就会受到传播媒介所树立的文化规范的影响。

文化规范论认为,受众不仅可以从传播媒介中获得新的见解,也可以加强原有的价值观念,或是改变其原来的看法或态度,甚至发生观念上的变化。但很多学者认为,大众传播改变人们的生活习惯、制造新的文化规范只是少数情况,多数情况下,传播媒介所起的是加强现有社会文化规范的作用。

文化规范论不仅肯定了大众传播对受众所造成的影响,并

① 邵培仁:《传播学》,高等教育出版社 2000 年版,第 206 页。

且注意到了传播媒介具有树立文化规范的功能以及这种规范对人们的影响，更重要的是指出了传播内容对人们累积性的影响，因为所谓文化规范的树立和人们对这种规范的认同都是一个长期的过程。[①]

五、社会参与论

社会参与论又叫受众介入论，源于美国宪法中有关公民权利的一种传播理论，是由美国学者 J·A·巴伦在 1967 年发表的《对报纸的参与权利》一文中最早明确提出的。他在文中指出，为了维护传播过程中受传者的表现自由，保障他们参与和使用信息传播媒介的权利，宪法第一修正案必须承认公民对传播媒介的参与权。巴伦在此后的多篇文章中反复论述到了这一观点。

20 世纪 70 年代，这一理论引起了传播学界的广泛讨论，并达成了共识，认为普通群众和群众团体既是信息传播中的受传者，也是信息交流中的传播者，有权利用大众传播媒介积极反映自己的处境，发表自己的见解和主张。1980 年，联合国教科文组织国际交流问题研究委员会在报告中强调指出：

"一般都把读者、听众和观众当作消息情报的被动接受者。负责管理交流工具的人应该鼓励他们的读者、听众和观众在信息传播中发挥更加积极的作用，办法是拨出更多的报纸篇幅和更多的广播时间，供公众或组织的社会集团的个别成员发表意见和看法"[②]。

由此可见，大众传播媒介应是公众的讲坛，而不是少数人的传声筒。大众媒介应该在传播形式上尽可能地考虑和照顾到受

---

① 戴元光、金冠军：《传播学通论》，上海交通大学出版社 2000 年版，第 240 页。

② 胡正荣：《传播学总论》，北京广播学院出版社 1998 年版，第 289 页。

众这种积极参与的要求和权利，提供极大的参与空间，鼓励他们的读者、听众和观众积极参与信息传播，从而达到传者和受众都满意的效果。

六、使用与满足论

使用与满足论又称满足需要论，是一种兴起于20世纪40年代形成于70年代的受众理论。这一理论的代表人物有卡茨、布鲁姆勒、麦奎尔等。与传统的媒介传播信息以影响受众的思路不同，使用与满足论从受众如何使用大众媒介以满足自身需要的角度来研究媒介与受众的关系。

这一理论把受众成员看作是有着特定“需求”的个人，把他们的媒介接触活动看作是基于特定的需求动机来“使用”媒介，从而使这些需求达到“满足”的过程。受众总是主动地选择自己所偏爱的和所需要的媒介内容和信息，而且不同的受众还可以通过同一媒介讯息来满足不同的需要，并达到不同的目的。可以说，通过对媒介内容和信息的主动选择和积极使用，受众实际上制约了整个传播的过程。

使用与满足论打破了以往研究中围绕传播者如何影响受众的思维定势，开创了从受众角度出发考察大众传播过程的先河，突出强调了受众需求对传播效果的制约作用，对否定早期“魔弹论”的效果观起到了重要作用。虽然使用与满足论影响甚大，但也存在一些缺陷。首先，它过分地强调了受众个人的需要，而很难与更大的社会结构相联系；其次，理论中对于“满足”的概念没有客观的描述，易陷于所谓的“心灵主义”；再者，这个理论取向往往成为媒介制作“低劣”内容的借口等。

总之，受众问题是一个极为复杂的研究领域。上述的这些受众理论为我们提供的都只不过是受众的一个侧面像，分析了人们对受众的几种主要的、基本的认识。这些理论虽然自身都存在着这样或那样的缺陷，但对于认识受众接收传播后出现不同反应的原因都不乏启发意义。我们只有把各种理论综合起来，才能形成较为全面的、正确的受众观。

案例分析

《扬子晚报》的受众理念

俗话说："众口难调，一人难称百人意。"这句话不仅仅是厨师深有体会，恐怕所有的报业从业人员也是感同身受。近年来，媒介竞争日趋激烈，各报发行委顿、局面低迷已是不争的事实。然而就是在激烈竞争的环境中，《扬子晚报》创刊15年，不仅经受住时间的考验和读者的评判，而且以蓬勃的生命活力，不断攀登前行、成长壮大。目前，《扬子晚报》日均发行量达180万份，日最高发行量达190万份，成为全国发行量最大的晚报，可称得上是报业的"特级厨师"。

作为党、政府和人民的喉舌，报纸应当要让党、政府和人民群众都喜欢。但是，要达到这个"都喜欢"的境界，又谈何容易。面对年龄层次不同、知识水平各异、数量庞大的读者群，《扬子晚报》是如何了解他们的兴趣，如何满足他们的需求，凭借何种"法宝"调好"众口"的呢？

一、多次调整办报模式，奉献"全营养型"的"精神晚餐"

创办之初，《扬子晚报》基本上套用当时全国20多家晚报，尤其是几家大晚报的模式。认为晚报作为日报、党报的补充，不承担主体任务的宣传，是人们工作了一天之后茶余饭后的消遣读物，读者对象主要是"市民"。当时报纸内容主要是文化新闻、体育新闻和社会新闻，尤其对社会新闻特别重视。当时的机关报、日报这方面的内容还少，晚报确实风光了一阵子，报纸的发行数也上升很快。

但是随着改革的深入,日报、党报普遍增加文化、体育和社会新闻的报道,增强了可读性,晚报独具的优势逐步消失。1987年,《扬子晚报》及时调整了自己的办报方针,在"三大支柱"内容之外,增加了与人民群众衣、食、住、行密切相关的新闻,拓宽了报道面,也拓宽了办报思路。

1989年之后,基于读者构成的变化、读者需求的变化和报业发展的新形势,晚报及时调整定位,对办报方针作了重大改变。至此,《扬子晚报》摆脱了旧认识和旧模式,明确提出:晚报是一个独立的,而不是作为日报的补充而存在的。另一方面,既然日报、党报可以借鉴晚报的优势,晚报也可以"嫁接"日报、机关报的优势,实现两者有机结合,兼收并蓄,形成晚报新的风格、模式。

进入90年代以后,随着社会改革开放步伐的加快,针对人们思想观念的转变以及信息量和信息需求量激增等特点,"扬子"又提出要将《扬子晚报》办成"消息总汇",即全方位、多侧面、立体化地报道读者所关心的内容,给读者提供一份"全营养型"的"精神晚餐"。

二、最大限度地满足群众对信息的需求,形成信息优势

提供信息是报纸最基本的功能。一张成熟的报纸总是善于牢牢把握群众对信息的需求。《扬子晚报》的读者是多层次的,其关心的新闻信息也是多方面的,上到安邦定国的政策,下至菜篮子工程的具体信息。《扬子晚报》要求自己的记者眼观六路,耳听八方,不留报道的"盲区"。15年来,《扬子晚报》版面由最初的4开4版增至4开16版、20版、30版,并不定期加张免费附送,南京地区最多至112版。近年来,新增了一些专刊、专页,学习导刊、电脑时代、健康长寿、置业安家等,满足了不同层次的读者对各种信息的需求。

三、竭尽全力为群众服务,形成强烈的服务意识。

为读者服务，实际上是报纸留住人心的重要因素之一。15年来，《扬子晚报》一直注意通过多种渠道了解读者，摸清读者的需求。其中最基本的方法，就是定期进行大规模的读者调查，几乎每年都要进行一次。根据读者意见，报社对各种固定栏目进行分析、号脉，力图不断改进、不断提高各栏目的服务质量。他们从读者需求出发，要求每一条报道，每一个版面都要为读者着想，为读者服务。通过一次次的服务与被服务，《扬子晚报》在百姓中的地位日益提高，最终成为读者的良师益友。①

【案例思考】

1.《扬子晚报》是如何根据受众的特点和要求不断改变办报模式和经营策略的？
2.《扬子晚报》在吸引读者、服务读者方面还可采取哪些措施？
3.《扬子晚报》的成功对我们认识受众在传播活动中的地位和作用有何启发？

【练习题】

1. 大众传播的受众有哪些显著特点和类型？
2. 受众的接收动机有哪些？
3. 为什么说受众是权利主体？简述受众的基本权利。
4. 受众是如何选择信息的？
5. 大众传播的反馈有哪些特点？
6. 简述受众理论研究的发展历程。
7. 试对几种主要的受众理论进行比较分析。

---

① 改编自朱南燕的《〈扬子晚报〉如何调“众口”》一文。

第五章　传播媒介

五次传播媒介革命 掀起了传播发展的风暴 传播媒介的特征 揭开了各种媒介优劣的面纱 媒介理论 凝聚了传播媒介大师思想的结晶 传播制度与媒介规范 铺设了传播列车飞驰的轨道

本章概要

在本章中，我们重点分析了传播媒介（如报纸、广播、电视、电影、网络等）的发展历程以及不同类型传播媒介的共性与个性特征，目的是使读者形成对传播媒介认识的主体轮廓，既能纵向地了解传播媒介的发展历史，又能从横向角度对各种传播媒介进行分析。由于我国的媒介理论还处于发展起步阶段，还未形成系统的、成熟的理论体系，所以本章探讨的媒介理论基本上是西方传播学家的理论成果，如麦克卢汉的媒介决定论等。此外，我们也介绍了传播制度与媒介规范理论，对重要的媒介规范理论进行了较详细的阐述。

学完本章后，你应该可以：

· 回答传播媒介的发展轨迹是什么；

- 根据不同的角度，对传播媒介进行分类，并了解其特征；
- 列举西方传播媒介研究的代表人物并简述其理论思想；
- 阐述传播制度与媒介规范理论的发展及其基本内容。

传播媒介是在传播过程中用来传递信息的中介，是传播者与受传者之间的桥梁和纽带，是传播行为作用于社会负载、传播信息符号的中介性物质手段。毫无疑问，正确认识传播媒介类型与特性，掌握日益发展的媒介理论，研究传播制度与媒介规范理论，对正确认识各种传播媒介是大有裨益的。

第一节 传播媒介的产生、发展和演变

《旧唐书·张行成传》中有“媒介”一词的最早记载，即“观古今用人，必因媒介”。那时“媒介”的初始意义是指双方发生关系的人或事物。英语中的“media”出现在19世纪末20世纪初，指媒介是事物之间发生关系的介质或工具。传播媒介发展变化的过程是与人类文明史同步的，它的发展大致经历了口头传播媒介——手抄传播媒介——印刷传播媒介——电子传播媒介——网络传播媒介等五个阶段。

一、传播媒介的五次革命

人类对传播媒介的利用历史悠久。远古人类使用语言及其他非语言符号传播信息，如利用动作、表情、手势等相互沟通；利用驿站传递信息，用飞鸽传送书信；此外，非洲有些部落利用烽烟和鼓声传播信息的传统延续至今。纵观历史，人类社会的传播媒介发展先后经历了五次传播媒介革命。

第一次传播媒介革命是语言的产生与使用。大约在2.5－2万年前，人类的语言产生了，这是人类传播媒介向前迈出的重

大一步，人类从此有了传递信息的正规渠道。语言和非语言符号(体语、色彩等)是人类早期用来进行信息传播的手段和载体。语言不仅使人类完成了从猿到人的转变，而且还为人类思维提供了物质外壳，使得人在用语言交流时，身体可以脱离所指对象。

第二次传播媒介革命是文字的产生。文字的产生是人类继语言之后的另一个里程碑，它延伸了人际传播的距离，开拓了人类交流的空间。公元前 4000 年左右，最古老的象形文字诞生于古埃及、美索不达米亚；约 3500 年前，中国商朝出现了甲骨文。通过文字记录历史事实使得生产生活经验都得以保存下来，促进了文化传播，提高了人类改变现实生活的速度。从此人类社会出现了手抄传播媒介，即手抄本。[①]

中国的古人将文字刻在竹简上，写在丝帛上；古埃及人用树枝等蘸着染料将文字写在一种宽而柔的草叶上，史称“纸草”；古罗马人将文字写在草皮上和粘土上；而古代中亚两河流域的人把文字刻在未干的泥板上。由于文字进入了传播领域，为造纸术和印刷术的发明奠定了坚实的基础。

第三次传播媒介革命的标志是造纸术和印刷术的发明。公元 105 年，我国东汉的蔡伦用树皮、麻头和破布等植物纤维制成了轻便的纸张，用于记载文字、传播知识和信息。造纸术后来传入欧洲，纸张逐渐代替羊皮或其他书写材料。纸张的最大优点是价格便宜，货源充足，可以降低书籍的成本。它轻便、易携带和传递；只要妥善保存，可以世代相传。

印刷术掀起了一场新的传播媒介革命。公元 7 世纪的隋唐时期，中国出现了雕版印刷。公元 1045 年，我国宋代的毕昇发明了活字印刷，这一时期，用于新闻传播的印刷媒介“邸报”盛

---

① 陈夏洁、郝清霞：《传播媒体与介质》，印刷工业出版社 2000 年版，第 11 页。

行全国。公元1450年,德国金匠古登堡把中国制纸与油墨技术及朝鲜人使用的金属活字印刷术配合起来,发明了金属活字和活版印刷机,奠定了机械化印刷技术的基础,使文字信息的快速、大量复制成为可能。印刷媒介不仅大量传播了宗教经典,还使其他内容的书籍增多,廉价供应,推动了教育文化事业,加速了新思想的传播,推动了文艺复兴与思想启蒙运动。

第四次传播媒介革命的标志是无线电技术和电视的发明。早在16世纪,人们就对电磁通信产生了浓厚的兴趣。1558年,西方人鲍尔达的《应用自然的魔术》一书中,就描写了"共振电报机",这是一种利用磁性来进行通信传播的设备。1844年美国人莫尔斯发明了有线电报,开创了电子传播之先河。1876年美国人贝尔发明了电话,使语音传播不再局限于面对面的空间。1895年,意大利工程师马可尼发明了无线电报装置,用电波进行无线通讯的实验首获成功;1901年横跨大西洋的远距离无线信号传递也获得了成功。1906年,美国人德法雷特发明了能产生电波、使微弱电信号得到放大并传送到远方的电子三极管,开创了电子科学的新应用领域。1920年,美国匹兹堡KDKA电台诞生,它是世界上第一家广播电台,是无线电广播诞生的标志。中国人自办电台创始于1926年,当时在哈尔滨市建立了我国第一座官办广播电台。1940年,中国共产党创建了第一座广播电台。

电视的发明,是现代电子技术高度发达的产物,它使得用电子技术传输图像及声音成为了现实。1884年,德国人保罗·尼普柯发明了电视扫描盘,这是电视机荧光屏的雏形。1923年美国人兹沃雷金发明了电子电视摄像管;1925年英国人贝尔德成功进行了发射和接收电视画面的实验;1936年英国广播公司在伦敦建立了世界上第一个公众电视发射台。从此电子传播媒介的主要成员——电视诞生了。1958年5月1日,我国的第一家电视台——北京电视台开始实验播放电视节目，这是我国电视传播的开端。电视的出现，大大拓展了人在视听领域的深度和广度，成为人们获取信息、从事娱乐的主要媒介。此外，1895 年法国卢米埃尔兄弟发明了电影摄像机，使人类从此步入电影时代。

第五次传播媒介革命的标志是计算机技术和通信技术的应用。20 世纪 80 年代初，著名传播学者施拉姆惊人地预言，现行的点对面的大众传播方式将会被一种新的点对点的传播方式所取代。1998 年 5 月，联合国秘书长安南在联合国新闻委员会年会上正式宣布，互联网是继报刊、广播、电视等传统大众媒介之后所兴起的第四媒介，它的载体是上网的计算机，传播的是同时以文字、声音、动画形式反映出来的数字信息。人们把这种新的媒体叫作网络媒体。从 1945 年第一台电子计算机诞生至今，电子计算机技术与通信技术发展迅猛，已掀起了多媒体和网络传播的高潮。

网络传播的优势在于其充分自由的反馈机制，以及传播者与受众之间关系的改变和距离感的消失。它具有速度快、容量大、滚动化、范围广、开放性、可检索、可复制、多媒体、超文本、交互性等优点，这些特点强化了媒介的作用，丰富了媒介的职能，提高了媒介的效率，降低了媒介的成本。最早的网络媒体据称是 1987 年美国的《圣何塞信使报》，它开创了网络报刊的新纪元。1995 年 1 月 12 日，我国的中文刊物《神州学人》开通网络版，成为我国国内第一份上网的中文电子刊物。网络传播将全球的信息高速传递，从而实现信息共享，使人类社会的生产方式、工作方式和生活方式都发生了翻天覆地的变化。

二、传播媒介形态的演变

媒介都有发生、发展和消亡的过程。随着时代的变迁，传播媒介的物质形态也在发生相互替代的演变。口语媒介出现后，实物媒介逐渐消失。人类最原始的实物媒介——贝壳、结绳、石头，在原始和奴隶制社会使用了几万年后，逐渐被语言媒介所取代。文字媒介出现后，口语媒介日渐式微。我国奴隶制社会后期出现的甲骨、竹简、丝帛和纤维纸，西方的羊皮或其他书写材料在使用两三千年后被淘汰。尤其是当报纸媒介出现以来，手抄媒介消失的速度加快了。先进的印刷媒介能够大批量生产，而手抄媒介的工作效率极低，在短短的时间里，印刷媒介代替了手抄媒介。电子媒介诞生后，文字媒介受到了巨大的冲击，其影响力也日益下降。在网络传播时代，报纸消亡不是理论问题，而是实践问题。近些年美国、英国、德国等多数西方国家的报纸盈利明显减少，发行量开始下降，发行人和编辑人虽采取了各种措施，但报纸滑坡状况在整体上仍难以遏制。①

崔保国认为，纸媒介消亡过程还要经过人性化、小型化、经济化和本体异化四个阶段，这也是它们应采取的对策。所谓人性化，是说媒介的内容首先发生变化，针对人性欲望提供人们心理需要的内容。人们越感兴趣、越关注的内容赋予报纸越强的生命力，报纸生存的时间就越长。小型化是指介质外型发生有利于携带方便、获取信息方便的变化，创造在特殊空间使用的条件，尽量减少介质传播的障碍。所以，小报拥有的读者较多，相对容易盈利。这就是北京报业市场其他报纸的收益 2005 年都在下滑或亏损，而身居小报之首的《京华时报》却增长了 26% 的重要原因之一。经济化是最重要的变化规律，即媒介最大限度地降低售价，甚至让使用者无须掏钱或拿很少的钱就可享用，这样才能延长报纸的生命。经过以上步步为营的应变策略，最后挽救灭亡的途径是彻底改变自己，把自己打造为新生媒体，发生从形态到性质上的变异。这就是本体异化的彻底变革。从历史

---

① 崔保国：《2006：中国传媒产业发展报告》，社会科学文献出版社 2006 年版，第 112－118 页。

上看,无论哪种移动性媒体的消亡都要经历这四个阶段,采取这样的变革来维持最后时期的生存。

未来传播媒介格局究竟将会怎样呢? 进入信息时代的全球社会,更注重服务、个性生产、多元经济、信息远程控制、系统集成技术、更新能源和创建新环境。评论一个国家的发展程度,19世纪看铁路的长度,20世纪看高速公路的长度,21世纪看信息基础设施的建设程度,传播媒介也是在这一背景下发展的。美国麻省理工学院教授、媒体实验室创始人尼古拉·尼葛洛庞帝预言,文化的分类——书籍、报纸、杂志、视盘、磁带、电影乃至个人信箱都将数字化,数字化的生活将改变新闻选择的经济模式以及大众传播媒介的本质,而电子报纸是迈向互动式媒介终极目标的简单而又必要的一步,电子报纸将成为伟大的新闻媒体。传播学者认为,报纸媒介、广播媒介、电视媒介、网络媒介,将在一种相互补充的关系中,各自以新的形式生存和发展,在这个历史过程中,人类传播活动将创造各种传播媒介并继续繁荣。①

第二节　传播媒介分类及特点

一、传播媒介的分类

1. 从媒介的历史发展角度,可将传播媒介分为传统媒介和现代媒介

传统媒介是以语言文字为代表的,其他如图画、乐器、建筑、雕塑、书法、印刷等在传统媒介中占有一席之地,它主要以各种自然物质作为符号载体,一般能长期有效地保存、传递信息。

现代媒介是利用电子技术,以光、声、电等各种高科技产品

① 高红玲:《媒介通论》,中山大学出版社2001年版,第165页。

作为信息载体的传播媒介，包括电话、广播、电视、电影、录像、电脑等。随着电子技术和信息技术的发展，电子媒介的发展十分迅猛，已进入网络媒介时代。现代媒介具有快速、形象两大突出优点，它不仅可以为人们提供大量实用信息，而且成为人们重要的娱乐手段，具有广阔的发展前景。

2. 从传播媒介的物质形态角度，可将传播媒介分为口语媒介、文字媒介、电子媒介等

口语媒介是以各种不同语言为信息载体的媒介，它具有简捷、形象、感染力强等特点，在人际传播、组织传播和大众传播等传播领域被广泛应用。文字媒介是以各种书写或印刷符号与材料作为信息载体的传播媒介。它能长期有效地保存信息，便于文化的传承。电子媒介是以各种高科技产品作为信息载体，在大量技术人员和广大受传者的配合下进行传播的媒介。在人际传播和大众传播中，常用电子媒介，它为远距离、大范围的传、受之间的及时交流、反馈提供了条件，增强了受众的参与能力和对他们的吸引力。

3. 根据传播媒介所针对的受众对象，可将传播媒介分为个体性媒介和大众性媒介

个体性媒介是传播者针对特定个体受传者进行信息传递时使用的媒介，包括口语、书信、电子邮件、电话、电报、肢体语言等。个体性媒介传播有较明确的传播范围和传播对象，而受传者的个性特征也要求传播者利用不同的媒介手段进行传播，以期达到预期的传播效果。

大众性媒介是面向公众性受传者进行信息传递时使用的媒介，可以在较大范围内同时传播同一信息，如报纸、电视、广播、电影、图书等。大众性媒介没有十分明确的传播对象，传播内容

也丰富多样,重在照顾面上的情况,设法吸引尽可能多的受众。①

4. 按照传播媒介作用于人的感官的方式,可将媒介分为听觉型媒介、视觉型媒介和视听结合型媒介

听觉型媒介是指符号主要作用于人们听觉器官的传播媒介。而听觉符号一定要是受传者所熟悉的,不然传播者的传播信息不能在受传者身上得到充分的反映,从而削弱或阻碍信息的传播。传受双方掌握相同的声音符号体系是传播活动顺利进行的基础。

视觉型媒介是指符号主要作用于人们的视觉器官的传播媒介,它提供物化了的信息符号,是将视觉符号转换为语言再进入思维过程。视觉型媒介便于世界各地人们充分调动信息储存,了解客观真实的画面、事态发展等信息,便于做出合理的判断。

视听结合型媒介是指符号同时作用于人们的视觉和听觉器官的媒介,如电视、电影、戏剧等。它们都是传播带有声音的移动图像的大众媒介,具有双通道视听优势和现场参与感。视听型传播媒介是通过画面传播,使受众一看就懂,一瞥即知,它的穿透力和影响力非常强,能产生独特的潜移默化的传播效果,使单位时间内信息的传播量大大增加。

二、传播媒介的共性特征

虽然各种传播媒介有着各自不同的特点和功能,但从大众传播这一总的角度来说,它们具有明显的共性特征。

1. 实体性

媒介的传播手段是指媒介用什么来传播信息的,这是认识媒介特点的出发点。由于每一种媒介所使用的传播手段不同,

---

① 段京肃、罗锐:《基础传播学》,兰州大学出版社 1996 年版,第 253 页。

所以才表现出不同的媒介形态及其规律，书籍、报纸、杂志是运用视觉符号传播信息的，它们所用的视觉符号有文字、图像、色彩等；广播是运用听觉符号传播信息的，它们所用的听觉符号包括语言、音响及音乐等；电视、多媒体、网络则运用视觉和听觉两类符号传播信息。

2. 参与性

受众与传播媒介是互动的关系，受众是带有目的和参与意识主动地使用媒介的。受众对媒介的参与主要指受众在接触和使用媒介时的介入程度。由于不同的传播媒体具有不同的特性和功能，其允许受众参与的程度也是各不相同的。西方传播学者研究得出，受众参与程度由高到低依次为：互联网、电影、电视、报纸、杂志、书籍。

3. 时效性

传播媒介是以传播新闻为主要任务的媒介，所以传播信息速度的快慢就成了它极其重要的特点。广播是按时间线性流动的媒介，电视也具备了这一特征，因而两者的时效性最强，而报纸是固定平面印刷的空间媒介，因而其时效性弱于电子传播媒介，杂志是新闻媒介中时效性最弱的。①

4. 持久性

媒介的持久性是指它保存信息以足够时间与受众接触的特征。持久性与时效性成反比。书籍的保存性、持久性最强，杂志、报纸次之，而广播、电视的持久性最弱。持久性较强的媒介可用于传播系统而全面的知识和理论；持久性较弱的媒体可用来及时报道信息，起告知、宣传作用。

5. 扩张性

媒介不仅可以"穿针引线"使传受两者产生关系，还可以将

① 胡正荣：《传播学总论》，北京广播学院出版社1998年版，第234页。

一人的思想、感情和所见所闻扩张开来为许多人所共享。[①] 2004 年 12 月 25 日在南亚发生了世纪大海啸，世界各地的民众通过电视、广播、报纸、网络等传播媒介了解到海啸带来的巨大灾难，感同身受。因而，世界各地的善款和救灾物资纷纷到达受灾地区，共同来承担这起自然灾害所带来的不幸。这一事件充分体现了媒介扩张性特点所发挥的积极作用。

以上“五性”中，各种传媒各有所长，也各有所短。它们各自扬长避短，互相补充而又难以互相替代。如因特网的点对点的交互性，使受众参与、控制媒体的程度大为提高，这是其他媒介难以企及的。正是由于各种传播媒介的相互竞争和渗透，进一步加快了传播媒介的发展。

三、传播媒介的个性特征

从宏观角度分析了传播媒介的共性特征后，我们还需要从微观角度了解不同媒介的个性特征，认识每种媒介的优势和其不足之处。

1. 报纸的特征

报纸是以刊载新闻和新闻评论为主的公开发行的定期出版物，一般以散页形式连续出版。报纸通过印刷在平面纸张上的文字、图片、色彩、版面设计等符号传递信息，是利用视觉供人阅读的。报纸有如下特征：

(1)随时随地可读。报纸的内容可以反复查阅，可由读者重复阅读，便于记忆与研究，容易取得累积效果。报纸可以随身携带，且价格低廉。

(2)易于报道的深度化。从某种程度上讲，报纸是解释型媒介，它所刊登的信息有许多是新闻背景分析、解释性报道、调

---

① 邵培仁：《传播学》，高等教育出版社 2005 年版，第 149 页。

查性报道等，适宜读者反复思考。

(3)阅读选择性强。报纸可以利用标题使读者迅速自由地选择所需要的部分来阅读，而无须看其他没有关联的部分。读者往往可以根据爱好和习惯去浏览报纸上的信息，主观性比较强。

(4)读者群稳定。不同类型的报纸是针对不同类型的读者群的。一般来讲，一定的读者群只阅读一定范围内的报纸，所以这类报纸的发行量、发行地区基本上是稳定的。如我国四大主要报纸《人民日报》、《光明日报》、《中国青年报》、《工人日报》等，一般发行量在100万份以上。世界著名报纸如美国的《纽约时报》、英国的《每日电讯报》等发行量都稳定在100万份以上。

但是，报纸作为传播媒介也有其不足之处。首先是时效性差。最新发生的新闻很难及时地在报纸上得到反映。其次是报纸要求读者有一定的文化水平。报纸基本上不适合文盲或文化水平低的读者，因而限制了受众的范围。此外，报纸信息的感染力比广播、电视弱。

2. 广播的特征

广播诞生之初，并非单为传播新闻，而主要用于传播通讯和文化娱乐等。但社会发展要求广播加快新闻的传播速度，扩大传播范围。当今世界，数以万计的广播电台遍及全球，数以亿计的收音机伴随着数量惊人的受众。广播的特征如下：

(1)时效性强。广播信息的传送与听众对广播信息的获取几乎是同步的。传播学者在调查中发现，对于重大事件，受众大都首先从广播中得知，广播信息往往是“刚刚发生”或“正在进行”的信息。因此，广播的时效性位居各媒介之首。

(2)渗透力强。由于电波无孔不入，广播的渗透力强，不受自然区位的影响。在我国广大农村山区，特别是边远穷困地区，交通不便，群众主要通过广播来了解时事，满足一定的娱乐需求，这是广播媒介的一个显著优势。

(3)群众性强。广播对于听众来说，老少皆宜，雅俗共赏，适宜不同文化层次的受众。同时，广播声情并茂，真实感人，借助声音符号，诉诸受众的听觉来传播信息，使人感到真实度高，容易产生现场感、情境感。所以广播深受广大群众的喜爱，它的选择概率自然也比较高。

然而，广播媒介的不足之处也很明显。它按一定顺序播出，选择性差。听众必须沿时间这条"线"按顺序收听，无法在同一时间自由灵活地选择节目。同时，广播声音不留痕迹，稍纵即逝，听众对广播的信息往往难以留下深刻的印象，特别是那些抽象、艰深、内在逻辑关系复杂的事实及一些理论和技术性强的内容，听众往往不容易听清和听懂。

3. 电视的特征

电视是最大众化、最具效力的现代传媒之一。所谓电视，指用电子技术传输图像及声音的现代化媒介。它通过光电转换系统将图像、声音和色彩及时重现在远距离的接收机屏幕上，是现代电子技术高度发达的产物。电视的特征如下：

(1)视听兼容的共时性传播。电视是视听合一的媒介。电视信息的传播渠道有两个——视觉和听觉，这就决定了电视信息与其他传媒信息的区别，从而奠定了电视信息传播优势的基础，电视往往通过直播形式来实现视听兼容的共时性传播。

(2)深入家庭的传真性传播。电视信息的传播通过运动的、彩色的画面符号和声音符号将形象、现场和过程呈现在人们面前，使人们既看到形象、现场的状况和发展过程，又听到场景中的一切声音，这些信息是对客观事物的直接反映。电视的传真性传播能渗透到家庭这一社会细胞中，通过集中化的电视网，将信息播散至千家万户。这一特征缩短了家庭与外部世界的距离,促进了家庭的社会化。

(3)高度综合的连续性传播。电视可以照相式地再现绘画、雕塑、建筑这些空间艺术,也可以动态式地再现音乐、诗歌这些时间艺术和舞蹈、戏剧这些综合艺术,甚至可以再现电影本身。总之,电视可以把各种媒介形式兼收并蓄,对其他艺术的表现手段具有较强的综合消化力。

但是,电视是历时性媒介,限制了观众对信息的主动选取。另外,电视信息易流于表面化和浅薄化,这是电视最为遭到非议的地方。因为电视所拍摄的画面都是可以看得见、摸得着的人或事物的外貌、举止、外观,而人物的内心活动和事物的内在规律却不大容易用画面来表达。由于受到时间和频道的限制,许多背景材料也难以全部表现出来。除此之外,电视的保存性和选择性也较差。

4. 电影的特征

电影的信息传递方式是将一系列静止的照片快速放映,从而使观众产生视觉暂留效应,观众就产生了照片在均匀移动的幻觉。电影的特征有:

(1)以娱乐性信息为主要传播内容。电影从一开始就直接向观众提供影片,寓教于乐是它的主要形式。20 世纪 20 年代,电影成为全球最大和最普及的商业性娱乐形式。加上电影影像清晰,形象逼真;银幕宽大,表现力强,造成了恢弘的气势和强烈的感染效应。

(2)以艺术为传播载体。电影被称为综合性艺术,如表演艺术、表现艺术、录音艺术、摄影艺术等。由于电影艺术把能够充分表现人类自身情感世界的形象符号作为主要表现手段,主要通过信息发布者(电影编导)、信息载体(银幕)和受众(电影观众)等三方面体现出艺术特性,因而它对人类的文化传播、文化交流具有重大意义。虽然世界各国的社会制度、民族传统、生活方式、道德伦理、艺术欣赏等各有差异,但是他们对电影的表现内容能够进行直接感知和相通理解。电影的世界性文化传播、交流、沟通功能在电视出现以前是无可替代的。

(3)以巨额的制片投入为支撑。电影是以巨额投资和高成本为支撑的传播媒介。它的制作周期长,制作队伍庞大,充分保证了电影产品的质量与效果,再现给观众以逼真的"现实"。目前,电影产品正向大型、豪华、铺张和精细等方向发展。

(4)以追求影院效应为目标。电影观众学认为,电影观众有一种追求影院气氛、追求隆重共赏的习惯,把进影院和共赏艺术品的仪式化行为联系在一起。而豪华、宽敞、封闭的影院条件为人们提供了可以共赏、只能共赏和希望共赏的可能,于是就产生了所谓的"影院效应"。此外,与传统传播媒介相比,电影与受众的心理距离最短,情绪传递更快,具有共视性与共听性特点,使观众的心理卷入程度和共感作用效应增强,容易形成最强烈的情感参与和情感体验。

当然,电影媒介也有其缺点。它一次不能传播过多的内容,提供的信息量较少,方便性较差。电影需要在特定时间和场地内放映,如影院、广场等,因而观众人数有限。另外,电影的制作周期太长,所以每年的影片数量不多。

5.网络的特征

网络既是传播信息的工具,又是储存信息的场所。网络充分自由的反馈机制有利于传播者与受众之间关系的改善和距离感的消失,使人类传播进入了一个新时代。网络的特征如下。

(1)信息数字化。由于数字化技术的应用,传播告别了传统物理媒介的传递工作,使得信息的储存、传递、处理变得快捷、简易。而且,不管是何种媒介传递何种信息,都可以用同一种接收终端(电脑)来完成。

(2)传播的交互性。这一特征使受众拥有了对信息的真正控制权。网络信息可以让受众按照自己的时间和意愿选择，什么时候需要即可在什么时候收取，需要多少即可获得多少，还可以利用网上留言簿、网上论坛等加强相互交流。从一定程度上看，受众与传者界限模糊了，在网络上，人们既可以是传者也可以是受者。

(3)快速检索性。这种特点是传统媒介所完全不具备的。网上各种检索技术非常成熟，凡是在数据库中存储的信息，网民都可以根据自己的需求作随意查询。由于超文本、超媒体检索功能的使用，使人们在浩如烟海的信息中，迅速方便地找到所需信息，极大地提高了人们使用信息的效率。

(4)信息传播采用多媒体方式。网络媒介将文字、图片、图表、动画、声音及视频等信息媒体合成一体，构成了多媒体信息。它在传递信息时使用数种感官，如视、听、触觉等；使用多种媒介物传达信息，如语言、文字、图画、影像、音讯、动画、视屏等；同时利用电脑、影视、通信技术传达信息，所以时效性和感染力明显增强。

网络媒介虽然更新了人们的传播观念，并使人们的工作方式发生重大变革，但是网络媒介也有明显的弱点，具体表现在：信息良莠不齐，造成假新闻、假信息、色情、暴力、恐怖等垃圾信息和有害信息泛滥，权威性差。由于人人都可以用网络媒介传播信息，所以许多网络信息的随意性较大，缺乏规范性。另外，由于文化、经济条件的限制，网络的受众群依然有限，这使网络媒介的社会影响力受到限制。

第三节 媒介理论

所谓媒介理论，主要是“指关于媒介自身效果的理论和人们对媒介的认识，即剖析媒介在心理上、社会上和文化上对人们的影响”①。在西方传播学的研究中，对媒介的认识尚未统一，观点很多。以下只对传播学史上有代表性的几种媒介理论作一简要评介。

一、麦克卢汉的媒介决定论

马歇尔·麦克卢汉(1911 - 1982)是加拿大的大众传播理论学家。西方传播学者称他为“现代传播媒介分析之根”。他在20世纪60年代发表了《古登堡的灿烂群星:印刷文人的诞生》(1962)、《媒介通论:人体的延伸》(1964)、《媒介即讯息》(1967),使他备受学术界的推崇。其中《媒介通论:人体的延伸》一书产生了深远影响,成为麦克卢汉的代表作。他的媒介分析理论风格独特,善于抓住媒介分析的根本和主题,即研究媒介本身及社会行为。他的媒介决定论的主要内容包括:

1. 媒介是人体的延伸

这一观点在麦克卢汉的《媒介通论:人体的延伸》中有充分的论述。他认为,每一种媒介即每一种人体的延伸都将改变人们感知世界的方式,从而改变人们的生存方式。麦克卢汉最基本的一个假设是:人们借助自己感官的某种平衡来适应环境。他把任何一种媒介都看作是人体某器官的延长。如文字是视觉的延伸;无线电通讯是听觉的延伸;数字是触觉的延伸;交通工具是脚的延伸;游戏是控制性的竞争状态,是一种从习惯性偷闲到暂时休止的集体意识的延伸;电报是社会的荷尔蒙(激素);录音机是没有墙壁的音乐厅;电话是声音和耳朵的延伸;电视则是耳朵和眼睛的同时延伸;计算机不仅是眼睛的延伸,而且是人类整个中枢神经系统的延伸。总之,要想了解和认识传播媒介,就必须先探讨它与人体和神经系统之间的联系。因为,媒介是

① 戴元光、金冠军:《传播学通论》,上海交通大学出版社2000年版,第328页。

人类生理与神经系统的延伸，它构成了一种系列化交互作用的世界。

2. 媒介即讯息

“媒介即讯息”是麦克卢汉媒介观的核心，是凝聚其学说精华的结晶。他认为，从运作和实践的层面来看，媒介即讯息。几乎可以这样说，媒介的个人影响和社会效果就是它的意义或讯息。因而，媒介与讯息如影相随，密不可分；媒介传递的是媒介本身，与具体内容无关。

同时，麦克卢汉提出：一种传播媒介的内容，经常就是另外一种传播媒介。语言是文字的内容，正如文字是印刷的内容一样，而印刷则是电报的内容，语言的内容是思想的实际过程，这本身是非语言的。他认为，每种新媒介的出现，无论其所传信息具体内容怎样，新媒介本身就会给人类社会带来某种讯息，并在一定程度上引起社会的某种变革，就这一意义而言，媒介本身就代表着时代的讯息，媒介即讯息。他认为，传播媒介可以比传播内容对人产生更为持久、更为集中、更为强烈的影响，因为真正在影响人类行为、支配历史进程、制约社会变迁的并不是媒介传播的实际讯息，而是作为一种现实存在的媒介本体。

3. 冷媒介与热媒介

冷媒介与热媒介是麦克卢汉就媒介分类提出的两个著名的概念。热媒介传递的信息比较清晰明确，接受者不需要动用更多的感官和联想活动就能够理解，而冷媒介则相反，它传达的信息含量少而模糊，在理解时需要动员多种感官的配合和丰富的想象力。如广播、照片等是热媒介；电视、漫画则是冷媒介。所以，也可以说，参与性低的媒介是热媒介，而参与性高的媒介是冷媒介。麦克卢汉通过划分冷、热媒介来认识媒介对文化与社会的影响，从媒介的冷热探知社会的“冷热”。落后国家是冷的，发达国家是热的。冷的社会是高度集中、秩序化、强调服从的社会；热的社会是高度参与、自由化、强调个性与创新的社会。[1] 虽然麦克卢汉对冷、热媒介的分类为探索媒介的特性和社会影响开辟了崭新的视角，但分类本身并不是很科学，还有待进一步的分析与研究。

4. 地球村

地球村概念最早由麦克卢汉提出，它认为电视和卫星等的出现，使地球"越来越小"，人类已跨越空间和时间的限制，使讯息在瞬间即可传送到世界的每一个角落，人与人之间的感觉距离也大大缩小，地球已变成了一个小村庄。

麦克卢汉的媒介理论开拓了从媒介技术出发观察人类社会发展的视角，并强调了媒介技术的社会历史作用，指出其是推动社会前进和变革的巨大力量，这已被信息社会的发展所证实。此外，麦克卢汉关于"媒介即人体的延伸"的观点对我们理解不同媒介的作用机制富有启迪意义。他的关于"地球村"的预言，也是符合当代世界的发展趋势的。[2]

但麦克卢汉的媒介理论也具有极端性和片面性。主要表现在，将媒介技术视为社会发展和变革的决定性力量，缺乏对媒介技术产生与发展的社会历史原因的考察。人成为媒介技术的主宰对象，没有体现人的主体性与能动性。同时，它的理论全部依据都集中在媒介工具对中枢感觉系统的影响上，并由此解释人类的全部行为是片面的。

二、英尼斯的媒介偏倚论

哈罗德·亚当斯·英尼斯(1894 - 1952)是加拿大多伦多学派的鼻祖、麦克卢汉的老师。麦克卢汉的不少观点都师承于

---

① 戴元光、金冠军：《传播学通论》，上海交通大学出版社 2000 年版，第 331 页。
② 郭庆光：《传播学教程》，中国人民大学出版社 1999 年版，第 150 页。

英尼斯。英尼斯的媒介理论主要集中在1950年出版的《帝国与传播》和1951年出版的《传播中的偏倚》这两本书中。媒介偏倚论的主要思想是：

1. 传播媒介影响社会组织形态和人们的交往方式

每一种媒介的出现，都会改变社会组织的原有形态，并导致人们交往新形式的出现。英尼斯认为，传播媒介是人们行使社会权力和政治权力的一种有效手段，而每一种新媒介的出现都能打破某些人原有的垄断权。印刷术的出现打破了中世纪教会对宗教权的垄断，印刷机使《圣经》成为人们较容易获得的信息材料，促进了宗教的平民化进程。

2. "偏倚时间"的媒介和"偏倚空间"的媒介

英尼斯认为，任何传播媒介，不是具有长久保存信息的能力便于控制时间，就是具有远距离输送信息的能力便于控制空间。"偏倚时间"的媒介利于信息的长久保存，以它们为载体的信息可以跨越时间的限制，在漫长的人类历史长河中为人类所利用，如古代的羊皮纸、石刻、钟鼎等。"偏倚空间"的媒介有利于信息的便捷传送，可在较短时间内将信息传向以发布者为中心的四面八方，便于控制、管理远方的事务，如利用纸张传送信息等。"偏倚时间"的媒介是面向过去的，与传统社会联系在一起，强调对前人的继承；"偏倚空间"的媒介则是面向现在和未来的，强调国家的扩张和科学的发展。在一个完整的社会中，这两类媒介的平衡作用有利于社会的稳定与进步。

英尼斯的媒介理论注重归纳、罗列，排斥抽象的演绎推理，不追求建立一套理论通则。他认为，媒介是人类思维的延伸，而传播就是思想的扩张，这一点对麦克卢汉的影响很大。但由于英尼斯的一些观点本身缺乏科学性，有些概念也是不严谨的，因此他的媒介理论没有受到传播学界的足够重视。

三、梅罗维茨的媒介情境论

20世纪80年代,美国传播学家乔舒亚·梅罗维茨提出了媒介情境论。媒介情境论源于麦克卢汉(包括英尼斯)的部分观点和美国社会学家戈夫曼的情境决定论。梅罗维茨将两者综合提升后提出:媒介的变化导致社会环境的变化,从而决定人们的行为。由于媒介对社会的巨大影响,它重新组织了社会环境并削弱了物质场所(自然场所)及社会"场所"之间素来密切的联系。梅罗维茨的这一媒介理论主要反映在他于1985年出版的《空间感的失落》一书中,主要内容包括:

1. 情境即是信息系统

运用媒介所造成的信息环境如同地点场所一样,都促成一定的信息流通形式。传统的情境决定论在确定情境的界限时关注的是人们表现自己行为时所处的自然(物质)环境(场所),即具体的地点,如卧室、礼堂、公园等。而梅罗维茨认为,由媒介所造成的信息环境同样重要,在确定情境界限时,应把接触信息的机会当作关键因素。如饭店服务员在前台和后台的讲话固然不同,但是如果人们在议论顾客的古怪行为时忘了关上通讯联络系统,而让几位顾客听到这种后台的说笑,那么这种说笑就不再是后台的而是前台的,从而会影响整个事情的情境。[①] 因此,在探讨情境界限中应以人们接触信息的机会为焦点,拓宽情境的概念,信息不但在自然环境中流通,而且也通过媒介流通。

2. 不同的行为需要不同的情境

梅罗维茨认为,不同情境的分离使不同行为的分离成为可能,而不同情境的重叠则会引起行为的错乱,因此,真正不同的行为需要真正不同的情境。人们对于每一社会情境都需要一种

---

① 邵培仁:《传播学》,高等教育出版社2005年版,第166页。

明确的界限,因为他们需要始终如一地扮演自己的社会角色。在这一点上,梅罗维茨强调用动态的观点分析问题。他认为,情境是动态的和可变的,情境的分离和结合形式是一个可变因素而非个人或社会存在的一个静态方面;制约情境的分离和结合形式的因素,包括个人的生活和社会对媒介的运用。

比如,20 世纪 60 年代后期黑人权利倡导者斯托克利·卡迈克尔在不同的特定物质场所里演讲时,根据听众对象的特点来设计自己的演讲内容和风格,因此他既有忠实的黑人受众群,也有热情的白人听众群。但是,当他需要运用广播电视来讨论黑人权利时,他无法同时针对两种受众群体作完全不同的演讲。于是他在大众传播中采用了适合运动主体黑人需求的办法,结果他的演讲激发了黑人受众的巨大热情,但却激起了白人受众群的乱意和恐惧"①。

所以说,媒介的运用可以混淆区分不同情境的界限;不同情境的区分界限一旦混淆,就会导致新的情境产生;新的情境要求人们采取新的行为,因为行为得适应具体的情境。

3. 电子媒介能促成不同情境的整合

首先,电子媒介促成了不同类型的受众群的合并。梅罗维茨认为,电子媒介不仅使在自然、物理环境中的团体传播的不同受众群趋向合并,也使许多世纪以来印刷媒介占统治地位下造成的不同受众群趋向合并。其次,电子媒介促成了原先接受情境、顺序和群体的改变。原先读者阅读印刷品总是随着年龄和文化程度的增长,先读浅显易懂的,再读深奥复杂的;而看电视不必先看简单的电视节目而后才能看复杂的。原先印刷媒介的受众较为单纯和易于把握,现在电子媒介的受众是混杂的、不易把握的。最后,电子媒介使原来的私人情境并入公共情境。由

---

① 邵培仁:《传播学》,高等教育出版社 2005 年版,第 167 页。

于电子媒介的传播具体生动且能体现事件进展，公共经历和私人经历的界线有时也变得难以界定，如通过电视人们可以观察到别人的私人行为，这种不同情境的合并与混淆，导致了与此相应而又特点分明的不同社会角色的界线被混淆，如领导与部下、男士与妇女、成年人与未成年人的角色界线混淆。总之，电子传媒所造成的信息环境变化正在引发人们社会角色形式的变化。

梅罗维茨的媒介情境论把媒介研究引入到社会环境的分析之中，揭示了可以从较广的角度分析研究媒介及其社会影响。同时，他精辟地分析了受众与媒介的社会关系，即受众不能随心所欲地选择媒介，他们的选择受社会环境的制约，而媒介对社会又具有强大的影响力。另外，情境论动态地分析了情境与行为的关系，强调媒介引起新情境，行为要适应新情境。但是，情境论对媒介的力量过分夸大，几乎将媒介说成是解释社会变化的唯一原因，撇开了社会制度同媒介制度的关系。

四、布热津斯基的媒介失控论

布热津斯基是美国著名政治家、战略家，他关于大众传播媒介理论的论述大多集中在他 1993 年出版的《失去控制:21 世纪前夕的全球混乱》。布热津斯基的媒介观点反映和代表了当今美国政治界和传播界许多人的态度和见解，成为美国政府制订外交和传播政策的参考，进而影响世界各国的大众传播活动以及传播政策的拟订与实践。布热津斯基的媒介失控论认为：

1. 美国是全球传播枢纽

在现代经济和跨国大众传媒影响下，民族国家的重要性正在减弱，主权论的传统观念变得无足轻重。布热津斯基认为："一个全球的政治进程正在出现。它正改变着又取代着传统的国际政治。在这一进程中，美国不仅是主要角色，而且是一个其内部结构和动态使之有机地与这一正在出现的进程协调一致的角色”①。这样，美国凭借它所提出的思想观念的力量来改变别的国家。据估计，全球传输如数据处理量的80%以上均起源于美国，全世界电影收看率的50%以上都是美国生产的影片，美国在国外播放的电视节目之多，是任何其他国家都无法比拟的，因而都会受到美国电视所播放的形象和价值观念的影响。美国凭借其传播优势，使思想观点、政治见解以及价值观念传遍全球。可以说美国是全球社会的缩影，而外国模仿美国已成为全球现象，无论是文化时尚、社会风气，还是消费方式、政治话题等，无不深受美国的影响，并将之作为模仿的主要对象。

2. 媒介失控预警

对于世界大多数人特别是年轻人来说，电视是接触社会和接受教育的最重要工具。电视使年轻的观众对外部世界投以最初的一瞥。在这方面，它正迅速地替代历来由家庭、教会和学校所起的作用。它引人入胜地界定了幸福生活的含义，确定了成就的标准；激发了人们的欲望，界定了人们的抱负和期望，并划清可接受和不可接受的行为之间的界线。不论是强迫的宗教正统观念的时代，还是在极权主义灌输教育的最高潮，都无法与电视对观众所施加的文化和哲学上的影响相提并论。

布热津斯基认为，美国和西欧电视越来越传播感官性的和轰动性的内容并且日益失去控制。首先，电视刺激了全球物质的攀比欲望和道德混乱中的物质享受。这些会导致腐败的产生和社会动乱。其次，电视引发了全球范围的精神危机，持久的信仰原则被时髦的口号所取代，而无所不包的信条则让位给空洞的渴求，这是文化腐蚀性的后果。此外，大众传播媒介所传播的价值观念表明，它完全有理由可被称之为道德败坏和文化堕落，在这方面，电视尤其是罪魁祸首。布热津斯基认为，好莱坞影片

① 转引自邵诸仁：《传播学》，高等教育出版社2005年版，第169页。

和电影制作厂家已成为文化的颠覆者,正是它们一直不断地传播自我毁灭的社会伦理。这些媒介失去控制的现象给社会提出了警示。

第四节 传播制度与媒介规范理论

大众传播是在特定的社会制度和规范条件下进行的,传播制度和规范就是社会制度和规范中对大众传播活动直接或间接地起制约和控制作用的部分。①

一、传播制度与媒介控制

作为社会制度的反映,传播制度体现了社会制度或制度性因素在各个方面对传播媒介活动的制约和影响。它既包括媒介与政府的关系问题,也包括媒介与社会媒体以及广大受众的关系问题;既包括言论出版的自由与权利问题,也包括言论出版者所应承担的责任和义务问题。总之,传播制度体现了全部社会结构和社会关系的复杂性。从这个基本立场出发,我们来探讨一下特定社会制度和传播制度下的媒介控制问题。

1. 国家和政府对传播媒介的政治控制

国家和政府是对传播媒介进行政治控制的主体,通常规定大众传播体制,制定有关法律、法规和政策,保障媒介活动为国家制度、意识形态以及各种国家目标的实现服务。国家和政府对传媒政治控制的主要内容是规定传媒组织的所有制形式,这主要取决于国家政治制度和经济制度。各个国家往往根据不同的国情,选择不同的媒介所有制形式,如以公营为主私营为辅的

① 郭庆光:《传播学教程》,中国人民大学出版社 1999 年版,第 129 - 145 页。本节的相关论述均参见此书。

制度、公营和私营双轨制、公私合营制度、特许制下的私有企业制度、公有制等。国家和政府对媒介的政治控制还包括对传播媒介的活动进行法制和行政管理,主要是对传媒的创办进行审批、登记,分配传播资源,对媒介活动进行多方面的监督管理等。同时国家限制或禁止某些信息内容的传播,如与国家制度或意识形态有关的内容,国家安全及国防机密,名誉侵权和隐私侵权,淫秽和非法出版物,以及对公众利益和社会文明风气有害的其他内容。此外,国家和政府也对传播媒介进行积极的指导和扶持。对传播事业的发展制定总体规划或实行国际援助等。

2. 利益群体和经济势力对传播媒介的控制

在一定社会制度和传播制度下,利益群体和经济势力对传播媒介的控制带有明显的制度性因素。在我国社会主义制度下,社会各阶层、政党团体都拥有创办自己媒介的平等权利,并通过自己的媒介来维护自身的利益,传播自己的主张,参与国家的政治、经济、文化和社会生活。在资本主义制度下,除了垄断资本和少数大利益集团外,一般社会群体的传播权利是不能得到保障的,传播媒介的控制权主要掌握在垄断资本手中。垄断是资本主义国家的大众传播事业的最大特征,特别是在工业资本、银行资本和媒介资本发生了密切融合的今天,这种垄断程度极高。

3. 受众的社会监督对传播媒介的控制

受众对媒介活动进行社会监督控制一般有以下几种方式:(1)个人的信息反馈,即以来信、来电和来访等形式直接表达对媒介活动的意见、建议、批评和抗议,这是最常见的受众监督方式;(2)结成受众团体,以群体运作方式对媒介活动施加影响;(3)诉诸法律手段,要求对传播媒介的违法行为进行法律制裁和损失补偿;(4)通过影响媒介的销售市场来制约媒介活动,对那些性质恶劣的媒介或信息产品,受众可以采取拒买、拒看、拒听活动,这是受众对媒介活动发挥控制影响的最后手段。

就对传播媒介的控制而言,中国与西方各国有不同的调控机制与特点。“中国以政党调控为主,西方以法律调控为主;中国防范滥用新闻自由的法规比较详尽,西方保障新闻自由的法规相对完备;中国政党调控司法解释不易,西方行政法规可操作性强;中国集团调控的态势日益显现,西方集团调控的力度越来越大。”①

二、关于传播制度的媒介规范理论

我们已经讲过,传播制度是直接或间接地对大众传播起着控制和制约作用的社会规范体系。但是,究竟应该用什么样的规范来约束大众传播活动,在不同的时代、不同的社会以及同一社会中的统治阶层和被统治阶层之间,其观点是不同的,甚至是矛盾和对立的。以下我们介绍极权主义媒介规范理论、自由主义媒介规范理论、社会责任理论、民主参与理论、社会主义制度下的媒介规范理论以及发展中国家的媒介规范理论,对这一问题做概略的分析和探讨。

1. 极权主义媒介规范理论

极权主义也称权威主义,是一种在对社会事物进行评价和判断时,不是从事物本身的内在价值,而是从与外部权力或权威的关系上考虑问题的认知态度和思维方式。极权主义者主张社会事物必须一切以权力或权威为转移,强调社会等级秩序和上下之间的绝对支配与服从关系。从15世纪中叶到欧美大众化报纸登台的19世纪中叶,是大众传播的准备阶段。就媒介与社会的关系而言,极权主义媒介规范理论在这一时期占支配地位,主张媒介必须以权力的意志为转移,为统治者服务,辅助统治阶

① 童兵:《比较新闻传播学》,中国人民大学出版社2002年版,第238页。

级自上而下地控制百姓、控制社会舆论。如英国都铎王朝和司徒王朝就公开宣称：报刊属于王室，因此必须支持王室的政策；私人要创办报纸，必须经王室批准，才能获得办报的特许所有权。

极权主义媒介理论的主要内容包括：(1)报刊必须对当权者负责，维护国王和专制国家的利益；(2)报刊必须绝对服从权力或权威，不得批判占统治地位的道德和政治价值；(3)政府有权对出版物进行事先检查，这种检查是合法的；(4)对当权者或当局制度的批判属于犯罪行为，应给予严厉的法律制裁。

在17世纪、18世纪，资产阶级革命取得决定性胜利之前，极权主义传播制度在欧洲统治了数百年。资产阶级革命的胜利促使极权主义传播制度崩溃，但在第二次世界大战中，德意日法西斯通过积极的强制改造使传播媒介成为国家和战争的宣传机器，其传播体制演变成一种现代极权主义，对人类社会的危害甚至远远超过了古典的极权主义。

2. 自由主义媒介规范理论

自由主义媒介规范理论也称报刊的自由主义理论，产生于17－18世纪资产阶级革命时期，是在同极权主义制度及其规范理论作斗争的过程中形成的，其代表人物有约翰·弥尔顿、约翰·斯图亚特·米尔、托马斯·潘恩和托马斯·杰佛逊等人。该理论核心反映了资产阶级自由主义的观点，即认为报刊应该是观点的自由市场，是实行自律的自由企业。自由主义理论的主要原则有：(1)任何人都拥有出版自由而不必经过政府当局的特别许可；(2)除人身攻击以外，报刊有权批评政府和官吏，这种批评是正当合法的；(3)新闻出版不必接受第三者的事先检查，出版内容不能受到任何强制；(4)在涉及观点、意见和信念的问题上，真理和“谬误”的传播必须同样得到保证。

弥尔顿在1644年出版的政治小册子《论出版自由》中提

出,限制人民的言论出版自由就等于压制真理,因为真理只有在"自由而公开的斗争"中,才能战胜谬误,证明自己的真理性。实行许可制和查禁制,实际上等于伤害真理本身。这种思想,为自由主义媒介规范理论奠定了重要理论基础。此后这一思想进一步完善,并从理论上论证了资产阶级的"天赋人权"这一基本原则,形成一种"主权在民"的学说,这些观点都被体现在美国的《独立宣言》和法国的《人权宣言》中。

自由主义媒介规范理论是资产阶级民主主义的基础。在各种自由中,媒介(报刊、新闻、出版)自由被认为是核心和前提,对其他一切自由起保障作用。自由主义理论曾在推翻极权主义制度及其观念、确立资产阶级民主制度和思想方面起过重大作用。然而,它是与资本主义的政治和经济制度结合在一起的,这种制度所保障的并不是全体社会成员的利益,而是私有资本的利益,因此该理论具有很大的局限性、欺瞒性。在全球信息化的今天,它又演变为某些传播大国推行文化帝国主义的借口。

3. 社会责任理论

社会责任理论是由美国新闻自由委员会在20世纪40年代提出的媒介规范理论,其代表性著作是1947年出版的《自由与负责的报刊》。社会责任理论强调大众传播媒介对社会和公众应该承担一定的责任和义务的理论,它是对自由主义媒介规范理论的修正。它提出的目的有两个方面:一是防止由传播事业的高度垄断而引起的资本主义内部的社会矛盾激化;二是防止由传媒内容的浅薄化、煽情化、刺激化而引起的社会道德和文化堕落。

社会责任理论认为,媒介不再是无法无天、为所欲为的无冕之王,而是一种既监督政府,又受政府约束的力量,媒介必须为大众和社会利益服务,对社会负责。现代社会责任理论包括了以下几个原则:(1)大众传播具有很强的公共性,因而媒介机构对社会和公众负有一定的责任和义务;(2)媒介的新闻报道和信息传播应该符合真实性、正确性、客观性、公正性等专业标准;(3)媒介必须遵守现行政治和法律制度,不能煽动社会犯罪和传播宗教或种族歧视的内容;(4)受众有权要求媒介从事高品位的传播活动。

社会责任理论不能从根本上消除西方资产阶级媒介运行中的各种矛盾,它反对政府侵犯传播自由,又乞求政府为保障大众的自由而干预媒介;它抨击媒介为追求利润而损害公众利益,又一再申明必须维护媒介的私有制等等。这些反映了资本主义体制下的传播结构中充满了复杂而深刻的"二律背反"现象,这不是社会责任理论所能独立解决的问题。

4.民主参与理论

民主参与理论又叫受众参与理论,是在20世纪70年代以后出现的。它是随着社会信息化的发展和媒介集中垄断程度达到新的高度,在美国和欧洲、日本等一些发达国家出现的一种新的媒介规范理论,反映了广大民众对社会责任理论的失望和主动争取自身的传播权和媒介接受权的愿望。

民主参与理论要求大众传播媒介向一般民众开放,允许民众个人和群体的自主参与。它的主要观点有:(1)传播权、知晓权、对媒介的接近和使用权以及接受媒介服务的权利为任何民众个人和社会群体所拥有;(2)媒介应主要为受众而存在,而不应主要为媒介组织、职业宣传家或广告赞助商而存在;(3)社会各群体、组织、社区都应该拥有自己的媒介;(4)与大规模的、单向的、垄断性的巨大媒介相比,小规模的、双向的、参与性的媒介更合乎社会理想。民主参与理论的核心价值是多元性、小规模性、双向互动性、传播关系的横向性或平等性。

民主参与理论虽然对大众传播活动发生着影响,但在西方资本主义社会,它仍然只不过作为民众的要求在体制外起着牵制作用,并没有改变少数人垄断媒介的现状。

5. 社会主义制度下的媒介规范理论

社会主义媒介规范理论有着深厚的历史渊源,它的形成经历了革命战争和社会主义建设两个时期,并且还在不断地发展和完善。马克思和恩格斯在早期提出过"人民报刊"思想,高举"出版自由"的旗帜为劳动阶级和一般大众争取言论和出版的权利。1848 年,他们在欧洲革命风暴中创办《新莱茵报》,并将"人民报刊"思想进一步发展成为无产阶级报刊思想和党报思想。列宁于 20 世纪初创办了第一份全俄马克思主义秘密报纸《火星报》,指出媒介的作用并不限于传播思想、进行政治教育和吸引政治同盟等;报刊不仅是集体的宣传员和集体的鼓动员,而且是集体的组织者。这高度概括了媒介传播思想的功能、政治教育的功能、宣传鼓动的功能、统一战线的功能和协调组织功能。中国共产党在新民主主义革命的过程中,继承和发扬了马克思、列宁的无产阶级报刊理论。毛泽东、刘少奇、周恩来等革命先驱十分重视党报工作,形成了关于新闻起源和本源的唯物主义观点,新闻的真实性原则和新闻工作的党性原则,全党办报和群众办报的方针,以及理论联系实际、密切联系群众、批评与自我批评的党报工作三大作风等。

在取得无产阶级革命胜利后,以苏联为代表的社会主义国家建立了一套全新的媒介传播制度:(1)传播媒介和传播资源是国家的公有财产,不允许私人占有;(2)传播媒介必须为工人阶级服务,必须接受共产党的思想和组织上的领导;(3)媒介必须按照马克思主义原理、社会主义的意识形态和价值体系来传播信息,宣传、动员、组织和教育群众;(4)在服务于社会总体目标的同时,媒介应该满足广大群众的愿望与需求;(5)国家有权监督和管理出版物,取缔反社会的传播内容。

中华人民共和国成立后,我国社会主义传播制度和规范也在探索中不断发展,它有以下几个方面的内容:(1)我国的新闻传播事业实行社会主义公有制,传播媒介和传播资源归全体人民所有,这是最广大人民真正实现新闻自由的重要基础和保证;(2)我国社会主义新闻传播事业是中国共产党领导下的事业,必须坚持党性原则;(3)社会主义新闻传播事业执行报道新闻、传递信息、引导舆论、提供娱乐等社会功能;(4)社会主义新闻传播事业同时还担负着创造财富的重任,在信息经济时代具有极为重要的经济功能。

但是,在市场经济条件下,媒介机构通过企业化经营赢得了独自的经济利益,它推动了媒介竞争,提高了传播质量,但这些也诱致了商业主义和营利主义抬头。一些媒介社会效益低下,有些新闻或广告呈现虚假化、低俗化现象,使得传播媒介的社会责任问题、经济效益与社会效益问题、职业道德与行为规范问题等课题都摆在了我们面前。

6. 发展中国家的媒介规范理论

自20世纪70年代以来,发展中国家不断崛起,在国际事务中备受瞩目,其传播制度及其理论也日益引起传播学界的重视。其媒介规范理论主要包括:(1)大众传播活动必须与国家政策保持同一轨迹,以推动国家发展为基本任务;(2)媒介在享有自由的同时,必须履行相应的义务,而且这些自由必须优先考虑社会经济的发展和社会需求的满足,并接受必要的限制;(3)在传播内容上,要优先传播本国文化,优先使用本民族语言;(4)在进行新闻和信息领域的合作交流时,应给予地理、政治和文化与本国较接近的其他发展中国家以优先权;(5)在事关国家发展和社会稳定的利害问题上,国家有权对传播媒介进行检查、干预、限制乃至实行直接管制。

发展中国家的传播媒介制度大多数是符合本国国情和条件。但在跨国传播和全球信息化飞速发展时期,发展中国家的民族文化日益受到西方发达国家文化产品的侵袭,造成了这些发展中国家民族传统文化的危机。目前,一些发展中国家举起“信息主权”的大旗,加强了对外来信息的自主管理,采取了保护和发展本国文化的媒介制度措施,使本国的媒介规范理论渐成体系。

案例分析

中央电视台交互电视的发展困境

2001年底,中央电视台交互电视(CCTVsi—sports interactive)于2001年11月11日——全国第九届运动会开幕当天开始试播。观众通过与之相配的机顶盒可以同时收看多路视频信号,如一场比赛中的多个角度和同时进行的多场比赛,也可随时查阅相关信息。交互电视让观众从被动、单向的收看方式向主动、交互的选择方式转变,在一定程度上改变了你播我看的传统电视收看模式,让观众拥有了部分选择权和自主权。它所带来的电视内容、技术等领域的改变和创新又给电视台、有线传输网络和相关生产部门提供了新的利润增长点。

在交互电视发展比较成熟的英国,观众达到900万户,占英国2500万电视用户的三分之一强。但是CCTVsi目前在全国的落地情况令央视十分寒心。开播之初有13个省市参加试点,观众约一万户。借着2002年第17届世界杯足球赛的东风,观众也不过增加到2万户。这与全国8亿电视观众和9000万有线电视用户的总量相比,实在是凤毛麟角。

据中央电视台交互电视运营部主管田洪介绍,交互电视从技术来说进入千家万户已不算难事,只要电视台引入光缆线路,用户自己购买一个机顶盒就行。但信号要通过有线网络进入用户,因此各地能否收看到中央台的互动电视节目,还取决于各个省网是否接收CCTVsi的传输信号,是否选用与CCTV相匹配的机顶盒。从目前的情况来看,来自省网的阻力显然很大。他们抱怨说,按现有模式,央视将会无偿使用各省、地、市自行投资建设的有线网络,并占有地方有线网络苦心发展的最终用户。

尽管现在CCTVsi是免费提供的,但一旦事实证明它受人喜爱的程度足以将它转换成有偿播放的节目,真正的创收能力将随之而来。要收费就离不开机顶盒。这个用户用于信号解密和内容接收的盒子在运营商那里则是控制最终用户并进行客户管理和计费的工具。其中的核心技术是CA(有条件接收系统)。中央电视台将交互电视的服务内容在发射前端做了CA加密,并将自己的机顶盒发给各省市有线台,再由他们卖给用户。各省市有线公司认为,按照这样的模式,今后用户要付费给央视,也就等于央视直接控制了最终用户。尽管央视表示愿意分成合作,但习惯了收取用户费的有线公司依然于心不悦。在各省市网络公司看来,央视并不拥有网络,充其量只是内容提供商之一,根本就不该发自己的盒子。它运作的合理方式应该是,央视不直接参与运营,而是把节目传送给省市电视台,再由各省市自己把来自各种渠道的节目集成后加密,发放自己的机顶盒,向用户收费。

然而,央视也显然不想坐视几千万用户价值的流失。央视的3、5、6、8套节目原本就是付费节目,现在从各地收上来的每月12元有线电视费中,其实有大约1元钱是要交给央视的。虽然全国号称有9000万用户,可各地只交上来约2600万户的钱。以2000年为例,全国有线电视的总收入为118亿元,而中央电视台所得收视费只有3亿元。对各地有线网普遍采取的瞒报用户数量克扣收入的做法,央视早已了然于胸,但苦于没有对策。今后有了自己的机顶盒,就可以控制用户了。

中央电视台此次开通交互电视是国家广电总局发展数字电

视技术总体战略的一部分。按照广电总局的时间表,2005 年全国四分之一的电视台将发射和传输数字电视信号,2010 年我国计划全面实现数字广播电视,2015 年停止模拟广播电视的播出。数字电视除提供高清晰度的画面和高品质的声音之外,一个重要和明显的功能就是其交互性。只有让观众了解交互电视并进而使用交互电视,数字电视的推广才可能顺利进行,因而交互电视的发展直接影响着数字化的进程。广电总局在世界杯开赛期间,已经开始行政干预,勒令各地方有线网络必须转播央视的交互电视节目,但收效甚微。①

【案例思考】

1. 央视推广交互电视为何处处受阻?
2. 对推广交互电视存在的问题可以采取什么样的解决办法和措施?
3. 如何看待交互电视在中国的发展前景?

【练习题】

1. 什么是传播媒介?其基本特征是什么?
2. 简述传播媒介的发展阶段。
3. 简述麦克卢汉的媒介理论的主要观点并作出评价。
4. 布热津斯基的媒介失控理论有何现实意义?
5. 国家是如何对传媒进行政治控制的?
6. 试对自由主义媒介规范理论和社会责任理论进行比较分析。
7. 我国社会主义制度下的媒介规范理论主要包括哪些内容?
8. 发展中国家的媒介规范管理主要包括哪些方面?

---

① 资料来源:改编自严波的《中央电视台交互电视的困境》一文。

第六章 传播内容

信息就是信息
信息不确定性减少的数量
符号化的思维和行为
编码、译码和解读

本章概要

在传播学中，传播内容是最重要的环节之一。本章我们重点讲述传播的内容分析。一般来说，内容分析包含两重含义。内容分析的一重含义是对传播内容进行研究和分析，即研究范围的问题。在这一层面，传播内容是指所有以符号为载体，通过大众传媒传播给受众的信息；内容分析的另一重含义专指如何进行内容分析，即研究方法的问题。

学完本章后，你应该可以：

- 了解传播内容是什么；
- 理解符号、意义与传播之间的关系；
- 掌握主要的内容分析方法；
- 把握编码、译码和解读。

传播内容，主要是对各种传播媒介的传播材料进行分析，考察传播内容的目的性。也就是通过内容分析的方法，探讨信息与传播者的传播意图、受传者的接受程度之间的相互关系。

首先，我们讲述传播内容信息与传播、符号与传播、符号化的信息传播。然后，我们介绍一下内容分析法及其应用的领域与原则。

第一节　信息与传播

在某种程度上，传播内容就是被传播的信息。信息学认为，宇宙是由物质、能量和信息构成的。如果把物质和能量看作是同一性质，那么宇宙就是由物质和信息所构成的。信息的本源就是物质和物质运动，没有物质也就没有信息。维纳曾指出“信息就是信息，既不是物质，也不是能量”①。专门指出了信息是区别于物质与能量的第三类资源。

信息的传播通常以符号为介质。信息需要通过纸张、胶片、磁带、光盘、线缆、光波、声波和电磁波等载体，以语言、文字、数字、公式、图像等符号方式来表达。对于同一信息，人们可以采用多种符号方式来传播。例如关于“2008 北京申奥成功”的信息，我们可以用言语符号的方式通过广播来传播，也可以用文字符号的方式通过印刷媒介来传播，当然还可以通过图像、视频等，以图像符号的方式来传播和表达。在信息学中，符号是表达特定信息或意义的形式与手段，而媒介则是传播或负载符号的介质。

在明白了信息的传播是传播的本质，以及信息的传播离不开符号之后，接下来，我们要解答的问题就是到底什么是信息，

① [美]维纳：《人有人的用处——控制论和社会》，商务印书馆 1989 年版，第 3 页。

信息传播还应考虑信息的种类、数量、频率、可靠性要求等等。

一、信息的定义

首先我们来了解什么是信息。“信息”(information)应该说是一个十分古老的词汇,“信息”也是当代信息社会使用频率很高的一个概念,但也是很难说清楚的一个概念。直到最近几十年“信息”才被人们广泛地运用和熟悉。那么,究竟什么是信息呢?我们可以从以下三个层面进行理解:

第一是在日常生活中人们所说的“信息”。如“信息就是消息、知识、情报、资料”。这种信息的定义通常适用于日常生活之中,不含有科学名词的概念。

第二是信息科学中信息论、系统论和控制论对信息的解读。1948 年,美国信息学者香农用数理统计和概率论方法来研究信息处理,创立了信息论。他把信息看作是消除不确定性,获得确定的消息或关于某事物的状态,认为信息是在通讯的任何可逆的重新编码或翻译中那些保持不变的东西。同年,控制论创始人维纳提出:“信息这个名称的内容就是我们对外界进行调节并使我们的调节为外界所了解时而与外界交换来的东西。”[①]并指出信息是在我们适应外部世界,并且使这种适应为外部世界感觉到的过程中,同外部世界进行交换的内容的名称。所谓控制,就是复杂的有组织的系统在外界环境发生变化时,能够根据“变化”进行调整。在控制的过程中,控制系统必须及时得到外部环境的信息,系统自身各组成部分的状态信息以及控制效果的反馈信息,并对所得到的信息进行加工和处理,不断发出指令信息,保证控制系统的正常运行。因此,可以说控制的过程就是信息输入、加工处理和输出的过程。也是在 1948 年,奥地利生

---

① (美)维纳:《人有人的用处——控制论和社会》,商务印书馆 1989 年版,第 9 页。

物学家贝塔郎非创立了系统论,认为信息是系统的组织程度或有序程度的标记。该定义是通过与热力学中的概念"熵"进行类比推理而来的。人们常用"熵"来表示系统的无组织状态或无序状态,这里,信息作为与"熵"相对的概念提出来,成为"负熵"的同义词。

第三是从哲学的层面对信息进行的解读。信息哲学主要侧重于研究信息的本质、本源等。即信息有哪些特征?它与物质、能量、时间、空间等深层次范畴的关系是什么?20世纪60年代以来许多哲学家对此问题一直争论不休。争论的焦点主要集中在信息究竟是物质的还是精神的,抑或只是其自身的问题上。到目前为止,哲学范畴的信息概念和理论还没有成熟。

信息的定义是一个对于信息的科学本质如何认识的问题。从上述三个层面,我们可以得出关于信息的定义有广义信息和狭义信息之分。

广义的信息包括所有与信息有关的内容。我国哲学界有很多人都持广义的信息论。在他们看来,信息就是事物发出的,对于接受者来说是预先不知道的消息、情报、指令、资料、密码等等。广义的信息论认为信息与信息的载体没有什么分别,它涉及哲学、心理学、语言学、神经生理学等学科。

狭义信息论则主要研究信息量、信息源的统计结构以及信息的编码问题。狭义信息是脱离载体或依附物质的内容,它能够减少或降低人们在对事物的认知过程中不确定的状态。我们在传播学中说到的信息,尤其是媒介传播中的信息,通常就是狭义信息。

从上述三个层面、两个方面出发,到目前为止,围绕信息定义所出现的流行说法已不下百种。以下是一些比较典型和有代表性的说法。

第一,1928年,哈特莱(L. V. R. Hartley)在《贝尔系统技术杂志》上发表了一篇题为《信息传输》的论文。在这篇论文中,他把信息理解为选择通信符号的方式,且用选择的自由度来计量这种信息的大小。哈特莱认为,任何通信系统的发信端总有一个字母表(或符号表),发信者所发出的信息,就是他在通信符号表中选择符号的具体方式。哈特莱的这种理解能够在一定程度上解释通信工程中的一些信息问题。但也存在严重的局限性,主要表现在:一方面,他所定义的信息不涉及内容和价值,只考虑选择的方式,而没有考虑到信息的统计性质;另一方面,将信息理解为选择的方式,就必须有一个选择的主题作为限制条件。这些缺点使它的适用范围受到很大的限制。

第二,1948 年,香农在《贝尔系统技术杂志》上发表了一篇题为《通信的数学理论》的论文,在信息的认识方面取得重大突破,堪称信息论的创始人。从概率的角度,他认为:信息是用以消除随机不定性的东西。这是基于信宿来讨论信息。认为信源与信宿存在的信息的对应,这也是联系,即信息转换联系。不定性是不对应,不对应即有信息。不定性是结构不定性,随机性是结构。香农信息论实质上是随机性结构的表达。香农的信息概念比以往的认识有了巨大的进步,但仍存在局限性,这一概念同样没有包含信息的内容和价值,只考虑了随机型的不定性,没有从根本上回答"信息是什么"的问题。由于信宿对信息的反应是十分复杂的,故香农的信息定义引发了信息定义大讨论。

第三,1948 年,控制论创建者维纳出版了专著《控制论:或关于动物和机器中控制与通信的科学》。在书中,维纳从控制论的角度出发,指出:信息就是信息,既不是物质也不是能量。在诸多信息定义当中,维纳的定义是最重要的。其重要性就在他指出构成系统要有三个要素,即物质、能量和信息。物质、能量和信息分别从不同侧面反映了系统三要素缺一不可但又相互联系。

第四,1975 年,意大利学者朗高在《信息论:新的趋势与未决问题》一书的序言中指出:信息是反映事物的形式、关系和差别的东西,它包含在事物的差异之中,而不在事物本身。认为信息是事物之间的差异。在此,差异指的是信息量的差异,而量与质是相关的,没有差异就没有结构,也就没有信息。因而信息量是结构的差异。

第五,1988 年,我国信息论专家钟义信教授在《信息科学原理》一书中把信息定义为:事物的运动状态和状态变化的方式。并通过引入约束条件推导了信息的概念体系,对信息进行了完整和准确的描述。钟义信的信息定义体系如下:(1)本体论层次的信息,就是事物运动的状态和(状态改变的)方式;(2)认识论层次的信息,就是认识主体所感知或所表述的事物运动的状态和方式;(3)语法信息,就是主体所感知或所表述的事物运动状态和方式的形式化关系;(4)语义信息,就是认识主体所感知或所表述的事物运动状态和方式的逻辑含义;(5)语用信息,就是认识主体所感知或所表述的事物运动状态和方式相对于某种目的的效用;(6)先验信息:观察者关于某事物的先验信息是指他在观察之前通过某种途径所感知的该事物运动的状态和方式;(7)实得信息:在观察过程中,观察者关于某事物的实得信息,是指他通过观察所新感知到的该事物运动的状态和方式;(8)实在信息,是指该事物实际的运动状态和方式,这也是在理想观察条件下观察者所获得的关于该事物的全部信息。

另外,还有许多关于信息的论断。这些论断从不同的侧面、不同的层次揭示了信息的特征与性质,同时也都有这样或那样的局限性,但对于加深我们对信息定义的理解大有裨益——

信息是有序性的度量。

信息是系统组织程度的度量。

信息是负熵。

信息就是消息。

信息就是信号。

信息就是数据。

信息就是情报。

信息就是知识。

信息是一种关系。

信息是集合的变异度。

信息是一种场。

信息是事物相互作用的表现形式。

信息是事物联系的普遍形式。

信息是物质和能量在时间和空间中分布的不均匀性。

信息是物质的普遍属性。

信息是收信者事先所不知道的报道。

信息是使概率分布发生变动的东西。

二、信息的分类

信息广泛存在于自然界、生物界和人类社会。信息是多种多样、多方面、多层次的。我们可以从不同的角度对信息进行分类。了解信息的类型不仅有助于我们加深对信息内涵及其特征的认识,也有助于丰富我们的信息传播知识。而且,从传播学的角度来看,传播的信息内容十分庞杂,只有确定其适当的范围,才能继续选择内容分析的方法。因此,我们有必要对信息进行分类。

较早对信息的种类做出概括的是控制论的创始人维纳。他从控制论角度指出:"控制系统向外发出的内容叫做信息,而控制系统从外界获得的内容也叫做信息。"[①]所以,从控制论的角

---

① 转引自沙莲香等:《传播学》,中国人民大学出版社 1990 年版,第 15 页。

度可以把信息分为外源信息和内源信息。另外,我们还可以从哲学角度把信息分为客观信息和主观信息,从哲学的认识论的标准把信息分为潜在信息、先验信息和实得信息,按信息的表现形式把信息分为语言信息、符号信息和图像信息,从符号学的角度把信息分为语言符号和非语言符号,按信息内容的性质把信息分为新闻信息、教育信息、说服性信息、商业信息、娱乐信息,按信息对受传者的不同心理效果把信息分为指导性或教育性信息、维持性信息、复原性或刺激性信息,等等。

我们重点介绍以下几种信息分类方法。

第一,从产生信息的客体的性质来分类。信息可分为自然信息(瞬时发生的声、光、热、电,形形色色的天气变化,缓慢的地壳运动,天体演化……)、生物信息(生物为繁衍生存而表现出来的各种形态和行为,如遗传信息、生物体内信息交流、动物种群内的信息交流)、机器信息(自动控制系统)和(人类)社会信息。一切存在都在进行着某种形式的表达,只不过人类的表达要丰富得多,因为他们的存在内容更丰富。社会信息就是指人与人之间交流的信息,既包括通过手势、身体、眼神所传达的非语义信息,也包括用语言、文字、图表等语义信息所传达的一切对人类社会运动变化状态的描述。按照人类活动领域,社会信息又可分为科技信息、经济信息、政治信息、军事信息、文化信息等。

第二,按照主体的认识层次,可将信息划分为语法信息、语义信息和语用信息;从主体对信息的认识层次上看,由于主体有感受力,能够感知事物运动状态及其变化方式的外在形式,由此获得的信息称为语法信息;由于主体有理解力,能够领会事物运动状态及其变化方式的逻辑含义,由此获得的信息称为语义信息;又由于主体具有明确的目的性,能够判断事物运动状态及其变化方式的效用,因此获得的信息称为语用信息。语法信息、语义信息、语用信息三位一体的综合,构成了认识论层次上的全部信息,即全信息。

语法信息是信息认识过程的第一个层次。它只反映事物的存在方式和运动状态,而不考虑信息的内涵。换言之,语法信息只是客观事物形式上的单纯描述,只表现事物的现象而不深入揭示事物发展变化的内涵及其意义。这一层次涉及到可能出现的符号的数目、信源的统计性质、编码系统、信道容量等等,主要研究信道传递信息的能力,设计合适的编码系统,以高度的可靠性快速有效地传递数据,这些都是信息传播所关心的问题。

语义信息是信息认识过程的第二个层次。它是指认识主体所感知或所表述的事物的存在方式和运动状态的逻辑含义;换言之,语义信息不仅反映事物运动变化的状态,而且还要揭示事物运动变化的意义。从信源发出的数则消息,如果只是从通信符号的统计数量来看,其信息量可能相等,但信息量相等的消息其意义却可以是完全不同的。

语用信息是信息认识过程的最高层次。它是指认识主体所感知或所表述事物的存在方式和运动状态及其对于某种目的所具有的效用。换言之,语用信息就是指信源所发出的信息被信宿接收后将产生的效果和作用。同语义信息相比,它对信宿的依赖性更强,而且与信息传递时间、地点、环境条件等有着密切的关系。

第三,以信息所依附的载体为依据来分类,可分为文献信息、口头信息、电子信息、生物信息等。文献信息,就是文献所表达的内载信息,以文字、符号、声像信息为编码的人类精神信息,也是经人们筛选、归纳和整理后记录下来的信息(recorded information),它与人工符号本身没有必然的联系,但要通过符号系统实现其传递。文献信息也是一种相对固化的信息,一经“定格”在某种载体上就不能随外界的变化而变化。这种信息的优点是,易识别、易保存、易传播,使人类精神信息能传于异地,留于异时，缺点是不能随外界的变化而变化，固态化是文献信息老化的原因。口头信息指存在于人脑记忆中，通过交谈、讨论、报告等方式交流传播的信息。它反映了人们的思考、见解、看法和观点，是推动研究的最初起源。口头信息具有出现早、传递快、偶发性强的特点，但缺乏完整性和系统性，大部分转瞬即逝，一部分通过文献保存，一部分留存在人类的记忆中，代代相传而称为口述回忆或口碑资料(oraltradition)。作为信息留存的一种形式，口头信息无时不在，无处不有，承载着人类的知识、经验和史实，是一种需要重视和开发的极为丰富的资源。电子信息是计算机技术、通信技术、多媒体技术和高密度存储技术迅速发展的产物。

信息分类还有其他划分方法，如以信息的记录符号为依据，可分为语声信息、图像信息、文字信息、数据信息等；以信息的运动状态为依据，可分为连续信息、离散信息；以信息的加工层次而论，可分为初始信息(或"感知信息"、"原生信息")和再生信息(或"二次信息"、"三次信息")，后者是对初始信息进行加工并输出其结果的形式，也是信息检索的主要对象。

必须指出的是，同一个信息，依据其自身的多重属性，可以同时从属于多个分类。

三、信息的特性

由于信息有广义与狭义之分，广义与狭义的信息的特性又有不同之处。所以，我们分别从广义信息的特性与狭义信息的特性两个层面来阐述信息的特性。广义的信息包括所有与信息有关的内容。所以，它的特性往往是抽象的，是一般性的特性。

1. 信息的客观性和普遍性

信息是对事物及其运动状态存在方式的显示。虽然信息不是它显示的对象本身，但只要对象的存在是客观的，它的显示

(信息)也应该是客观的。本体论信息与它反映的对象一样并不以是否有观察者为转移,信息的客观性不是信息自身固有的,信息的客观性是由信源和载体的客观性所决定和赋予的。信息存在是普遍的。现实表明,从自然界到人类社会到人的思维,信息是无所不在的。当然,对于认识论层次的信息,对于那些有严格约束条件的信息定义,当这些条件不成立的时候,这样定义出来的特定层次的信息也可以认为不存在、不普遍,但本体论层次上定义的信息是普遍存在的,它的普遍性是由它所显示的客观事物的普遍性所决定和赋予的。

2. 信息的相对独立性

信息是客观事物的间接存在,它源于客观事物,但它却不是客观事物本身,它是一种相对独立于客观对象的"存在"。信息对信源的关系是相对独立的,信息可以与信源同在,也可以与信源分离,通过信息载体时空上的转移与信源分离。现实中信息的传输、复制、转换之所以可以实现,就是以信息的相对独立性为前提的。信息内部各部分之间是相对独立的,认识论层次的信息有语法、语义和语用之分,而语法、语义、语用之间的关系是相对独立的,一定的语法信息,不一定反映唯一的语义,一定的语义也不一定产生唯一的语用效应,语法、语义、语用信息如何结合、如何相通,要视具体的信息捆绑关系决定,要由信息接受者的状态决定,要由信源与信宿二者共同决定语法、语义、语用信息的关系。信息与信宿是相对独立的,同一个事物(信源)的信息在不同的观察者(信宿)那里可能是不同的。信宿不同,对信息的语法、语义和语用结果都不同。信息对载体的关系是相对独立的。同一信息可以负载于不同类型不同层次的载体,同一类型的载体可以负载不同信息。

3. 信息的依存性

信息是无形的,必须借助物质载体才能得以存在和传递,其中,声波、光波、电磁波这些无形物质载体是信息的第一载体;纸张、胶卷、磁带、磁盘等有形的物质载体是第二载体。没有载体的信息是不存在的。一方面,信息是对存在对象的显示,没有对象的存在也就不会有对象的信息。我们把信息显示的对象称为信息源,信源的存在对信息来说是第一位的,而信息则是第二位的,是派生或伴生的。信息对信源的依赖是绝对的。例如,客观存在对象(信源)可以离开信息而单独存在,而信息的产生从根本上讲离不开信源。另一方面,信息也离不开它的载体。任何信息的产生、传递、保存和发挥作用都要以载体的存在为前提,客观世界中的物质、能量和相互作用是信息的载体。就信息的存在而言,载体存在时信息就存在,载体转移时信息也就转移,如载体消失,它所负载的信息也随之消失。信息在产生中离不开信源载体,在传输中离不开信道载体,在信宿接受者那里离不开信宿载体。信息可以相对独立于信源而存在,但信息却一刻也不能脱离载体而存在,信息只能由一种载体转到另一种载体,却不能没有载体。信息对载体的依存性还表现为载体(物质、能量、相互作用)能够达到的地方,也是信息能够传播到的地方。

在上述特性的基础上,信息又具备共享性、传递性、扩散性、扩充性和替代性。信息的共享性是指同一信息可以在同一时间由两个或两个以上的使用者使用,便是信息的共享性。这也是信息区别于物质和能量的主要特性。汽车成为某人的所有物时,也就非他莫属了。而一个理论、一项发明公之于世,谁都可以使用。信息的共享性包含两层意思:一是信息交换的双方,即传播者和接受者都可以享有被交换的同一信息;二是信息在交换或交流过程中,可以同时为众多的接受者所接收和利用。信息的传递性是指信息能够通过一定的物质载体得到传递。信息不经过传递,人们无法知道它的存在,也就不能成为信息。信息的可传递性，一方面是指信息可以通过一定的形式进行传递，另一方面，获得信息必须经过传递。电子计算机技术、现代通信技术和人造卫星技术相结合，使人们可以利用计算机网络在极短的时间内将大量的信息传递到地球上的每一个角落。信息的扩散性是指信息富于渗透力，能够冲破保密的非自然束缚，从而向大范围扩散。信息的扩充性是指信息能够随着时间的推移，以及实际应用而不断得到扩充、积累和增长。信息的可替性是指人的任何行为，都可以概括为一个不断从外界获取信息，对信息进行处理，并在这个基础上，通过一定的物质和能量，对事物进行调整、控制和组织行动的过程。因此信息具有替代性。

狭义的信息，是传播者对社会信息所作的有目的的选择性的抽样，也是受众对抽样传播所作的合目的性、选择性的抽样。传播学中所说的信息通常就是狭义的信息。它不仅具有信息所固有的一般特征，还有许多独有的特征。

(1)时效性

就是指信息从大众媒介发出到受众接收、利用的时间间隔及其效率。信息的滞后性是表明客观事物总是在前，认识总是在后，人类获得信息总是滞后的。信息的超前性是指人类在把握各种规律的前提下，能够对发展中的事物进行预测。此外，信息在一定时间内相对说来会变成过时的信息，尤其是经济信息和新闻信息的有效期非常短。随着大众传播科技的飞速发展，人们对信息时效性要求只会增强不会削弱，信息传播与接收也将越来越快。

(2)娱乐性

早在 1967 年，斯蒂芬森就在《传播游戏论》中指出，大众传播中几乎全部内容，都有一种普遍化的游戏或娱乐的功能。其实，在人类最原始的传播形式——神话、传说、史诗和寓言中，我们都可以看到众多的消遣娱乐的内容。随着时间的推移，娱乐性将成为大众传播信息的一个越来越鲜明的特征。

(3)知识性

大众传播历来担负着传播知识、交流经验、传承文化遗产、介绍最新科技等任务。只不过,不同的媒介在呈现信息的知识性特点时各有特色。比如,书籍主要记载已成型的知识,杂志主要刊登正在形成的知识,新闻媒介(报纸、广播、电视)主要传播萌芽时期的知识和当前最为适用的或受众还不知道的知识。可以说,现代社会中的大众获得知识的主要途径不是父母和老师,而是各种大众传播媒介。今后,大众媒介信息的知识性会越来越明显。

(4)价值性

被大众媒介所传播的信息应该是有意义的和有价值的,否则,它就没有加工、传播、存储、再创的必要。一般认为,信息价值主要表现在六个方面:理论价值、经济价值、美学价值、社会价值、政治价值、宗教价值。这种价值体系,基本反映了大众媒介的信息价值的实际。

(5)真实性

这里所说的真实性,是指媒介传播的信息要真正客观、准确地描述和反映事物运动的状态和方式,而不是凭人们的主观臆想和推断作夸大、缩小和虚假的信息传播。当社会中的某一事物处于一种错综复杂的运动状态时,大众媒介应从不同角度和层面、以不同视野和方式对事物运动的全过程作准确、客观的动态描述,使受众对事物的运动变化有本质的认识。

四、信息的度量

在信息世界里,信息是有量的大小的。例如,一个突发事件,会成为新闻界的重大新闻,其信息量也就很大。因此,定性地说,信息量与其本身的概率成反比,与意外性和新颖性成正比。

在对信息进行度量之前，我们先来确定一下计算信息量的单位。我们把二中择一的信息视为信息量的最小单位，即(x,1)是一个基本问题，x1、x2 出现的概率各为 1/2，如果一条信息能够回答 x1，x2 到底哪个出现，这就是一个单位的信息量。它的计量单位由于是二中择一，就叫做二进制单位，写作 Bit，读作比特。

1 比特的信息量就是说两个事件为等概率，要消除其不确定性所需要的信息为 1 比特。即这一消息中只有两种可能性且概率相等——即 P(A) = 1/2。

$$\therefore I(A) - \log_2 \frac{1}{P(A)} - \log_2 P(A) \quad (A)$$

此外，信息还有其他几个单位，对数以 e 为底，称为奈特；以 3 为底，称为铁特；以 10 为底，称为哈特。这些不同的单位可以互相转换，但最常用的是比特。

保证社会系统有足够的信息量是传播学研究的一个重要课题。信息量又称为信息熵。在传播过程中，信息最大的作用在于它能够消除接受者的不确定性。人们认识过程中不确定性减少的数量就是信息量，而“熵”是不确定性的标志，所以信息量是负“熵”。一般来说，信息量的大小与以下四个方面的因素密切相关：

第一，与事物变动的影响力成正比。事物变动的影响力即事物变动对社会、对人们切身利益的影响程度越大，其信息量越大，反之越小。

第二，与事物变动的规模和空间成正比。事物变动的规模和空间越大，其信息量越大，反之越小。

第三，与事物发展的速度成正比。事物发展变化的速度越快、持续的时间越短，其信息量越大，反之越小。

第四,与事物发生的可能性概率成反比。事物按照常规常态发展,在人们的意料之中,其信息量比较小,反之如果一反常态,完全出乎人们的意料之外,其信息量越大。

信息量主要研究信息低量和信息超量对社会信息系统的影响。所谓信息低量,是指获取的信息低于社会需求,以致难以满足机制的需要,更不能促进其发展。这会造成社会成员的孤陋寡闻。其具体后果是:

第一,社会信息匮乏,以致阻碍社会进步、经济发展,人们无法分享已经开发的信息资源。

第二,信息匮乏,国家、民族便处于愚昧状态,整体素质低下,教育水平落后。

第三,信息流通不畅,会给一些负面信息乘虚而入造成机会,造成社会文化的庸俗性。

同样,如果信息流通超出了受众的接受能力,同样会造成不良的后果。主要表现为:

第一,受众在大量不必要的信息冲击下,可能会恐慌不安,也可能会漠然置之,逐渐形成冷漠感和逆反心理。这也就是大众传播产生的麻醉性的负功能,它在人际传播中同样会出现。

第二,超量信息可以看作是与传播目的、传播内容无关的干扰,也就是一种人为的"噪音"。

所以,我们必须通过信息"熵"公式正确控制信息流量,避免信息低量和信息超量的出现。信息量是香农在解决通信问题时提出的。这个方法成功地解决了通信过程有关信息量的各种问题。可是若把这一信息量的计算方法引入"人"时,就出现了极大的局限性。香农信息论所解决的是通讯传播的信息。因此五分钟的广播,无论是新闻,还是轻音乐,对通讯系统来说,传送的信息量是一样的。可是人们所关心的,不仅仅是通讯系统传送多少信息,更为重要的是自己从中能得到多少信息。对同一事件，不同的观察者可能得到不同的信息量。20世纪60年代以来有人就提出“语用信息”、“模糊信息”等概念，显然这些信息用香农的概率信息计量法就无法计算的。这就引出了广义信息量计量方法的研究。许多学者为此做了大量的工作，但是目前只提出了一个模糊信息的计算公式：

$$I(C,C^*,R)=\sum_{i=1}^{n}C^{i*}\log C^{C*}-C_i\log C_i$$

其中事件X的可能运动状态为$X_1\cdots\cdots X_n$，事件X取X_i的确定度为C_i，R为某个观察者，对于R来说，在观察X之前，对X有一个主观先验估计，记为C，通过观察，他知道X的实际确定分布为C^*，那么，R从X过程中得到的信息计算公式如上。

五、信息科学对传播学的影响

信息的发展推动了社会生产力的变革。进入信息时代以来，网络传播扩展了人类思维器官的信息处理功能。尤其是计算机和人工智能技术进入了社会生产过程以来，通信技术和感测技术以及控制技术与高级动力工具有机地结合起来，大大推动了社会生产力的发展。

同时，信息传播也改变了人类社会的生产和生活方式。信息传播在社会生产和人类生活各个领域的广泛进行，极大地提高了社会生产的效率和人类生活的质量。在产业界，企业的生产方式、管理体制和经营模式将会发生彻底的变革，通过运用信息技术不断提高企业信息化的水平，可使企业实现生产过程自动化、管理决策智能化、商业贸易电子化，从而在日趋激烈的市场竞争中占有竞争优势；在家庭中，小型家庭办公室（SOHO）越来越多地利用先进的网络技术进行联机信息检索、在线购物、远程教学和医疗诊断。总之，由于信息传播的深刻影响，人类活动将会比以往任何时候都强调个性化、人性化，社会信息能力和知识创新能力将会受到普遍重视,社会服务的质量将会得到全面提高,人类社会的生活将会变得更加美好。

信息科学作为一门研究信息及其运动、传播规律的科学,它以信息现象作为主要研究对象,以信息运动的要素作为主要研究内容,以现代科学方法论作为主要研究方法,以提高传送信息的效能和保证传送信息的完整作为主要研究目标。纵观信息研究的整个历程与现状,我们可以发现它从狭窄的领域走向一个广阔的天地,由稚拙的经验描述迈步踏上成熟的理论研究台阶。信息科学的根本作用在于它为人类的信息获取、传递、处理、存储和使用活动提供了更加有效的科学理论和工具,极大地提高了人类社会充分开发、合理利用和有效传播信息资源的能力。在理论上,信息科学对传播学也产生了重大贡献。

随着信息科学对传播学渐进的、由点到面和不断扩展的渗透和介入,信息科学对传播学的影响主要表现在三个方面:

第一,信息科学对传播模式和一些传播理论有重要的启迪作用。在传播理论产生的初始阶段,信息论创始人香农就在《传播的数学原理》一文中首次提出了一般传播系统的线型模式。随后,传播学者又引入了控制论创始人维纳提出的“反馈”这一概念,从而使传播模式从线性的单向流动过渡到非线性的双向回流。在此基础上,才有了后来许多的传播模式。除此之外,传播学还从信息科学引入了一些抽象程度很高、具有普遍意义的重要概念,如信息、熵、信息量、控制、反馈、系统等等。

第二,信息科学在研究方法上对传播学有重要的启示作用。信息科学是一组学科,它们借助电子计算机和现代化数学工具,为解决复杂系统的问题提出了有效的量化手段和科学方法。传播学所采用的实地调查法、内容分析法等,都与信息科学有着密切的联系。

第三,信息科学对传播学理论构架有深刻的影响。信息科学带有浓厚的方法论性质，自 20 世纪 60 年代以来，美国和西欧的传播学者都开始吸收信息科学的成果，特别是运用系统论中“整体大于各孤立部分的和”这一思想去研究传播过程与传播系统。

而且，随着信息革命的深入与全球化进程的加快，信息对传播尤其是大众传播产生了、正在产生着、并将继续产生巨大的影响：首先，从大众传播的领域来看，传播新技术出现多样化、小型化、分散化以至个人化的局面。“点对面”的单向传播正逐步转向“点对点”的双向传播，即把受众细分化和向特定受众提供内容非常专门化的特定服务。其次，传播新技术的发展促进了社会信息的加速流通和信息量的急剧增长，这对整个社会带来很大好处。

第二节　符号与传播

符号，也有学者称之为符码，还有人称之为有意义的记号。不管叫做什么，它们都是传播中可以还原成“意义”的要素。作为一门新兴人文学科，符号学以其独特的视角，在方法论上给许多传统和新兴的科学以启示。

一、符号的定义

自有人类以来，以符号为载体的传播活动便已发生。最早的传播载体是语言符号，但语言不能将事物记录下来，先人们就以结绳记事，接着，以图腾、象形字为代表的象征符号出现了，文字因此得以发明。早期人类以原始的语言及简单的符号相互传递信息，表达意义。随着文化的发展，技术的进步，人类创造的符号越来越多，从口头符号到印刷符号到电子符号，不一而足，人类传播的符号载体日渐丰富。符号系统的意义表达机制日益成熟。

那么,到底什么是符号呢?美国哲学家皮尔斯(Charles Saunders Perice)认为能够被用来在某方面代表其他任何物象的都是符号。人类的一切思想和经验都是符号活动。因此,符号理论也是关于意识和经验的理论。人类所有的经验都组织在感觉性、活动和符号三个水平。其中,符号依次发生三重关系:一是使关系过程开始的东西,二是其对象(object),三是其诠释(inter pretant),也就是符号所产生的效果(解释)。皮尔斯依据符号与对象的关系,将符号分为肖像性(icons)、指针性(indexes)、象征性(symbols)三大类别。肖像性符号指的是符号与代表的事物具有类似的关系,例如形象逼真、栩栩如生的视觉符号、图像;指针性符号是指符号与对象之间有内在的因果关系,可以通过联想而得出结果;象征性的符号是基于文化和传统,符号与对象之间有约定俗成的关系,具有武断和随意的特性,需通过学习才能理解。瑞士语言学家索绪尔(Ferdinandde Saussure)认为符号的主要概念在于符号的能指(signifier)与符号的所指(signified)的组合及互动关系。符号学以探讨符号意义为起点,以追寻符号的意义为目的,将媒体视为语言并予以结构化的大众传播领域所重视的应用理论。索绪尔认为符号学有三个主要的研究领域:一是符号本身。包含符号的种类,研究不同种类的符号传递信息的不同方式,以及研究符号和使用者之间的关系,并了解人们如何使用符号的意义。二是组成符号所依据的符码或符号系统。因应自身需要,或因应不同的传播途径而发展出各种符码。三是符码或符码运作所依存的文化。文化所依赖符号或符码的运用,以维系其存在与形式。

日本学者永井成男认为,只要在事物 X 和事物 Y 之间存在着某种指代或表述关系,X 能够指代或表述 Y,那么事物 X 便是事物 Y 的符号,Y 便是 X 指代的事物或表述的意义。美国的伦德伯格从人类传播活动的角度来考察符号,认为传播可以定义为通过符号的中介而传达意义,符号是传达意义的中介。

由上可见,符号涉及的范围是相当宽泛的,凡是人类所承认的一切有意义的事物均可构成符号。为此,德国哲学家卡西尔认为:"符号化的思维和符号化的行为是人类生活中最富于代表性的特征,并且人类文化的全部发展都依赖于这些条件。"①他甚至把符号同人的本质等同起来,与人类文化的产生和发展联系起来,把人界定为符号的动物,只有这样,我们才能指明人的独特之处,也才能理解对人开放的新路——通向文化之路。

简言之,如果甲能代表乙或指称乙,甲就有条件成为乙的符号。在传播学中,信息是物质的普遍属性,是一种客观存在的物质运动形式,是物质和能量在时间、空间上具有一定意义的"图像"集合或符号序列。因此,我们可以说符号就是信息的外在形式或物质载体,是信息表达和传播中不可缺少的一种基本要素。

二、符号的构成

符号的构成即符号的"能指"、"所指"以及它们之间的组合与系统形成的"约定俗成"。

1. 能指与所指

法国著名的符号学家巴尔特把符号的构成作为能指与所指的统一体来看待,在考察符号与其"环境"的关系时,提出了价值这一概念。结构主义理论认同了这种观点,即符号就是能指和所指之间的一种关系。能指和所指如一张纸的两面,是不可分割的存在,每一面都是另一面存在的必要条件。而这种关系既是任意的,又必须依赖社会成员对符号意义及使用的共同契

① 恩斯特·卡西尔:《人论》,甘阳译,上海译文出版社1985年版,第35页。

约而存在。

巴尔特认为符号学符号与它的语言学原形一样,也由能指与所指组成。但巴尔特又从符号的功能性出发,提出了功能符号(源于实用,并兼具功能性的符号学符号),其过程可表示为:词(实用)→符号(吸收意义)→实用物品。所以,它的能指、所指、意指从功能性这一角度出发,在语言学的基础上又得到阐发。

能指的性质大致呈现相同的特点:是一种纯相关物。它与所指的区别在于能指是一中介体,物质于它是必须的。

所指,在语言学中,是"事物"的心理再现,是符号的使用者通过符号所指的"某物"。从功能性上看,能指与所指是符号的两个相关物。

意指,可理解为一个过程,是将所指与能指结成一体的行为,该行为的产物便是符号。

巴尔特认为,语义只有经过意义与价值的双重制约才可真正确定。对于意义与价值这一双重现象,巴尔特引用了索绪尔的一页纸的比喻:把纸切分为几份时,我们一方面得到了不同的纸片(A,B,C),每一片相对于其他都有一个价值;另一方面,每张纸片都有正面与反面,二者被同时切分(A - A′,B - B′,C - C′),这便是意义。

2.组合与系统

索绪尔指出符号是任意的,符号和所指对象之间一般没有自然的联系,它是由规则制约的习惯。在索绪尔看来,语言及其符号是由系谱轴和毗邻轴构建的,即选择与组合。在能指与所指重新组合的基础上,完成文本价值观的重构。重新定义、排列、组合毗邻轴与系谱轴的两个部分,尤其是系谱轴部分,通过对能指的重新排列,符号可以用新的差异规则发挥它前所未有的构建意义的力量。在符号理论中大众文化传播过程的每个具体的东西都可以被抽象成独具意义的文化符号，这些文化符号经过组合后又会产生特别的意义。索绪尔在提出符号学的组合与系统结构后，巴尔特对应地提倡隐喻与换喻、组合与系统的概念。但是，两人的观点又有所不同。

索绪尔认为语言是从一片繁杂中抽象出的一个纯社会性的对象，是进行交流所必须而又与构成其质料无关的规约系统，它既是一种社会制度，又是一种价值系统；而言语则是覆盖了语言中的纯粹个人的部分（发音，规则的实现及符号的偶然组合）。两者的关系是语言既是言语的产物，又是言语的工具。

巴尔特认为将语言/言语这对概念扩展到符号学领域，不能再遵循语言学模式，而必须对之加以调整。对此，巴尔特是从生成学的角度来论述的。首先，在大多数符号系统中，“语言”不是由“说话的大众”而是由决策集团制定的。在这里，巴尔特把符号的“任意性”理解为符号是由单方面决定的人为方式建立的，这就是决策集团。这是个范围狭小的群体，既可以是非常够格的技术专家，也可以是更分散更为匿名的集团。巴尔特所举的例子是时装和汽车系统、日常家具系统。其次，巴尔特认为，在符号学的系统中存在着三个层面：物质、语言、实用。三个层面的划分，就为语言的产生找到了一个“物质”的基础，而不是言语。为此，巴尔特举例说时装中会有无言语的语言；在汽车或家具系统中，言语则很匮乏。它们的语言产生的基础是“物质”，而不是言语。在巴尔特看来，组合根本上就是由“可加以切分的实体”构成的。而系统则是一种聚合关系。巴尔特还是以服装、膳食、家具、建筑等为例。在服装中，组合就是同一套服装中不同部分的并列，如裙子，衬衫，外套；而系统则是同一部位的不同款式，如无边女帽，窄边帽，宽边女帽等。

3. 外延与内涵

外延是符号与所指物体之间的关系，内涵是符号和概念作用本身之间的关系。对文字符号来说,外延是指约定俗成的含义,是一个语言符号的中心含义,并常与现实或虚拟世界的现象相连。而内涵则是超过中心含义的额外含义,这些含义能反映由文化塑造的感情和态度。文字符号产生于人们的实践经验,在长期的社会实践中,由于人们反复不断地使用某种固定的符号来代表一种信息,进而使得该社会群体对这种符号具有共同的理解。

巴尔特对内涵与外延的论述,是通过分析意指过程的两个系统而建立的。首先,意指系统会延伸出第二个系统,从而使前者变成了一个简单要素,这样就有两个既相互包含又彼此分离的意指系统。如果把 E 作为能指,R 作为意指行为,C 作为所指,则第一系统就为 ERC。第一系统的 ERC 产生第二系统,两个切入点:第二系统的 E 或 C。如图 6-1:

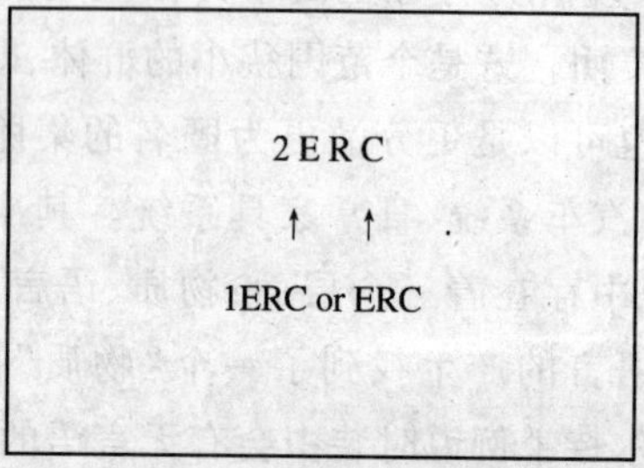

图 6-1 意指系统示意图

如果切入的是 E,则第一系统 ERC 就构成外延,第二系统就构成内涵。如果切入 C,则第二系统就成为元语言。

“外延意指”讨论的是符码与其指称事物之间的关系,在设计上,常以机能性(function)的描述,使被指称事物具体化,如电视在“外延意指”上代表“可提供声音、影像的电子产品,包括屏幕及喇叭”;久而久之,产品造型(form)与机能(function)便形成互相对应的因循法则,及“form follows function”。因此在产品中,“外延意指”指的是产品在表达使用上的目的形态元素或事物。

“内涵意指”讨论的是符码与其指称事物所具有的属性或特征之间的关系,在设计上,常以传播上的需要,赋予产品特定的属性,如电视在“内涵意指”上代表的是“提供休闲的产品”或“传播信息的管道”。因此在产品中,“内涵意指”指的是产品作为一种传播的媒介,在表达象征性功能时,所呈现出来的属性。“内涵意指”并不使得产品和其属性形成固定的对应关系,这是因为对于不同的译码者,产品将被赋予不同“意指”上的意义;在上例中,电视机对部分人而言,可能代表“少数愚弄大众者所操纵的工具”。

“外延意指”与“内涵意指”,两者并非泾渭分明,完全隔离。在解释符号(sign)的内容与表现的辩证演化过程中,可理解为一组深度不同的概念层次,杰纳克斯曾引用叶姆斯列夫(Hjelmslev)的公式,发展出“后设计符号学(connotative semiotic)”或“内涵符号学(connotative semiotic)”的观念。其中表现为内容与符号的两个层面,非常类似于符征和符旨的概念;而表现与内容在“外延层次”与“内涵层次”上,显示出不同的紧密程度。如此“外延层次”与“内涵层次”循环衍生,且环环相扣。

三、语言符号

符号可以是文字的、语言的或非文字和语言的,如图片、实物等无所不包,传播的最终目的是要让受传者了解信息,进而使双方对传播的内容达到共同认识,从而建立共同的意义。在这里,我们主要来了解两类符号:语言符号和非语言符号。语言符号包括语言、文字、图画;非语言符号是指通过视觉、听觉、触觉、嗅觉感受到的动作、姿态、外貌、语音语调、气味等等。语言符号作为思想的直接实现,不仅是具体事物的抽象符号,而且反映了种、类以及事物与事物之间的关系。作为一种具体符号,非语言符号所表征的是属于表象类信息,冗余度较高。语言符号不仅可以包含比非语言符号多得多的信息,又因符号能够与符号所表征的事物分离而成为便于携带的信息载体;然而语言只同事物分离而未同语音分离,所以单纯的语言符号传播过程,将受到时空的限制;非语言符号由于它的表象性与一定的信息冗余度,因而既可以强化语言符号传播的信息,也可以干扰甚至否定语言符号所传播的信息;另一方面,非语言信息与信息接收者的情绪、情感激发有着直接的关联。从传播媒介的角度来看,语言符号和非语言符号的信息传播,有各自不同的特点:首先,语言传播是共时性的,不能保存和延续。而非语言传播则是历时性的,整个过程可以跨越很大的时空范围。其次,语言传播渠道是单一的和线性的。话只能一句句地说,不能两句话同时说。而非语言传播则可以是多渠道的互动与叠加。

语言符号是人类特有的有声符号系统。这里所说的语言符号包括语言与文字两类,即所谓的口头语言和书面语言。在所有符号中,语言符号是最复杂的符号系统。

所有的语言符号都是由音、义的结合构成的。"音"是符号的能指,是语言符号的物质表现形式,"义"是符号的所指是语言符号的内容。只有音和义相结合才能指称现实现象,构成语言的符号。例如"美"这个汉字符号,"mei"是它的语音形式,"能够引起人们愉悦、舒畅、振奋或使人感到和谐、圆满、轻松、快慰、满足或让人产生爱的情感、欣赏享受感、心旷神怡感或有益于人类、有益于社会的客观事、物的一种特殊属性"是和这个音结合在一起的意义,构成符号的内容。音与义是语言符号的两个"面",彼此依存,只有和特定意义相结合的声音才能叫做语音,由特定语音表达出来的意义才能成为交际所需要的语义。符号的意义是现实现象的反映,如果"美"不能让人愉悦、舒畅、振奋或使人感到和谐、圆满、轻松、快慰、满足或让人产生爱的情感、欣赏享受感、心旷神怡感,那么“美”的意义中也就不会有这方面的内容。正确理解音、义、物之间的相互关系是掌握语言符号性质和特点的关键。

语言符号与其他符号不同的特点主要有:一是任意性,二是线条性。这两个特点是瑞士语言学家德·索绪尔在他的著名论著《普通语言学教程》中提出来的。任意性是就语言符号的音与义的相互关系来说的,即音、义的结合是由现实现象的性质决定的,还是由社会约定的。也就是说,它们之间有没有必然的联系。现在一般的看法是:语言符号的音义关系是由社会约定的,用什么样的“音”去表达什么样的“义”,人们说不出道理,完全由社会约定,因而这种音义的任意性关系又叫约定性。荀子也曾指出“名无固实,约之以命实,约定俗成谓之实名”。比如说“美”,汉语语音是 mei,英语语音是 beautiful,相互间的语音差别很大,但它们所表达的意义一样,说明不同的音可以表达相同的意义。同样,相同或相似的音在不同的语言中也可以表达不同的意义。如“ai”,汉语中表达的是哀、爱、矮等义,在英语中表达的是“我”(I)。人们根据诸如此类的现象得出结论,认为什么样的音和什么样的义相结合构成语言符号完全由社会约定,因而简称为语言符号的任意性或约定性。符号的任意性特点是就语言起源时的情况来说的,至于符号的音义关系一经社会约定而进入交际之后,它对人们就有强制性,每一个人都只能乖乖地接受它,绝不能随意更改,都只能接受社会已经约定的符号。所以,语言符号的任意性和强制性是对立的统一,人们不能借口任意性而随意更改已经约定的音义关系。符号的另一个特点是它的线条性,就是符号的使用只能在时间的线条上绵延,一个符号跟着一个符号依次出现。

除了索绪尔提出的这两大特征外,有研究者认为语言符号还具有以下几大特点:(1)语言符号的随机性:语言符号的出现和分布规律不是完全确定的,具有随机性,这一特性使得语言与统计数学发生了联系。(2)语言符号的冗余性:语言符号之间彼此制约,使得我们可以根据前后符号的关系来判断有关语言符号的性能,这样语言符号就显示出冗余性,这一特性使得语言与信息论发生了联系。(3)语言符号的离散性:语言符号是由一些离散的单元组成的,具有离散性,这一特点使得语言与集合论发生了联系。(4)语言符号的递归性:语言符号可以反复地使用有限的规则构成无限的句子,具有递归性,这一特点使得语言与公理化方法发生了联系。(5)语言符号的层次性:语言的句子并不是由各个单词依前后的线性顺序排列而成的简单的线性序列,而是一个层次的立体性结构,具有层次性。每一个句子的线性序列的表层之下,都隐藏着一个层次分明的树型图。这一特点使得语言和图论发生了联系。(6)语言符号的非单元性:语言符号并不是一个无结构的单元性符号,而是一个有结构的、有多个复杂特征的非单元性符号,具有非单元性。

语言符号不仅是人与人之间进行交际的工具,更是人类社会中最重要的传播媒介之一。人们借助语言符号来使思想得以表达、感情得以传达、知识得以交流。但是,语言也常常存在误用和失当的问题。

第一,死线上的抽象。这是1972年温德尔·约翰逊(W·Johnson)指出的一种语用毛病。它是指语言被捆死在某一条抽象水平线上,结果不是由于语言被固定在高水平线上使人难以理解,就是由于语言被限定在低水平线上让人不得要领。比如,当信息传播中充满了诸如“自由、平等”等高度抽象水平线上的字眼,而又没有低度抽象水平线上的词汇相配合时,这样的信息内容就会因其难以理解而让人敬而远之。但是,当一位记者为迎合部分受众的猎艳猎奇心理的需要,报道一些绯闻和八卦新闻,只有低水平线上的描述而没有高水平线上的抽象时,这种琐碎的全面报道也会把受众吓跑。

第二,潜意识的投射。这是指传播者在发表某种看法时,实际上在不知不觉、没有意识到的心理状态下将自己个人的深层态度加进了对事物的评价。约翰逊甚至认为,基本上,我们所说的话,从来都是在讲自己。人人在语言传播中都会出现无意识的自我表现和不自觉的倾向性。例如,“房价又涨了!”表面上是说房价的,实际上说的是讲话者本人的感受。

第三,忽视差异。语言的使用者有时会忽视同一范畴或同一类别中各个分子之间的差异和区别,把它们视为同一、混为一谈。世界上没有两片完全相同的树叶,每一个事物都是特殊的、有个性的,都与其他东西不完全一样。对它们不加辨别、大而化之,有时会引起麻烦。例如,“广告都是骗人的”,“中国人好窝里斗”等这些论断在现实中不难找到,问题是它不能代表全体,它忽视了同一类别中的不同分子还有许多差异性。

第四,非此即彼。语言的使用者在观察和描述事物时常常会采用“非此即彼”的、排斥中间层次的极端语言。好像世界上的一切事物只能两者择其一,不能有中间的事物。它们都是非好即坏、非友即敌、非对即错、非成即败。凡事只有两种可能、两种取向,殊不知任何事物都存在着一系列的可能性。

四、非语言符号

作为人际传播中重要的媒介——非语言符号,是指不以有声语言和书面语言为载体,而直接刺激人的感觉器官的各种各样的符号。它包括人的表情、手势、神态、穿着、打扮、摆设、环境等等。非语言符号的种类大体上有:

第一,体态符号。研究发现,在人际传播过程中,人们大约用30% -60%的时间跟别人眼目传神。当人们听话时,他会注视讲话者；当讲话者搜索词句时，他会避开目光转向空间；当听话人对讲话内容有兴趣时，他会长久注目讲话人；当与地位低的人谈话时，他会减少目光接触；当有人一次盯视我们长达十秒钟以上，我们就会感到很不舒服。人们在用语言传递信息时，往往会辅以表情、姿势及神态，这三者有助于人们对语言的了解。但是在某种特定情景下，也存在仅由表情、姿势和神态这样的身体动作表示意义的体态语信息系统，完成信息的传递。如打招呼就有中国人的作揖、日本人的鞠躬、印度等国人的两掌合十、西方人的握手等等。

第二，语言符号的伴生符，也称类语言。它是人发出的有声而无固定语义的信息。语言符号的伴生符常常是自发地发出来的，如各种笑声、叹息、呻吟、叫声等等。这是因为人的信息沟通离不开感情的传递，感情传递在很大程度上取决于“怎样说”，而不完全是“说什么”。它能够反映出传播者的许多背景材料，如个性、说话时的心情等等。

第三，物化、活动化、程序化的符号。这是非语言传播的高级层次。自然语言可归于推理符号，而绘画、建筑、音乐、舞蹈、服饰、饮食等则属于表象符号，这些都是非语言符号，用以表达语言符号所不能表达的情感意义。比如说，人的外貌和衣着的形状和形式不同，传播的信息也不同，所产生的影响也有差异。这不仅影响人本身的个性，还影响到他的行为模式。只要他相信自己的外貌和衣着的吸引力，他的行为举止就会表现出自信。

不管非语言符号有多少种和采用哪一种传播方式，也不管它是有意而为还是无意而为，都有以下一些共同的特点。

第一，伴随性。非语言符号在它传播信息时，只是在一连串的符号中着重突出某个符号，该符号的表述并没有固定的位置，而且它总是与语言符号或其他表达方式结合在一起，很少单独出现。

第二,相似性。非语言符号与指称对象之间具有某种相似性,因为它是把客观事物符号化。比如,竖起食指可以代表数字"1",伸出食指勾动中指可以代表手枪,伸出双臂上下扇动可以代表飞鸟等等。

第三,通义性。非语言符号,几乎可以称之为"世界语"。因为非语言符号与实物之间的相似性可以产生出举世通用的意义。比如,向人做恫吓或威胁的姿态,向人表示乞求或可怜的表情,向人做出欢迎或喜爱的动作,这些身体符号所传达的意义,不同国家的人都能做出相近、共通的理解。

第四,协同性。非语言符号在传播中是相互关联、互为依托、协同一致的。当你愤怒至极时,尽管你竭力克制,但沁出的汗珠、迅速的眨眼、轻微的哆嗦、沙哑的声音等非语言符号却把你的真实情感暴露无遗。

第五,即时性。非语言符号往往未经思考就立即做出条件反射式的传播。人在驾车时,一见红灯就踩刹车;人饿了,一看到美味佳肴,就会忍不住流口水。对于外在突然变化的事物,人体立即做出反应,输出非语言符号,这是精神正常的标志。如果是延时反应,则可能不正常了。

非语言符号的上述特点,决定了它具有六种作用:补充语言符号、替代语言符号、强调语言符号、否定语言符号、重复语言符号、调节语言符号。下面,我们分别对其进行解释:

第一,补充作用。声调、面部表情、手势或人与人之间的距离等非语言符号,都可以用来填补、增加、充实语言符号在传播信息时的某些不足、损失或缺欠。例如,在一家网络公司的广告中,广告模特的姿势前倾,做出类似于革命年代的"向前进"的手势,这些非语言符号很好地补充和强调了广告语"今天,您上网了吗?"

第二,替代作用。非语言符号可代替语言符号传播信息。

当某件事不便用言语表述或特定环境阻碍了言语交流,这时就使用替代法。比如,在吵嚷的股票交易所,人们用手势代替说话。

第三,强调作用。对讲话中的某些词或话故意提高音量或者拖长声调,也是为了强调和凸现某种特殊的意义。

第四,否定作用。有时非语言符号会否定语言符号所传播的信息含义。假装的笑脸往往会否定高兴、愉快的言语,痛苦的表情又会被人“读”出幸灾乐祸的心境。当语言符号与非语言符号发生矛盾时,人们倾向于相信非语言符号承载的信息,而不相信语言符号。

第五,重复作用。以非语言符号重述语言符号的信息,例子很多。如人们在买酒时,一边说“来两瓶啤酒”,会同时伸出两个手指;人们在说“是的”时总会同时连连点头,说“不对”时连连摇头。重复具有互文作用,可以使信息传递更加准确。

第六,调节作用。这是指以非语言符号来协调和调控人与人之间的言语交流状态,如把一个手指靠近嘴唇,意思是“别说了”或“小声点”;把耳朵对准讲话人的嘴巴,意思是“大声些”、“我在听呢”。

五、符号与信息

1948年,香农发表了《通讯的数理理论》,第一次提出了信息的计量方法——信息量等于可能性选择的概率的对数。大众传播的信息研究就是在众多学科试图运用香农的信息计量方法对各种信息形态进行计量的背景下出现的,其特点就是立足于符号、文字角度来对传播的信息内容进行深入研究。

1. 信息传播中的信号与符号

信号活动是人和其他一些高等神经生物的第一符号系统。在语言符号出现以前,即人所独具的第二符号系统成熟以前,人只会使用信号,上古文献中所记的“结绳记事”就只是一些信号,而不是语言符号。

在用一件事物代表另一件事物的意义上,信号与符号都是一样的,所以有人把两者统称为记号(Sign),记号再分为信号(Signal)和符号(symbol)。

但是,与符号相比,信号有很明显的不足。信号活动只能局限在固定的时间和空间,离开此情此境,信号就变得毫无意义。符号却可以穿越时空,帮助人类实现不依赖个人存亡而实现的种族记忆——历史。

信号与符号还有一个质的不同。信号所处理的是个别的、不关联的、零星的表象或感觉,而符号所处理的是系统的彼此相关的表象、感觉和概念。从生物进化和人类进化的角度来理解,信号和符号的区别是本能和文化的区别。

2.信息传播的编码和译码

信息是通过符号、信号来被运载、显示和储存的。符号本身并不是信息,只有把符号组织起来才能表达某种意思,才能形成信息。在这个过程中就涉及到编码和译码。

我们把用语言或非语言符号进行有机地组织以表达一定的思想、意思的工作叫做编码。通过编码,我们可以建立表达思想内容的语言及其之间的确定联系,即把思想内容用一段话或文字表现出来。

译码,即解释符号,再接受,是把信息符号转换为信息意义的过程。这一过程常常在接受者的大脑中进行。他们根据自己的知识和经验来解释符号的意义。例如,读懂电报的内容。

在电子媒介的大众传播中,编码最初是指把文字变换成由点、划和间隔的空位组成的电码。编码的目的是把信号变换成为便于在信道中传递的形式。而译码就是把这些点、划和间隔所蕴含的信息还原。关于编码和译码,我们在后面还会详细阐述。

3. 信息的提取

信息与符号是内容与形式的关系，内容不能没有形式而存在，但是在研究信息系统时，起决定性作用的是内容而不是形式，就是说信息是我们主要考虑的对象。信息的提取是传播流通的关键环节。

提取信息的过程可以分为三个层次：首先，要判断你所得到的是一份包含什么内容的信息；其次，找出解决这份信息的密码；最后，信息还原。

在信息传播过程中，编码的符号或信号的含义既然是人赋予的，那么，传播者就可以根据需要进行规定性赋予。接受者可根据预知的规定性而得知信息含义，也可以根据相类似的知识、经验、智能推测得知信息含义，若因此而造成失误，就是不称职或失职。这个原理对传播者和受传者都提出了较高的要求。

六、符号学对传播学的影响

符号学(semiology 或 semiotics)是关于符号和符号系统的一般科学。它和传播学都是20世纪下半叶以来在国际范围内发展得很快的学科。就其性质而言，两者之间存在着许多相似之处，但又有着显著的不同。最大的不同体现在：符号学不仅是一个研究领域，而且还是一种综合的跨学科的方法论。这种不同使得符号学对当今的社会人文科学产生着广泛而深刻的影响。符号学方法的导入，将会在改进和深化我国的传播学，特别是在大众传播学研究方面发挥独特的作用。比如，符号学方法在大众传播研究中的运用，不仅能对大众传播研究的松散状态起学科整合作用，还能在一定程度上弥补我国目前传播学研究中过于技术化的偏向，为传播学加入人文学科的底蕴。根据我国传播学研究者丁和根的研究，我们总结出符号学对传播学的影响如下。

符号学大师罗兰·巴尔特在1964年发表的《符号学原理》中写道:“可以肯定的是,大众传播的发展在今日使人们空前地关注意指的广泛领域,而与此同时,语言学、信息学、形式逻辑以及结构人类学等学科所取得的成就,又为语义分析提供了新的手段。符号学在这种情势下呼之欲出,就不再是几个学者的异想天开,而是现代社会的历史要求。”[①]

显然,巴尔特在这里是将大众传播空前发达的时代情境当成了讨论符号学的一种语境。如果按他所倡导的那样,将符号学理解成主要是研究意指问题(即符号化过程或意义产生过程)的学问,那么现代符号学理论旨趣就在很大程度上与大众传播学息息相关了。所以他接着写道:“可以说,这里介绍的只是些初步成果,待今后在具体的工作中有所进展,我们希望逐渐扩大对大众传播的研究范围,与其他的研究工作结合在一起,为发展出对人类智性的普遍分析共同作出贡献。”[②]持这种思考路向的并非巴尔特一人。《结构主义与符号学》一书的作者霍克斯就认为:“从长远看来,两者(指符号学和结构主义理论——作者注)都应包括在第三个容量很大的学科内,它简单地叫做传播学”;结构主义的先驱雅各布森更是明确指出:“如果符号学学科的圆周是包含语言学在内的最近的一个圆周,那么下一圈较大的同心圆就是通信学科的总体了。”[③]这里所谓的通信学科,实际上就是传播学。

脱离了具体的语境,争执于符号学与传播学孰主孰从的关系并无多大意义。在本章的讨论范围内,我们只是揭示了这样一种可能:大众传播是一个广阔的研究领域,符号学是一种跨学科的方法论,两者的结合不但是必要的,而且是必然的;提出大

---

①② 罗兰·巴尔特:《符号学原理》,三联书店1999年版,第1-2、4页。

③ 李彬:《从片段到体系:西方符号学研究一瞥》,《国际新闻界》1999年第6期。

众传播符号学的构想，乃是水到渠成之事。因此，我们真正关心的是，如果大众传播符号学的提法成立，这一新的部门学科将给大众传播研究带来哪些积极的影响？如何实现这些影响？

传播学尤其是大众传播学的理论可谓流派林立、观点纷呈，一些理论观点之间还存在着明显的对立。这一方面显示出该学科海纳百川的大气；但同时也说明，应该寻找一条道路让各家的观点得到适宜的统一，以加强这一学科的内在逻辑性。我们看到，大多数大众传播学的著作和教材，都是围绕传者、内容、媒介、受众和效果这五个方面展开的，区别只是或者针对以上五个方面中的某些因素作专门的探讨，或者是从宏观上介绍以上五个方面的研究成果。而无论何种情形，都未把作为传播中介的符号放在重要的位置。事实上，通过符号的视角恰恰可以将以上五个方面连接起来加以考察，从而使传播学的研究在广泛性之上又呈现出内在逻辑的一致性。也就是说，符号学方法可以对大众传播学起学科整合的作用。

从学科背景的角度说，大众传播研究向来有美国学派（或称经验学派）和欧洲学派（或称批判学派）之分。由于研究目的和研究方法的不同，两者之间存在着鲜明的区别。前者更侧重于对传播过程和传播效果的实证分析，呈现出经验主义的倾向，在总体上与盛行于美国的科学主义潮流是一致的。后者将传播现象放在社会运动的大背景中加以考察，更侧重于从宏观上探讨大众传播对社会组织结构的影响（尤其是负面的影响），是盛行于欧洲的社会批判理论的重要组成部分。30 余年来，我国的传播学研究主要是接受并在一定程度上消化了美国传统学派的成果，而在欧洲批判学派的介绍和研究方面，则显得较为薄弱。从文化符号学尤其是话语分析的角度切入大众传播研究，将使我国传播学的研究状况增添批判学派的学术背景，使技术分析和文化批判的不同方向获得相互补益的效果。

再从学科内涵的角度说，虽然在当代符号学运动兴起后，莫里斯的符号学三分法的影响日渐式微，但我们从宏观角度仍可借用这种划分方法，将大众传播符号学的研究内容也看成是三个维面的综合体。第一个维面是大众传播的语法学，它主要研究大众传播中符号与符号的组织关系，如大众传播语言组织规律，文本和话语的结构，语言符号和非语言符号的搭配等等。第二个维面是大众传播的语义学，它主要研究大众传播符号（既包括语言符号系统也包括非语言符号系统）的意指作用，能指与所指关系的发生即意义的生成和传达等问题。第三个维面是大众传播的语用学，它主要研究大众传播符号与符号使用主体之间的关系，着重探讨媒介话语背后所隐含的社会认知和意识形态因素。如此划分，其优点是十分明显的，因为以上三个维面之间是紧密联系着的，既分工清楚，又形成一个有机的整体，使人对大众传播符号学研究的学科框架有一目了然之感。

当然，这样三个维面在实际操作中是很难相互独立的。并且应该指出，莫里斯的三分法主要停留在一般理论概括的层面，而当代符号学一方面日趋多元化，另一方面又更注重综合性的研究。作为当代广义符号学最新表现形态的话语分析学的迅速兴起，就是上述趋势的集中表现，也可以说是对当代符号学发展的内在要求的积极回应。

第三节　信息意义的符号化传播

符号的所指与能指如何在传播中固定？符号与思想、语言与意义的关系怎样？人类信息传播是如何编码与译码并相互作用的？这些都是我们本节所要讨论的问题。其中，我们重点探究信息是怎么通过符号载体传播意义的。

一、符号与意义传播

卡西尔认为:人的活动实际上就是一种符号化活动。[1] 人必须借着说话和符号进行沟通。人们对语言和符号的研究发展成了语意学(semantic),其主要目的就在于研究人类为什么说话?人类说话的作用是什么?人类应该怎样运用语言才能达到他们说话的目的?人类在运用语言时,是否也会被语言所运用、所控制,他又如何去影响一个人的思想及行为?

然而,我们发现符号所代表的意义非常广泛,如何顺利地理解彼此所要表达的意义,正是人类传播的重要问题。语言、文字和符号是构成传播内容的基本要素,也是人类文化重要的一环。符号是人类特有的产物,唯有了解人们如何使用符号,符号才具有意义。所谓意义,就是人对自然事物或社会事物的认识,是人给对象事物赋予的含义,是人类以符号形式传递和交流的精神内容。

广义的分析,符号所代表的意义,可由下列四种方式得知:

第一,形象:包括文字、数字、音符以及各种图形等。

第二,声音:包括人类的言语、音乐、动物的叫声、自然界所发出的声音或者其他由人为而产生出的声音。

第三,光亮与颜色:包括表示各种意义的灯光、图案、徽章及地图等。

第四,动作:包括姿态、眼神、手势、表情、身体对某事物的反应动作等。

以上这四种符号,都是相互配合使用,以表达复杂的意义。符号也可以由一物代表另一物,例如:玫瑰花代表热情,竹子代表高风亮节。符号的产生来自经验,自人类出现起,便把感觉所

---

① 卡西尔:《人论》,上海译文出版社 1986 年版,第 73 - 79 页。

得加以组织形成意义。一般而言,使用符号要使传播者和受播者都能有共同的认知,就必须先确立符号所含的意义一致,而符号之所以能传播信息,是因为人们相互约定各种符号所代表的意思。它是约定俗成的。

皮尔斯与奥古登和理查德兹针对符号如何产生意义,提出了非常相似的模式(如图6－2及6－3)。两人都认为:符号、使用者和外在实体之间的三角关系是研究"意义"所不可或缺的方法。

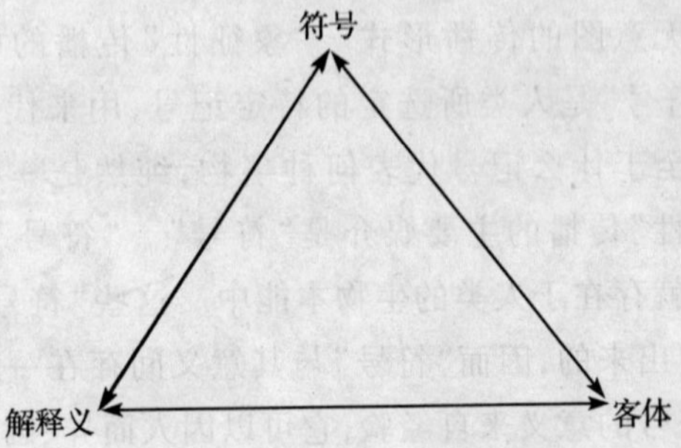

图6－2　皮尔斯的"意义的元素"

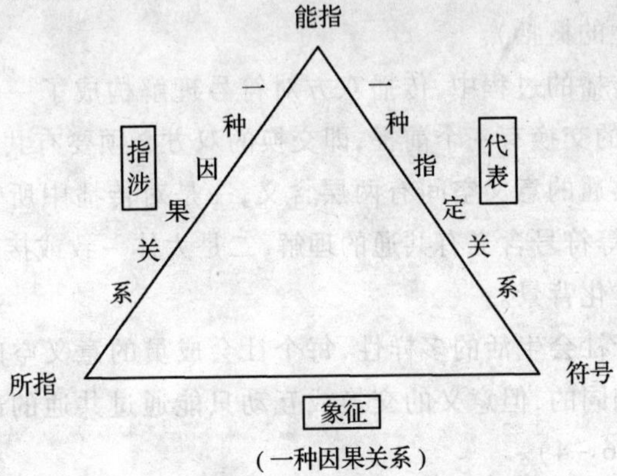

图6－3　奥古登与理查德兹"意义的元素"

皮尔斯认为符号可以分为三类,每一类符号与客体之间,或与能指之间有不同的关系。肖像类符号是指形式或声音类似于其所指涉的事物。比如说,照片就是一种肖像类符号。而指针类符号与其所指涉的事物间有直接的相关,如烟是火的指标。记号类符号与其所指涉的事物之间既不相似,也无直接关系。比如说,文字就属于记号类符号。

人类的传播活动包括两种独立但却同时存在的传播方式——"象征性"传播与"本能性"传播,前者属于有意图的传播形式,后者是无意图的传播形式。"象征性"传播的媒介主要是"符号","符号"是人类所选定的特定记号,用来代表环境中特定的事物;至于什么记号代表何种事物,纯然是一种任意的选择。"本能性"传播的主要媒介是"符号"。"符号"或"自然的符号"原本就存在于人类的生物本能中。这些"符号"并非人类自己所创造出来的,因而"符号"与其意义间存在一种自然的联结关系。符号的意义来自经验,它可以因人而异、因传播环境而异。符号有外延意义(符号所指示的事物的集合,是人们主观上或感情上的意义)和内涵意义(符号所指示的事物的特征和本质属性的概括)。

在传播的过程中,传播双方对符号理解构成了一个意义空间:意义的交换有一个前提,即交换的双方必须要有共通的意义空间。共通的意义空间有两层含义,一是对传播中所使用的语言、文字等符号含义有共通的理解,二是大体一致或接近的生活经验和文化背景。

由于社会生活的多样性,每个社会成员的意义空间是不可能完全相同的,但意义的交换或互动只能通过共通的部分来进行(如图6-4)。

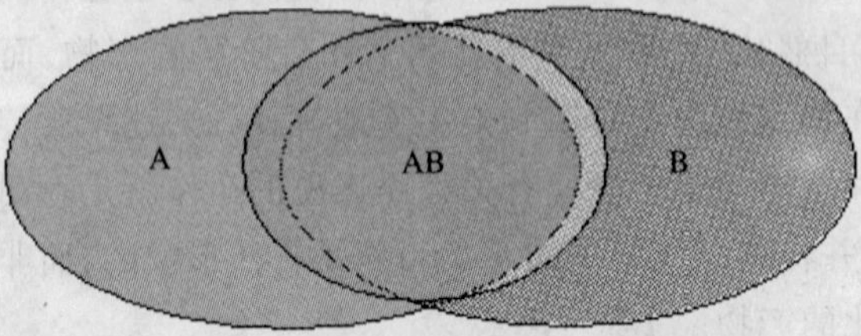

图 6-4　意义空间交换

A 表示传播者的意义空间,B 表示受传者的意义空间,AB 表示双方共有的意义空间。

A、B 不可能完全重合,双方的意义交换只能通过 AB 进行;随着意义交换的活跃化和持续进行,AB 则有不断扩大的趋势。

因此我们可以说,作为社会互动媒介的大众传播,其重要功能之一就是扩大传播双方共通的意义空间,加深双方的了解和相互理解。只有在了解和相互理解的基础上,符号所蕴含的特定意义才能准确无误地传播。

关于符号在传播过程中产生的意义,罗兰·巴尔特认为"符号"具有两个层次的意义。第一层的意义为明示义,第二层意义则由隐含义、迷思和象征三者产生。

第一,明示义:直接明了的事物表层的意思或是对事物表层的意思的"客观"的认知。例如一张照片里相机对某物机械性复制的部分。

第二,隐含义:说明了符号如何与符号使用者的感觉、感情及文化价值观互动。例如一张照片里人为的部分即对取景、焦距、光圈、角度、底片等的选择。

第三,迷思(Myth,通译"神话"):原意是神话故事,每一种文化都是通过该文化所特有的神话来解释和解读人生现实和自然现象。巴尔特认为迷思是一个文化思考事物的方式,一种概念化事物、理解事物的方式。迷思在现代社会里运作的方式是将历史“自然化”。迷思原本是某个社会阶层的产物,而这个阶层已经在特定的历史时期取得主宰地位,因此,迷思所传播的意义必然和这样的历史情境有关。而迷思的运作就是企图否定这层关系,并将迷思所呈现的意义当作是自然形成的,而非历史化或社会化的产物。

第四,象征(Symbolic):物体由于传统的习惯性用法而代替其他事物的意义。例如劳斯莱斯是财富的象征。象征通过隐喻和转喻来表述。其中,隐喻(Metaphor)是指利用事物的“相似”与“相异”之处来隐射其意。在诗、广告中,隐喻使用得极多。隐喻基本上是属于想象的,越是艺术性、愈含混的隐喻,越需要我们展开丰富的想象力。在广告词“我用咖啡匙丈量我的生命”中,读者要用相当的想象力来连接“咖啡匙”和“丈量生命”。日常生活里我们也不自觉地使用许多隐喻。例如“时间即金钱”等等。转喻(Metonymy)往往以部分代表全部。这是小说中主要的表现手法。转喻的选择具有关键性的影响力。因为,通过已知部分选择,我们才能建构事实中未知的剩余部分。在大众传播过程中,媒体对“现实的再现”必定使用了转喻。例如所有的新闻报道都使用了转喻。转喻的选择含有高度的任意性,但是选择的“任意性”通常是被掩饰的,至少是被忽略的。例如所有的新闻报道都是主观的,但往往又倾向于用客观性的言语来表述其真实性。

人类学者利瓦伊史陀则认为概念性的分类(Conceptual categories)是意义产生的精髓所在。他提出了概念性分类的三种模式。

第一,二元对立:这是分类过程的核心,也是一个有两组相关联的类目所组成的系统,以最单纯的形式包含宇宙万物。在最完美的二元对立中,任何东西若不属于类目 A,即属于类目 B。类目 A 的意义就在于它不属于类目 B。若没有类目 B,类目

A 就没有边界，也就没有理由存在。

第二，模糊类目：自然并不是截然可区分的各类目，许多自然状况同时拥有对立二者的属性。例如，黑暗与光明之间没有明显的界限，土地与水之间也没有明显的分际。模糊类目同时拥有对立二元的属性，使得其蕴含的意义过于丰富，因此必须受到控制。最典型的方式是将其命名为“神圣”或是“禁忌”。模糊类目来自自然也来自文化。

第三，跨界仪式：由于类目之间界线十分重要，因此所有的人类社会都制造出一套套的跨界仪式，以缓解从这一类目跨越到另一类目时的困难。一般来说，要跨越的类目差异越大，其仪式就越精致，越重要。

二、信息、编码和译码

在传播过程中，每个人既是信息的发送者，又是信息的接受者。要发送信息和接收信息，就得分别进行编码和译码。

所谓“编码”，就是“传播者将自己要传递的信息或者意义转换为语言声音文字或其他符号（语言文字、图像等）的活动”①。这对传播者来说，是一个如何传情达意的创作过程。而对大众媒介来说，要发布信息还必须经过一个集体的创作过程。所谓“译码”，是编码的逆变换，是传播对象对接收到的符号加以阐释和理解，读取其意义的活动。换句话说，如果符号没有办法还原，信息便失去了意义，传播就会中断。

当我们收到符号时，如果懂得这些符号并且把它们还原为信息的话，那么就会产生某种反应。我们把这种反应称为“中间性反应”，其具有处于译码和编码之间的“解释者”功能。一

① ［美］沃纳·赛佛林、小詹姆斯·坦卡德：《传播理论——起源、方法与应用》，中国传媒大学出版社 2006 年版，第 91 页。

方面它要解释还原后的信息的意义,另一方面还要进而决定如何按照我们自己的意愿开始新的符号编码。从中我们可以看到,参加传播过程的每一方在不同阶段都依次扮演着译码者(执行接收和符号解读功能)、解释者(执行解释意义功能)和编码者(执行符号化和传达功能)。由于编码和译码都属于人的主观活动,那么在编码与译码的过程中受主观因素的干扰便难免发生信息的失真与变形。对简单符号的意义是容易获得和理解的,可是对复杂的符号,由于人们的认识水平、生活经验等不尽相同,符号的意义和作出的反应也就会大相径庭。因此,中间性反应包含了哪些因素,仍然是研究者探讨的课题。

由此可见,任何传播过程都离不开编码、译码和解释这三个环节。这也说明了,传播过程是一个循环和互动的模式。

以"超级女声"中的"超女"符号的传播为例,我们可以从编码、译码和解释三个环节构建一个"传受合一"与"文本互动"的循环传播模式(图6-5)。

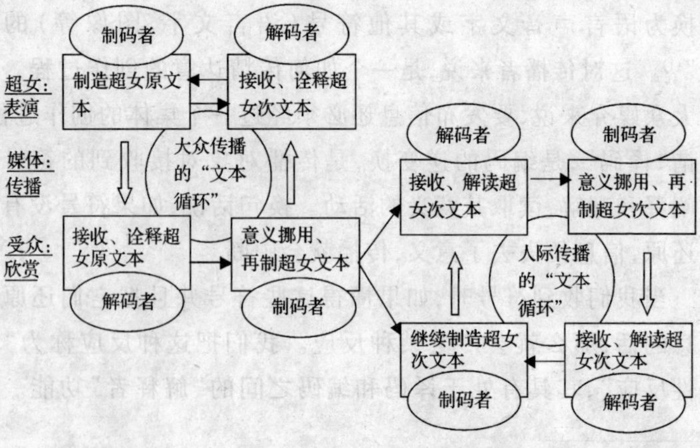

图6-5 "超女"、"传受合一"与"文本互动"的循环传播模式

通过以上三节，我们对传播内容进行了研究和分析，确定了传播内容的研究范围。传播内容是传播活动的核心，它是在传播过程中产生的，其产生的机理以及在传播过程中的意义变异等有待我们进一步探究。

案例分析

姚明的符号价值

中国篮球名将姚明加盟NBA后，日渐成为美国商界新宠儿，有关姚明的信息成为大众传媒主要亮点内容之一。随着时间的推移，姚明已成为一个符号，一个象征着成功与力量的符号。

据专家评估，姚明商业价值预计达5.4亿美元。姚明个头大，黄皮肤中国人，在本就引人注目的赛场上，在NBA的白、黑人堆里，更能吸引人们的注意力；他球技出众，在中国篮球界首屈一指，也击败过NBA巨人中的很多人；他形象不错，憨厚还有点酷，很能给人一种诚实的印象，有极强的亲和力，又令人觉得他真是帅呆了，既符合中青年球迷的口味，又能大大增加青少年球迷人数。他为NBA带来众多球迷的同时，也为自己拍广告、搞公关带来了为数颇众的受众。姚明的国际化形象更是搞国际公关不可多得的优势资源。

中国体育国情是大球不如小球，足球不如篮球，神奇教练米卢为中国足球创造了奇迹，但奇迹毕竟只是奇迹，只是曾经的辉煌。而姚明必将为中国篮球带来持续又并不遥远的激情。所以在中国进行体育界公关，首选对象只会是篮球，只会是姚明。

在国人的心目中，姚明是一个成功的标志。因为他“为国争了光”，且不管国人对体育、对姚明，用政治的眼光来审视的心态是否合理，但是毋庸置疑的是，姚明是中国人的骄傲，是青年人的偶像。姚明拥有不同年龄段的球迷,他代言的品牌也必将拥有不同年龄段、不同背景、不同爱好、不同习俗的中国消费者。

加入 WTO,中国企业经营的原则发生了显著的变化,这背后所隐藏的改变则是中国开始由过去要求与世界接轨的状态,变为开始在全球化背景下寻找中国自己的身影。中国企业要走向世界,提高世界知名度,急需具有国际知名度的中国人为公关主角和形象代言人,急需一个全球化的象征,姚明正是这样一个象征。姚明在篮球界率先走出了国门,加盟 NBA。这一方面使他的知名度在国外和国内都迅速提升,他的知名度的提高也必将给以他为品牌形象代言人的品牌带来巨大的商机;另一方面,通过加盟 NBA 的姚明,整个世界对中国的认知程度大大提高。通过姚明参与的公关活动,世界将会更多了解中国企业和品牌。

总之,姚明不但是中国企业提高国内形象力度的最佳选择,也是提高其国际知名度的最佳代言人。比如说燕京,一方面燕京从姚明所在的火箭队身上获得一张“美国面孔”(对于中国消费者而言),另一方面从姚明那儿得到了燕京啤酒的中国印象(对于美国消费者而言)。

随着中国国际地位日渐上升,许多美国的商业巨人们就排着队想挤进中国经济的“万里长城”。从一个文化进入另一个文化需要一个“跳板”。姚明就是一个最理想的“跳板”。姚明拥有在中国市场上独特的号召力,以他作为开路先锋,就不会带来文化的冲突。当初美国人改变状元秀的选择规则,主动邀请姚明进 NBA 就是例证。他的知名度为 NBA 带来了直线上升的收视率。据央视 - 索福瑞媒介研究公司的最新统计,北京人收看 NBA 全明星赛的收视率达到 4.8%,远远高于平时此时段的 0.4% 的收视率,该场比赛获得了 22% 的收视市场份额。上海人观看此比赛的收视率为 2.8%,也远高于中央电视台二套平时该段的收视率。重庆、成都、杭州、长沙等大城市，全明星赛也取得了15%至23%的收视份额。在一定程度上，姚明激起了中国人对NBA的认识、对世界的了解。同时，为NBA全明星赛带来数亿的中国观众和难以量度的广告收入。

另一方面，在国际市场上，商业竞争十分激烈，作为被许多国外媒体赞为NBA人气最旺的新秀，作为一张新面孔，加上东方人的独特魅力，姚明很容易凝聚国际界的关注。姚明已经不再是一名单纯的篮球运动员，他是成功的符号，他是精明的商家眼中的一棵摇钱树，他所孕育的巨大商机将在一定程度上带动中外经济的发展，随着姚明事业的不断发展，就他在市场行销上所扮演的角色，他巨大的明星效应带来的公关价值将越来越大。

刚刚成功登陆NBA姚明就成为NIKE、VISA信用卡、苹果电脑、GOT牛奶等多家国际著名品牌的代言人。同时也成为中国体坛商业价值和潜力最高的人，于是找姚明拍广告、做形象代言人、开专栏的商家纷至沓来。为中国联通拍摄的广告日前在上海的地铁站中出现。其为中国品牌做的公关品牌还有燕京啤酒在美国的独家代理商——哈布鲁进口公司。这是中国品牌有史以来在美国市场投入最大的体育赞助。随着时间的推移，姚明代言的品牌还将逐步增多。

【案例思考】

1. 你对姚明最深刻的印象是他的语言、动作还是他的外形？
2. 请联系其他有关姚明的报道，分析为什么姚明能成为成功的符号？
3. 各大媒介中关于姚明的信息量与姚明的商业价值有什么关系？

【练习题】

1. 什么是内容分析？它的研究范围和已有的一般性结论是什么？
2. 什么是信息？对这一重要概念有哪些不同解释？
3. 信息有哪些分类方法？
4. 如何正确控制社会的信息流量？
5. 什么是符号？如何表述符号的编码与译码过程？
6. 符号、意义与传播有何关系？

第七章　传播过程与系统

传播是一个系统，更是一个过程
任何传播行为都是发生在复杂的社会背景下
我们不能孤立地分析、静态地看待任何传播现象

本章概要

本章从传播过程考察传播现象，主要分析和探讨传播过程理论和传播模式，阐述传播过程的含义、传播过程的特征、传播过程的重要环节、传播过程的构成要素，介绍和分析传播过程研究中几个具有代表性的直线模式、循环模式、社会系统模式和社会传播总过程理论。

学完本章后，你应该可以：

- 掌握传播过程的含义和特征；
- 掌握线性模式、循环模式、社会系统模式的图示、特点、缺点以及重要的意义；
- 结合适当的模式，分析现代社会中的传播活动；
- 探讨现代传播与社会物质生产的关系；
- 联系实际，分析社会传播总过程理论。

传播是人类通过符号和媒介进行的信息交流活动，是信息的双向流通过程，具有明显的过程性和系统性。传播的过程性表现在传播是动态的、发展的。传播过程由若干要素按一定的规则组成，各要素按一定的规则相互转换而不改变传播活动本身，而且可以按规律自行调整；传播的系统性表现在整个传播活动是一个有机整体，整体和各个部分之间、各个环节之间是相互协调、相互作用的，同时，这个整体与外部环境保持互动关系。

第一节　传播的基本过程

一、传播过程及其特征

1. 传播过程的含义

人类每天的社会活动，实际上都是产生、发展、接收信息并对各种信息作出反应的活动。信息无处不在使传播的研究显得非常重要。斯蒂文·小约翰说："传播是与人类生活的各个方面交织在一起的，对人类活动的任何研究必然会触及到它……我们把传播作为人类生活的中心。"①传播活动是如何进行的？它的运行规则是怎样的？

20 世纪 60 年代，美国传播学家戴维·伯洛认为可以通过传播过程对传播现象进行考察。这种视角把传播作为一个各要素密切交织、相互关联的整体过程来考察，具有深远的意义。

所谓"过程"是一组将输入转化为输出的相互关联或相互作用的活动，"是事物运动的程序与状态"。② 任何客观事物都是过程。

传播过程就是信息从传播者流向接收者，实现信息的共享，

---

① [美]斯蒂文·小约翰：《传播理论》中译本，陈德铭等译，中国社会科学出版社 1999 年版，第 3 页。

② 胡正荣：《传播学总论》，北京广播学院出版社 1997 年版，第 164 页。

接收者发出信息反馈的过程。“是具备传播活动得以成立的基本要素的过程。”①

戴维·伯洛在1960年提出了传播学过程观点，他认为：

(1)传播是一种动态过程，无始无终，没有界限；

(2)传播过程是一种复杂的结构体，我们研究的基本单元就是结构的各要素及其相互的多元关系；

(3)传播过程的本质是运动，即过程中各要素及其关系的互相影响和变化。②

这一观点克服了前人认识中的一些谬误，如认为传播是孤立、静止、简单、封闭的过程，对传播学研究的影响至为深远。受此观点影响，许多学者开始注重从传播过程的角度进行研究，从而使传播学在这一领域飞速发展。

2. 传播过程的重要环节

虽然传播活动的具体情况非常复杂，但每一次具体的传播活动的基本过程是相似的，每一次具体传播活动都要经过基本的一些环节。传播学过程中有三个重要的环节：信息的选择和传达、信息接收、信息反馈。

(1)信息的选择和传达

传播过程的发起者要根据一定的目的，从庞大的信息中挑选出有价值的传播内容来进行传播。在确定了内容之后，传播者还要按照所运用的传播媒介特点，把信息转换成可供传输的信号。传播者必须把抽象思想内容变成具有某种形态的东西，依附在某种载体上。符号就是人类传播信息的载体，传播者把要传播的思想内容变成能被对方所意识的符号形式。但是，要

① 郭庆光：《传播学教程》，中国人民大学出版社1999年版，第57页。

② 沙莲香：《传播学：以人为主体的图像世界之谜》，中国人民大学出版社1990年版，第28页。

达到传播的目的,还必须使用双方都能共同理解的“代码”。“代码”包括符号和意义。传播把“代码”通过渠道传给受传者,当传播渠道通畅,受传者有意接受信息,传播才能成立。

(2)信息的接收

受传者主动接受传播的内容,积极参与传播活动,成为媒介的主动使用者,传播者所传递的内容才能引起受者的注意,并引发其认知、情感、娱乐等需求。受传者在接收信息后能够发挥自己的主观能动性选择有解释价值的讯息进行解释。

(3)信息的反馈

在人类传播活动中,受传者接受讯息后,将自己的感受、评价以及愿望和态度向传播者所做出的反应就是“反馈”。“它能操纵、规范整个传播行为。因为,传播系统都需要在信息的传播与反馈间寻找最有效的平衡点。”①

影响反馈行为的因素主要有两个:接近与参与。受众越接近传播媒介,受众的反馈的可能性就越大。这种接近不单指地理上的接近,而且也是指通讯技术上的便利性和可能性。参与是影响传播反馈的另一个重要的因素,参与程度越高,反馈的可能性就越大。

3. 传播过程的特征

(1)传播过程具有动态平衡性。其运动特点在形式上体现为有意义的符号组合(讯息)在特定渠道中的流动,在实质上则是传播者与受传者的意义或精神内容的双向互动,即精神交往。

(2)传播过程具有时序性。这种序列性表现为传播过程中各环节和要素各有先后次序,按照讯息的流向依次执行功能。我们不能设想传播双方同时向对方发送讯息的情况,一环扣一环的链式连结是传播过程序列性的体现。

---

① 金冠军等:《传播学通论》,上海交通大学出版社2000年版,第45页。

(3)传播过程具有等级结构性。传播过程的结构即该过程中各要素、各环节之间的相互关系的总体。时间上的先后次序、形态上的链式连结也是这个过程的结构特点。除了总体结构以外，传播过程中的各环节或要素本身还有各自的深层结构，例如，传播的传受双方都是译码者、解释者和编码者的统一体，信息则是符号和意义的统一体等等。

(4)传播过程具有整体性和关联性。传播过程不是各个要素的机械组合或简单相加，而是各要素之间紧密关联，构成了一个不可分割的整体。要素是整体中的要素，如果将要素从系统整体中割裂出来，它将失去要素的作用。

二、传播过程的构成要素

要实现传播活动必须具备基本要素，在传播学研究上，关于传播过程构成要素说法主要有三要素论、五要素论。

1. 三要素论

著名传播学家施拉姆认为，传播至少有三个要素：信源、讯息和信宿，即传者、信息和受者。在这三个要素中，传者和受者是传播的主体，是传播的实践者和认识者。讯息以符号及符号作品的形式存在，是传播的客体，是实践、认识的对象。例如：在教学传播中，教师是传者，学生是受者，授课内容是讯息。

2. 五要素论

但是，上述三个要素只是传播过程成立的基本条件，还远远不能构成现实完整的传播过程，在上面的例子中，教师、学生、授课内容三者是彼此独立的，我们前面分析了，传播过程是一个有机的整体，每个部分之间是相互联系的。传播学者奥斯古德等人曾说："从最普遍的意义上来说，传播是一个系统(信源)，通过操纵可选择的符号去影响另一个系统(信宿)，这些符号能够通过连接他们的信道得到传播。”[①]所以还必须要有使这三个要素相互连接起来的信道或渠道,即媒介。

有了上述四个要素以后,一个物理学意义上的传播过程基本上具备了成立的条件,但对考察人的社会互动行为的传播学来说,这个过程仍然不算完整。以上面的例子而言,教师授课如果没有得到学生的反应和反馈(包括学生的目光、表情、对课堂问题的回答情况、提出疑问等等),这个过程仍然是残缺的,只有作用而没有反作用。在传播学中,一个完整的传播过程,应该把受传者的反应和反馈包括在内。

综上所述,一个基本的传播过程,是由以下要素构成的:

(1)传播者。又称信源,指的是传播行为的引发者或传播内容的发送者,即以发出讯息的方式主动作用于他人的人。传播者主要解决“传播什么”和“如何传播”,因此,传播者不仅决定着传播过程的存在与发展,而且决定着信息内容的质量、数量与流向。在社会传播中,传播者既可以是个人,也可以是群体或组织。

(2)受传者。又称信宿,即讯息的接收者和反应者,传播者的作用对象。作用对象一词并不意味着受传者是一种完全被动的存在,相反,他可以通过反馈活动来影响传播者。受传者同样可以是个人,也可以是群体或组织。

传播过程不仅仅是起源于传播者、止于受传者的单向过程,在实际传播过程中,传播者和受传者的角色是不断变化的。一个人在发出讯息时是传播者,而在接收讯息时则又在扮演受传者的角色。

(3)讯息。讯息是由一组相互关联的有意义符号组成,能够表达某种完整意义的信息。讯息是传播者和受传者之间社会

---

① [美]麦奎尔等:《大众传播模式》,上海译文出版社 1985 年版,第 5 页。

互动的介质，通过讯息，两者之间发生意义的交换，达到互动的目的。

讯息(message)一词，在中文中也译成“消息”、“文告”等等，这是一个与信息(information)意思相近又有微妙区别的概念。一般来说，信息的外延更广，更包含抽象的意味，它包括讯息、消息、资料、情报、数据、图像、知识、思想等等。讯息也是一种信息，其特点是更指向具体的名物，能表达完整的意义。例如，甲向乙发电报希望乙马上回来，由于差错在电文中只写了一个“速”字。这个“速”字可以是一个信息，但不是讯息，只有“速归”才能构成一条讯息。在传播过程研究中，学者们通常使用“讯息”的概念，是为了强调社会传播的互动是意义完整的互动。

(4)媒介。又称传播渠道、信道、手段或工具。媒介是讯息的搬运者，也是将传播过程中的各种因素相互连接起来的纽带。随着人类社会的进步，媒介跨越了语言媒介、文字媒介、印刷媒介、电子媒介几个阶段。现实生活中的媒介是多种多样的，邮政系统、电话系统、大众传播系统、互联网络系统，都是现代人常用的媒介。

(5)反馈。指受传者对接收到的讯息的反应或回应。获得反馈讯息是传播者的意图和目的，发出反馈讯息是受传者能动性的体现。反馈是体现社会传播的双向性和互动性的重要机制，其速度和质量依媒介渠道的性质而有所不同，但它总是传播过程不可或缺的要素。

3. 八要素论

当然，在人类的传播过程中存在着各种各样的因素，在实际的传播中或多或少地影响着甚至是决定着传播活动的成败。构成与影响传播过程的因素是复杂多样的，绝不仅是以上几种。总的来说传播过程由这样几个因素构成：传播的情况，传播者和受传者，讯息与通道，制码与译码，噪音，经验范围，能力和行动，

反馈,传播效果。施拉姆曾经将传播过程概括为八个要素:

信源(source):即信息的来源,是传播过程的开始。

讯息(message):是传播的内容,行将用于交换的信息组合。

编码者(encoder):负责将讯息译制为可用于传输或表达的形式如声音、电子信号等。

渠道(channel):传播讯息所依赖的介质、通道或信息传输系统。

解码者(decoder):与编码者作用相反,负责将编码者编译过的符号还原为接收者能够理解的讯息存在形式。

接受者(receiver):是传播的目的地与终端。

反馈(feedback):介于信源与接受者之间的一种结构,是由接受者在接受讯息后对信源的一种后续的反向传播。信源可以利用反馈来对后续传播做出相应的调整。

噪音(noise):是信息传播过程中可能发生的附加、减损、失真或错误。

当前较为通行的看法是把传播过程看作由五个要素组成:传播者、受传者、讯息、媒介和反馈。任何一次完整的传播活动都必须包含这五个要素,而任何一次完整的传播活动也都必然是由这五个要素相互作用组成的、不断变化的过程。

三、传播过程的基本模式

1. 传播模式

与其他社会科学相比,传播学研究的一大特色就是运用模式阐述理论,许多传播学理论都是以一个或几个模式为线索而形成的。模式"是科学研究中以图形或程式的方式阐释对象事物的一种方法"[①],"就是对事物的内部结构和外部功

① 郭庆光:《传播学教程》,中国人民大学出版社 1999 年版,第 59 页。

能所做的直观而简洁的描绘，是再现现实的一种理论性的简化形式"①。美国学者多伊奇指出：模式主要有组织、预测、启发的功能。

"模式主要是思想和研究的辅助工具，它特别适合于传播学研究。传播学研究利用模式的引人之处在于能够'画'出一些'线条'来表示我们已知确实存在的但无法看到的联系，并能用其他手段来显示关系的结构、局部、强度和方法"②。

这种方法具有双重性质：(1)模式与现实事物具有对应关系，再现现实但又不是对现实事物的单纯描述，具有某种程度的抽象化、简化和定理化性质；(2)模式与一定的理论相对应，又不等于理论本身，而是对理论的一种解释或素描。理论与模式的区别：理论指经过概括、系统化的一组相互关系的命题和结论。模式指再现现实的一种理论性的、简化的形式。"理论"即对客观规律的表述，而"模式"则是一种简洁地表现"理论"的手段。因此，一种理论可以有多种模式与之相对应。模式虽然具有不完全性，但它能一目了然地展示客观事物的本质或属性，是人们理解事物、探讨理论的一种有效方法。

传播模式研究分为三大类，也是三个阶段：线性模式、循环模式、社会系统模式。拉斯韦尔的 5W 模式第一次比较详细、科学地分解了传播的过程。传统的线性模式有直线性和孤立性的缺点。申农－韦弗模式也是一个著名的线性模式，注意到传播和周围环境的关系但没从根本上克服线性模式的局限性。

50 年代初起，出现了一批以控制论为指导思想的传播过程模式。变"单向直线性"为"双向循环性"，引入了"反馈"的机

① 李彬：《传播学引论》，新华出版社 1993 年版，第 42 页。
② 胡正荣：《传播学总论》，北京广播学院出版社 1997 年版，第 166－167 页。

制,从而更客观、更准确地反映了现实的传播过程。

传播结构认识史上的第三次飞跃是社会系统模式的完成,解决了传播和条件问题,反映了人类对传播现象的认识越来越全面、深刻。

2. 传播过程的线性模式

线性传播理论认为传播过程是单向流动的。线性模式以拉斯韦尔和申农－韦弗模式为代表。

(1)拉斯韦尔模式

在传播学史上,最早对传播过程进行模式化描述的是著名的传播学奠基人之一的美国学者 H. 拉斯韦尔。1948 年,在现代传播学的发展进入高潮的前夕,他在一篇题为《传播在社会中的结构与功能》的论文中,第一次提出了构成传播过程的五种基本要素,并且他认为:描述传播行为的一个方便的办法,是回答下列五个问题:

Who(谁)

Says what (说了什么)

In which channel (通过什么渠道)

To whom (向谁说)

With what effect (有什么效果)①

这一模式的提出,引起人们的关注,并被视为经典模式,因为其中每个问题的疑问代词的第一个字母是 W,后来人们称之为“五 W 模式”或“拉斯韦尔模式”的过程模式。后来,英国传播学家 D. 麦奎尔等将这个模式做成图示,见图 7－1。

---

① 参见 Harold. Lasswell,“The Structure and Function of Communication in Society”, *The Communication of Ideas*, Harper and Brothers, New York, 1948.

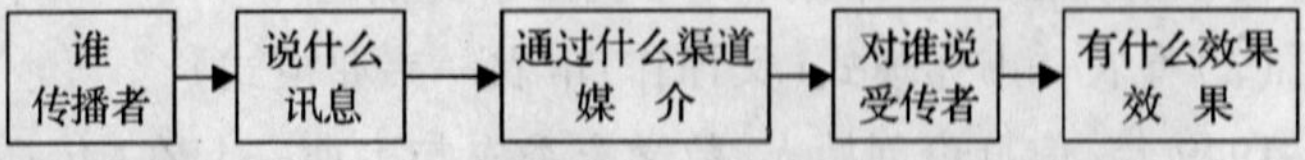

图 7－1　拉斯韦尔的传播过程模式及其相应传播过程诸基本要素①

拉斯韦尔模式的提出在传播学史上具有重要意义。首先，这个模式第一次比较详细地、科学地分解了传播过程，将人们每天从事却又阐释不清的传播活动明确表述为由五个环节和要素构成的过程。塞佛林和坦卡德认为，“和许多好模式一样，它已抓住了传播的主要方面”，从此，随着对这些要素及它们之间的关系的认识深化，人们对传播现象的了解变得清晰起来。其次，第一次明确界定传播学研究的五大领域，即“控制研究”、“内容分析”、“媒介分析”、“受众分析”和“效果分析”，就是沿着拉斯韦尔模式的这条思路形成的（见图 7－2）。

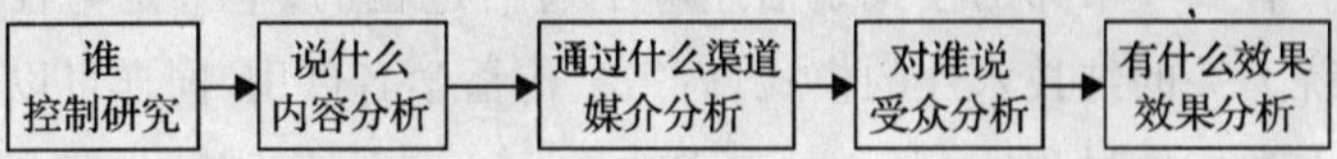

图 7－2　拉斯韦尔的传播过程模式及其相应传播研究领域

当然，作为早期的传播过程模式，拉斯韦尔模式还是不完全的，这主要表现在：

拉斯韦尔虽然考虑到了受传者的反应（产生了什么效果），却“忽视了对受传者反应的表达渠道的描述，及由此产生的对传播过程的控制行为的描述”②。因而，这个模式将传播局限于单向运动，没有揭示人类社会传播的双向和互动性质。“同样，

① ［美］丹尼斯·麦奎尔、斯文·温德尔：《大众传播模式》中译本，祝建华、武伟译，上海译文出版社 1987 年版，第 17 页。

② 段京肃：《传播学基础理论》，新华出版社 2003 年版，第 56 页。

也忽视了对传播活动所受外界干扰因素的描述”①。

(2)香农—韦弗模式(又译作:申农—韦弗模式)

1949 年,信息论创始人、数学家香农与韦弗一起在《传播的数学理论》一文中提出了传播的数学模式,称为传播过程的数学模式或香农—韦弗模式,为后来的许多传播过程模式打下了基础,并且引起人们对从技术角度进行传播研究的重视。这个模式如下:

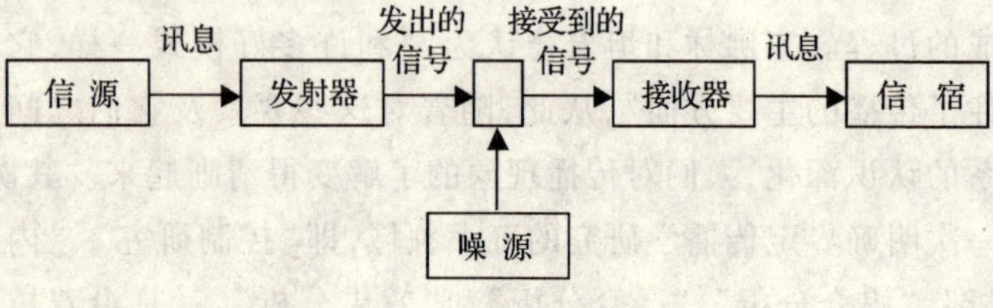

图 7－3　香农—韦弗数学模式

香农—韦弗的模式是描述电子通信过程的,本来是与社会系统无关的纯技术性的模式,后来被传播学者借用,同样可以说明人类传播过程。

香农—韦弗的模式为传播过程研究进一步提供了重要的启发。在实际的传播过程中,传者和受众之间的传受信息往往有差别,这常常就是由于噪音干扰造成的。噪音就是传播过程中对正常信息传递的干扰。香农—韦弗模式的贡献在于导入了噪音的概念,表明了传播不是在封闭的真空中进行的,过程内外的各种障碍因素会形成对讯息的干扰,系统外的噪音对于社会传播过程来说也是一个不可忽略的重要因素。

应该指出的是,由于香农—韦弗模式描述的是电子通信过

① [美]丹尼斯·麦奎尔、斯文·温德尔:《大众传播模式》中译本,祝建华、武伟译,上海译文出版社 1987 年版,第 18 页。

程,而且是一个直线单向过程,缺少反馈的环节,如果把这个模式完全应用于人类的社会传播是不行的。人际传播的讯息内容、社会环境和传播效果并不能直接在这一模式里找到,而且这一模式仍然是单向直线的,因而不能用它来解释人的全部社会传播行为。

数学模式虽然为传播学研究带来了一种全新的视角,但它未能在模式中更多地顾及人的因素、社会因素,并不完全适用于人类社会的传播过程。它将传播者和受传者的角色固定化,忽视了人类社会传播过程中二者之间的转化;它未能注意到反馈这一人类传播活动中极为常见的因素,因而也就忽视了人类传播的互动性质。这些缺点同时也是直线传播模式所共有的。

(3)传播过程线性模式的缺陷

以拉斯韦尔模式、香农—韦弗的模式为代表的传播过程线性模式给传播学研究的启发很大,在传播学史上,第一次比较详细、科学地分解了传播的过程,第一次为传播学搭建了一个比较完整、全面的理论构架,从而使传播学的最终确立成为可能。

然而,线性传播模式不可避免地具有明显的不足:具有直线性和孤立性。

直线性即传播被表述为一种起于一点、止于一点的直线型、单向型的过程。看不到受者的反馈,也看不到其他各个要素之间的相互作用。

孤立性即将传播过程视为非环境互动的静止状态过程,丝毫不涉及传播过程中人的主观能动性,忽视传播的生存环境,忽视传播和社会过程的联系。

3. 传播过程的循环模式

如上所述,直线模式在阐述人类的社会传播过程之际具有明显的缺陷,认识到直线模式的这些局限性,一些传播学者又发现了其他类型的过程模式。

1948 年,控制论之父诺·维纳发表了《控制论或关于在动物和机器中控制和通讯的科学》,创立了控制论。整个控制论包括三大部分,即信息论、反馈论和计算机理论。控制论对于传播学的主要意义在于它的反馈论。“控制论的基本思想就是运用反馈信息来调节和控制系统行为,达到预期目的。”①传播学研究引进控制论突破了传统线性模式研究传播过程的局限,因而后来带有反馈的双向交流过程的传播过程称为控制论传播过程模式或循环模式。

(1)奥斯古德—施拉姆模式

这个模式由 C.E.奥斯古德首创,1954 年,施拉姆在《传播是怎样运行的》一文中,在 C.E.奥斯古德的观点启发的基础上,提出了一个高度循环的过程模式,称为“循环模式”(图 7-4)。

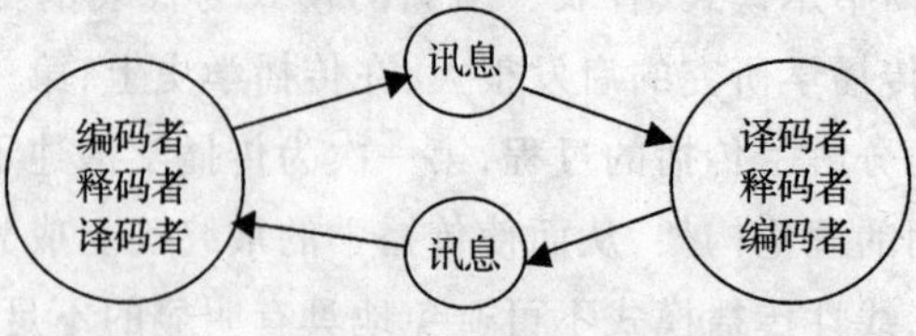

图 7-4　奥斯古德-施拉姆的循环模式

从图 7-4 可以看出,这个传播过程与线性传播过程有明显不同:

其一,更强调传受双方的相互转化。这里没有严格的传播者和受传者的概念,传播者既制成和解释符号,也还原符号;受传者也是如此。受传双方在互相交替扮演译码者、解释者和编码者的角色,行使相同的功能。

其二,信息的传播、分享和反映的过程是往复循环、持续不断的。

奥斯古德与施拉姆的循环模式的出现打破了传统的直线单

① 胡正荣:《传播学总论》,北京广播学院出版社 1997 年版,第 170 页。

向模式一统天下的局面,强调了社会传播的互动性,并把传播双方都看做是传播行为的主体,这无疑是正确的。但是,这个模式也有其本身的缺陷。首先,它未能区分传受双方的地位差别,把传播双方放在完全对等或平等的关系中,则与社会传播的现实情况不符。因为在实际生活中传受双方的地位很少是完全平等的,完全对等或平等的传播关系是极少见的。其次,这个模式虽然能够较好地体现人际传播尤其是面对面传播的特点,对大众传播过程却不能适用。再次,该模式易引起误解,以为传播经过循环又回到原点。

(2)大众传播过程模式

施拉姆本人也意识到了这些问题,于是在1954年又另外提出了一个大众传播过程模式(图7-5)。

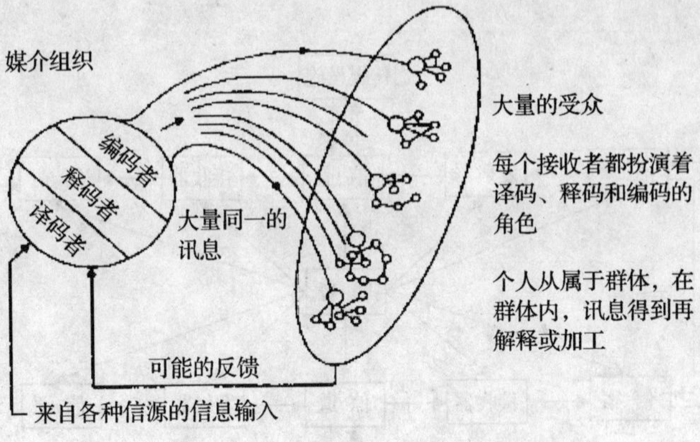

图7-5　施拉姆的大众传播过程模式[①]

如图所示,这个模式充分体现了大众传播的特点,它标志着传播过程的研究从一般传播模式走向大众传播模式。此模式的

① McQuail, D. &Windahl, S. , Communication Models, ibid. ,13.

中心是媒介组织,作为传播者的媒介组织与一定的信源相连接,接受来自信源的信息输入,又复制大量的讯息传达给作为传播对象的受众。媒介组织可以从受众处获得可能的反馈。受众是个体的集合体,这些个体又分属于各个基本群体和次级群体。"施拉姆的这个模式在一定程度上揭示了社会传播过程相互连结性和交织性,已经初步具有了系统模式的特点。"除施拉姆之外,较全面地提出了传播过程互动模式的还有美国传播学家梅尔文·德弗勒。

(3)德弗勒模式

1966 年德弗勒发展了香农—韦弗模式,在他的《大众传播理论》一书中提出了互动过程模式(图 7－6),这个模式最重要的贡献就是克服了前者单向直线的缺点,增加了反馈的要素、

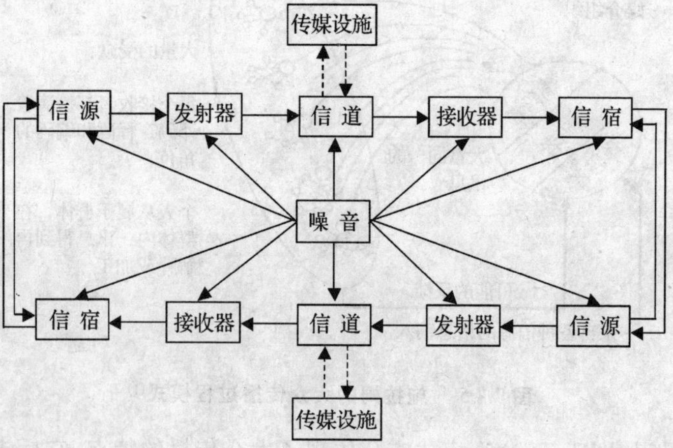

图 7－6　德弗勒的互动循环模式①

① 转引自郭庆光:《传播学教程》,中国人民大学出版社 1999 年版,第 63 页。

环节和渠道,使传播过程更符合人类传播互动的特点。通过这个模式德弗勒认为:1)噪音不仅对讯息而且对传达和反馈过程中的任何一个环节或要素都会发生影响,这一点加深了我们对噪音所起的作用的认识。2)如果发信号者发出的信息和收信号者接收的信息含义是一致的,那么就是传通。3)由于传播各环节或要素受到噪音的影响,含义上的差异是常见的。这个模式的适用范围也比较普遍,包括大众传播在内的各种类型的社会传播过程,都可以通过这个模式得到一定程度的说明。

我们可以看出循环模式是对线性模式的一种超越、一种进步,引入"反馈"使传播过程成为双向交流的循环,自我调节能力增强。但是,它们"有理想化、简单化的倾向"①,对人类传播的构成要素的复杂性反映不够。并且,当今新媒介和新技术的出现给循环模式带来新挑战。循环模式使人有种错觉:似乎各"传播单位"之间传、受机会相等,传播经过一个完全循环又回到原来的出发点。实际上,并非这样。循环模式认为"(传播过程)是一个独立于社会的自我运行的系统过程"②,仍然没有清楚地显示传播与社会的紧密联系。

第二节　传播的系统结构

线性传播和控制论传播都是从过程本身或过程内部考虑问题,揭示的都是其中的微观环节的要素,考察微观、单一的传播过程是必要的,但仅有这种考察并不能揭示人类社会传播的全貌。只有用普遍联系和相互作用的系统观看问题,才能科学地把握传播活动的总体。在系统观的背景下,不少传播学家开始

---

① 邵培仁:《传播学》,高等教育出版社 2005 年版,第 50 页。
② 胡正荣:《传播学总论》,北京广播学院出版社 1997 年版,第 177 页。

在研究传播过程内部微观环境的同时，更多地关注到传播过程的外部环境。除施拉姆的大众传播过程模式之外，迄今为止的大多数过程研究通常有两个特点：第一，它们考察的是微观的、单一的传播过程，而不是宏观的、综合的传播过程；第二，正因为如此，这种研究主要目的是揭示传播过程的内部机制，并不重视对过程以外的因素的考察。这种倾向非常明显，以至于我们只要提到传播过程，脑海中便会出现拉斯韦尔、香农等人的那些链式连结的要素图。

任何一个单一的过程都不是在真空中进行的，其性质和结果也并不仅仅取决于过程的内部机制，相反，许许多多的外部因素和条件都会对过程本身产生重要的影响。单一的过程也并不是孤立的，必然与其他过程保持着相互连接、相互交织和相互影响的关系。这说明，对传播过程不仅要进行微观的考察，而且必须进行中观的和宏观的综合考察。只有这样，才能对社会传播作出全面的把握。

认识到进行综合研究的必要性，不少学者开始运用系统论的原理和方法来考察社会传播。为了与传统的微观、单一的过程研究相区别，这种研究一般称为系统研究或传播总过程研究。

一、社会系统模式

在线性模式的单向、静态过程描述和控制模式的双向反馈之后，从整体社会环境系统研究传播过程的模式叫做系统模式，它更宏观地、系统地描述了传播的双向、动态过程。系统模式具有以下特点：强调实用性和非秩序化、辩证性和互动性、整体性和全面性、动态性和发展性。

1. 赖利夫妇的系统模式

1959 年，美国一对从事社会学研究的夫妇 J. W. 赖利和 M. W. 赖利，在《大众传播与社会系统》一文中，从社会学的角度最早提出了在社会系统框架之中的传播系统模式(图 7－7)。赖利夫妇将传播过程看作是庞杂的社会系统的一个子系统,同时对传播系统与社会系统之间的互动关系也进行了考察。他们的这种模式将大众传播研究带入了一个新的时代。

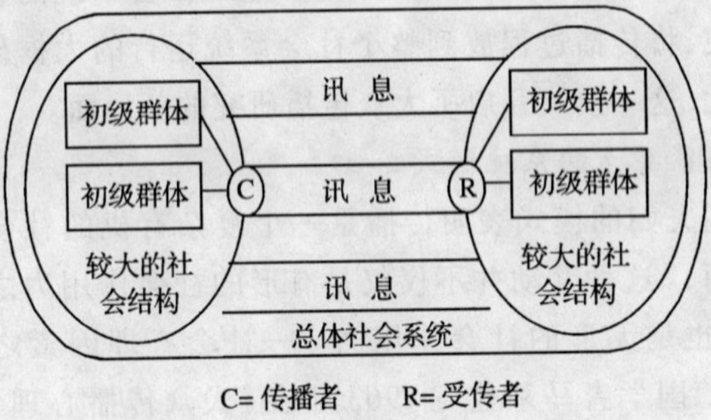

图 7－7　赖利夫妇的传播系统模式

该模式的基本观点是,传播系统既与社会中其他系统相联系,又具有自身相对的独立性。这个模式告诉我们,传播过程是处于社会系统中并受其影响的一个子系统,所有的传播过程都可以看作是一个系统的活动。而多重结构是社会传播系统的本质特点:

(1) 传播过程中传授双方都是具有人内传播的个体系统,这些个体系统各有自己的内在活动;

(2) 这些个体系统之间相互影响,构成人际传播;

(3)个体系统不是孤立的,而是分属于各自的群体,形成群体传播;

(4) 个体、群体又都是社会的组成部分,他们总是在更大的社会结构和总体社会中运行,因而又与总的社会系统有着互动关系,与社会的政治、经济、文化、意识形态的大环境保持着相互作用的关系。赖利夫妇认为,以报刊、广播、电视为代表的大众传播,也不外是现代社会各种传播系统中的一种。

从这个模式中我们可以看到,社会传播系统的各种类型,包括微观的、中观的和宏观的系统,每个系统既具有相对的独立性,又与其他系统处于普遍联系和相互作用之中。赖利夫妇这一模式的提出意义极为深远,并更多地对社会系统的整体环境加以研究,将传播过程放到整个社会系统运行的大框架中去把握。因此,这一模式开启了大众传播研究的新局面。

2. 马莱兹克的系统模式

赖利夫妇的模式表明传播是一个复杂有机的社会互动过程。然而,"这种互动并不仅仅是有形的社会作用力之间的互动,而且也是无形的社会作用力——社会心理因素之间的互动"。[①] 德国学者马莱兹克1963年在《大众传播心理学》一书中提出的系统模式,从社会心理学角度研究大众传播,将大众传播过程细分为由众多因素构成的复杂的社会过程(图7-8)。

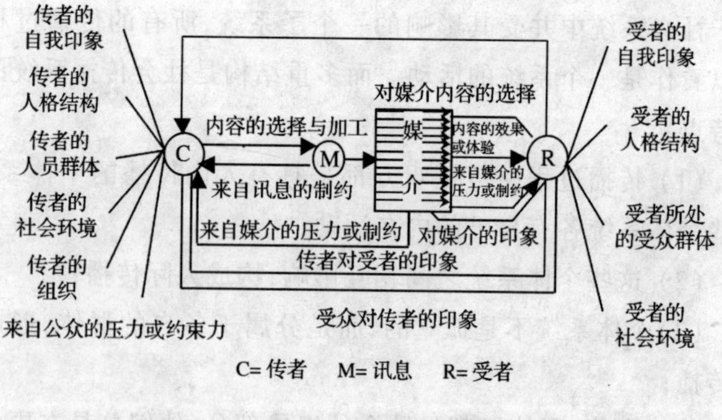

图7-8 马莱兹克关于大众传播过程的系统模式

---

① 郭庆光:《传播学教程》,中国人民大学出版社1999年版,第66页。

在这个模式中，马莱兹克把大众传播看作是包括社会心理因素在内的各种社会影响力交互作用的“场”，这些因素影响到大众传播过程中的传播者、接受者、媒介和讯息，其中包括：

(1)影响和制约传播者的因素有：传播者的自我印象、传播者的人格结构、传播者的同僚群体、传播者的社会环境、传播者所处的组织、媒介内容的公共性所产生的约束力、受众的自发反馈所产生的约束力、来自讯息本身以及媒介性质的压力或约束力等等。

(2)影响和制约受传者的因素有：受传者的自我印象、受传者的人格结构、作为群体一员的受传者(受众群体对个人的影响)、受传者所处的社会环境、讯息内容的效果或影响、来自媒介的约束力等等。

(3)影响和制约媒介与讯息的因素，主要来自两个方面：一方面是传播者对讯息内容的选择和加工，这种选择和加工也可以说是传播者背后的许多因素起作用的结果；另一方面是受传者对媒介内容的接触选择，这种选择当然也是基于受传者本身的社会背景和社会需求作出的。此外，制约媒介的一个重要因素是受传者对媒介的印象，而这种印象是基于平时的媒体接触经验形成的。

马莱兹克的系统模式是对在此前从社会心理学角度研究大众传播的总结，较以往的研究更为系统、全面。该模式提醒研究者评价任何一种传播活动，解释任何一个传播过程即便是单一过程的结果，都必须对涉及该活动或过程的各种因素或影响力进行全面的、系统的分析。

关于社会传播的系统模式还有许多，如：梅尔文·德弗勒的美国大众媒介体系模式、鲍尔—罗西克与德弗勒的依赖模式等等，这些模式虽然着眼点各有不同，但思路基本一致，它们为我们提供了有益的启发。但我们也应该看到，目前传播学中的系统研究还处于起步阶段,这主要表现在理论模式较多,而应用模式的开发较少,即便是理论模式也还有各种各样的缺陷。这说明,关于社会传播的系统研究还有待于进一步深化和完善。

二、社会传播的总过程理论

唯物史观和辩证法是科学地考察人类的社会传播过程的指导。在这里,我们基于马克思主义传播观——精神交往理论,对宏观过程研究,即"社会传播的总过程"研究及其理论视野、基本观点以及在现代信息社会中的意义进行探讨。

1. 马克思主义传播观——精神交往理论

传播学研究中对传播活动的过程的研究随着社会的发展而不断完善。现代传播学是在20世纪前半期萌芽、发展并最终成熟的,是以研究人类传播现象为主要内容的综合性交叉学科。"进化论、精神分析理论和马克思主义这些欧洲的理论基础间接地影响了1900年后在美国崛起的传播学。"①我国的传播学研究起步比较晚,研究过程中借鉴了西方国家主要是美国的研究成果,但是,现代传播学赖以形成的基本条件是资本主义的经济基础和社会文化基础,是资本主义传播事业的发展进入高度现代化时代的产物。"美国的传播学在许多场合把传播仅仅作为孤立的精神或心理现象加以考察,导致了他们的传播理论中也有不少唯心主义的糟粕。为了使传播学成为一门真正的学科……探索社会信息系统良性运行规律,理顺我国社会的传播结构和传播关系,为社会主义物质文明和精神文明服务,我们必须将唯物史观贯穿于传播学研究中"②。

① E·M·罗杰斯:《传播学史》中译本,殷晓蓉译,上海译文出版社2002年版,第36页。

② 郭庆光:《传播学教程》,中国人民大学出版社1999年版,第12-13页。

将马克思主义的传播理论做了深入研究，并将马克思恩格斯的传播观概括为“精神交往论”的是我国新闻传播学者陈力丹，陈力丹指出：“从马克思和恩格斯使用的‘交往’这个概念论证的问题看，它包括了这个词的全部含义，指个人、社会团体、民族、国家间的物质交往和精神传通。因而这是一个宏观的社会性概念。”[①]马克思和恩格斯认为，人类交往活动和人类的生产活动是相辅相成的，他们把人类的生产活动分为两类，即物质生产和精神生产；与此相应，交往活动也可以分为两类，即物质交往和精神交往。“按照历史唯物主义的观点，物质生产和物质交往决定着精神生产和精神交往，而精神生产和精神交往又反作用于物质生产和物质交往，二者的辩证运动构成了人类社会的总体运行。这也就是马克思主义精神交往理论的基本思想。……我们既要重视物质生产和物质交往的基础作用，同时又决不能忽视精神生产和精神交往在辩证运动中的独立性与能动性，这两层意思结合才是马克思主义传播观的全部内涵。”[②]

2. 日本学者的传播总过程研究

日本学者最早在对美国的主流传播学进行反思和批判的基础上研究社会传播的总过程。第二次世界大战后，美国的传播学理论迅速进入日本并在学界占据了主流地位。但与此同时，不少学者发现，美国的传播学考察的只是狭义的传播过程（其代表是拉斯韦尔的“五 W”过程模式），这种研究虽然是必要的，但在这种框架下，许多有重大意义的传播学课题，如传播与社会变革，传播与社会结构、社会制度的关系等等，很难得到说明。

---

① 陈力丹：《精神交往论——马克思恩格斯的传播观》，开明出版社 1993 年版，第 2 页。

② 李彬：《传播学引论》（增补版），新华出版社 2003 年版，第 46 页。

要考察这些重大问题，必须从美国的狭义过程研究的框架中摆脱出来，另行开辟新的研究视角。

从20世纪50年代开始。以东京大学新闻研究所教授日高六郎为代表的一批学者，把马克思、恩格斯的交往理论与传播学研究结合起来，写出了不少基于唯物史观的论著，这些研究把传播看做是一个与社会交往形态密切相关的重要范畴，从这个观点出发，他们在对人类社会传播的总的历史发展过程进行分析的同时，也把现代社会中的传播特别是大众传播过程与宏观的社会结构结合起来进行考察，因而称为“社会传播的总过程”研究。田中义久在1970年提出的“大众传播过程图式”（图7-9）奠定了“总过程”研究的理论框架。

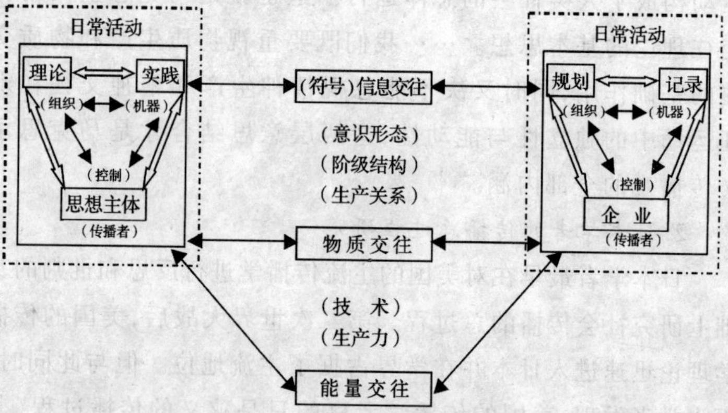

图7-9 田中义久的大众传播过程图式

从图7-9可以看出，田中义久从“交往”概念出发，把人类的交往分为三种类型：一种是与人的体能（生物学、物理学意义上的能量，包括作为人的体能之延伸的热能和电能）有关的“能量交往”；一种是与人类社会的物质生产相联系的“物质交往”；一种是与精神生产相联系的精神交往，即“符号（信息）交往”。

符号(信息)交往过程也就是传播过程,它是建立在前两种交往的基础之上的,与社会的生产力、科学技术、生产关系和意识形态保持着普遍联系和相互作用的关系。在阶级社会中,社会传播还是一定的阶级结构的体现。

另一方面,作为特定传播过程的双方,如果属于人际传播,那么他们都作为有独立人格的思想主体从事着社会认识和社会实践活动,传播则是他们从事精神交往的纽带;如果属于大众传播,那么传播者便是作为组织的媒介企业,而受传者便是具有一定自我能动性的个人。传播的双方都有着一定的日常社会条件或环境的背景,而每一方传播活动都受到条件或环境的制约。田中义久的这个图式提出了传播学研究中的许多重大理论课题,尽管它还不完备,但可以说它是第一个基于唯物史观的系统模式。

从这个模式出发,日本学者将资本主义社会的大众传播总过程看做是信息的生产、流通和消费过程,对资本主义大众传播的本质进行了深刻的分析。日本学者认为,现代大众传播与资本主义制度是密切结合在一起的,传播媒介在从事营利活动的同时,与权力相融合,在维护资本主义制度和意识形态方面发挥着重要的影响;大众传播新闻报道的闹剧化和娱乐内容的大量提供,客观上起着一种"麻痹神经"的作用。他们研究大众传播的目的,在于唤起现代受众的觉醒,使其超越"大众"状态而成为"能动的传播主体",成为有批判能力的"理性市民"。这样,日本学者的"传播总过程"研究就远远突破了行为主义的框架,而把传播研究与整个社会结构、与改革社会的目标结合起来。

3. 邵培仁的整体互动模式

在传播系统研究方面,我国学者也做出了不少探索,邵培仁教授提出的整体互动模式便是其一。他认为整体互动模式由三个系统构成,即人际传播系统、大众传播系统、网络传播系统,三个系统整体互动,协调共进(图 7-10)。

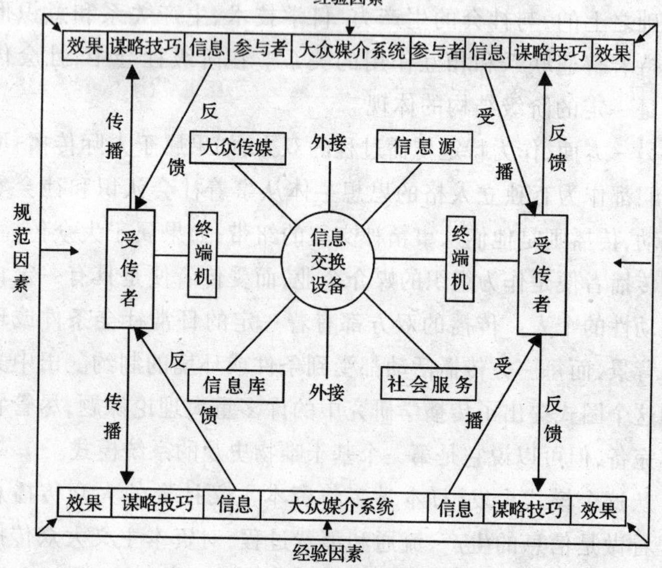

图 7-10　邵培仁的整体互动模式①

整体互动模式不仅充分重视传播系统与外部世界的复杂联系，而且重视传播过程中各种因素共同构成的整体关系以及人类传播的全部现象。其中核心要素和最基本的要素，即拉斯韦尔的“五 W”模式的基本要素，并引申出控制分析、内容分析、媒介分析、受众分析和效果分析。次级要素包括信息来源、传播形式、怎样传播（谋略和技巧）、传者、受者以及反馈等。由此，他提出了整体互动传播的七项具体内容：来源分析、符号分析、谋略分析、技巧分析、参与分析、接受分析、反馈分析。边际因素包括传播行为主体追求的是什么（价值）、传播活动什么场合完成、有没有一定的传播规范。还有就是干扰因素，任何阻塞有用

① 邵培仁：《传播学》，高等教育出版社 2005 年版，第 53－55 页。

信息通过的因素都是干扰因素，包括人为因素、机械因素、自然因素和内容因素。

当前世界正处在向市场化和信息化社会的过渡之中，在这种情况下，更有必要从信息的生产、分配、交换和消费等环节入手，对信息传播的结构进行全面的分析和研究，这对于建立合理的、功能健全的社会传播系统，对理顺社会传播的各种关系，对推动我国以及世界的社会发展都具有重要的意义。

案例分析

视窗'95 的传播活动

1995 年 8 月 24 日，微软公司的全新版视窗'95 的广告发布在全球铺开，将每个能想到的媒介与营销方案都有机整合到了一起，充分利用了电视、报纸、杂志、户外等媒介。

微软的大众媒介广告耗资 2 亿美元，这是该公司历史上最大的投资。微软先在大众报纸和贸易杂志上刊登先导性广告引起了人们的初步反应，使他们关注到 8 月 24 日的重要性，然后，全球性电视广告活动在软件推出的当天全面铺开，再配合一条以滚石歌曲"让我开始"风格为特点的插播广告。在美国，微软在《今日美国》和《华尔街日报》上发布了长达八页的广告，在大众刊物、商业刊物和电脑迷杂志上还发布了更多的广告。整个媒介活动用了十几种语言（包括西班牙语、法语、德语、意大利语），到达 22 个国家。

微软的总体目标是使千万人兴奋起来，去购买这款售价稍高的软件，虽然视窗已经是大多数个人电脑的标准运行系统，但微软公司担心人们不会马上购买这款新的软件，因此，启发大家对新款推出的兴趣与激动，便成了克服市场自然惯性的最高战略。微软的广告代理公司威登 & 肯尼迪公司选择电视来引起大家的兴奋。广告公司采用滚石音乐作为背景,用快镜头表现出各种不同职业的人在使用视窗'95时的情景,还利用软件的"启动"键作为一种标志,表明人们如今可以通过不同的新方法完成个人电脑任务,直到最后才提及产品的名称。这些插播广告和所有的促销活动以及宣传活动确实起到了创造知名度的作用。有一个连电脑都没有的人从店里买了一盒新版的视窗'95,"我不过觉得我应该有一份",他如是说。

威登 & 肯尼迪公司利用印刷广告尽情表现软件真正的具体的好处与特点。在印刷广告中,他们也普遍采用"启动"键标志,鼓励人们加入到视窗'95运动中去,投身于新生事物里。

微软不满足于只动用自己的力量,还动用了自己的左臂右膀——自己的流通渠道成员(零售商和批发商)以及电脑制造商、外国供应商和软件开发商。视窗'95的成败也决定着他们的成败。于是,8月24日这天,澳大利亚700个新出生的婴儿收到微软公司奖励的一份免费的软件;伦敦人一早醒来收到一份赠送的《时代周刊》,这是微软资助的,买下了那一期的全部杂志;纽约的帝国大厦披挂着视窗'95的标志色;美国的软件经销店内,夜宵比萨饼全由店家免费提供,CompUSA这类电脑商还向购买软件的顾客分送美国航空公司和MCI长途电话服务优惠卡;在波兰,甚至有人请记者乘潜艇下海,让他们看看世界"如果没有窗户会怎样"。

这一年,据统计,与微软此次活动相关的新闻报道有6528条,评述有300万字,宣传效果不可估量。

在新产品上市的头三周,全世界消费者购买了约500万份视窗'95,至1997年底,超过1亿份——超出了许多观察家最初的预计。

【案例思考】

1. 请参考所学的传播过程模式,为微软此次的传播活动构建一个模式。
2. 在这次传播活动中,广告公司是如何进行编码的?
3. 请分析影响这次传播的社会心理因素。

【练习题】

1. 什么是传播过程? 请简述传播过程的特点。
2. 传播过程有哪些基本构成要素?
3. 模式的概念是什么?
4. 简述传播学模式研究的发展阶段。
5. 什么是传播过程的线性模式和循环模式? 其区别是什么?

第八章　传播类型

德国思想家伽达默尔在其著作《真理与方法》中指出，语言“既是桥，又是墙”，唯有通过传播，才能让人与人相互理解。

犹太哲学家马丁·布伯(Martin Buber)在《我与你》中一语惊醒世人：“凡真实的人生皆是相遇。”

相遇即传播，因为“人产生于人的接触”，“传播是界定我们是谁的一个过程”。

本章概要

本章侧重从传播分类的视角介绍传播基础知识，深化对传播的理解。主要探讨传播的五种基本类型，即人内传播、人际传播、组织传播、大众传播和网络传播。与本章文字的“相遇”过程，也是与众多传播研究成果进行无声的心灵对话过程。文中集纳了很多前人的观点和研究成果。在“相遇”过程中，激发、救活、再生我们的思考细胞，知道我之为“我”，更好地联结“你”和“他”，兴许是我们学习传播的更重要的目的。

学完本章后，您应该可以：

- 了解传播分类的标准；
- 了解各具体传播类型的含义和特点；
- 深入分析各具体传播类型的功用；
- 运用传播类型知识分析社会现象和社会事件。

传播学所涵盖的范围非常宽泛,包括人类社会所有的传播现象和传播活动,从不同的角度和层次透视传播现象和传播活动,成为研究者探究传播的基本方法之一。研究者因研究视角和所持的标准不同,对传播的类型划分也不尽相同,有研究者将传播分为四类,即人内传播、人际传播、组织传播和大众传播这四种类型,所依据的分类标准可归纳为传播过程中信息流动的规模和影响范围的不同;有研究者将传播分为三类,即人际传播、组织传播和大众传播。这一种划分之所以不将人内传播单列,是因为研究者认为人内传播是个体自身内心深处的信息活动,但这并不算是一种传播形式,而是个人的内心体验和思维活动。也有研究者依据传播手段的不同,更简洁地将传播分为人内传播和大众传播。实际上,我们可以依据传播信息流动的范围和规模的不同,将传播分为五种基本类型,即人内传播、人际传播、组织传播、大众传播和网络传播。本章主要对这五种基本类型进行介绍和论述。

第一节 人内传播

一、人内传播的含义

人内传播又称内向传播、自我传播或人的内向交流,是指具备传播能力的个体在自身内部进行的信息交流与对话,侧重指个人头脑中"主我"(I)和"客我"(ME)之间的信息传播过程和现象。关于"主我"和"客我",美国哲学家、心理学家于1890年发表的《心理学原理》一书中,将自我分为"主我"和"客我","主我"指认知活动的主体,"客我"指认知活动的对象。其后,美国社会学家乔治·米德也把自我分为"主体的我"(I)和"客体的我"(ME)。人内传播比较常见的表现形态是个体不断接收外界的刺激,并调动已有的知识体系来加以理解和吸收,丰富或更新已有的知识体系，指导自己的行动。因而这种传播方式是人类为了适应周围的环境而进行的自我调节，是人类独特思维能力的表现，是人类最基本的传播活动，是一切人类传播活动的基础。

社会由个人组成，个人不能脱离社会而存在，个人与社会依靠传播而联系在一起。但个人在社会生活中都有自己的一方“小天空”，在这方空间中，个人可以不受拘束地自由思考、自言自语、自吟自唱、自我陶醉、自我发泄，也可以辛勤耕耘、劳作和创造。个人就是通过这种内向的信息交流来实现自己心灵的升华。可以说，正是这种内向信息交流水平的差异形成了人之人之间不同的思维能力和思维方式。我国唐代诗人贾岛有留传至今的著名诗句：“两句三年得，一吟泪双流。吟安一个字，捻断数根须。”这表现了作者在自己的“小天空”中自我推敲，进行人内传播时的状态，也表现了作者的人内传播达到了较高的水平。又如位居唐宋八大家之首的欧阳修有在“马上、枕上、厕上”进行构思的习惯，与其说他是为了节约时间，还不如说他是在利用对他来说较佳的人内传播的时机，进行高水平的人内传播，以期产生高质量的思维成果。

人内传播基本上属于神经生理学、心理学、思维科学等学科的研究对象，尤其在心理学领域得到较多的开拓。1967 年，美国心理学家奈瑟最先提出了认知心理学概念，其研究对象实际上就是人内传播，主要包括人的感觉、知觉、注意、想象、记忆、思维、情绪和自我意识等内容，突出人的认识过程在全部心理活动中的重要作用。认知心理学主张人的各种心理过程的统一性、相互联系和相互制约，它将人认识的感性和理性层次结合起来考虑，认为注意、知觉和记忆等认知现象是相互交织在一起的，人对信息的处理是一个完整的控制系统，认知心理学的目的就是要了解人类认识的统一过程，试图发现人类认识过程的一般规律。

利用此理论的主要观点来分析,人内传播可以被视作一个内向信息交流过程,这个过程主要由以下几个主要环节和要素组成:

(1)感觉——人内传播的出发点。它是人脑对当前起作用的事物的个别属性作出的反应,分为视觉、听觉、嗅觉、触觉等。它是人通过眼、耳、鼻、舌、身等器官对事物的个别信息属性如颜色、形状、声音、气味、软硬、凉热等进行的体验。

(2)知觉——对事物感性信息属性的综合认知,是感觉的集合。知觉是人脑对当前存在的事物的反映,它的源泉是客观事实。知觉的过程就是对事物整体的感性信息进行综合把握的过程。

(3)表象——记忆中保存的感觉和知觉信息在头脑中的再现。表象的形成离不开记忆,记忆是一种心理过程,它包括识记、保持、再认或回忆三个环节。

(4)概念——对同类事物的共同的一般属性的认识。一个概念由这个概念的外延和内涵组成,外延是同类事物的范围或集合,内涵是对同类事物特征和本质属性的认识。概念是人脑进行思维的细胞和工具,有了概念,人类才能进行抽象思维。

(5)判断——对事物之间的联系或关系进行定性的思维活动。它要立足在表象和概念的基础上才能进行,判断是人们决策的基础。

(6)推理——从已知的事物属性和关系中推导出未知的属性和关系的思维活动。它是在从已知到未知的判断的基础上进行的,在若干个判断之间建立或发现合乎逻辑、合乎规律的关系。

(7)情绪——人们对客观事物同自己需要之间关系的态度体验。在很多情况下,情绪对人内传播的过程和结果产生重要的影响,但情绪不是天生就有的,而是人们在社会实践中通过对事物的实际体验或社会学习而形成的。

总体来看,人内传播的这些环节或因素构成了一个完整的信息自我交流系统,成为其他传播方式的前提。因此,了解和总结人内传播的特点和规律有助于进行其他形态的传播活动。

二、人内传播的特点

人内传播相对于其他类型的传播活动而言,比较特殊,我们可以将人内传播的特点归纳如下:

1. 传播方式的独特性

人内传播是人体内部信息处理的过程,其实质就是人的思维过程。思维是在人通过感觉、知觉获得的表象和概念等基本材料的基础上,经过大脑的分析、综合、比较、抽象、概括等基本过程完成的,是一种"内省式的思考"。并且,在整个思维过程中,所有的信息都是以人们难于察觉的生物波的形式在大脑中进行处理,因而,人内传播具有独特的传播方式。

2. 传播内容的广泛性

人内传播虽然与人的生理机制密切相关,但其本质是社会实践活动的反映,而人类的实践范围非常广泛,并且借助于人类积累的知识,人类的认识可先于实践,指导实践。从理论上讲,世界上没有不能被人认识的事物,只有尚未被人认识的事物,因而几乎所有的信息都可以成为人内传播的内容。

3. 传播过程的持续性

人的全部心理活动都属于人内传播,可以说具备正常传播能力的人无时无刻不在进行人内传播,人内传播对于时间、地点没有任何特别的要求,并且由于人内传播主要是在一个狭小的封闭空间——人脑中进行的,对于传播的内容可任意进行跳跃性选择,而且I与ME对话形成的结论又可成为继续进行内向交流的起点,这样,人内传播一步步走向深入,传播的水平也越来越高,人内传播便表现为连绵不断的特征。但人内传播的具体传播过程非常复杂,可以说,这是一个人们知之不多的研究领域。

4. 传播规模的相对狭小性

从传播的物理空间的大小来看,人内传播相对其他传播形态而言,是发生在一个人身体所能占用的空间范围内的传播。从传播的信息流量来看,要以个人在平时所积存和掌握的知识及吸收新信息的能力为限。尽管人与人之间接受信息的能力差距很大,有的人可以占有丰富的信息资源,但毕竟个人由于生理极限,接受信息的量是有一定限度的,不能无限接受和存储信息。之所以说人内传播的规模相对狭小,这是针对个体而言的,如果将整个人类的人内传播视为一个整体,那么传播的规模也可以用庞大一词来形容。

可以说所有其他传播形态都是从个人的人内传播开始,而最后都要回归到人内传播,要靠个人的人内传播来实现其最终的传播效果,从这个意义上说,人内传播是其他一切传播活动的基础。

三、人内传播的作用

人内传播是个人本身的自我信息沟通,是传播学对信息范畴进行研究的第一个层次。它集中反映了人的神经生理和心理机制的反馈现象。信息的传播者和接受者是合为一体的,往往表现为矛盾的统一,互动过程仅限于个人自身。个体人脑中内储信息的多寡决定了人内传播的活跃程度。归纳起来,人内传播的作用主要体现在三个大的方面:

1. 优化个人知识结构

(1)通过内省式思考实现个人知识结构的优化。内省作为人内传播的形式,主要有两种:一种是个人长期的累积性的自我反思活动,以完善个人品德和行为为目的,如我国古代儒家思想的代表人物就提倡通过内省来提高个人的自我修养;另一种是短期的、以解决现实问题为目的的自我反思活动,即内省式思考。这里主要考察后者,并以此来探讨个人知识结构在内省式思考过程中的作用。根据美国社会学家 G. H. 米德研究,在面临新问题情况下,由于个人不知道过去的习惯做法是否合适,所以通常不会立即做出反应。在反应滞后、行为停止期间,内省式思考就会活跃起来,个人会通过已有的知识结构去分析、判断和解决问题。同时,内省式思考并不是孤立、封闭和绝对的主观精神活动,而是一个与人的社会实践相联系的活动,因此,内省式思考既是个人知识结构活塞运动过程,也是个人知识结构不断优化的过程。

(2)通过"镜中我"的方式实现个人知识结构的优化。美国社会学家 C. H. 库利在其著作《社会组织》(1909)中提出了"镜中我"(the looking - glass self)的概念。他认为,人的行为在很大程度上取决于自我认识,而这种认识主要是在与他人的社会互动中形成的,它是反映自我的一面"镜子",个人透过这面"镜子"认识自己和把握自己。人的自我认识实际上是通过个人知识结构来实现的,因此,库利的"镜中我"理论也可理解为:人的行为在很大程度上取决于个人的知识结构,它是反映自我的一面"镜子",个人透过这面"镜子"认识自己和把握自己,进一步优化自身的知识结构。

(3)利用共通的意义空间实现个人知识结构的优化。美国学者 H·G·布鲁默认为,象征性社会互动理论的核心问题是考察以象征符(尤其是语言)为媒介的人与人之间的互动关系。由于象征符与意义是一个统一体,所以象征性社会互动又称为符号互动或意义互动。象征性社会互动是互动双方通过象征符来交流或交换意义的活动。而意义的交换有个前提,即交换双方必须有共通的意义空间,它包括两层含义:一是对传播中所使用的语言、文字等符号的共通理解;二是大体一致或共同的生活经验和文化背景。这两层含义都与个人的知识结构密切相关。不仅如此,随着互联网等新媒体的崛起,全球化的加剧,个人知识结构在各个国家和民族的交往中日趋重要,民族情感、社区习惯等因素在传播中的障碍作用日益减弱。可以预见的是,个人知识结构最终将打破国家、民族和社区的樊篱,成为社会公民的"个人身份证",个人知识结构相近的人在传播过程中互动性更强,这种互动性的活跃也反过来促进人内传播的发展,从而协调个人的内心活动。

2. 实现自我管理

个体通过人内传播使个人知识结构得到优化,其目的还是要利用优化的知识结构来解决个人所遇到的问题和困境,如个人的情绪紧张、创造力贫乏、信息焦虑、认识陷入误区、生活无意义等心理和思维障碍。自我管理就是指个人对自身的管理,是针对个人自我认知和思维以及情感方面的信息交流障碍所提供的一种自我交流技能,它包括目标管理、心理管理、时间管理和信息管理等。

在以上这几种管理形式中,最重要的自我管理包括培养自信心和避免焦虑。如我们可充分利用人内传播的自我管理来克服考试怯场心理。

3. 构筑个人观念和社会观念在人体内沟通的平台

我们知道人是社会的一分子,不可能独立于他人和社会而单独存在。可以说人是观念的动物,但人对事物的认识不是一蹴而就的,人对自然和社会都需要有一个渐进的认识过程,是在社会经验与活动的过程中产生的,即作为个体与整个过程的关系及与该过程中其他个体的关系的结果发展起来的。这一过程要借助人脑处于优化过程的知识结构进行不断的思考和探索。自我互动和内在交流是人内传播的具体表现,在本质上,可以说这是个人与他人的社会互动的内在化,尤其当个人观念与群体、与社会观念之间产生碰撞时人就会进行思考和反省,以期达到个人观念和社会观念之间的整合。人在社会化的过程中了解他人和自己,并不断发展和完善自我。这时人内传播便起到了平台的作用,让个人观念与社会观念之间进行沟通。

美国社会心理学家 G. H. 米德认为,自我,作为可成为它自身的对象的自我,本质上是一种社会结构,并且产生于社会经验。当一个自我产生之后,从某种意义上说它为自身提供了它的社会经验,因而我们可以想象一个完全独立的自我,但是无法想象一个产生于社会经验之外的自我。当它已经产生的时候,我们可以想象一个人在其余生中闭门独居,但他仍以自己为伴,并能同他自己思考、交谈,一如他曾同他人交流那样。个人像他人那样对自我作出反应,参与自己同他人的谈话,知道人们正在讲的东西并利用对正在讲的东西的理解而确定人们此后准备讲的东西——这是一个我们全都熟悉的过程。我们通过理解自己所讲的东西而不断地继续同他人对话,并利用这种理解指导这种对话进行下去。我们搞清我们准备讲的话、准备做的事,通过说与做的过程,我们不断控制着该过程本身。①

总之,人内传播这种传播形式既是出于人的自我需要,也是出于人的社会需要,是人为了及时对周围变化了的环境做出适应而进行的自我调节。它通过人的视觉、听觉、味觉、触觉的协调,对客体进行回顾、记忆、推理、判断。一切发生于人体内部的信息交流都是人内传播,在这种交流过程中,I 和 ME 进行自由

---

① 参见米德:《心灵、自我与社会》,转引自张国良:《20 世纪传播学经典文本》,复旦大学出版社 2003 年版,第 169 页。

沟通以达到自我的内部平衡调节，通过这种思维活动进行正常的信息编码，为个人内在观念进入外界做准备，以保证人类其他类型传播活动的正常进行。

第二节　人际传播

一、人际传播的含义

人际传播（Interpersonal Communication），也称人际沟通，是人际交往的一个重要组成部分，而人际交往是人与人之间的交往现象在社会心理学中的统称，人际交往过程，是物质性内容与精神性内容并重的交换过程。交际即是人们发生物质的和精神的接触和联系而形成的一种社会行为与社会过程。人际关系要依赖社会交往特别是人际传播才能形成、变化和发展，而人际传播又总是在一定的人际关系中展开。

人际传播有广义和狭义两种理解。广义的人际传播指的是人们之间的信息共享与交流。可以说大众传播以外的所有人类传播类型都属于广义的人际传播，人内传播、组织传播都可视为广义人际传播的具体分类，个人与个人、个人与组织、不同组织之间所进行的信息交流，都是人际传播范畴。我们通常所说的人际传播指的是狭义的人际传播。对于狭义的人际传播的理解，研究者持论甚多，但正是这些不同角度的观点有助于我们更好地认识人际传播。现将一些主要观点和分析引述如下[①]：

20 世纪 80 年代中期，美国人际传播学者麦克罗斯基、里奇蒙（Richmond, v. P.）和斯图尔特（Stewart, R. A.）三人合作，出版了人际传播学新著《一对一：人际传播的基础》（One on One: The Foundations Of Interpersonal Communication）。这本书的主

① 王怡红：《西方人际传播定义辨析》，《新闻与传播研究》1996 年第 4 期。

要观点远远超越了15年前作为作者之一的麦克罗斯基与拉森和纳普(Knapp)合作撰写的早期人际传播学著作《人际传播通论》而具有了新意。所谓新意是指他们对人际传播这一概念及其界定有了新的理解。他们重新梳理了人际传播概念的要素,将人际传播置于双人的、"一对一"的传播情境中,确立了人际传播是人与人的意义交流的观点。他们认为,交换信息和激发意义是传播的两种不同的功用。人际传播应该强调的是心灵与心灵的碰撞和人性的沟通。人际传播的概念应以意义来直接定义,而不是以讯息的交流定义,这是人际传播与其他人类传播样式的本质区别。人际传播为人与人交流提供了直接的知觉环境,能带来直接的意义创造和即时的反馈。只有意义的交流,才能使个人间的交往关系得以充分地发展。他们将人际传播定义为"一个人运用语言或非语言讯息在另一个人心中引发意义的过程"。

如果说麦克罗斯基等人的定义突出的是传播的意义,那么特伦霍姆、米勒和威尔莫特等人的研究则是从传播情境入手,强调了人际传播的直接性(immediacy)。特伦霍姆等人把人际传播放入人的传播这一更大的社会历史背景下。他们认为,人类是观念的创造者,是社会的行为者。他们有需求、有目标、有意欲、有动机,因此传播并非发生在真空之中。传播总是发生在某些地方。也就是说,传播发生的处所就是传播情境(communication context)。杰拉尔德·米勒为传播情境划出四个边界,它们是:交往者的人数;相互间身体的距离及亲密程度;交往者所能使用的感官、渠道的数量以及反馈的直接性与及时性。这四条边界规定了判断人际传播概念的外延。在指出人际传播的存在方式时,米勒强调,这四条边界是相互关联的,而且其中最重要的一点是"交往者的人数"。人数是一个重要的外部变量,如果这一变量发生实质性的变化,必然引起其他三个方面发生变化。

如果说以上观点只是米勒为定义人际传播而提供的判断标准，那么还有比这走得更远的。威尔莫特对人际传播的限定更加苛刻，他认为，人际传播应该被限定为双人交流，因为只要有第三者加入进来，就会发生重要的质变。威尔莫特进一步表述了他的观点。他的理由是，双人交流时两个成员间可以互相全神贯注，自由交流，达到一种完美的和谐。然而三个人交流时，两个成员间就可能出现不平等。三个人互动时，会发生移情(empathy)现象。比较而言，两人传播更具有心理化倾向。两个人面对面传播只有一种潜在的关系，但是三人以上的传播，其中就可能出现领导关系。这样的关系只能算作小组传播，而非人际传播。但特伦霍姆则对此持有异议，他认为，尽管交往者人数是决定和判断人际传播的一个重要标准，但是一旦交往者的关系变得密切起来，开始相互关注时，确定的人数已变得不重要了。交往者可以是两个人到三个人或更多的人。特伦霍姆认为，从传播情境的角度界定人际传播，可以超越人数的界限，转向对传播渠道的关注。人际传播之所以与其他类型传播如小组传播、公共传播、组织传播及大众传播不同，就在于人际传播的交往者可以最大限度地使用感官渠道。所谓感官渠道是指交往者双方能够最大限度地相互观看、倾听、言说、触摸、品味。人际传播的最大特点是语言与非语言传播全部在场，可以并置。尤其是非语言传播行为对传播影响极大。传播发生时，非语言传播具有双重可能性，它既可能向交往者提供渴望得到的反馈讯息，也可能表达交往者不希望甚至不愿意得到的反馈。如一个想让对方讲话，而对方却保持一副不予理睬的姿态。显然，特伦霍姆所要揭示的是感官渠道被使用的程度。他以渠道的使用来判断人际传播的直接性(immediacy)。这是一个重要的判断标准。人际传播的直接性还表现在以下方面，面对面的交往可以感性直观地把握交流，可以相互打断，可以提问，同样也可以引导谈话进入新的方向,言者与听者的角色作用可以是不固定的、虚设的,也可以是非正式的、无意义的。在这种交互式传播行为中,没有必要区别角色差异。人际传播不同于其他类型的传播,还在于人际传播通常是非结构性的,是没有目的、没有目标,随意的、偶然的、碰巧的、漫不经心的。交往者没有必要事先包装讯息,制定传播内容。传播是即时、即兴、同时发生的。此外,美国人际传播学者泰勒·罗斯格兰特、迈耶·桑普莱斯也在他们的著作中表达了类似的观点,认为人际沟通是指两个人之间的沟通,但也包括整个人类的沟通。

英国谢菲尔德·哈勒姆大学文化研究学院学术部主任哈特利从揭示人际传播应用的范围及含义着手,定义人际传播。他为人际传播规定了三个基本的判断标准:(1)人际传播是一个个体向另一个个体的传播。(2)传播是面对面的。(3)传播的方式与内容反映个体的个性特征,而且,反映他们的社会角色及其关系。

约翰·斯图尔特从1969年起,就在华盛顿大学讲授传播学。斯图尔特以其对人际传播独特的、更为本质的领悟,在美国人际传播研究领域影响广泛。他的人际传播著作《桥,不是墙——人际传播论》至今已经再版6次。此书初版时,正值德国思想家伽达默尔以其《真理与方法》一书向"现代性"发起冲击,引起西方思想界震惊后不久。伽达默尔在论述语言的特质时提出,语言"既是桥,又是墙",唯有通过传播,才能获得人与人之间相互理解的观点。当时,这一思想颇有深度,许多人把该书视为人际传播的入门书。他在这本书的序言中写道:"虽然我并非想让你们在能与他或她交往之前,先得打探一下某个人生性的全部细节,我是说,人际传播发生在人与人之间,而非角色之间、面具之间或者条条框框之间。只有当我们每个人能够发现使我们生性成为一个人,同时也使他人生性成为人的事物时,人际传播才能在你与我之间发生。”受此影响，约翰·斯图尔特在他的著作中提出了关于人际传播的定义，他认为：“人际传播是两个或更多的人愿意，并能够作为人相遇，发挥他们那些独一无二的、不可测量的特性、选择、反思和言说的能力，同时，意识到其他的在者，并与人发生共鸣时所出现的那种交往样式、交往类型或交往质量”①。

我们认为，人际传播指在两人或更多的个体之间进行的面对面的信息交流与对话，也指借助简单媒介如固定电话、手机、书信等非大众传播媒介所进行的一对一的信息交流活动。

人际传播可分为即时传播和延时传播。即时传播形式包括面对面的会见和参与性交流，如即兴演奏和卡拉 OK 演唱，它实时发生在人能感觉到的范围内。这些都是受时空条件限制的传播形式。② 举例来说，即时的口头传播，一旦声音消失，信息的载体就不复存在，信息也就消失，只有当时都在场的人才能听见并对信息做出反应。随着电话、网络语音传送等声音远距离传输技术、书写和电子邮件的出现，延时的人际交流形式产生了。一般认为古罗马人为定期的邮件服务发展了重要的基础和程式，它混合了人际传播领域和文献领域的特征。以技术为中介的、延时的人际传播概念，随电报而引进来。但不像电话和书面交流，电报需要技术性中介来为讯息编码和解码，而这些信息是通过电线在参与者之间进行传送的。

人际传播与人内传播紧密相连，都与个体密切相关，但又有不同，可以说，人际传播是在人内传播的结果借助符号而外化的

---

① John Steward: Bridges Not Walls: A Book About Interpersonal Communication, by McGraw Hill, Inc, 1995, p4.

② ［美］罗杰·菲德勒：《媒介形态变化——认识新媒介》，华夏出版社 2000 年版，第 30 页。

基础上起步，最终又将交流与对话的结果借助符号回到人内传播之中，这表现在人内传播是一个行为主体（个人）内部的信息活动，而人际传播则是两个行为主体之间的信息活动。人际传播是一种最典型的社会传播活动，也是人与人社会关系的直接体现，是组织传播、大众传播和网络传播的基础。

二、人际传播的基本特点

在对人际传播有所了解之后，我们可发现人际传播有着很鲜明的特点，当然我们理解的角度不一样，归纳出的特点也就不尽相同，但任何一种传播类型，都有它相对优势的地方，也有它局限的地方，这都能形成其特点。归纳起来，人际传播的基本特点有：

1. 情境性强

人际传播总是传播参与者在一定场合中做出的信息交流行为，时间、地点、参与者和探讨的内容等各种因素一起组合成了我们所说的传播情境。在通常情况下，参与者总是根据当时、当地的心情和传播双方的关系以及具体的情形来选择“说什么”和“怎么说”。

2. 传播手段多样化

传播者不仅可以使用语言符号，而且能够运用表情、眼神、动作等多种渠道或手段来传达信息；同样，受传者也可以通过多种渠道来接收信息。这样的话，在多种手段、多种渠道的配合下，人际传播的信息的意义就更为丰富和复杂，特殊的传播情境往往会产生新的意义。例如“我很难同意你的意见”这句话如果写成文字，其意义是很单一的，但如果换成面对面的谈话，配以柔和的语调和微笑的表情，它的含义就丰富多了。

3. 双向交流，互动性强

人际传播是人与人之间“一对一”的信息交流与对话，意味着传受双方没有绝对的区分，任何一方既是传播者，又是受传者。双方的信息传受以一来一往的形式进行，每一方都可以随时根据对方的反应来把握自己的传播效果，并相应地修改、补充传播内容或改变传播方法。双方相互间的传播行为构成有机的统一整体，形成双向的互动过程。

威尔伯·施拉姆在1954年发表的《传播如何得以有效进行》一文中采用循环模式来描述人际传播的双向性质。人际传播的双向性质与传播参与者的双重角色密切相关。在一个完整的传播过程中，传播参与者都充当着传播者和受传者的双重角色，正是这种双重身份使信息交流不断进行，体现出鲜明的双向互动性特点。

此前，奥斯古德曾提出"传播单位"的概念来分析传播参与者在人际传播过程中的双重角色，在他看来，参与传播活动的人就是一个传播单位。这个传播单位一方面接收输入物（信息），并对它进行解释；另一方面又将解码的结果进行编码，传送一个相关的信息（输出物）出去。威尔伯·施拉姆的人际传播循环模式正是受奥斯古德这一思想的启发提出的。①

当然，将双向性视为人际传播的基本特点，并不是说人际传播的参与双方在实际传播过程中就绝对完全平等交流信息，事实是，就传播的信息量、传播的能力和传播时间而言，传播参与者双方往往是相当不平衡的。在日常的交谈中，我们就不难发现，总有一方要显得主动些、积极些，而另一方则显得被动些、消极些。但从总体来看，双向交流是占主导的。

4.人际传播的随意性较大

传播过程中，传者和受者的位置可随时互换，传播的内容和

---

① ［美］沃纳·赛佛林、小詹姆斯·坦卡德：《传播理论——起源、方法与应用》，中国传媒大学出版社2006年版，第50页。

方式也可根据现实情境随时做调整和改变，实践起来非常容易，这也是人际传播成为人类在传播过程中最经常使用的传播类型的原因之一。

5. 人际传播的保密性强

由于人际传播是一种直接交流，除非传受双方中一方或双方公开交流内容，对外界而言信息都不具有公开性。当有秘密指令、重要文件需要传达时，由于人际传播的对象和传播范围可以控制，这种传播方式比其他方式有优势。

由于人际传播的这些优点，使它在很多时候、很多地方成为了其他传播方式的有益补充。但是，任何事物都有两面性，和其他传播类型比较而言，人际传播覆盖面窄、易变形，多数流于记忆等则成为其不足之处。

具体说来，人际传播的局限有以下一些：

第一，发出的信息往往只在瞬间起作用。交流者双方的观点，如果不借助录制设备，就只能留存在对方的记忆中。

第二，覆盖面小，复制信息的能力不强。人际传播只限一时一地，不如大众传播可跨越时空的障碍，同时向许多地方传播信息，有些可以作为资料永久保留下来。且大众传媒可规模化、集约化制作讯息，单位成本低，而人际传播讯息制作单位成本高。

第三，适应面不及大众传播媒体广泛。大众传播媒体能适应社会的普遍需要，而且十分迅速；其效率之高、适应面之广，是人际传播所无可比拟的。

三、人际传播的社会功能

传播学对人际传播社会功能的研究主要集中在两个领域，其一为人际传播在个人与社会互动过程中所起的作用，另一个重要领域，是人际传播对大众传播过程与效果的影响，主要研究成果有“意见领袖”与“两级传播”理论、“创新扩散”理论等等。这里我们重点探讨第一个领域，所谓人与社会的互动，包括两个方面：一方面是个人通过人际传播对社会形成影响，如我们目前实行的听证会制度，就是一种个人观念影响社会的方式。一个人的观念通过人际传播渠道表达后有可能形成在全社会普遍推行的政策，影响到全社会的人；另一方面为社会对个人产生影响，即所谓的个人社会化，指一个出生后由一个“自然人”成长为“社会人”的过程。从个人角度来说，它指的是个人学习各种知识和技术，接受社会规范和行为准则等以适应社会环境的过程；从社会角度而言，它指社会成员形成大体一致的观念、价值和社会规范体系，从而使社会秩序得以维持、社会发展的连续性得到保证的过程。个人的观念社会化包括两个方面，一是自我观念的形成，二是社会观念的形成（包括对他人和社会的基本看法，社会价值和行为规范的接受等等），不管是哪个方面，人际传播都在其中起着重要的作用，对人格的形成发挥着重要的作用。

总的说来，传播与个人心理和社会心理密切相关，互为依存，心理离开了传播就会退化、萎缩甚至死亡。对于每一个人际传播的参与者来说，他总是怀着这样或那样的目的介入各式各样的人际传播活动；而每一次传播活动对于行为主体来说总是具有这样或那样的作用。从这个角度出发，可以把人际传播对于行为主体的作用归结为五个方面①：

1. 有助于个体获取信息，实现自我认知与自我表达

人际传播，对于参与传播的双方来说都是一种自我表达活动。所谓自我表达，即传播者“将自己的心情、意志、感情、意

---

①　董天策：《传播学导论》，四川大学出版社 1995 年版，第 137—142 页。

见、态度、考虑以及地位、身份等等向他人加以表达的活动”①。自我表达的前提是人要能自我认知,就是对自己存在的觉察,自己认识自己的一切,包括认识自己的生理状况(如身高、体重、外貌)、心理特征(如兴趣、爱好、能力、性格、气质等)以及自己与他人的关系,这种“对所有属于自己身心状况的认知”在社会心理学中叫做“自我意识”。自我意识在内涵上是非常丰富的,包括了“自己对自己的认识、体验与控制,也就是作为主观的我对客观的我的觉察”。但就是这种认知能力也不是天生就很强大的,而是在传播中,特别是在人际传播中逐渐发展起来的。

印度有个聪明伶俐的小女孩卡玛拉,两岁时被冲进村里的狼群衔走。由于母狼刚失幼仔,本能的母爱被转移到卡玛拉身上,不但不吃掉她,反而精心呵护、照料、抚养她。从此,卡玛拉在得不到人类的任何一点点信息的环境中生活了六年。当她八岁被救出来时,其心理已退化到“六个月的婴儿”水平。辛格博士想尽千方百计恢复她的心智都白费力气:“四年仅学会六个词。”最后,在她 17 岁死去时,其智力只“相当于四岁孩子的水平”②。世界上,这类被各种动物养护而生还的孩子,仅有记录的就有 50 例,“他们回到人类文明世界后,不管给予什么训练,都没有学会讲话”。不仅孩子如此,成人也是一样。报载,2000 年 5 月,一名在太平洋一个孤岛上独自一人生活了 57 年的美国军人杰伊,被救出来时,“语言能力退化,变得木讷、迟钝”。

这类典型实例说明人类传播特别是人际传播是人的心理获得人间信息的唯一来源,是培养人的认知能力的唯一途径,人的心理一旦失去了人类传播的人间信息的营养,就会退化、萎缩甚

① [日]船津卫:《传播学入门》,转引自郭庆光《传播学教程》,中国人民大学出版社 1999 年版,第 85 页。

② 胡德辉等:《心理学教学参考资料》,人民教育出版社 1981 年版,第 80-84 页。

至死亡。

约瑟夫·鲁夫特(Jaseph Luft)和哈林顿·英翰姆(Harrington Ingham)设计的"约哈里窗口"正说明了人际传播的自我认知和表达的功能,如图8-1所示。

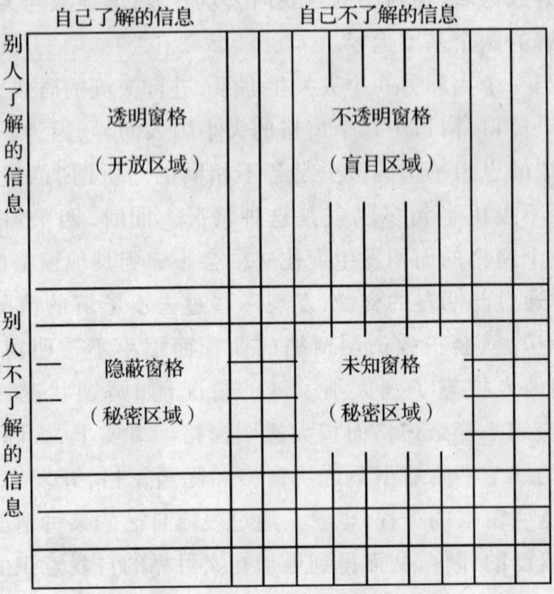

图8-1　"约哈里窗口"示意图

在这个窗口内,透明窗格包含了自己知道别人也知道的有关自我的信息,如性别、仪表、职业、行为,这是自我的开放区域;不透明窗格包含的是别人感受到而自己却不知道的有关自我的信息,如一个自以为是的人,总看不到自己的缺点,但别人却是"旁观者清",这是自我的盲目区域;隐蔽窗格包含了只为己知不为人知的情况,包括所有那些不愿向他人透露的行为、情感和态度等私人秘密,这是自我的秘密区域;未知窗格表示自己不知道别人也不知道的未知区域,包括自己一切未被开发的才智、潜力以及所有目前处于蛰伏状态的东西,如潜意识等。这是自己和他人都未曾开掘过的关于自我的信息。“约哈里之窗”说明了两个问题,即自我表达和反馈,实际上就是指人际传播的双向互动。自我表达和反馈对于人际传播的有效实现很重要,是达到扩大开放区域,使封闭的自我向公众开放,增强人与人之间的相互理解的两个基本途径。

每当一个人和另一个人发生联系,进行交流的时候,就可以划出一个窗口,窗口中每个窗格的大小因人而异,因为一个人同别人交流的思想感情的多少是各不相同的。所谓“酒逢知己千杯少,话不投机半句多”,就是这种情况。同时,四个窗格相互联系,一个窗格的面积发生变化必须会影响到其他窗格的大小。比如,你通过与朋友的交谈,发现一些过去不了解的情况(如自己的缺点),就会扩大透明窗格的面积而缩小不透明窗格的面积;你向他人披露了别人不了解的情况(如婚姻状况、此时心情),就会缩小隐蔽窗格而扩大透明窗格。事实上,人际传播的过程就是一个不断缩小不透明窗格和隐蔽窗格,开发未知窗格而扩大透明窗格的过程,也就是通过表露自己的某种情况,获取他人对自己的评价,从而得到更加扎实可靠的自我意识的过程。的确如人们常说的那样,只有敞开心灵的窗扉,我们才能更加了解自己。

2. 建立人际间的和谐关系

人类之所以能成为世界之王,主宰整个地球,与人类通过传播来形成团结协作的发展机制是分不开的,人类在发展过程中不仅需要协作,还需要人与人之间建立和谐的关系。人生活在世界上,就免不了要时刻与他人共处。但是,假如没有和谐的人际关系,一个人是难以与他人和平共处的。因此,人们需要不断地同共处的人建立和谐的人际关系。

到底人们是怎样追求和谐的人际关系的呢? 1953 年,西奥多·纽科姆在《对传播行为的研究》一文中提出一个均衡模式来阐释人们是怎样力求一致，从而求得协调关系的。这就是纽科姆模式。如图 8－2：

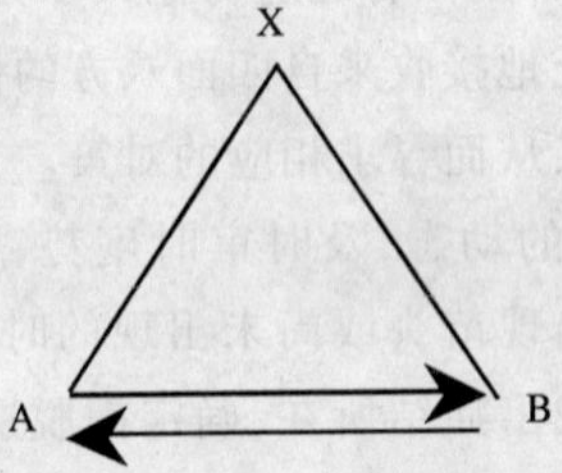

图 8－2　纽科姆均衡模式图

这个模式主要意思是说当一个人 A 向另一个人 B 传递信息，讲述某事 X 的时候，就会出现四个意向体系。第一，A 和 B 彼此相好，对 X 的看法亦相同，因而他们的心态均衡；第二，A 和 B 的关系不好，一个喜欢 X，一个不喜欢 X，无论对 A 或对 B 来说，心态也是均衡的；第三，A 和 B 的关系不好，但是对 X 的意见一致，就使 A、B 的心态发生不均衡；第四，A 和 B 的关系好，但是对 X 的意见不一致，也使 A、B 的心态发生不均衡。在心态（即心理关系）不均衡的情况下，假如 A 与 B 之间存在着强烈的吸引力，事物 X 又为 A 与 B 所关注，并且对于传播参与者的一方具有重要意义，那么，强烈地倾向于 X 的一方就会作出更大努力，促使另一方在态度上与之保持一致。比如说，一个学生接受了他所敬重的老师推荐的一本书，老师说很值得读，而学生却认为没有什么意思，师生间就出现了看法上的分歧。如果这位老师很喜欢这个学生，并且认为他所推荐的那本书确实值得学生好好学习，那么老师就会向学生讲明其中的道理，使学生改变原来的看法，而同老师保持一致，使良好的师生关系得到维持和发展。可见，人际传播的过程也就是促使双方关系更加协调的过程,的确起到了建立和谐关系的作用。

3. 帮助人们认识与控制环境

人是环境的产物,必然要生活在自然环境和社会环境这两种环境之中。任何个人只有通过与他人多方面的交往接触和信息交流,才可以广泛地接收来自四面八方的信息,使自己明白处于什么样的环境中,从而寻求相应的对策。在人际传播中,人们可以观察周围环境的动态,及时审时度势,预测将来的各种变化,便于在问题只出现苗头或尚未出现的时候,防患于未然;在遇到障碍的时候,找出症结所在,确定摆脱逆境的对策,使事态朝着有利于自己的方向发展。在现实生活中,有些人之所以能够比较及时而正确地适应周围的环境,就是因为他们参与人际传播活动较多,掌握着较为丰富的周围环境的信息,对环境的变化比较敏感的缘故。人类社会有这样的好处,一人探测到异动情况后,可以通过人际传播将其扩散,影响到许许多多的人。

如 2004 年岁末,印度洋发生了一场史无前例的大海啸,造成 16 万多人遇难,数百万灾民急需救助。在这场人类浩劫面前,一名 10 岁的英国小女孩将自己在课堂上学到的知识,通过人际传播方式加以扩散,劝说众游客撤离沙滩,在大海啸中不仅自己逃生,还救了几百人的命。

这位小英雄名叫缇丽,海啸来临当天,她正与父母在泰国普吉岛海滩享受假期。就在海啸到来前的几分钟,缇丽的脸上突然露出惊恐之色。她跑过去对母亲说:“妈妈,我们现在必须离开沙滩,我想海啸即将来临!”她说她看见海滩上起了很多的泡泡,然后浪就突然打了过来。这正是地理老师曾经描述过的有关地震引发海啸的最初情形。老师还说过,从海水渐渐上涨到海啸袭来,这中间有 10 分钟左右的时间。

起初,在场的成年人对小女孩的预见都是半信半疑,但缇丽坚持请求大家离开。她的警告如星火燎原般在沙滩上传开,几分钟内游客已全部撤离沙滩。当这几百名游客跑到安全地带时,身后已传来了巨大的海浪声——“噢,上帝,海啸,海啸真的来了!”人们在激动和惊恐中哭泣,争相拥抱和亲吻他们的救命恩人缇丽。当天,这个海滩是普吉岛海岸线上唯一没有死伤的地点。

4.交流与获得人生经验

单个人的寿命和精力是有限的,但是宇宙之大、世界之广、事物之博,却是无限的。我们显然不可能事事躬亲,没那个可能,也没那个必要。人类借助于传播媒介能延伸人的感官,跨越时空地间接体验万事万物,借助于传播,特别是人际传播,人能很快学会前人和同时代其他人的知识成果,变得更聪明,更能适应这个社会。所以,人们总是乐于从他人的发展中吸取有益的启示,所谓“与君一席话,胜读十年书”这个典故讲述的就是这个道理;同时也乐于把自己的知识、经验、意见传递给他人,在帮助对方提高的同时来提高自己,“教学相长”这个成语所阐发的正是这种辩证关系。人际传播作为双向性的相互交流,能够充分地使传播参与者博采众长,取长补短,不断地提高和完善自身。

5.满足情感沟通的需要

人是有情感的,人人都有爱与被爱、关怀与被关怀的需要,人的需要是个丰富多样而不断变化的动态系统,要求人们以各种方式和各种手段去满足它。人际传播的一个重要作用就是满足人的情感需要,满足基于人的社会性的精神和心理需要。不同状态下人的交流不同,表达的情感也就不尽相同,如高考成功的欣喜,从灾难中逃生后的激动与后怕,老战友久别重逢的喜悦。人们总是愿意将这些或悲或喜的感情与人分享,如一个人遭遇到不顺心的事情,心里闷得发慌,找个好朋友倾吐一番,则能如释重负。这种一吐为快的人际传播给人带来的主要是情感的宣泄和由此而产生的情感满足。当然，这种情感满足的内涵在现实中各有差异。老年人同儿孙辈絮絮叨叨地谈论往事，是为了赢得尊敬，避免寂寞；小孩和父母说这说那，是为了表现对父母的依赖；恋人间尽情悄声细语，是为了情爱的满足。总之，人们正是通过各式各样的情感满足来调节各自的情绪状态，形成积极的心态，从而更好地生活。

第三节　组织传播

一、组织的概念与类型

1. 组织的概念

研究者对组织这一概念有不同的理解，总的说来，组织有广义和狭义之分，广义的组织指任何由若干不同功能的要素按照一定的原理或秩序相结合而形成的统一整体，如细胞组织、人体组织。狭义的组织是指人们为实现共同目标而各自承担不同的角色分工，在统一的意志之下从事协作性行为的持续性体系。组织是社会群体的一种，但与一般的松散的群体有明显的不同。韦伯认为，组织的特点是有统一的指挥管理系统。这样看来，凡是具有中枢指挥或管理系统的群体，如政党、军队、政府机构、企业、社团等，很明显，都属于组织。

凡组织都要执行一定的社会职能，完成特定的社会目标，构成一个独立单位的社会群体。与一般社会群体的目标相比，组织目标更明确、系统，它的实现用严格的制度化措施加以保证。这决定了组织具有以下的结构特点：

(1)专业化的部门分工。多数组织的规模庞大，在实现组织目标的过程中，需要执行不同功能的专业化部门的协作。组织的部门，一般可分为决策部门、管理部门和职能部门等。

(2)职务分工和岗位责任制。职务是按照组织目标的需要而设定并由成员个人承担的角色位置,通常称为岗位。职务或岗位伴随着一定的权限和责任,其内容并不因担任职务的人的变动而改变,具有固定性和形式性。

(3)组织系统的阶层制或等级制。阶层制是为保障组织的统一目标、统一意志得到贯彻和实施而设立的指挥管理制度。如部门有上级部门、同级部门和下级部门,而职务也分上司、同僚和部下。

2. 组织的类型

在现代社会中,社会组织不仅数量庞大,而且种类繁多。

按照组织规模的大小,可分为小型、中型、大型和巨型等不同类型,例如联合国就是一个巨型的社会组织。

按照组织成员之间关系的性质,可划分为正式组织和非正式组织。正式组织中组织成员之间的关系由正式的规章制度作出详细和具体的规定,如军队、政府机关;而非正式组织中组织成员之间的关系则无这种规定,比较自由、松散,如业余活动团体。

按照组织的功能和目标,美国社会学家 T. 帕森斯将组织分为生产组织、政治组织和整合组织。

按照组织目标和获利者的类型,美国社会学家 P. M. 布劳等人将社会组织分为互利组织,如工会;私有者的赢利组织,如商业组织;服务组织,如医疗机构;公益组织,如政府机构。

还可以按照组织对成员的控制类型划分为:强制性组织;功利组织,即以金钱或物质控制其成员的组织;规范组织,即通过将组织规范内化为成员的伦理观念或信仰来控制成员的组织。

中国的一些学者根据人们社会结合的形式和人们之间社会关系的表现,将社会组织分为经济组织,政治组织,文化、教育、科研组织,群众组织和宗教组织等几种类型。

从以上分类可以看出,组织类型的划分都是相对的,人们可以从研究和分析的需要出发，选择恰当的分类标准。

二、组织传播的定义

对于组织及组织与传播基本关系的理解是我们讨论组织传播的基础和前提。组织是高度结构化、等级化的正式群体。因此，任何组织都是一种群体，但并非任何群体都是组织。将组织与群体区分开来，是近几十年来西方社会学、社会心理学也是传播学的一个趋势。从“组织”和“传播”这两个概念来看，对“组织传播”的理解就涉及组织环境怎样影响传播的过程以及传播的象征性质又是怎样使传播不同于组织的其他活动。这还涉及组织环境和传播过程之间颇为吸引人的交互作用。这里传播作为一种“社会的黏合剂”(social glue)，将组织成员、次级团体与部门，以及不同的组织连结起来。换言之，在不同的组织成员特性与组织特性的交互影响下，传播成为组织建构的基础。

组织的形成过程实际上也是传播的过程。组织成员通过适当而有效的信息交流来维系组织的稳定和发展。可以说，没有传播，组织就不可能形成和发展。

关于组织传播的定义，美国学者戈德哈伯认为，组织传播系由各种相互依赖关系结成的网络，为应付环境的不确定性而创造和交流信息的过程。我国传播学者郭庆光将组织传播定义为“以组织为主体的信息传播活动”。虽然长期以来不同学者曾为组织传播下过许多不同的定义，但统合起来可以归纳出几个共同点：(1)组织传播在复杂开放的系统中进行，此一系统与其所处之环境会互相影响；(2)组织传播涉及讯息传递的流程、方向、目的与所使用之媒介；(3)组织传播牵涉到人的态度、感情、关系与技巧。

我们也可以这样认为，组织传播是处于一定的环境中的组织及其成员，为实现既定的共同目标而进行的信息共享与传递活动。

组织传播包含两方面，一是组织内传播，一是组织外传播。这两方面都是组织生存和发展必不可少的保障。

组织内传播是组织传播的重要组成部分，组织内的成员通过占据一定的职位与扮演特定的角色，承担相应的责任与义务，结成稳定的关系网络。信息沿着这些关系网络流动，形成传播的组织网络。组织内传播的过程也是组织维持组织内部统一、实现整体协调与整体运作的过程。

组织外传播同样是组织传播不可或缺的重要组成部分。美国组织传播学家凯瑟琳·米勒曾总结出组织外传播具有如下三个方面的功能[①]：

(1)协调组织与组织间的关系。通过组织间的交流达到缓和各组织之间的矛盾和冲突，建立和维护一种合作关系的目的。

(2)塑造和维护组织形象。组织不仅要适应环境，还希望通过自身的存在和言行来塑造环境，从而在大众头脑中形成一个整体性、评价性和倾向性的心理印象。

(3)为组织客户提供服务。目前盛行的客户关系管理(CRM)就是强调了组织与客户间的交流互动的重要性。

组织外传播的过程，是组织与外部环境进行信息交换、实现互动的过程，它包括信息输入与信息输出两个方面。

三、组织传播的作用

组织传播可以沟通、疏导组织内部上下之间、成员之间的关系，建立、发展组织与组织之间的联系。打比方说，它是“组织活力的源泉”，“组织关系的黏合剂”，“组织功能的润滑油”，“组织机体的防腐剂”。组织传播的总体功能，就是通过信息传

---

① ［美］米勒：《组织传播理论与应用》，华夏出版社 2000 年版。

播的方式将组织的各个部分联结成一个有机整体，以保障组织目标的实现和组织的生存与发展。它既是保障组织内部正常运行的信息纽带，也是组织作为一个整体与外部环境保持互动的信息桥梁。

从传播学的角度来说，组织本身就是一个信息系统，因为组织的任何活动都与一定的信息活动相联系。关于组织传播的功能很多学者都做过总结，如1966年，卡茨(Daniel Katz)和卡恩(Robert L·Kahn)在合著的《组织和系统概念》一书中，认为组织传播具有四种功能：生产、维持、适应和管理。1973年，格林鲍姆(Howard Greenbaum)提出组织传播有调节、革新、整合以及告之和指示四种功能。具体说来，组织传播的作用可归纳为如下几个方面：

(1)内部协调。组织中的各部门、各岗位都由一定的信息渠道相连接，每个部门和岗位同时也都执行着一定的信息处理职能，是组织传播的一个环节。这些环节通过信息的传达和反馈相互衔接，使各部门和岗位成为既能各司其职，又能在统一目标下协同作业的整体。

(2)指挥管理。组织目标和组织任务的实施需要进行指挥管理。在一个组织中，从具体任务指令的下达、实施、监督、检查、总结，到组织活动规章制度的贯彻和日常管理，都体现为一定的信息活动，并在一定的信息互动的机制下进行。

(3)决策应变。组织是一个永远处于运动和变化之中的有机体，它不断面临组织内部和外部出现的新情况和新问题。适应新情况、解决新问题的过程就是决策应变的过程。这个过程本身就是建立在信息的收集、整理、分析和判断的基础之上的。

(4)达成共识。一个组织要保持高度的凝聚力和战斗力，必须围绕一系列重要问题如组织目标和宗旨、组织规则、组织方针和政策等，在组织成员中达成普遍共识。共识的达成必然是一个组织内的互动传播过程，必然伴随着围绕特定问题的信息传达、说明、解释、讨论等各种形式的传播活动。

第四节　大众传播

人类自诞生伊始，就努力寻找各种方式以更便利于进行生产和生活，同时也寻求各种手段使人类社会的思想感情得到更顺畅、快捷、简单和有效的交流与沟通，无数的社会成员与集团除了利用自身已有的资源进行信息传播外，同时发挥聪明才智创造了许多传播媒介来达到自己传播的目的。借助大众传播媒体的大众传播这种方式从它出现至今依然是当今社会最有广泛影响力的传播类型。

一、大众传播的概念及特点

1. 大众传播的概念

关于什么是大众传播（Mass Communication），《韦式大辞典》的解释是："由组织化的传播机构和组织化的专业人员创作传播内容，运用大众传播媒介，向一群广大但不确定数量的人群，密集地、大量地传递信息的行为，就称之为大众传播。"

"大众传播"的概念首次出现于1945年11月在伦敦发表的联合国教科文组织宪章中。1946年，美国著名政治学家拉斯韦尔等把传播研究作为一个专门领域，在其著作《宣传、传播与舆论》中第一次明确提出了"大众传播学"的概念。学者们对大众传播有多种定义，如：

"大众传播即现代印刷和广播、电视等影像和音声媒介组织运用法人资金，借助高科技和产业化手段，在国家调控（state - regulated）的范围内向未知的受众提供信息和娱乐产品的实践活动。"[①]

"大众传播是指特定的社会集团通过文字(报纸、杂志、书籍)、电波(广播、电视)、电影等大众传播媒介,以图像、符号等形式,向不特定的多数人表达和传递信息的过程。"[②]

大众传播是"人类社会信息交流的方式之一,职业工作者(记者、编辑)通过机械媒介(印刷媒介、电子媒介)向社会公众公开地、定期传播各种信息的一种社会性信息交流活动"。[③]

德弗勒则认为:大众传播是一个过程,在这个过程中,职业传播者利用机械媒介广泛、迅速、连续不断地发出讯息,目的是使人数众多、成分复杂的受众分享传播者要表达的含义,并试图以各种方式影响他们。[④] 这是一个为众人所认同的定义。

美国传播学家杰诺维茨 1968 年认为:"大众传播由一些机构和技术所构成,专业化群体凭借这些机构和技术,通过媒介(如报刊、广播、电视等等)向为数众多、各不相同而又分布广泛的受众传播符号的内容。"[⑤]这是一个常被中外学者引用的定义,它揭示的内容有:

(1)大众传播中"发送者"始终是一个有组织的群体的一部分,也常常是一个除传播以外还有其他多种功能的机构的成员。

(2)"接收者"始终是某些人,但经常被发送组织看作是一

---

① T. O'Sullivan, Key Conceptsin Communication, Methuen & Co., New York, 1985, p130. 转引自郭庆光:《传播学教程》,中国人民大学出版社 1999 年版,第 111 页。

② 沙莲香:《传播学——以人为主体的图像世界之谜》,中国人民大学出版社 1990 年版,第 145 页。

③ 刘建明:《宣传舆论学大辞典》,经济日报出版社 1992 年版,第 290 页。

④ 梅尔文·德弗勒、埃弗雷特·丹尼斯:《大众传播通论》,华夏出版社 1989 年版,第 12 页。

⑤ 丹尼斯·麦奎尔、斯文·温德尔:《大众传播模式论》,上海译文出版社 1987 年版,第 7 页。

个具有某种普遍特性的群体或集体。

(3)传递渠道不再是由社会关系、表达工具和感觉器官所组成,而是包括大规模的、以先进技术为基础的扩散设备和扩散系统;这些系统仍然含有社会因素,因为它们依赖于法规、习俗和期望。

(4)大众传播中的讯息并不是一个独特和短暂的现象,而是一种可以大量生产并不断复制,常常是十分复杂的符号结构物。

德弗勒和丹尼斯认为,大众传播包含了五个明显的阶段:

(1)职业传播者为了各种目的编制各种不同内容的东西,最终都是为了把它们呈现给公众中的各部分人。

(2)这些讯息通过机械媒介(如印刷、电影和广播),比较迅速、源源不断地传播出去。

(3)信息的接受者是人数众多、成分复杂的受众,他们有选择地接受媒介的讯息。

(4)每个接受者都根据各自体会的含义来解释所选择的讯息。而这种含义基本上与传播者所要表达的含义是一致的。

(5)这种体会的结果是接受者以某种形式受到影响,即传播产生某种作用。①

这也是拉斯韦尔所提出的大众传播的过程。后人称为传播研究的五分法,即控制分析、内容分析、媒介分析、受众分析和效果分析。

综合以上各种定义,我们认为,大众传播,就是专业化的媒介组织运用先进的传播技术和手段,借助和放大大众媒介的各种属性,以社会大众为对象所进行的快速的、大规模的信息加工

---

① 丹尼斯·麦奎尔、斯文·温德尔:《大众传播模式论》,上海译文出版社 1987 年版,第 6 页。

与传递过程。

2. 大众传播的主要特点

大众传播已成为人类传播乃至人类生活中不可或缺的重要组成部分，相对于其他传播类型而言，大众传播可归纳出如下特点：

（1）大众传播中的传播者是从事信息采集、制作与传播的专业化媒介组织。这些媒介组织包括报社、通讯社、出版社、广播电台、电视台以及批量制作各种音乐、影像的文化传播公司等等。在西方发达国家，媒介组织以公共法人和企业法人形态为主；在我国，则以“事业化管理、企业化经营”的公有制事业机构为主。

（2）运用先进的传播技术和产业化手段大量采集、复制和传播信息。大众传播的出现和发展，离不开印刷技术以及电子传播技术的进步。高速轮转机的发明使报刊等印刷物的大量出版成为现实，电子通信技术使广播电视成为远距离大量传输信息的媒介。现在，激光排版、电脑编辑、卫星传版、数字化多媒体技术等更进一步扩大和提高了大众传播的规模、速度和效率，成为现代信息产业的重要组成部分。

（3）传播对象是社会大众。社会大众用传播学术语来说，即“受众”。受众是一个模糊的集合概念，它并不是特指社会的某个阶层或群体，而是指社会上所有的“一般人”。任何人不论其性别、年龄、社会地位、职业、文化，只要他被大众传播的信息所触达，便是受众的一员。受众的广泛性，意味着大众传媒是以满足社会上大多数人的信息需求为目的的大面积传播活动，也意味着它具有跨阶层、跨群体的广泛社会影响。

（4）大众传播的信息具有商品和文化双重属性。大众传播机构作为社会的有机构成，通过其产品承载着它应承担的社会职能，大众传播的信息作为大众传播机构的主打产品日益融入社会的主流环境市场——市场经济的大环境之中，信息产品已演变为可以进行市场交换的商品，受众获得一定数量的大众传播信息，就相应地要付出一定的费用。但是另一方面，信息产品又与满足人的一般生理需求的产品有差异，人们对它的消费主要还是精神内容即意义的消费，而意义是一定社会文化的产物，具有鲜明的文化属性。这里所说的文化是一个广义的概念，它包括了社会的思想、观念、科学、道德、政治、法律、宗教、价值标准和行为规范等广泛的内容。

(5)从大众传播信息流动的过程看，大众传播的信息是单向性流动。说大众传播信息的单向流动，并不是说大众传播没有任何互动机制，而是说这种互动机制非常弱小，例如，受众可以通过读者来信、热线电话等形式对来自大众传媒的信息进行反馈，但需要引起我们关注的是，这种反馈不可能借助同等规模的大众传媒渠道逆向传播，而是运用别的规模小得多的传播渠道，因而已不属于大众传播的范畴，而属于人际传播或群体、组织传播，正是从这个意义上说，大众传播是单向性的信息流动。并且大众传播的反馈大多是事后的，缺乏即时性和直接性。大众传播的单向性主要表现在两个方面：一是传媒组织单方面提供信息，受众只能在它们所供给的信息范围内进行选择和接触，具有一定的被动性；二是没有灵活有效的反馈渠道，受众对媒介组织的活动缺乏直接的反作用能力。大众传播过程的单向作用性质为它赋予了强大的社会影响力，当然，这种影响，既包括正面的，也包括负面的。

(6)大众传播是复杂的社会过程，既对社会产生作用，施加影响，又受到社会大系统的有力控制。因此，大众传播系统是社会大系统中的一个子系统。

二、大众传播的产生与发展

大众传播的产生是人类传播技术和社会发展的结果。但是大众传播到底诞生于什么时代,它的标志是什么？关于这个问题,人们还没有一个确定的回答。施拉姆认为,大众传播诞生于15世纪40至50年代,其标志是1450年德国人古登堡运用活版印刷术,成功地印刷出了第一批油印的《圣经》,施拉姆把这个日子称为"庆祝大众传播开始的日子"。但是另外一批学者却提出了不同的意见。他们认为,古登堡的金属活版印刷术虽然具有重要意义,但真正意义上的大众传播(即我们在定义中所界定的大众传播)的诞生,却是从那以后将近四百年的事情,确切地说,近代大众传播的起点,应该以19世纪30年代大众报刊的出现为标志。

那么,这两种说法到底哪一种更有说服力呢？其实,大众传播只是一个相对的概念,是相对于以前已经存在的传播形式而言的,一种更大范围、更具影响力的人类社会的传播行为,而它的出现是与传播技术的发展和新的传播工具的出现紧密联系在一起的。对大众传播时代的到来做出一个具体的时间点上的确认,这其实并不是一件很重要的事情。而且这种研究问题的方法和视角也未必正确,因为任何事物的出现与成熟都是一个过程,是一个时间段的范畴,而不是在一个具体时间点就可瞬间完成的。因此,我们在这里考察大众传播,主要是从它的发展过程这个角度来说的。其发展过程我们可顺着在当时起着主导作用的大众媒介的演进来进行梳理。一般说来,大众传播媒介依着从大众报刊到电报、电影到广播和电视一直到当今的互联网的轨迹共同演进和共同生存,并且这个过程随着新技术的层出不穷和社会生产力的不断发展,还会一直延续、永不完结。一种新媒介出现后,并不会马上取代原有媒介,而是发挥各自的优势特性,一起承担起人类社会的信息传播功能。

如报纸作为一种大众传播媒介出现于广播、电视、电影之前,是大众传播媒介的"老大"。如果要追溯报纸的雏形,在中国可以上溯到汉代,在西方可以追溯到古罗马时代。古登堡的活版印刷术,为现代意义上的报纸的诞生奠定了技术基础。随着信息交流发展的需要和科技文化的发展,报纸发展迅速,在初期报业定期刊物的发展过程中,德国居于领导地位,1615年,艾莫尔创办的《法兰克福新闻》周刊被世人公认为世界上第一份真正的报纸。17世纪,大多数的德国城市都发行报纸。所以,德国被世界新闻界视作近代报纸的摇篮。随后,各国也纷纷发行各种类型的报纸,英国、美国后来居上,超过了德国。但是报刊真正成为现代意义上的大众传播媒介却是在19世纪30年代,其标志是"人人都看的报纸"——廉价"便士报"的出现(以19世纪30年代《纽约太阳报》和《先驱报》的创刊为代表),这种大众报纸在19世纪后半叶和20世纪初得到了迅速的普及和发展。大众报刊第一次广泛地刊载来自医院、警察局、教堂、银行的新闻,深刻地扩大了政党报纸原有的报道领域。面对报道领域的不断扩大,原有手工作坊式的新闻采集与加工方式已不能适应时势的需要,传播者很自然地向专业化方向发展,这也促使新闻机构实行规模化的新闻采集与加工。大众报刊的记者逐渐走向专业化,不同的记者报道不同的专业领域,包括政治、经济、社会文化等,这有助于提高记者的专业水平和报业内部的工作效率,也形成现代报业内部的"条线制度"。以美国为例,1900年日报总发行量达到1510万份,平均每户订报量接近1份;1910年总发行量达到2421万份,平均每户1.36份,达到饱和点。

我国传播学者郭庆光在《传播学教程》一书中对此的评价是:在这个过程中,报纸完成了两个转变:一是由"观点纸"向

"新闻纸"的转变,二是由政党经费经营向市场运营和企业化经营的转变。换句话说,到了这个时期,报纸开始成为"以报道新闻、传播知识、提供娱乐"为宗旨的信息产业,成了真正意义上的大众传播媒介。

至于大众传播的未来,可以肯定的是,老的媒介不会被新的媒介形式彻底取而代之,而是会想方设法适应变化了的媒介环境并继续在媒介领域内不断演进。但是老媒介也不能以此作为自我满足的借口。尽管新媒介技术从实验室走向市场需要几十年时间,可是只要个人与社会认识到新媒介能以买得起的价格满足自身的需要与渴求,那么其扩散也能很快发生。尤其是那些现存的具体的大众媒介公司要是对于适应这个迅速变化的环境六神无主的话,也可能存活不了多长时间。

人们对新时代有许多流行的看法,以为在这个时代里,一切形式的大众传播,最终将为与人更亲密的电脑媒介传播形式所取代,但这也仅仅是一种看法而已,虽然数字技术必将给予个人对主流报纸、杂志、电视和无线广播的内容与节目安排以更大的控制权,但不至于会导致大众媒介的死亡。大众媒介已经不断演进并成为现代社会不可或缺的部分。它们满足了人们分享信息与娱乐的需要,并提供了一种文化凝聚力,把广大社区具有共同社会、政治与经济利益的形形色色的人们联结起来。①

三、大众传播的基本社会功能

大众传播给整个社会带来了重大影响,广播、电视、互联网络等新兴媒体的出现使传播活动的范围越来越大,传播水平越来越高。回溯传播的演进轨迹,我们会发现,从人际传播到大众

---

① 罗杰·菲德勒:《媒介形态变化:认识新媒介》,华夏出版社 2000 年版,第 218-219 页。

传播,传播尤其是大众传播承载着越来越多的社会功能。

传播功能研究源于西方社会学的结构功能主义学派,他们主张从理论角度研究整个社会,重点研究社会的结构及其各组成部分之间在功能上的差异和相互关系。其中的代表人物默顿提出功能分析方法,主张通过将社会或文化现象置于更为广阔的背景之中去研究它们在社会中的功能以及它们之间的相互关系。他认为,任何有利于一个社会系统的适应与调整的结果,皆谓之为功能,相反,任何阻碍社会系统的适应与调整的结果,皆谓之反功能。[①] 但是在我国,一些传播学教材在谈到传播功能和大众传播的社会功能时,有两点往往混淆不清。一是将"dysfunction"(功能失调或功能障碍)一词译为"负功能",从而把大众传播的社会功能区分为正功能和负功能两大类。这种提法不科学。其实,功能没有正、负之分,因为凡是任何事物的功能,都是指"事物或方法所发挥的有利的作用"。既然凡功能都是有利的、积极的,就不可能有什么负功能。倒是在某种条件下,功能会受损而产生消极的负面后果,那也只能称之为"功能失调"或"功能障碍"。可见,把功能区分为正功能和负功能是不合逻辑的。二是把"隐功能"和"负功能"(其实是"功能失调")混为一谈。按照默顿的本意,功能和功能失调、显功能和隐功能,是两组不同的概念。前者侧重于它们对社会体系有利或不利,后者则强调其功能是否是社会成员所愿望的和所认识的。换句话说,功能和功能失调是一组相对立的概念,而显功能和隐功能却都可能有助于社会体系的调节和适应,只不过是隐功能超出人们的预期或人们还没有认识到而已。

关于传播功能的研究主要是研究传播对社会的作用和影响,侧重于大众传播的作用和影响。以下介绍的是传播学研究

① 李茂政:《大众传播新论》,台湾三民书局1986年版,第329页。

中在这方面比较有代表性的一些理论与观点。

1.四功能说

四功能说是传播学者查尔斯·莱特(Charles R. Wright)在哈罗德·拉斯韦尔(H. Lasswell)的三功能说基础上提出来的。

美国学者拉斯韦尔最早对传播的社会功能作出较全面的分析,1948年,他在其发表的《传播在社会中的结构与功能》一文中,将传播的最基本社会功能概括为三个方面:

(1)监视环境。指传播从业者时刻了解事物的动静、社会的动向,通过大众传播的方式告知人们,使他们得以了解社会进程的机遇或威胁,为人们的决策提供依据。施拉姆曾把它形容为"雷达功能"。

(2)联系社会。指大众传媒通过对信息的选择、解释和评论,把社会各个部分联系起来,协调一致,整合为一个有机的整体,并对社会周围的环境做出有效的回应,把人们的视线集中到适应当前情况的最重要的事件或事情上来。

(3)传承文化。又称为社会遗产传递。指大众传播能够把文化传递给下一代,并继续教育离开了学校的成年人,促成社会成员共享同一的价值观、社会规范和社会文化遗产,从而增强社会的凝聚力。

上述三个方面被称为拉斯韦尔的三功能说,当然,这三项功能可以涵盖所有传播类型的作用,但大众传播在这些方面起着非常突出的作用。

拉斯韦尔的三功能说提出后,产生了广泛影响,一直被传播学界认为是经典性的论述。后来,随着电视等媒介的产生与迅速发展,拉斯韦尔的学生查尔斯·莱特于1957年发表《大众传播:功能探讨》(*The Nature and Function of Mass Communication*)一书,又补充第四项社会功能——娱乐,指大众传播媒介能提供娱乐并附带地起社会化的作用。娱乐功能是大众传播多种功能中最为显露的一种功能。在大众传播的环境中,娱乐发生了两个重要的变化:一个是娱乐本身已不只是人们的一种消遣手段,而是成为人的基本需要;二是现代大众传播处于商业与文化并行的境遇之中,大众传播提供的娱乐逐渐变成商业和文化交错并行的整体。

科学技术的社会转化往往会带来巨大的影响,大众传播的发展直接受惠于科学技术的发展。在整个大众传播系统的谱系中,电视与娱乐结合最紧密,电视传播以其独具的视频、音频信号相结合的传送方式以及电视报道利用具体的场面,刺激观众情绪的设计,以及动人鲜活的镜头为受众提供快捷、身临其境的效果。可以说,如果没有娱乐,电视将失去意义。① 电视不仅借此取得了对报刊、广播等媒体的比较优势,并且,随着电视的迅速普及,这个四四方方的匣子已经深深地融入大多数的家庭中,成为其中的一分子,成为人们生活中的亲密伙伴。在人类社会网络中,电视这个节点与人类社会生活的其他节点之间建立了极其复杂的链接关系:"电视必须跟人们的实际生活相联系,包括现实生活和想象中的生活;如果在电视中看不到我们自己的生活、愿望及梦想,那么电视对我们来说就毫无意义可言"②。

简要说,莱特认为,大众传播的功能共有四个:监视环境、联系社会、传承文化和娱乐。

2. 拉扎斯菲尔德和默顿的三种功能说

1948 年,美国哥伦比亚大学应用社会学研究所保罗·拉扎斯菲尔德博士和罗伯特·默顿博士在《大众传播、大众鉴赏力

---

① 云国强、吕品:《从娱乐的文化起源与本质解析电视传播的娱乐功能》,2003 年 7 月世纪中国网站。

② [英]安德鲁·古德温、加里·惠内尔:《电视的真相》,魏礼庆译,中央编译出版社 2001 年版。

和有组织的社会行动》中,特别强调下述三种功能:

(1)授予地位的功能。大众传媒能使被其广泛报道的人物、商品、组织等成为社会的焦点,获得很高的知名度和社会地位。拉扎斯菲尔德和默顿认为,这种地位赋予功能,会给大众传媒所支持的事物带来一种正统化的效果。

(2)社会规范强制功能。拉扎斯菲尔德和默顿指出,大众传播的这项功能主要来自于其公开性。他们认为,在通常情况下,即使人们对违反规范的行为有所知晓,也不会发生有组织的社会制裁行动。但当大众传媒将问题公开化后,情况就不一样了,一般公众就会感受到维护社会规范的"制度性压力",积极加入到舆论制裁的行列中去。

(3)作为功能障碍的"麻醉作用"。拉扎斯菲尔德和默顿指出,现代大众传播具有明显的负面作用。它将现代人淹没在表层信息和通俗娱乐信息的汪洋大海中,人们每天在媒介上花费大量的时间和精力,降低了积极参与社会实践的热情。他们把这种现象称为大众传播的"麻醉作用",认为过度沉溺于媒介提供的表层信息和通俗娱乐中,就会不知不觉地失去社会行动的力量,而满足于"被动的知识积累"。

3. 施拉姆的综合功能说

威尔伯·施拉姆对大众传播的基本功能则有如下归纳:

(1)守望的功能。从古老的原始社会开始,各部落就分派有值勤的"守望人",他们帮助族人守望着地平线,一旦发现异常状况,立刻鸣鼓警示族人武装起来,群起对抗。在当今社会,媒体扮演的角色就如"鸣鼓的守望人"。它的任务是多元的,不是被动消极地告诉你敌之既来,更应进一步正确地反映现实环境,用正确而公平的手法揭示宇宙真相,以达到"守望"的功能。

(2)协商的功能。当生活群体面临某种困境时,人们会通过亲族的商议或村民的会议达致共同的协议。现今大众媒体取代了这方面的功能，帮助人类将自身的反应与出现在地平线上的挑战和机会结合起来，并调和各种不同意见，使人们能够采取一致的行动。

(3)教化的功能。在未开化时期，个人一生的言行举止都为父母及周围人所影响。散居的农业社会，人与人之间的相互影响亦不如今日之深；文字的发明、简册的流传与学校的设立使教育文化逐渐有了完整的体系。而大众媒介在教化方面的影响不仅广泛，而且深入人心。城乡的差距缩小，人际间的距离隔阂逐渐消除，群众的知识水平也在逐渐提高。大众媒介对教育文化的发展居功甚伟。

(4)娱乐的功能。娱乐对人类来说一如衣食住行，不可或缺；原始社会也有丰年庆典与迎神赛会，因此不能只强调教化功能的重要，而抹杀娱乐所应占有的分量，我们甚至可以说，娱乐功能至少与教化功能等量，尤其是电视的娱乐功能。在调剂紧张生活方面，大众媒介责无旁贷。

(5)商业的功能。早期农业社会有固定的市集，而今人际关系日趋复杂，市场不再是"以物易物"的地方。要促进财物流畅无阻，让顾客与厂商之间的供求关系得以维系，以确保经济制度的健全，这些艰巨的任务，便由大众媒介来肩负。①

施拉姆所概括的关于守望、协商、教化、娱乐和商业等大众传播的基本功能，充分体现于现代社会中，而且这些功能还在不断地得到增强。当今社会的大众传播主要涵盖了文化传播、环境监视、社会调节和娱乐共享的作用，这些作用进而辐射到社会制度的变革、社会组织的构成与社会经济的运行等方面。

4. 文化规范功能

大众传播媒介在现代社会成为人们广泛传播观点、知识和

---

① 威尔伯·施拉姆：《大众传播的责任》，台湾远流出版社 1992 年版，第 31 页。

经验的最重要的不可替代的依靠对象。因而,大众传播对文化的形成、发展和演变都起着重要的作用。

美国学者梅尔文·德弗勒在《大众传播理论》一书中提出了"文化规范论"来解释大众传播对社会文化的影响。

按照德弗勒自己的解释,"文化规范论的主要内容是大众媒介通过有选择地表现以及突出某种主题,在其受者中造成一种印象,即有关其突出的命题一般文化规范是以某种特殊的方式构成或确定的。由于个人涉及某命题或情景的行为通常受文化规范(或者说一个行为者所理解的规范)的引导,这样媒介就间接地影响到了行动"。也就是说,大众媒介通过有选择地提供信息或重复突出某些问题,起到一种示范作用,使受传者体会到什么是社会上所赞同或认可的价值、信仰与行为规范,进而在日常生活中认同这样的价值观和主动选择这种规范下的行为。

"文化规范论"的理论基础是班都拉(A. Bandura)的"社会学习论":人们倾向于而且能够学会在一定场合如何行动。早期的实证性研究是布鲁默(H. Blumer)在20世纪20年代所做的有关电影对儿童影响问题的研究,他发现儿童习惯于模仿银幕上的行为和场景。后来,乔治·格伯纳(George Gerbner)关于观看电视的研究为德弗勒(M. L. Defleur)的"文化规范论"提供了有力的支持。他发现,对一系列不同的问题,"重"电视观众和"轻"电视观众的回答有很大区别。"重"电视观众所选择的答复往往是电视所提出并强调的。比如,由于大部分占据电视节目的主要人物是美国人,"重"电视观众常常过高估计美国人在全世界人口中所占的比例。①

---

① [美]沃纳·赛佛林、小詹姆斯·坦卡德:《传播理论——起源、方法与应用》,中国传媒大学出版社2006年版,第265-266页。

5. 麦奎尔的"动员功能"

英国传播学家麦奎尔在分析大众传播的社会功能时,新增了一项"动员功能"。他把"动员功能"定义为"在政治、战争、经济发展、工作和有时在宗教等领域内,开展适合社会目标的运动"。[①]他之所以增加这一功能,是因为几乎在每个地方,传播媒介被期待去推进国家利益和促进某些关键性的价值行为模式,特别是在危机时期更是这样。虽然麦奎尔的看法不无道理,但动员功能仍然可以归入拉斯韦尔提出的联系社会功能的范围之内。因为在政治、经济等各种领域内开展适合社会目标的运动,要依靠全社会的力量,而不是仅靠大众传媒独立完成。而且不论宣传动员还是造成社会舆论,其目的也都属于联系、协调社会各部分的力量以适应环境的整合功能。

以上所论及的五种功能观,还远没有将中外研究者关于大众传播的功能研究成果全部概括进来,所介绍的只是一些有代表性的功能观。实际上,大众传播的功能涉及很多方面,范围非常广泛,如 1993 年沃森和希尔在《传播与媒介研究辞典》中所列出的传播功能就有 8 个方面,分别为:(1)工具性;(2)控制;(3)信息;(4)表达;(5)社会接触;(6)缓解焦虑;(7)刺激;(8)角色联系。[②]

既然大众传播的功能是多元化的,那么,大众传播的功能也就具有暂时性、适应性和可变性等特点。

所谓"暂时性",指大众传播的某些功能在不同时代或不同时期会得到强化或抑制,甚至减退、消失,存在此起彼伏的态势。

所谓"适应性",指大众传播功能是否能够充分发挥,是由它能否适应进步和发展而定的,也是同它能否适应广大受众的需要相关的。

---

①② 吴文虎:《传播学概论》,武汉大学出版社 2000 年版,第 114 页。

所谓“多变性”，指大众传播的各种社会功能不可能是一成不变的。一方面，不同的社会结构与功能，会影响到受其制约的大众传播的结构与功能。换句话说，在不同的社会形态和社会制度下，大众传播的社会功能是各不相同或同中有异的。另一方面，对大众传播的功能研究还处于不断探讨之中，与此相关的理论见解仍在不断修正和完善，也具有可变性的特点。

当然，大众传播的功能并不都是积极的，在大众传播功能实现过程中，一些对人和社会不利的消极影响也会相伴随出现，如前介绍过的“起着功能障碍的‘麻醉作用’”。近年来，美国出现了一个新名词——电视人，指的是二三十岁以下的人，他们从降生起就大量接触电视节目，因而从思维方法、价值观念到行为方式都来源于电视，成了“电视人”。他们因长期在电视画面和音响的感官刺激下，在相对封闭和与现实缺乏互动的环境中成长，难以应付实际生活的千变万化，可以说是“社会麻醉”的一种表现。为此，在美国有一个“无电视组织”在每年 4 月份的最后一周举行关掉电视机一星期的活动，来唤起人们对电视负面影响的关注。

第五节　网络传播

一、网络传播的界定

世界上最早的网络媒体据称是美国的《圣何塞信使报》，它开创了网络报刊的新纪元。近两年，新出现的网络媒体在重大新闻事件报道中发挥了引人注目的作用，已成为有独特作用的新媒体。其标志性的事件是 1998 年 9 月 11 日，美国众议院决定利用国际互联网公布斯塔尔报告，将其他媒体排除在外，因为广播和电视不可能将近 500 页的报告完全播出，听众、观众也没耐心听完、看完。报纸则由于时效性关系，要等到第二天才能登出。报告在网上公布的头一天,全球就至少有2500万人在网上读了该报告。有人称其为传统媒体和网络媒体此消彼长的一个历史性转折点。

正像报刊、广播、电视传媒一样,互联网已成为今天重要的传媒形态,并成为人类生活不可或缺的一部分。网络用户的增长和规模的扩大是保证网络媒体发展的最重要因素,当未来全球更多的人参与到互联网之中时,当更多的信息和知识通过互联网广泛传播时,其影响力必将更大限度地发挥出来。

计算机信息网络在传播新闻和信息方面具有媒体的性质和功能,故称之为网络媒体(NetMedia,或Online Meida),目前主要指全球最大最普及的计算机信息网络——互联网,故国内亦称互联网媒体(Internet Media)。

1999年4月,在北京召开了第二届亚太地区报刊与科技和社会发展研讨会。全国人大常委会副委员长、中国科协主席周光召在开幕词中,引用了1998年5月联合国秘书长安南在联合国新闻委员会年会上的一段讲话:“在加强传统的文字和声像传播手段的同时,应利用最先进的第四媒体——互联网,以加强新闻传播工作。”从此,“第四媒体”广为使用。1995年1月12日,我国中文刊物《神州学人》最先上网。1997年1月1日,《人民日报》网络版问世,标志着我国的网络媒体正式在国际互联网中出现。至2000年,“网络媒体”在国内开始取代“第四媒体”一词被人们使用。

这里需要强调的是,互联网尽管具有媒体的传播性质和功能,但是我们不能将其看作是互联网的全部功能,即当使用“网络媒体”这一表述时,不能只是把互联网等同于媒体。因为互联网作为人类发明的一项最新的和基础的技术,还能被运用到其他的各行各业当中去,但互联网在新闻和信息传播方面具有媒体的性质,尤其是互联网具有大众传媒的传播效果,已成为不争的事实。尽管从互联网功能上看,Web网站、邮件列表、电子公告(含电子布告牌、电子白板、电子论坛、网络新闻组、网络聊天室、留言板等)、即时通讯(ICQ等)等,都具有新闻和信息传播的性质,但在中国,当谈及网络媒体时,首先想到的还是新闻媒体网站和登载新闻的门户网站这两大类。因为它们在网络新闻传播领域占有最重要的地位。如果从这一角度去定义网络媒体,也可以这样表述:按照新闻媒体传播流程(即由专业人员对新闻和信息进行采集、整理、加工、发布)运作的、具有公信力的、能够产生巨大社会影响力和能够迅速形成社会舆论的互联网站。

在“第四媒体”这一概念广泛使用时,有学者指出“第四媒体”不准确,因为按照各种大众传媒形态出现的先后排序,将书籍、电影等包括在内,我们应该将其称为“第九媒体”。其实“第四媒体”仅仅是从诞生时间排序上的一种比喻,同时强调的是其新闻传播的特性,并不是严格意义上的定义。如在近两年,又有人将“互动电视”、“数据广播”、“手机短信”分别比喻为“第五媒体”。亦有学者指出,“第四媒体”的用法十分片面,“网络媒介已为人类信息传播提供了一个崭新的天地,它是相对于现实世界而存在的人类精神交往的第二世界,而不只是所谓的‘第四媒介’而已”。实际上可以从不同角度给互联网功能下定义,每一个角度强调或突出的是不同的功能或特性。无论如何,互联网具有媒体的特性是显而易见的。[①] 以网络媒体来表述网络传播媒介,其基本要素有这样几个:数字化信息,互联网,发布平台,编辑制作系统,信息集成界面,传播渠道,接受终端。简要总结就是:网络媒体是人类利用互联网汇聚与共享海量数字化

① 闵大洪:《网络媒体》,引自 http://www.jschina.com.cn/gb/jschina/2003/24/node6122/node6125/userobject1ai451377.html.

信息的特性而形成的交流平台。

理解了网络媒体的概念,对网络传播就好懂了,网络传播无非就是人们借助网络媒体所进行的信息传播行为与过程,它汇聚了多种传播手段的优势,是更加个性化、更加容易形成平等交流平台的新的传播方式。它的含义非常广泛,人际传播、组织传播、大众传播都可以与网络媒介结合,形成网络中的人际传播、网络中的组织传播、网络中的大众传播等等形式。

二、网络传播的特点

传统媒体由于技术条件的限制,因而其传播活动有较多的局限性,比如,传统的大众媒体的信息流动是单向的,在传播过程中,受众只能被动接受;在传播范围上,传统媒体只能在一定程度上实现全球性的传播等。而网络媒体先进的技术平台,使得它具备了传统媒体所不可比拟的优势。网络传播的特征主要体现在以下几个方面:

(1)交互性与易检性。网络媒体从多方面使传受双方的双向交流方式得到强化,受众除了可以自由取用自己需要的信息外,还能够参与信息的传播。网络媒体的读者可以在同一时间与网络媒体的有关编辑进行交流,甚至他们的这种交流本身就可成为网络媒体实时发布的信息的一部分,并且很多信息就是网民自己首先发布的,这样传播者和受者的界限没有截然的区分,二者可以互换位置。对于传受双方地位的这种变化,尼葛洛庞蒂有详细而形象的描述:“数字化会改变大众传播媒体的本质,‘推’(pushing)送比特给人们的过程将一变而为允许大家(或他们的电脑)‘拉’(pulling)出想要的比特的过程。这是一个剧烈的变化,因为我们以往对媒体的整个概念是,通过层层的过滤之后,把信息和娱乐简化为一套‘要闻’或‘畅销书’,再抛给不同的‘受众’。”可见,由“推”到“拉”不仅仅是一个“动作”

的变化,更重要的是它把网上信息变成一个世界范围的"信息超级市场",网民在其中可按自己的意愿各取所需;网络传播是通过网络的核心技术超文本链接,将无限丰富的信息加以储存和发布。用户可以很方便地输入关键词进行信息检索。

(2)方便、快捷。就时效性而言,网络媒体具有独特的优势。网络媒体的版面不受空间的限制,频道的更新也可以没有固定的周期,添加或者更新信息在操作上十分方便,并且信息存储、输出也很简单、快捷。这都使网络媒体具备"时刻准备着"传播新信息的条件。

(3)全球性。这是就网络传播的传播范围来说的,网络传播从理论上讲不受时间和空间条件限制,一旦信息发送出去,世界上所有的人只要登陆到其所在地址都可以看到。如不是有意去探明,用户几乎感觉不到已跨出国门,真可谓足不出户,"走"遍全球。如 2004 年底印度洋大海啸造成死伤无数的惨剧后,如何让伤亡者的家属亲朋好友知道实情,成了一个难题,于是就有人组织赶紧制作一个寻人网站,向全球公开,形成公布与交流相关信息的平台,虽然真实效果难以考察,但登陆到网站的人络绎不绝。

网络媒体信息传播的全球性具有雄厚的技术保障。互联网是一个按照公认的相关协议连接的分布式网络,在技术层面上不存在中央控制的问题,没有任何一个人或是一个国家能够通过某种手段来完全控制互联网,也不能把互联网封闭在一个国家内。故,任何信息都可以通过网络媒体来进行广泛的全球传播。

(4)信息传播的开放性和超链接。互联网使实现个人的自由多了一种手段与阵地。受众能随时随地利用网络传递、浏览、保存最新最详细的各类信息,网络媒体也没有种类和行业的限制,不再是只有编辑和记者才能发布消息。而且,任何一条信息的发布都不需要大规模有组织的专业设备和审核程序，信息传播十分自由和开放。网上的信息就呈现出开放和多元的态势。网络传播的开放性，使得人们可以通过网络媒体获取大量的有用信息；但另一方面，网络媒体的开放性也导致了网络信息的鱼龙混杂、参差不齐。

信息档案的超链接可以说是互联网络最核心的技术，它使得一个档案和另一个档案之间可以很容易地跳转，实现阅读错位；还可以通过同一平面或界面，同系统内或系统外的其他信息点进行实时阅读链接。

(5)传播内容的丰富性。网络媒体可以海量存储信息的特性和信息可以被无限复制的特性借助于先进的软件技术天衣无缝地结合在一起，又加上网络的用户既是受传者又是传播者，因此网络使得人们能从四面八方将人类所有的知识很快地汇聚起来，并且会越积越多，可以说随着参与者越来越多，网络传播的内容也会越聚越多。

可见，网络传播正在逐渐成为一种传播学研究的重要领域，它不仅推动传统媒体的变革（如传统媒体的电子化），也对传播学理论产生着重要影响，对比传统的大众传播，网络传播具有独特的优势和形态，将形成信息传播的互补与联动格局。

三、网络传播的社会影响

网络传播的社会影响可以说只是网络传播所发挥的功能的一部分，因为传播功能涉及面非常广泛，若从因特网本身的功能特征看，现实的传播理论研究框架，可以参照美国马里兰大学的纽哈根和赫伯瑞谈到的几个方面来进行研究。

(1)多媒体的传播功能及其信息形态的相互转换与人的感觉需要的关系，以及传统媒介的指导性功能在这种情况下发生的变化。

(2)超文本的功能打破传统媒介的线性传播模式后,会产生何种解放的能量,及这种能量朝何处发展。

(3)分组交换信息的功能改变了传统媒介的拓扑结构(the topology of communication),动摇了"把关人"的地位,将产生何种信息交流的态势,造成什么结果。

(4)同步的灵活性功能完全改变了传统媒介"点"对"面"的传播方式,它与现实人际传播的异同及对人心理的影响。

(5)网络媒体整体的交互性传播特征带来的社会观念、生活方式的变化,虚拟化生活对人的影响。这是原来"媒介研究"的延伸,但是研究对象已经变成了各种传播媒体特征的综合了,涉及多学科的知识,难度增大。

有关因特网的以上传播特征,已经有不少广告式的炒作,优点被无限夸大,未来的发展近乎神话。其中不乏启示性,但对可能出现问题的一面则基本回避。这种宣传不能替代严肃的学术研究。在信息崇拜、速度崇拜、未来崇拜和科技崇拜的时尚中,传播理论研究者必须保持冷静的头脑。①

说到底,网络媒体是基于人类发明的多项网络和数字技术而形成的集成性的多功能的工具与环境,随着它自身的变革、完善和壮大,网络传播的功能与影响将会日益放大与增强,网络媒体还有待人们去挖掘更多的功能。网络传播对于社会的影响是多方面的,不仅影响着政治、经济和文化等宏观的方面,而且影响着个人的生活方式和思维方式等微观的方面。网络传播正强劲地渗入全世界的政治、经济、思想以及文化等诸多领域,日益改变着世界的面貌和人们的生产和生活。

下面用几个有影响的传统大众传播理论来分析网络传播的

---

① 陈力丹:《大众传播理论如何面对网络传播》,《国际新闻界》1998 年第 5 - 6 期。

社会影响。[1]

1. 从“知识沟”到“数字鸿沟”

知识沟理论假说的要义在于：由于社会经济地位高者能比社会经济地位低者更快、更多地获得信息，因此，大众媒介传送的信息越多，这两者之间的知识鸿沟也就越有扩大的趋势。造成“知识沟”的原因有：(1)接触媒介和学习知识的经济条件；(2)传播技能上的差异；(3)已有知识储存量的差异；(4)社交范围的差异；(5)信息的选择性接触、理解和记忆的因素；(6)大众传媒的性质，主要指印刷媒介倾向于更多地报道公共事物和科学知识，而这一类媒介的受众多集中在高学历、高地位阶层。随着信息技术的发展，网络传播的出现，知识差距不仅没有缩小，反而不断扩大，并形成了信息时代的“数字鸿沟”，信息富有者和信息贫困者之间的差距正在扩大。根据联合国的最新统计，占全球五分之一人口的发达国家互联网用户总数占全世界的93%，而收入低的国家上网用户仅为总数的0.2%。我国的互联网发展很快，但数字鸿沟也在扩大。2005年1月19日，中国互联网络信息中心(CNNIC)发布的第十五次《中国互联网络发展状况统计报告》显示：截止到2004年12月31日，我国网民人数从2004年6月的8700万增长到目前的9400万，半年时间增长700万，网民占我国人口的比例从半年前的6.7%增长为7.2%，增长0.5%，同时我国仍有超过90%的人口没有上网。将获取信息作为上网最主要目的的网民所占比例最多，达到39.1%；其次是休闲娱乐，有35.7%的网民选择；排在第三的是学习，有8.4%的网民选择。网民的上网目的继续向多样化发展，这也意味着互联网日益渗入人们的日常生活，带给人们越来越多的好处。但是，不能直接利用互联网的人数占了我国人口

① 周庆山：《传播学概论》，北京大学出版社2004年版，第286－290页。

的绝大部分。

从非网民的状况看，其不上网的最主要原因是“不懂电脑/网络”，比例为40.1%，其次是“没有上网设备”，比例为23.1%。不懂电脑/网络是影响我国非网民不上网的最主要因素。可见由于缺乏掌握与信息文本有关的语言和编码能力，也会在获取知识方面受到限制。

由于对信息获取和消费能力的不同而导致的不同社会群体之间“知识沟”的扩大趋势，在网络时代愈演愈烈，“数字鸿沟”的严峻现实已出现在我们面前。所谓数字鸿沟问题是在全球数字化过程中，不同国家、地区、企业和人群之间由于对信息和网络技术应用程度的不同以及创新能力的差别造成的“信息落差”、“知识分离”和“贫富分化”问题。[①] 数字鸿沟是一种无法避免的“积累沟”，它是国家、地区和群体之间业已存在的社会发展落差的一种新的表现形式。数字鸿沟的表现可用四个英文字母ABCD从四个方面简洁地加以概括：(1)Access：互联网的接入状况和人们的支付能力；(2)Basic Skills：数字化时代需要掌握的基本技术能力；(3)Content：谁在制造网上的内容？这些内容由谁掌控？在为谁服务？(4)Desire：个人上网的动机和兴趣。这四个方面所表现出的种种差异，使得在互联网的使用群体和非使用群体之间，以及互联网的使用群体内部不同的层次之间，在对信息的占有和支配能力上的差距日渐拉大。互联网正在逐渐成为社会分层的催化剂，它对传统的社会结构形成了势不可挡的冲击。研究者曾对中国互联网用户的受教育程度、行业结构和经济收入等人口统计指标进行过分析研究，他们的一个研究结论是，网民与非网民的划分，依然反映了传统社会结构分析所显示的等级差别，而且这种不平等进一步造成了传播

① 谢新洲：《网络媒体的传播学研究》，北京大学博士论文，2003年6月。

受众的知识差异现象。此外，网络的传播特性又在很大程度上势必形成互联网用户与非用户之间新的知识鸿沟现象。①

随着社会传播技术的发展和社会人群的进一步分化，知识沟扩散的现象将会表现得更加严重，可能既会是程度、纵向的加深，又会是数量、广度的增大。这有待于进行更加深入细致的传播学研究。

2. 网络传播的议程设置对社会的影响

对于网络传播中是否存在“议程设置”的回答，回答是肯定的，这是由网络媒体的特性决定的，表现在：(1)在网络里，某些信息的传播速度快、范围广、效果强烈，也就是说，网络传播可以轻易地做到提高对某些事件的报道频率与强度，以增强人们对这些事件与议题的关注程度；(2)在网络中大众传播与人际传播是相互交织的，而在议程设置方面，人际传播对大众传播是一个有力的补充；(3)利用互动技术，报道对象与受众可以建立直接联系，因此，当事人的影响会更直接地传递给受众，这对于提高某个事件的受注目程度，也是非常有利的。所以，作为大众传播之最新表现形式的网络传播也可以从议程设置理论的三种机制上加以考察。这三种机制是：知觉模式，即网络媒体报道或不报道某个议题，会影响到公众对该议题的感知；显著性模式，即媒介对少数议题的突出强调，会引起公众对这些议题的突出重视；优先顺序模式，即传媒对一系列议题按照一定的优先顺序给予的不同程度的报道，会影响公众对这些议题的重要性顺序所做的判断。这是一个影响和效果依次累积的过程。

(1)网络议程设置的知觉模式

网络传播能为受众提供传统传播方式难以企及的海量信息，网络媒体为信息的传播提供了相对于任何已有媒体而言最

① 丁未、张国良：《网络传播中的“知沟”现象研究》，《现代传播》2001年第6期。

广泛和自由的渠道。无论用户身在何处,只要具备上网的基本条件,就可在一个小角落里知晓世界上任一地点所发生的事情。并且,这种获知是以快速和方便、廉价的方式获得的,因为新闻网站不用付费,而且新闻主站点也乐意将内容的“广”和“全”作为追求的目标,都尽可能在第一时间关注事实的变动。这从另一个方面确保了网民最大限度的知晓权。

当然,“知晓”相关信息仅仅是形成议题的最初阶段,并不是每一条在网上发布的新闻都能为人们所注意,进而成为话题。同时,由于互联网信息总量的泛滥,导致有效信息含量的相对减少,而完全有可能使本来可能形成议题的信息湮没在大量的无用信息之中。

(2)网络议程设置的显著性模式

在现实生活中可以发现,凡是网站运用了以上手法进行强调和突出的新闻,往往获得较高的关注度。由于网络的超大容量,网络传播者可以将该事件相关的新闻事实或背景,事无巨细,通通发布出来;由于网络的即时性,用户可以通过跟踪报道将网民的注意力始终维持在该事件上;由于网络的超链接技术,传播者还可以通过超文本写作的方式,将相关新闻事件以极强的逻辑顺序组合起来,加深网民的印象;由于网络的多媒体特性,传播者还可以通过多媒体手段来再现事件,收到传统媒体无法达到的联动效果;由于网络的互动性,传播者又可以通过电子邮件或 BBS 以及聊天室的方式,使传受者之间、受众内部迅速形成意见的即时交流,从而通过网络方便的人际传播优势来形成话题,进而引起更多的关注。

(3)网络议程设置的优先顺序

网络上信息的排序主要有两种:一种是按时间顺序排列,这主要是针对一些即时更新的信息而言;另一种是按重要程度排序,其中体现网络新闻编辑对于新闻价值的衡量。

在这一方面，实际上，网络传播与其他类型的传播无实质性的差别，都是靠传播者依据行业的规范与自身素养来衡量新闻事件的重要程度，从新闻价值、受众可能关注程度、自身立场等出发作出的一种评价。这种评价，反过来又会作用于受众，使他们对于这些事件的重要程度的排序作出相应的调整。

目前，同传统的媒介相比，新闻网站的受众群规模还不大、不稳定，网络提倡"个性化"服务，且网络受众在一定时期内占主体地位的是知识水准相对较高的人，这些都说明网络议程设置的功能是有一定限度的。随着我国互联网用户的进一步增加，对社会的影响越来越大，整个社会对网络的控制问题也会相应投入更多精力。研究网络传播影响社会、影响舆论的作用机制将有助于我们更好地发展互联网，实行科学的舆论引导。

3. 网络传播的"沉默的螺旋"效应对社会的影响

"沉默的螺旋"假设是德国学者纽曼（E. Noelle - Neumann）于 1974 年最先提出的，这个假设认为：舆论的形成与大众传播媒介营造的意见气候有直接关系，人们为了避免因持有某种态度和信念而造成孤立，因而在表达支配意见和表达意见的个人数量增加的时候会放弃原有的想法和态度实现与主导意见的趋同。"沉默的螺旋"假设包含以下内容：A. 个人的"意见表明"是一个社会心理过程，避免陷入孤立状态，这是人的"社会天性"；B. 意见的表明和"沉默"的扩散是一个螺旋式的社会传播过程；C. 大众传播通过营造"意见环境"来影响和制约舆论。

也许网民的匿名性会让很多网民在网络传播中，在失去"第三者"的压力下，无所顾忌，想说就说，想说什么就说什么，以致言论自由到没了边界和底线的程度。在传统大众传播中威力巨大的"沉默的螺旋"是否会就此沉没不见呢？答案是否定的，网络传播过程中依然存在"沉默的螺旋"，我们可以从以下两个方面分析。一方面，虚拟与真实的关系使网上"沉默的螺旋”依然存在。网上的交流是在一种“双盲”的状态下进行的，虽然有利于打破对信息的封锁，可这毕竟不是真正的“意见表达”，不是“沉默的螺旋”理论中“意见的公开表达”，这样的意见表达在现实中几乎不会产生什么大的影响。互联网只是以一种虚拟的环境，给人们造就了一个虚假的平等的事实。一旦人们从梦境回到现实，仍然摆脱不了“沉默的螺旋”的控制。另一方面，信息控制权与操纵权决定了网上“沉默的螺旋”依然存在。“一旦上网媒介真的成为倡导者、监督者和组织者，他们就会以代表多数的身份使少数意见发表了等于没发表。”大部分的人仍然受到网络作为第四媒体为我们创造的“意见环境”的影响，“沉默的螺旋”仍然在发挥作用。欧洲数字化媒体领导小组顾问费尔德曼在谈到网络的交互性赋予用户的权力时，对于条件和权力的大小，用词均很谨慎。他写道：“信息系统的交互性赋予用户一些左右信息的力量，以及使用这一系统的结果的一定程度的控制(a degree of control)。事实上，这通常意味着在一种方法或另一种方法中，这一系统为用户提供选择。”“在用户的掌握下，尽管这种交互性多少左右着接近和结果，但这种一定程度的控制受到计算机软件所提供的交互性的严格限制(is strictly limited)。”于是，我们在网络上，尤其是BBS或网民的跟帖中，同样会发现“沉默的螺旋”现象：看到自己赞同的观点，并且受到广泛欢迎，就会积极参与进来，这类观点越发大胆地发表和扩散；而发觉某一观点无人或很少有人理会(有时会有群起而攻之的遭遇)，即使自己赞同它，也会保持沉默。意见一方的沉默造成另一方意见的增势，如此循环往复，便形成一方的声音越来越强大，另一方越来越沉默下去的螺旋发展过程。[①] 但是网络传播对“沉默的螺旋”造成了极大的冲击也是不争的事实。

---

① 陈力丹：《大众传播理论如何面对网络传播》，《国际新闻界》1998年第5-6期。

一方面,网络传播集人际传播、组织传播、大众传播的特点于一身,使得过去难以产生全面社会影响的其他传播方式才有可能更深刻地作用于更大范围的受众,从而使得过去相对明朗的意见气候更加复杂化。并且,网络传播海量信息可即查即用,有利于人们根据事物本身的是非曲直作出相当一致的判断,减少分歧观点的机会,减少因缺乏关键信息而导致的自我立场不坚定的情形出现的几率。另一方面,在“沉默的螺旋”假说中起重要作用的“从众心理”的作用程度也可能会因为网络时代的到来而有所改变。从心理学的角度说,从众心理的产生主要是由于认知失调和对孤独的惧怕。群体的压力会让人产生失调,而从众则是减少失调的一种有效方法。但在网络中,多数群体并不稳定,因此,如果人们在某个群体中感到失调,可以通过新换群体的方式而不是采取从众的方式来平衡失调。

同时,人们的交往空间随着网络的延伸而无限拓展,人们可以通过在网络中积极地寻找同盟者来消解孤独感,避免了在有限的生活圈子里一旦在意见上孤立就会在其他方面也陷入孤立的尴尬局面,从而降低因顾虑到以后的处境而产生的从众行为。

美国学者斯波鲁尔和凯斯勒(Sproull & Kiesler)在 1986 年提出的“缺乏社会情境线索假说”指出,在面对面的互动中充满着各种社会情境线索,包括个人的职位、环境、表情、动作等,这些线索会影响人们的行为,但是网络却无法承载这些社会线索,一旦去掉这些线索,社会的控制和规范就会减少,从而使网络成为对任一参与者来说都是平等的领域,其主要来源是网络上的匿名因素,会让使用者出现异于平常的行为,例如较高的参与度。

从以上我们所举的几个在传统的大众传播中有影响的理论与网络传播特性结合的分析来看,尽管这几个理论不是在网络传播的环境中诞生和发展起来的,但是对于网络传播依然有着积极的意义,能够用来帮助分析解决网络传播中的一些问题,解释网络传播中出现的很多新现象。因此,原有的那些传播功能研究的理论,在做了一定的修正以后,可继续在网络传播中得到发展,显现力量。

归纳起来,可以发现,人类借助传播媒介不断延伸着四肢和感觉器官,拓展着人类社会的活动空间。人类借助发达的传播网络使庞大的地球实体成了名副其实的"地球村"。特定的传媒形成特定的传播时空,传播类型沿着起初简单的符号媒介、印刷媒介、电子媒介到现代数字化媒介的演进轨迹一路走来,形成了人内传播、人际传播、组织传播、大众传播和正在兴起的网络传播等不同的传播类型,塑造并影响着人们在社会中的观念和行为。

【练习题】

1. 简要归纳人际传播的基本特点。
2. 简述组织传播的概念及作用。
3. 什么是网络传播? 网络传播是大众传播吗?
4. 论述大众传播的基本社会功能。

第九章　传播技巧

> 大众传播理论之大部分，甚至是绝大部分研究的是效果问题。而效果分析中最令人感兴趣也是最具实际应用价值的就属劝服艺术即传播技巧。
>
> 因为它直接关涉什么样的传播方式最有效，怎样传播才能达到预期的目的，运用什么技巧才能会让尽可能多的人接受某种事物，相信某种观点等具体问题。
>
> ——D. 麦奎尔

本章概要

本章主要分析传播技巧的内涵、特点及其在媒体传播活动中的应用价值，使我们对传播技巧有一个整体的认识。然后将重点介绍与分析一些在传播实践中应用较广、传播效果较大的具体传播技巧，并在每个技巧的介绍中，通过经典案例的引入，帮助我们加深对这些技巧的理解。

学完本章后，你应该可以：

- 了解传播技巧的内涵；
- 掌握传播技巧的特点、作用以及在运用过程中应当遵循的原则；
- 理解具体传播技巧具有的优势和劣势，明确在何种场合运用哪种传播技巧。

传播技巧是理论性较强的传播学研究中偏重实践的部分，传播技巧来自于传播实践又在更高的层面上指导传播实践，有效地提升了人们生产和生活的效率和质量，从而极大地提升了传播学在各学科中的地位，它是传播工作者必须掌握的“利器”之一。

第一节　传播技巧概说

一、传播技巧的内涵

“传播技巧指的是在说服性传播活动中为有效地达到预期目的而采用的策略方法。”[①]人类的传播活动丰富多彩、纷繁复杂。不同类型的传播活动，其传播目的也千差万别，但总的来说传播活动可分为说服性传播活动和说明性传播活动。说服性传播活动即运用传播技巧影响受传者，使受传者在态度和行为上发生传者所预期的变化，广告传播和政治宣传就是典型的说服性传播活动；而说明性传播活动仅就社会现象及相关事物进行如实反映，传播过程中传者观点立场体现不明显，主要是向受者提供环境认知信息，如新闻传播活动就可以视作说明性传播活动的主体。

我们可以将说服性传播活动中运用的策略方法看作是狭义的传播技巧，这种传播技巧主要是为了传者预期目的的有效实现；而在一切传播活动中运用的策略方法可以看作是广义的传播技巧，其目的主要是为了产生更好的传播效果。本节所论传播技巧指狭义的传播技巧，因为传播活动总是贯穿着传者的态度、立场、观点，带有不同程度的说服性（新闻传播也巧妙地隐藏着传者的倾向），传播技巧就是有效传达传者倾向，实现预期

---

① 郭庆光：《传播学教程》，中国人民大学出版社 1999 年版，第 203 页。

目的的策略方法。

人类传播史反复证明:传播实践是传播技巧的源泉,而传播技巧又可以优化具体的传播实践,使传播活动产生更好的效果。如同一切经验认识的产生过程一样,传播技巧也不是人们冥思苦想、无中生有捏造出来的,不是纯思想的果实(花朵),而是传播经验的结晶。庄子曰:“始生之物,必丑。”传播技巧的雏形阶段,也不会像今天这样可以有效地优化传播实践,其完善和成熟是经过长期的传播实践“打磨”、润色,以及从人们对传播原理、规律的认识的不断深化中破壳而出的。随着传播实践的发展,传播过程中的各种影响因素越来越复杂,受众人群更加分化,并且随着其知识文化水平的提高,他们对媒介的认识和判断利用能力不断增强,传播活动再也难以在他们身上起到“子弹式”的效果,这些因素显示了传播技巧研究的紧迫性,对这些问题的解决也是传播技巧研究的意义之所在。

传播技巧是传播理论的集中表现,是传者政治素养、理论素养、文化素养和经验知识的综合反映。传播技巧可以成为传者的武器,对传播技巧的合理运用可以让传者如虎添翼,增强传播效果。

二、传播技巧的特点

1. 独立性

传播技巧具有相对的独立性。它可以单独地服务于传播内容,使传播内容得到艺术的化妆和装饰,并可以抽取出来,脱离传播内容单独地予以观照、分析、研究。传播技巧的这种独立性,决定了一旦某种技巧形成以后,这种技巧便可以在传播活动中反复使用,不断完善,如诉诸情感、诉诸恐惧等技巧从古代的人际传播到今天的大众传播,就都在单独地重复使用。

2. 中立性

不同国家的传播业(特别是新闻事业)具有不同的性质,其指导思想也有各自鲜明的特点,但是作为为传播目的服务的传播技巧,因其属于手段和方法而带有鲜明的中性特征,故不同国家的不同阶级(阶层)均可使用。例如新闻传播过程中究竟是"明示法"有效还是"暗示法"更有利于改变受者的态度,是各国新闻工作者都较关注的问题。

3. 稳定性

传播技巧可以重复使用,也意味着其具有变化缓慢、相对稳定的特点,但是技巧的稳定性并不意味着它是一成不变的,可以故步自封,也不意味着传播者可以永远重复使用那有限的、简单的几招,不思进取,不求创新。强调传播技巧的稳定性,不只是指出其变化缓慢的特质,还表明技巧具有很强的可继承性和可借鉴性,可以古为今用、洋为中用,具有较强的生命力。

4. 创新性

高明的传播者不仅能得心应手、恰到好处地使用那些生机依然的传统技巧,而且还能不为前人的或现有的技巧所囿,创造性地构想和使用新的技巧。但是,对传播技巧进行创新性追求,并不能信马由缰,企图异想天开地一下子构想出许多崭新的技巧,一定要尊重传播技巧自身的特点、规律,既要吸取传统积淀,又要顺应受众长期以来已经养成的接受习惯和思维定势。只有这样才能使新的传播技巧更具表现力和时代感。

三、传播技巧的作用

传播技巧可以对传播内容起包装和美化的作用,传者通过传播技巧可以巧妙地将信息传输给受传者,渗入他们的内心,从而取得预期的传播效果。在实际的传播活动中,传播技巧具有如下作用。

1. 传播技巧的运用,有助于传播业的发展

传者是否重视对传播技巧的运用,反映出传者不同的传播观,即是把传播活动视为传受双方的“互动行为”,还是传者唱“独角戏”。前者为了调动受者参与活动的积极性,必将千方百计探求传播规律,积极使用传播技巧;后者则是注重传者意志的硬性灌输,而缺乏通过传播技巧对受者进行软性渗透。恰当的技巧运用可以拉近传受双方的距离,在“互动”过程中推动传播业的发展,这种技巧的缺乏容易造成传播活动的不畅或阻滞。

2. 传播技巧的运用,有助于传者预期传播效果的实现

传播技巧对于信息内容,就像精美包装对于商品一样具有不可小视的“促销”效果,在卖方市场时代只要商品本身质量可靠就能顺利销售,然而在买方时代,质量可靠的商品离开精美的包装,也不能使人们对其产生美感和购买积极性。同样,在信息爆炸的今天,没有传播技巧或技巧运用平庸的传播内容只能被信息大海淹没,传者的预期效果的实现只能是一句空话。

3. 传播技巧的运用,有助于提高受传者对传播过程的参与

现代社会,人们生产和生活节奏不断加快,忙碌而紧张,希望通过传播媒介获得放松身心和调节情绪的机会和条件。而恰当的传播技巧为此创造了基本的条件,在提供信息服务的同时,为广大受众增添生活的情趣,将受众稳定地吸引在媒介的周围,使媒介娱乐成为人们业余生活的重要组成部分。

4. 传播技巧的合理运用可使传播活动更加经济

虽然目前已经进入了信息时代,人们使用的传播媒介的种类和接触时间大为增加,但人们在任何时候都不可能将全部的时间和精力投入信息传播活动中。受时间和精力的约束,人们总是希望在各种社会活动中少投入、多产出,追求效益的最大化。传播技巧运用可以达到这一目的。在有限的传播通道里,通过信息精炼等方法可以减少冗余信息,使社会有效信息传播

的总量增加。

第二节 传播技巧的应用

传播技巧对传播活动的影响举足轻重,然而,传播技巧的获得并不是轻而易举的,那么我们可以从哪些途径获得传播技巧呢?我们在使用传播技巧的过程中又应当坚持哪些原则呢?

一、获取传播技巧的途径

1.掌握传播理论

传播理论是从传播实践中抽象出来的科学体系,是对传播实践的概括和总结。所以传播理论具有高于传播实践的性质,对传播实践具有指导作用。传播技巧是说服性传播活动中为实现预期传播效果而采用的方法、策略。传播活动是复杂多样的,传者、受传者、传播环境等因素纵横交织,都可能对传播效果产生影响。这就要求传者必须对影响传播效果的诸多因素本身的特点有较好的把握,同时对传播规律有深刻的认识,才能摸索、探求出有效的传播技巧,取得较好的传播效果。传播理论正为我们提供了所需的理论依据,可以说对传播理论掌握的娴熟程度已成为直接决定我们能否精通传播技巧以及精通何种传播技巧的关键因素。

2.学习国外先进的传播技巧

国外的传播学研究一向最为重视以如何取得最佳效果为核心的效果分析,它几乎可以说是传播学作为一门学科赖以安身立命的根基。正如麦奎尔所言,大众传播理论之大部分,甚至是绝大部分研究的是效果问题。而效果分析中最令人感兴趣也是最具实际应用价值的就属劝服艺术(也即传播技巧)。因为它直接关涉什么样的传播方式最有效,怎样传播才能达到预期的目的，运用什么技巧才能让尽可能多的人接受某种事物、相信某种观点等具体问题。可以说在传播技巧研究方面，国外已经取得了丰硕的成果，这些成果对我们来说具有很高的学习和借鉴意义。

3. 深入传播实践

实践是技巧的发源地，技巧是对实践经验的高度概括。现有的成熟和被广泛应用的传播技巧是前人在传播实践中总结概括出来的，以后新的传播技巧的诞生，其立足点也必然是传播实践，并且传播实践也是检验传播技巧优劣的试金石。因此，可以说没有传播实践，传播技巧就成了无源之水、无本之木。又因为任何传播技巧都有一定的适用范围，具有相当的局限性，而传播实践是复杂多样的，这样要获得适合传播实践的技巧，就必须深入传播实践，在实践中进一步学习、总结、优化、创新传播技巧。

二、运用传播技巧的原则

传播技巧是在长期的传播实践中打磨出来的。人类的传播实践充满挑战性、创造性，日新月异，这就决定了传播技巧也是不断变化和调整的。与此同时，传播技巧又具有独立性和稳定性，有自己相对固定的程式和套路，这样我们运用传播技巧时，必须遵循一定的原则。

1. 传播技巧要为传播内容服务

人类传播中的内容和符号表现形式都是极为复杂多样的，信息传播所使用的媒介和通道是复杂多样的，信息传播面对的受众对象也是复杂多样的，同样的传播内容如果采用不同的传播技巧进行传播，所得到的结果可能完全不同，这就要求要把传播技巧与内容很好地结合起来，让技巧很好地为表现内容和论证观点服务，而不要离开内容、玩弄技巧。

2. 坚持传播的真实性原则

信息传播的一个主要功能是为受传者提供认知环境的信息,消除不确定性。如果信息失真,传播机构和传播者的所有努力都失去了意义,他们的信誉和形象将受到严重损害,更重要的是将给受传者带来舆论上的误导和思想上的混乱,因此在实际的传播操作中,无论怎样巧妙地使用传播技巧,都不能损害信息的真实性。如果真实性和技巧发生冲突,那宁可牺牲传播技巧也要保证信息的真实。

3. 在传播实践中要善于学习和借鉴古今中外所积累的各种技巧

特别要注意吸取传播史上的各种教训,力争在未来的传播活动中少走弯路。现代传播对我国传播媒介和传播者而言是一个相对陌生的领域。尽管我国现在所使用的传播工具和从事的传播活动与发达国家的媒介机构没有什么太大差异,但我国的传播学研究起步很晚,对传播活动也缺乏充分的了解和把握,而且,我们现在所熟悉的传播技巧同世界主流媒介所使用的技巧有明显的差异,因此在信息全球化的今天,学习和掌握国际通行的一些传播技巧是十分必要的。

4. 传播技巧也要不断创新

传播实践是产生传播技巧的源泉,前人所留下的行之有效的传播技巧是根据他们当时的传播环境和具体的传播活动经验抽象、总结出来的随着传播实践的变化,虽然已有传播技巧对今天的传播活动依然有积极的作用,但必须突破旧的传播技巧,寻求新的更适应当前传播新情况的技巧。现代社会的特点之一是变化快、花样多,现代传媒和技术使得受众追求新奇和时尚的欲望越来越贪婪,那些稍有陈旧感的东西都会被他们毫不犹豫地丢弃,因此传播者要不断创造新技巧来表现信息内容,使其成为质形相糅、血肉相依、相辅相成、相互配合的艺术整体。

5. 传播技巧要为受传者接受

任何传播技巧都有一定的适应性，不同的传播技巧指向不同的受众；而不同的受众，对传播技巧亦有各种不同的要求。因此，传者运用传播技巧不能千篇一律，生搬硬套，不求变化，一定要对症下药，根据不同受众的特点、需要、兴趣、习惯以及文化程度等情况，有针对性地运用不同的传播技巧，以引起受众对传播活动的最大关注。

第三节　具体传播技巧透视

人类对传播技巧的应用，远远早于人们对传播学的研究，因此古今中外，形成了形形色色、多种多样的传播技巧。面对纷繁众多的传播技巧，我们很难做出全面彻底的罗列和介绍，在此只着重介绍和分析一些经常运用而且行之有效的传播技巧。

一、单面提示法和双面提示法

1. 单面提示法和双面提示法的内涵

单面提示和双面提示是指媒介信息传递的两种结构。前者是一种仅向说服的对象提示自己一方的观点或于己有利的材料的宣传说服方式；后者在提示己方观点或有利材料的同时，也以某种方式提示对立一方的观点或不利于自己的材料。

在对存在对立因素的问题进行说服或宣传时，是只论证自己主张的合情合理、无懈可击，还是传递含有正、反面两种观点的信息，这两种方法，究竟哪一种更能达到传播者的预期目的，更能使受众乐于按受传者宣传的主张呢？这就是传播技巧“单面提示法”和“双面提示法”所要解决的问题。

两种技巧各有利弊。一般说来，“单面提示”能够集中阐述自己的观点，论点突出，简洁易懂，但同时也会给人一种“咄咄逼人”的感觉，让人产生心理抵抗。另一方面“双面提示”由于给对方观点以发言的机会，给人一种“公平”感，可以消除说服对象的心理反感，但与此同时，提示对立双方的观点，论证比较复杂，理解的难度加大，在提示对方观点时，如果分寸把握得不好，反而会造成“为他人作嫁衣”的结果。

霍夫兰等运用“实验组控制前测后测”的设计，将 24 小队士兵（共计 625 人）分为三个小组，其中 2 个实验组各有 214 人，控制组有 197 人。第一个小组是“单面提示”群，第二个小组是“双面提示”群，第三个小组是控制组，不给予任何内容提示，目的是观察他们在自然条件下的态度变化，并与前两组进行比较，其实验结果如下：

(1)研究初步的结果是：无论“单面提示”还是“双面提示”都取得了良好的说服效果，同意“对日作战尚需一年以上”的人分别由 37% 和 38% 增加到了 59%。而控制组的态度则基本没有改变。这个结果说明，进行了宣传和没有进行宣传其结果是大不一样的。但从“单面提示”和“双面提示”的效果大小比较而言，两者在总体上并无明显差异。

表 9－1　原有立场与说服效果的关系

	原先反对者	原先赞成者
单面提示群	36%	52%
双面提示群	48%	23%

表 9－2　学历程度与说服效果的关系

	高中以下	高中以上
单面提示群	46%	35%
双面提示群	31%	49%

说明：上述两表中的数值均为“纯效果”，即实验对象态度的正变化减去负变化后所得的值。

(2)尽管单纯比较没有发现两种方法的明显差异,但进一步的数据分析却表明,两者的有效性和传播对象的属性有较大关系。这表现在以下两点:

第一,一旦将受访者的原有态度考虑进去,对原来就持赞成态度的人来说,“单面提示”的说服效果则明显大于“双面提示”;而对于原来就持反对态度的人来说,“双面提示”的效果则明显大于“单面提示”,如表9-1所示。

第二,从受访者的教育程度来看,“单面提示”对教育程度低的人的说服效果较好,而“双面提示”对教育程度高的人说服效果较好,如表9-2所示。这一结果表明,无论是“单面提示”还是“双面提示”,其效果的大小在很大程度上受制于传播对象本身的属性,不考虑具体的传播对象而将两者的优劣进行比较是不科学的。

2.“单面提示”和“双面提示”的适用范围

到底是用“单面提示法”还是用“双面提示法”,主要取决于传播活动中的具体条件和现实情况,现在就从以下角度对这些因素作些归纳:

(1)受众的既有立场。如果受众一开始就倾向于反对传播者的观点,那么把正反两方面的意见都提出来就比只讲一面之词更为有效。因为这样做受众就会觉得你看问题比较客观、全面,因而就会觉得你的意见比较可信。反之,如果受众原来就倾向于接受传播者的观点,那么只讲正面就比正反面都讲更好。因为这时对受传者来说,正面之词等于投其所好,可以立即产生共鸣,进一步巩固受众的既有认识。

(2)受众的受教育程度。对教育程度较高的受众应将正反两方面的意见一并陈述。如果对他们只说一面之词,他们会觉得传播者轻视他们的理解力和辨别力,同时会认为传播者怀有偏见,内心发虚,害怕或无力面对反面事实。当然正反都说并不意味着正反双方平均用力、不分主次，而是说在宣传正面主张的同时，举出反面论点，并进行分析与批驳。相反，对教育程度较低的受众，只作正面论述。因为过多地提及相反论点，反而会使人犹豫不决。特别是当反面观点也表达得十分充分，显得很有道理时，情况就更糟。他们会觉得正面意见固然很好，而反面感觉似乎也言之有理。这样他们对问题的认识可能比接受传播之前更加稀里糊涂，不知所措。因此，对他们最好只讲一方观点更为有效果，但在追求效果时也会关涉到传播责任的问题，这就要分析传播的动机与环境，不可片面追求传播效果。

(3)传播者的预期目的。如果传播者的预期目的是要求听众在听完报告后立即着手解决某个问题，就要对问题作正面的阐述。如果传播者的目标是为了使接受者对某个问题形成长期的坚定的观点、信念和意向，并且又处于开放的环境中，那么比较有效的做法是对观点作正反两方面的论证分析；传播者除了要充分论述自己的观点外，还要彻底揭露和批判意见相反的观点。

(4)传播的内容。对受传者不熟悉、一时不易搞清楚的，但又必须及时贯彻执行的传播内容，一般采用单面说策略比较见效。改革开放初期，涌现出许多新做法、新观点，如"提倡一部分人先富起来"，及有关"姓资姓社"问题的讨论，因传统观念一时难以突破，为加快改革开放的过程，邓小平提出为了避免思想混乱，对这些牵涉重大政策理论问题不搞争论，先干再说。显然，当时的新闻传播在这些问题的宣传上采取的是单面说为主的方法，只从正面提出该怎么办，而不提反面观点，避免引起争议。但对于受传者熟悉的、容易理解的问题，一般应采用双面说策略，比如：中国农业银行和中国工商银行对贫困学生提供助学贷款及大学生的还贷信誉问题，双面说更令人信服。

二、明示法和暗示法

1."明示法"和"暗示法"的内涵

传播者在信息传播过程中,特别是在说明性信息传播活动中,是仅仅提供引导性的判断材料,将观点寓于材料之中的做法传播效果好,还是在提供材料的同时也明示传者观点、意图、立场的做法传播效果好呢?这是一个古老的问题,在古希腊的修辞学中就已经开始这方面的研究了。传播技巧中的"明示法"和"暗示法"就是针对以上问题的。

"明示法"是指传播者直截了当地介绍自己的传播意图和观点,公开表达自己对传播内容的态度。"明示法"是为了让受传者尽快地同传播者在意图上达到一致。明示法的基础是通过证明、逻辑推理等手段试图取得受传者的认同。

"暗示法"是指传播者仅提供材料信息,让受者在没有察觉的情况下将信息传递给受者,让受传者独自做出结论。暗示法的基础是通过直接移植心理状态的途径而在受传者身上发生作用。

一般来说,"明示法"可使受者观点鲜明,使受众易于理解作者的意图和立场,但同时也会让受者觉得比较生硬。暗示法是给受者造成一种"结论自己得"的感觉,可使他们在不知不觉中受传播者观点的影响,然而这种方法有时会增加对传播内容理解的困难性,甚至会造成对传播者意图的曲解。

2.使用范围

通常,在具体的运用中,传播者的目的在于劝服的,其基本观点宜明示;目的在于娱乐的,其主题思想宜暗示;属于思想观点上的沟通,其结论宜明示;属于情感心灵上的联络,其意图宜暗示;一般实用文章的写作,其中心论点宜明示;文艺作品的创作,其主题思想宜暗示;接受者的阅听能力较弱,其思想宜明示;接受者的接受能力较强,其思想又宜暗示;权威性较低的传播者，其传播可用明示；权威性较高的传播者，其讲话可用暗示。

在不同的社会制度下，“明示法”和“暗示法”的使用频率亦不相同。一般来说，在社会主义的制度下，前者的使用频率高于后者；在资本主义的制度下，后者的使用频率又高于前者。此外，儿童比成年人、女性比男性更容易接受暗示。同样，在一定程度上疲劳的人和体质差的人比身心健康的人，更容易被暗示。

此外，传媒的性质和传媒要引导的目标往往也对传媒是采用“明示法”还是“暗示法”具有决定作用。

三、恐惧诉求法

1. 恐惧诉求法的内涵

在信息传播活动中另一种常用的传播技巧是“恐惧诉求法”。每年的世界禁毒日，有关部门都会向社会作大量的“珍爱生命，远离毒品”的宣传，其中一个重要活动就是通过向人们展示大量的吸毒者照片、介绍吸毒对吸毒者生活的影响，来敲响毒品危害人们的警钟。

“恐惧诉求”是指传播者试图通过带有较强恐惧色彩的媒介信息向受者进行劝服的一种技巧。这种方法会唤起人们的危机意识和紧张心理，促使他们的态度和行为向一定方向发生转变。

“恐惧诉求法”之所以屡试不爽，可以从以下两个方面得到解释：(1)它对事物利害关系的强调可以最大限度地引起人们的注意，促使他们加强对特定传播内容的关注；(2)它所造成的紧迫感可促使人们立即行动。但是由于“恐惧诉求”主要是通过刺激人们的恐惧心理来追求特定的效果，这样就会给受者带来一定的心理不适；如果不能很好地把握住“度”，容易引起自发的防卫性反应，产生适得其反的传播效果。

有关“恐惧诉求”的第一项实验是由霍夫兰的大弟子贾尼斯等人设计的。他们以一班中学生作为实验对象，把他们分为四个组,其中三个组是实验组,第四组则是用来同实验组进行比较的控制组。

在这次实验中,主持人以劝说中学生注意口腔卫生、养成刷牙习惯为内容,设计了重度、中度、轻度三种“恐惧诉求”材料。在重度诉求中,主持人不仅极力强调牙病的痛苦,和对身体的危害,出示了牙齿溃烂、变色、出现空洞、齿龈肿胀等可怕画面,并强烈暗示“如果不刷牙,你也会变成这样”;在中度诉求中,除较为平淡地陈述事实外,使用了黑白图片;而在轻度诉求中,只使用了一般性毛病的牙齿图片。与此同时,让控制组听一个关于保护牙齿的讲座。

实验结果是:(1)就“恐惧诉求”所唤起的心理紧张而言,效果大小与诉求的强弱顺序基本一致,即:“重度”诉求造成的心理紧张效果最大,“中度”次之,“轻度”又次之(表9-3)。(2)但是,从引起的态度和行动的变化来看,实验结果却显示了相反的倾向,即“轻度”诉求效果最好,“中度”次之,“重度”又次之(表9-4)。

表9-3　恐惧诉求的强度与心理紧张效果

	重度诉求	中度诉求	轻度诉求	控制组
实验前	34%	24%	22%	30%
实验后	76%	50%	46%	38%

说明:表内数值为对自己的牙齿健康状况表示担心者的比例。

表9-4　恐惧诉求的强度与行动变化效果

	重度诉求	中度诉求	轻度诉求	控制组
正效果	28%	44%	50%	22%
负效果	20%	22%	14%	22%
无效果	52%	34%	36%	56%

说明:“正效果”为增加刷牙次数或其他保健措施者的比例,“负效果”为减少者的比例,“无效果”为行动无变化者的比例。

然而,正如凡事都有两面性一样,有人根据实验提出与贾尼斯等人完全相反的主张,即最强的恐惧最有效。这项实验是由社会心理学家霍华德·利文撒尔等人在1966年所做的,它的实验形式同贾尼斯等人的相仿,只是这次是向一群大学生讲解有关接种破伤风疫苗的重要性。实验对象也被分为几组。对第一试验组,他们生动而明确地描述了破伤风的严重症状和发病过程,让实验对象感到此病非常可怕;对第二试验组,他们主要介绍破伤风的基本情况,而不特别强调其发病症状,从而只使实验对象处于轻微的恐惧之中;对第三试验组,他们只谈接种破伤风疫苗的各种好处,而不涉及破伤风带来的严重后果,这样便把实验对象置于毫无恐惧感的情况下。实验结果表明:第一小组的学生即接受到高度恐惧信息的实验对象对破伤风的看法改变最大,而且到医院接种破伤风疫苗的人数也最多。

因此,究竟哪种程度的诉求效果最佳,目前在学术界仍没有一致的结论。有些观点认为,惩罚越重效果越大;相反,有些观点认为惩罚过重或过轻效果都不佳,而中度的惩罚对促成态度的转变效果最大。这些观点都有实验结果作为其依据,尽管结论尚难统一。

2. 影响恐惧诉求的因素

有研究者在实验基础上总结了恐惧诉求活动中三个关键的因素,即受传者认为:(1)对所描绘的事件的有害性是否被夸大其辞;(2)所述事件发生的有能性有多大;(3)传者针对该事件所建议的对策是否具有有效性。这三个因素均带有认知判断的过程,而且这个认知判断的过程直接决定后来态度改变的程度。也就是说,当受众收到一则恐惧诉求的信息时,所描述事件中的危害性和可怕性,或者认为该事件发生的可能性不大,或者认为传者所建议的措施对于威胁并不适用,那么,他们的态度发生转变的可能性就比较小。据说,态度改变是受众在接受信息过程中由认知判断所激起来的那部分保护动机的功能。这三个关键因素对态度改变的影响模式如图 9－1 所示：

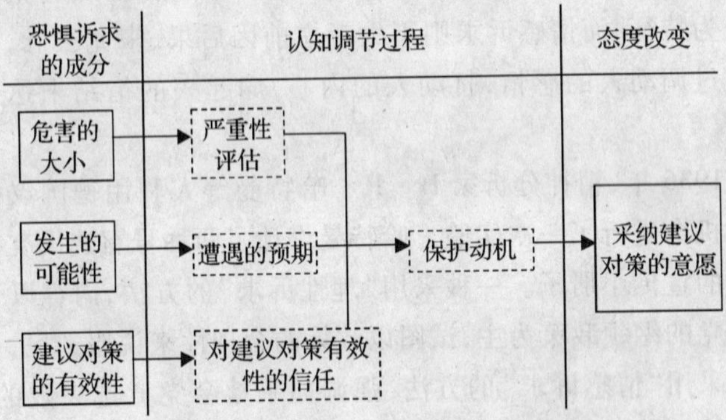

图 9－1　恐惧诉求影响模式图

资料来源：From R. W. Rogers, "A Protection Motivation Theory of Fear Appeals and Attitude Change", Journal of Psychology 91 (1975): 99 *Reprinted with permission of the Helen Dwight Reid Educational Foundation.* Published by Heldref Publications, 4000 Albemarle St. , N. W. , Washington, D. C. 20016. Copyright 1975.

四、理智型劝服和情感型劝服

人们的行为既受理性的支配，也受情感的支配，相应地，在信息传播活动中，传者影响受者的态度、行为的方法也包括理性诉求和情感诉求两种基本方法。

1. 理智型劝服和情感型劝服的内涵

情感诉求是指在传播活动中结合特定的传播内容和传播环境等因素，营造某种气氛，向受者传递一些能使之感到亲切、关心、温暖的信息，以此拉近传受双方的感情距离，谋求特定的传播效果。

与情感诉求相对应的另一种传播策略是理性诉求，即通过冷静地摆事实、讲道理,运用逻辑推理和判断的理性力量来达到说服的目的。

理性诉求以充分的事实根据、严谨的逻辑推理、冷静的剖析论证为特征,而情感诉求则不太考虑前因后果、来龙去脉,主要是通过调动人的感情,打动人的内心,煽起人的情结来达到目的。

1936 年,精神分析家 H·H·哈特曼等人利用德国议会选举的机会进行了一次实验。哈特曼设计了两种号召选民支持社会党的宣传小册子。一种采用"理性诉求"的方法,内容以介绍社会党的纲领政策为主,试图以政策的合理性来说服选民;另一种则采用"情感诉求"的方法,强调如果社会党竞选失败的话,将给德国带来可怕的危机,试图用一种救德国于危难中的气氛来感染选民。该实验在三个选区进行,指定两个选区为实验区,向居民分别散发了"情感诉求"小册子和"理性诉求"小册子,另一选区为控制区,没有散发宣传册。最后,选择的结果是,在散发了"情感诉求"小册子的选区社会党选票增长率最高,散发了"理性诉求"小册子的选区选票增长率次之,而没有散发小册子的选区选票增长率最低。

另一个案例是:二战中期,美国总统罗斯福在日本发动突然袭击的次日,发表了《要求对日宣战》的演说,号召美国人民动员起来与日本侵略者作斗争。在演说中,他在前半段将日本发动袭击的事实一件一件地讲给美国人民,这样美国人民了解了事实真相后,必然对日本侵略者产生正义的愤怒。罗斯福的讲话必然触动美国人民的爱国情感。接着,罗斯福话锋一转,转到鼓舞人民必胜的信心方面。罗斯福的讲演简短有力,在提供基本事实信息的基础上,诉求于人民的爱国情感。这也可以说是运用了情感诉求法。

二次世界大战期间,美国进行了一项关于"战时超额利税"

宣传的调查;该调查同哈特曼一样,也设计了"理性诉求"和"情感诉求"两种宣传品分发到调查对象手中,调查人员第二天登门面访这些调查对象,征求他们对实施该税的意见。这次实验的结果同样显示出"情感诉求"的效果比"理性诉求"的效果好。

尽管如此,研究人员对于哪种方法更为有效仍然没有得出一致的结论。究其原因在于,两种方法的有效性因人、因时、因事而异,有些问题只能用"理性诉求"的方法来解决(如科学上的争论靠感情说服不了对方),有些问题采用"情感诉求"效果会更好(例如牧师传道)。因此,不管使用哪种技巧,准确把握问题的性质并充分了解说服对象,是取得良好效果的基本前提。

2."理性诉求"和"情感诉求"的使用范围

一般来说在下列情形下使用"情感诉求"的方法能取得较为理想的传播效果:(1)对文化程度偏低的普通接受者,以及女性,宜采用"情感诉求"的方法。因为这类人讨厌抽象的语言、严密的推理、烦琐的引证和空洞的说教。另外,在复杂的现象面前,他们分析思考、判断是非以及控制自己行为的能力也较弱,因此用理性分析的方法常遭失败。在传播活动中,假如传播者在讲话时抒发了与接受者相同的生活感受和情感体验,或者以直接的利害关系和似乎迫切的恐怖气氛来渲染情结,就会使受者产生情感上的共鸣,进而使他们的态度和行为向你所暗示或指导的方向发生转变。(2)如果传播对象对你所分析的问题漠不关心,或者知之甚少,甚至全然不知,那么,在讨论这一问题时,比较有效的方法是采用"情感诉求",以情感进行煽动。(3)如果信息传播的目的,仅仅是为了形成暂时的、当前所需要的,亦即想取得立竿见影的效果,比较适当的方法是采用"情感诉求"。

与"情感诉求"的适用范围基本相反,"理性诉求"可在下列情况下合理运用:(1)向具有较高知识层次的接受者(如高中文化水平以上的受者)传播信息时,比较有效的方法是采用“理性诉求”。因为,这类人信息来源渠道多,信息接触量大,知识面广,而且具有较强的识别能力、判断能力和自我行为的控制能力。(2)如果传播的目的,在于通过信息的灌输使受传者形成相对固定的立场,并希望受传者长期地保留这种态度立场,那么比较可行的做法是采用“理性诉求”,因为相对于“情感诉求”所引起的态度保存时间而言,“理性”分析所引发的效应在受者身上保存的时间会持久得多。(3)如果受者对你所论述的问题兴趣很浓,或曾经有切身体会,那么运用“理性诉求”方法就比较有效。

当然,传播者如果在熟悉两种技巧适用条件的基础上,综合利用“情感诉求”和“理性诉求”,对受者动之以情,晓之以理,则会取得更佳的传播效果。

五、接种免疫法

1. 接种免疫法的内涵

以上列举的几种传播技巧,都是站在传者的立场上,研究如何取得较佳传播效果、改变受众的态度,而这里将介绍的接种免疫法,则是站在受众的立场上,研究如何抵御传者的宣传与说服,保持原有的态度,或者是处于敌对状态的两方传播者,如何通过对己方受众的信息传播使其态度不被对方的信息传播活动所影响(如战争中对峙双方的心理战、宣传战)。

我们知道,在医学领域,要增强人体抵抗力的方法有两种:一种是注意饮食营养,加强体育锻炼,保证适当休息以增强自身的抵抗力;另一种就是进行预防接种,即事先让人接触弱性病菌而逐渐增强人体免疫力,如“种牛痘”。这两种方法在抵御反面宣传加强思想教育方面可以被有效借鉴。在抑制敌对的传播活动中,传播者事先向己方的受众灌输或提供己方观点的材料,以此来建立和巩固他们的立场和态度。对应的另一种方法就是有意识地向己方受众灌输或提供一些反面的信息,使他们的思想先对这类反面信息产生抵抗性,这样即使他们真正面临反面信息大规模地侵袭时,他们的既有态度和立场也不会轻易发生转变和动摇。

免疫研究可追溯到霍夫兰关于单面之词与双面之词的研究上。霍夫兰的研究结果指出,接受正反两面信息的受众比起只接受正面信息的受众更能经得起反面信息的侵袭,在反面信息的冲击下更能站稳立场、不被动摇。然而真正对接种免役法进行系统研究的是耶鲁学派的宿将麦奎尔。他认为,人们有许多没有经过考验的信念,这些信念在遇到对立观点的挑战时,往往是脆弱的,就像在无菌环境里成长的人体容易受到细菌感染一样。

为了证实接种免役的效果,麦奎尔曾做过如下实验,他选出一些人们已有共识的看法,如精神病不具有传染性,然后把实验对象分为三个小组。对第一小组实验对象,研究人员只从正面强化那些已有共识的观点,如提供各种研究材料,证明精神病确实不具有传染性。这就像是只给人的身体增加了营养。对第二实验组,研究人员提供一些轻微的较易反驳的反面信息,如告诉他们百分之一的人若常年同精神病人生活在一起,就有可能患上精神病。这样就相当于对这些实验对象进行了预防接种。第三组是控制组,既不向他们提供正面加强信息,也不传递反驳信息,这就是说对他们既不给营养,也不进行预防接种。最后,研究人员用看来非常确凿的材料对所有实验对象在那些问题上的看法进行强有力的反驳。实验结果显示,第一组和第三组实验对象大都放弃了原来的观点,接受了新的说法。而第二组,即事先已接触到少量反面信息的实验对象,则仍坚持以前的观点,不为所动。麦奎尔由此得出结论:要使人们坚守某种信念,必须让他同时认清这种信念的弱点,只有事先经受轻微的侵袭,这种信念才能抵御日后更加强烈的侵袭。

毛泽东在20世纪50年代就运用了“种牛痘”的方法,来加强干部和群众在思想上的免疫力,他说:“‘种牛痘’,就是人为地把一种病毒注到人体里面去,实行‘细菌战’,跟你作斗争,使你的身体里头产生一种免疫力。发行《参考消息》以及出版其他反面教材,就是‘种牛痘’,增强干部和群众在政治上的免疫力。”这就是他指示创办《参考消息》的初衷,是对接种免役法的自觉运用。

2. 接种免役法的适用范围

虽然滋补法和接种法都可以起到免疫的效果,然而在实际的传播活动中,这两种方法的使用范围并不是完全重合的。

(1)滋补法和接种法适用于不同的传播环境。在比较单纯的传播环境系统处于一个相对封闭的状态,与外界信息交流较少时宜采用滋补法,从正面加强受众已有的观点。然而随着信息全球化发展的今天,传播环境已越来越开放、复杂。这时传播者要使受众对反面信息有所免疫,就必须更多地诉诸接种法。因为当今,受众获取信息的渠道已越来越多元化,并且信息成分也越来越复杂。这样传播者主动向受众传递一些反面信息,是增强受众免疫上的上佳选择。

(2)受众本身特征也是影响滋补法和接种法的重要因素。对文化水平较低、分析辨别能力较差的人应采用滋补法为主,这些人在思想上易受到不同观点的影响。如果采用“种牛痘”法,对他们传播反面信息,则有可能使他们的立场、态度随风而倒,产生事与愿违的效果。因为他们缺乏对传播信息综合辨析的能力。与此对应,对知识水平较高、独立辨别能力较强的受众应以接种法为主,因为这些人已有的观念和立场具有较强的稳定性,不会轻易被反面的观念所影响,因此,对这些受众采用接种法,适当传递一些反面信息，使他们更加全面地认知形势，对巩固其原有观念来说更有利。

六、反复法

1. 反复法的内涵

《战国策》里，曾参杀人的故事可以充分说明同一信息的反复传播确能起到改变受众态度的作用。曾参是孔子的弟子，为人老实，而且非常孝顺，曾参的母亲对自己的儿子是很信任的。一次一个与曾参同名的人杀了人，有人来告诉曾母，说曾参杀人了。曾母当时正在织布，不予理会，继续织布。不久又一个人来报告说曾参杀了人，曾母仍不相信，还是照常织布。当第三个人来说曾参杀了人时，曾母害怕了，不禁投杼下机，逾墙而走。曾母对曾参杀人由疑到信，重要的一点就是不同信源（三个人）一而再、再而三地传递同一信息。

所谓传播的反复法就是指传播者通过不同的传播媒介和途径，对同一主题的信息，从多种维度、多个层面进行引导性传播，以期取得预期的传播效果。

在信息传播的反复法中，反复包含着重复的因素，如同一主题、同一立场等，但是反复不是单调枯燥、一成不变地传递同一主题的信息，而是通过变化多样的方式传递同一主题的信息。因此信息传播过程中的反复，既有同一主题的重复，又有不同形式和途径的变化，这样，就可以避免引发受众心理上的反感，起到加强印象的积极效果。

“收礼只收脑白金”，“送礼只送脑白金”，成为近几年最为振动老百姓耳膜的广告语。脑白金广告 2002、2003 年连续两年蝉联“中国十大恶俗广告”之首。然而近几年脑白金销售量一直稳居保健礼品类商品老大地位。在 2003 年“春节黄金周”脑白金销售额高达 1.1 亿元，这一数字同时打破了三个纪录：打破了脑白金自问世以来的单周销售纪录;打破了中国保健礼品行业单周销售纪录;脑白金连续六年保持强劲势头,打破了通常保健品"旺销"最多两三年的业内纪录。

为什么一直被人指责的脑白金广告能产生如此大的效应呢?除了脑白金自身的特点和品质占很大因素外,其广告传播策略中反复手法的运用也功不可没。脑白金作为一种保健类日常用品,消费者在对此类商品作出购买决策时与其他大型、贵重或大额消费品如家电相比,所需要的产品或品牌信息少而又少,顾客对脑白金信息的了解参与度很低。这就决定了消费者在接受脑白金信息时处于低参与度状态。而根据"单纯展示效果"和"低参与度模型",在消费者对广告低参与度情况下,"重复展示"创造有意识的品牌熟悉度,将导致消费者的喜爱。一个产品或品牌被喜欢并不因为它确实太好了,而是因为它让人产生"认识和熟悉"的愉快。在这种低参与度的情况下,消费者会相信广告中多次重复的东西是真实的,也就是说,在低参与度情况下,某一产品或品牌被消费者所接受,仅仅是因为其经常被重复。脑白金广告反反复复的"收礼只收脑白金"、"送礼还送脑白金",使消费者对脑白金这一品牌在不知不觉中产生了感觉上的转变,就会认为脑白金更加流行,进而产生好感,再加上社会上送礼的风俗,脑白金的销量就可想而知了。

2. 运用反复法应遵循的原则

(1)信息内容必须以真实、正确为前提,不可弄虚作假。不真实的信息或许在短时间内取得一定的效果,但真相大白之后,它的作用也就消失了,并且传播者会因此而失信于人,陷入困境。

(2)信息重复的频率和强度要适当,过度重复会引发受众的反感心理,而重复不足又会出现漏传现象。研究者曾对电视广告的反复效果进行过统计,认为电视广告只需接受 3 次即可,然而一个重要的必备条件是广告出现25次才可能被接受3次。如果这项结论正确，那么电视广告反复25次是最适当的。

(3)反复要富于变化，要对观点和内容进行多维度、多层面的渗透，综合运用多种媒介组织，形成强大传播态势，达到预期效果。

七、新闻策划法

将新闻策划在这里提出来，一方面是因为新闻策划在传播实践中的重要性日渐突出；另一方面是基于我们认为新闻策划实际上是对各种具体传播技巧进行巧妙整合、综合运用的一门技术。新闻策划水平的高低能反映一个人掌握与运用传播技巧的熟练程度。当然，策划不仅仅是新闻策划，还有如广告策划、公关策划，以及范围更广的媒体策划。但对一般人而言，新闻策划离得更近，用得更多。

1. 新闻策划法的含义

尽管新闻策划这种操作行为在中外媒介、企业新闻实践中存在已久，“新闻策划”是20世纪90年代才提出来并逐渐得到认可的概念。大约1993年前后，报刊上开始发表相关文章讨论新闻策划问题，到1996年新闻策划不断被重申，探讨文章也逐渐多了起来。近两年来国内外围绕新闻策划展开了激烈的讨论，时至今日，这一概念已被新闻界普遍认同，成为非常重要的新闻传播概念。

当今新闻策划的主体具有多样性，新闻媒介、企业组织、事业单位，甚至个人都可以成为新闻策划的主体。

新闻策划，又叫媒介事件，是指策划人员利用记者对新闻的不断需求而有计划、主动地制造出能够吸引记者报道的有新闻价值的事件，其目的是引起新闻界和社会公众的注意，使企业的名字经常可以在媒介中出现，从而达到提高知名度、树立良好的企业形象的目的。

新闻策划实质上是企业对具有新闻价值的事件的有意识的深层挖掘，如企业把某一天作为相关纪念日，组织参与某个庆祝活动或大型赛事，发布由名人代言的企业或产品广告等等，这种经过精心策划的活动，不仅让公司在企业界一枝独秀，而且也使企业备受新闻媒体的关注，许多报纸把重要位置让给了这些企业，一些电台电视台也争相在“黄金时间”报道这些活动。企业以极小的投入获得了巨大的回报，真可谓“四两拨千斤”。

从新闻策划对企业的作用来看，我们可以把新闻策划与广告、公关、促销等手段一样看作是企业营销组合的有机环节，又由于策划本身具有的特性，使它在打造企业知名度和产品美誉度方面具有其他几种营销手段所无法比拟的优势。

2. 新闻策划应遵循的原则

(1)创新原则。企业新闻策划的价值在于通过精心谋划和周密组织使报道取得不同凡响的传播效果，因此无论是报告主题、报道方式还是报道角度都要追求与众不同、标新立异，给人以耳目一新的感觉。

(2)变通原则。新闻策划是对未来行动的谋略和规划，因此在其实施的过程中随时都可能会出现策划者事先未曾预计到的新情况、新问题。要使策划方案能顺利实施，策划者就要善于审时度势、随时变通，密切关注各方面情况变化，随时对策划方案作出相应的修正和调整。

(3)取信原则。虽然新闻策划可以看作是企业营销的一个手段，但它仍应按照新闻规律操作，遵循真实、客观的新闻原则，做到取信于民，一旦企业在新闻策划中欺骗了消费者，企业就有可能搬石头砸自己的脚，丧失公司的已有形象，使自己陷入困境。

(4)服从原则。策划同广告、公关、促销等手段一样，是企业的营销手段,因此,企业新闻策划必须为营销目标服务并服从于企业营销战略,首先在传播口径上与营销战略保持一致,配合营销战略传播恰当的信息;并且在传播对象的选择上也要紧紧围绕企业目标消费者以实现传播效果最大化,实现企业的营销目标。

(5)关联原则。企业新闻策划的活动内容要与企业的服务或产品具有相关性,不能仅仅为了新闻策划而策划,找准策划活动与本公司产品、服务的契合点才是新闻策划的基石,实现了这一点则事半功倍,偏离了这一点则事倍功半,如可口可乐赞助运动会可以,但如果赞助一个关于老年人的活动则不是很契合。

当然,具体的传播技巧还有很多,如"首位法"、"末位法"和"引证法"等,在此,不再赘述。

【练习题】

1. 传播技巧有哪些作用？如何获得传播技巧？
2. 什么是理性诉求和感性诉求？它们的适用范围是什么？
3. 试述新闻策划是一种传播技巧的理由。

第十章 传播效果

枪弹论 有限传播效果 长期和短期效果 预期和非预期效果

本章概要

传播效果是传播学中的核心研究领域。传播效果分为长期的和短期的、预期的和非预期的效果。在本章中，我们重点讨论影响传播效果的因素、提高传播效果的途径以及传播效果的生产过程和制约因素。我们还将探讨传播效果的历史与发展。我们重点介绍枪弹论、有效效果论、适度效果论和强效果论，以及对传播效果研究的未来趋势。

学完本章后，你应当能够：

- 了解传播效果有哪些类型和课题研究，以及它的未来趋势；
- 考察哪些因素对传播效果会产生影响；
- 掌握提高传播效果的途径以及解决实际工作中如何提高传播效果所碰到的问题；
- 分析传播效果的生产过程和制约因素；
- 了解传播效果的历史以及传播效果研究的未来趋势。

传播学者总是不断地追寻一个完美的理论来解释大众传播的效果。自20世纪50年代以来,大众传播效果的理论模式不断被提出,从早期的子弹理论(The bullet theory),进而到有限的效果模式(The limited effects model),再到中度效果模式(The moderate model),最后为强有力效果模式(The powerful effects model)。传播效果成为传播学中的核心研究领域,也是众多传播者的共同追求。传播效果之所以令人特别关注,是因为效果是受传者对于信息刺激的反应,能够检验传播目的的实现程度,也是传播者控制、调整传播行为的依据。传播效果的研究是与传播实践相结合最密切的研究领域。

第一节　传播效果的概念及类型

一、传播效果的概念

研究效果最令人困惑的层面是牵涉其中现象的多重性与复杂性,通常最广泛的效果区别方式是认知效果、情感效果以及行为效果。

媒介"效果"就是"媒介做了什么"而造成的结果,不论是有意或无意的。拉扎斯菲尔德与默顿谈论媒介的社会效果时也曾指出:"大众传播媒介对受众的影响力,不仅是大众传播媒介说了什么,还包括媒介不说什么;而不说的可能比说出的更重要。"所以,不论媒介传达的讯息内容和结构如何,媒介决定讯息的出现与否,其本身即是一种具有影响力的"信息",而媒介报道某一论题时,给予显著地位和相当时间的关注,也是大众传播媒介产生影响力的方式之一。可见,传播效果的研究,不应只局限在态度和行为的层面,而是要扩及认知层面。

传播是一种有目的性的行为。传播者发出的信息在受传者接受后会产生不同程度的反应,在思想、感情、态度等方面发生某种变化。这种反应或变化就是传播效果,是由传播目的或者说传播意图所引起的。传播效果的大小标志着传播意图在受传者那里实现的程度。传播者的意图和受传者的反应之间相符合的程度越高,传播效果就越显著。这样,效果就不能不与传者的目的或期望密切地联系起来。

所谓效果,狭义上指的是行为者的某种行为实现其意图或目标的程度;广义上则指这一行为所引起的客观结果,包括对他人和周围社会实际发生作用的一切影响和后果。因此,在传播学研究领域,传播效果这个概念也具有下述双重含义:

第一,它指带有说服动机的传播行为在受传者身上引起的心理、态度和行为的变化。说服性传播,指的是通过劝说或宣传来使受传者接受某种观点或从事某种行为的传播活动。这里的传播效果,通常意味着传播活动在多大程度上实现了传播者的意图或目的。例如父母劝说孩子不要沉迷于上网,应该把主要精力放在学习功课上,他们使用了感性的劝说、说服等各种各样的方法。在这里,传播效果便意味着父母的主观意图在小孩身上是否得到了实现。

第二,它指传播活动尤其是报刊、电视和广播等大众传播媒介的活动对受传者和社会所产生的一切影响和结果的总体,不管这些影响是有意的还是无意的、直接的还是间接的、显在的还是潜在的。它强调的是,不管传播者有没有主观意图,他们所从事的传播活动总会伴随着各种各样的结果。例如,记者写了一篇关于物价上涨的报道,本意是让受众有一个心理准备,但结果也许引起了消费者的恐慌和大规模的抢购风潮;电影导演拍了一部《天下无贼》的影片,其意图仅仅是为了希望天下无贼,但实际结果也许会成为某些犯罪分子模仿偷窃,提高自己作案水平的影片。美国加息、香港没有加息本意也许是抑制通货膨胀,但结果是全球热钱大规模撤离香港。这些传播行为不管其意图如何，总会对受传者产生一定的作用和影响，研究传播效果不能不把它们考虑在内。

传播效果概念的上述双重含义，构成了这项研究既相互联系又相互区别的两个重要方面，一是对效果产生的微观过程分析，二是对它的综合、宏观过程的考察。

二、传播效果的类型

传播效果有多种多样的分类。从时间上考虑，可以分为短期效果和长期效果；从与传播者意图的关联上，可以分为预期效果和非预期效果；从效果的性质上，可以分为积极效果、消极效果和逆反效果等。

英国学者 P. 戈尔丁以时间和意图两个要素相组合，将大众传播的效果分为四种类型。

1. 短期的预期效果。包括“个人的反应”和“对媒介集中宣传报道活动的反应”两种。前者指特定信息在个人身上引起的认知、态度和行动的变化；后者指的是一家或多家媒介为达成特定目标而开展的说服性宣传运动，如促销广告、政治动员、社会募捐等等，这类效果通常作为受众对媒介意图的集合反应来把握。

2. 短期的非预期效果。这里也有“个人的自发反应”和“集合的自发反应”两类。“个人的自发反应”指个人接触特定信息后所发生的、与传播者意图无直接关系的模仿或学习行为，这些行为可能是有利于社会的，如知识摄取或人生道理领悟；也可能是反社会的，例如接触有害的传播内容诱发的违法犯罪活动等等。“集合的自发反应”主要指许多人在同一信息的刺激和影响下所发生的集合现象，如物价上涨信息引起的抢购风潮，“9.11”事件引起的全球恐慌等等。“集合的自发反应”中也有一些是健康有益的，但传播学者们更加关注由信息传播引起的突发性集合行为对正常的社会秩序造成的破坏性结果。

3. 长期的预期效果。指的是就某一主题或某项事业进行的长期信息传播所产生的与传播者意图相符的累积效果。例如经常性的政策宣传、新事物的长期推广与普及、科学技术知识教育的目标实现程度等等。

4. 长期的非预期效果。这种类型指的是整个传播事业日常的、持久的传播活动所产生的综合效果或客观结果,例如大众传播对个人社会化过程的影响,传播媒介在社会的政治、经济、文化和意识形态的发展变化中所扮演的角色和所发挥的作用等等。由于这种效果受到整个新闻事业性质的制约,不以个别媒介或传播者的意志为转移,所以通常把它归入非预期效果的范畴。

英国传播学者麦奎尔,在讨论传媒效果时,对这一概念作了以下内涵层次的划分。

从外在形态看,有三个层次:(1)媒介的"效果"(media effects),指大众传播已经产生的直接效果,而无论其是否符合传者的期望;(2)媒介的"效能"(media effectiveness),指大众媒介达成有关预期目标的功效;(3)媒介的"效力"(media power),指媒介在特定条件下,可能发挥的潜在影响,或可能产生的间接效应。

从效果本身的内在性质看,可分为:(1)心理效果;(2)文化效果;(3)政治效果;(4)经济效果等。

从区别媒介影响力的作用范围看,可分为:(1)对受众个体的影响;(2)对小团体及组织的影响;(3)对社会机构的影响;(4)对整个社会或整个文化的影响。

区分这些类型和层次,有助于我们把握各种传播效果的不同形态和性质,在进行分析时做到概念清晰,更有针对性。作这样的区分,并不意味着否认各个层次之间的联系,主要目的是揭示效果内涵的不同侧面和层次,以利于更正确地认识效果的概念。

第二节　传播效果研究的历史和发展

大众传播放果研究开始于第一次世界大战时期,经历了不少曲折阶段。1981 年,赛佛林和坦卡德对传播效果研究的轨迹作了四方面概括,分为枪弹论、有效效果论、适度效果论和强效果论,指出这些理论是螺旋状向前渐进,并有合理的理论内核和科学的数据来支撑。本节,我们根据传播学家们的研究成果,试从传播效果的早期认识、当代认识和未来走向三个层面,介绍传播效果研究的历史和发展。

一、传播效果的早期认识

1. 枪弹论

枪弹论(即子弹论,施拉姆,1971),也叫"皮下注射"论(伯罗,1950)或"刺激—反应"论(德弗勒,1970),是盛行于 20 世纪 20 年代至 40 年代的一种媒介威力强大的理论。

20 世纪初,人类刚进入新奇而陌生的广播媒体领域及受早期社会心理学理论"刺激—反应"的影响,加上法西斯宣传引起的民族狂热,以及对战争的恐惧感,使大众传播在西方发生了奇迹般的效果,大众传播及其内容好像"枪弹"一样不可抗拒。受众像"靶子"一样,一枪击中,无论社会地位如何,受教育程度如何,都无力抗拒媒介的宣传。这就是所谓的枪弹论。它产生的社会背景是第一次世界大战的战时宣传。第一次世界大战中,交战双方利用大众传媒展开心理战,精心设计的宣传信息充斥了国家的新闻报道。协约国的战争宣传非常成功,以至于战后有人认为德国的投降是因为受到了协约国宣传的欺骗。拉斯韦尔在《世界大战中的宣传技巧》一书中肯定了宣传的作用和效果。

第二次世界大战前,纳粹德国以武力为宣传的后盾大搞恐怖活动,一时发生巨大效用。由于人们担心美国利用大众传媒进行希特勒的煽动,枪弹论流行开来。枪弹论认为,软弱的受众像射击场的靶子,无法抗拒子弹的射击。"效果强大的刺激得到大众个体成员一致的注意力,这些刺激触发了内心欲望、冲动或个人很难自我控制的其它过程。"受众消极被动地等待和接受媒介所灌输的各种思想、感情、知识或动机。大众传媒有着不可抗拒的巨大力量,受众对大众传媒的信息产生大致相同的反应。"刺激—反应"机制和媒介效果强大的信念是该理论形成的基础。

20 世纪 30 年代初,佩恩基金会关于电影对儿童的影响的研究成果发表,认为电影对儿童有巨大影响,可以直接改变人的态度。而持枪弹论的学者认为,态度的变化即等于行为的变化。

(1)佩恩基金会的系列研究:电影对青少年的影响

美国佩恩基金会在 20 世纪 20 年代末至 30 年代初进行了 13 项有关电影对青少年影响的调查研究,采用典型调查、实验、统计方法,侧重研究利用电影媒体积极主动地告知消息并进行劝服的可能性,以及出于防范动机而测定电影媒体在造成青少年罪错、社会偏见、侵犯行为和色情刺激方面的消极影响。

当时,公众对电影影响社会日甚一日深感忧虑。在 20 世纪第一个十年里,电影是一种新奇之物;第二个十年电影成了家庭娱乐的主要媒介;至 20 年代末,人们普遍一周看一次或几次电影。同时,电影对儿重的影响使公众感到特别不安。1929 年,估计每周有 2800 万未成年人看电影,其中 14 岁以下的儿童有 1100 万。电影是否对美国青少年造成有害的影响呢?这成为美国公众普遍关注的问题。那些以恐怖、犯罪、不正当关系为题材的电影尤其令人惊恐。与此同时，社会科学中的定量分析趋于成熟。这两大深刻变化导致一批学院派心理学家、社会学家和教育学家在民营佩恩基金会的资助下，开展了为期三年的电影效果研究。1970 年，阿诺出版社和纽约时报社再次刊登了这批经典成果。

佩恩基金会系列研究中最有趣的研究项目是由社会学家布卢默进行的。他试图提供一幅关于看电影如何影响青少年生活的画面，包括如何影响他们的游玩和日常行为，如穿着、举止、言谈、情感、幻想、抱负、诱惑以及职业打算。他所使用的方法很简单，让青少年回忆并记下他们童年时所看电影对他们的影响。最后，他收集了 1800 多人的自述，其中的大多数是大学生，也有一些工人和职员。他没有作统计分析，只是引用自述材料中的例子来证明他的结论：电影是模仿，是无意识的学习，并且是情绪化的一个根源。少年儿童模仿银幕形象的举止言谈及其他行为，在观看电影时经受了深刻的感情历程，激发出很强的感情冲动。这些对他们思想与感情的发展以及对成人世界的理解都产生了很大的影响。

就今天社会科学研究标准而论，布卢默的研究缺乏严谨精细的实验设计和客观真实的统计分析，定性的表述和推断大于定量的实证研究。另外，由于时过境迁，他的研究也不一定符合现在的情况。但是，他积累了大量实证材料。更重要的是，他的论题已经深刻地涉及当代的塑造模式论（利用演员作为塑造个人行为的模式）和意义建构论。在当时，人们并没有意识到他开创了当代的塑造模式论和意义建构论之先河。

在佩恩基金会系列研究中以方法精确、最接近当代社会科学水平而著称的研究项目，是由彼得森和瑟斯顿完成的。其研究重点是电影如何影响儿童对社会问题的态度。他们从几百部电影里最后精心选定 13 部，这些电影描写了对以下问题的态度：1）德国人和第一次世界大战；2）赌博；3）禁酒；4）中国人；5）

惩罚罪犯;6)黑人。他们让大约4000名初中生和高小生观看选定的电影,并严格测量这些调查对象观看电影前后在态度上的变化。有时,在两个半月和18个月之后,还要对调查对象进行一次测试,以检验电影的影响是否继续存在。他们的结论是:电影可以改变儿童的态度,有时甚至引起显著的变化。

彼得森和瑟斯顿采用了最新研制的测量态度的等级法,并用统计分析法检验研究成果。但是,他们在研究方法和思路上也存在很多弱点:首先,没有采取措施防止抽样调查可能出现的某种片面性;其次,没有同时使用控制小组和实验小组。人们之所以认为彼得森和瑟斯顿的研究非常重要,是因为这些研究提供给人以印象深刻的图表和实验公式。他们不仅激发其他人也去研究态度转变问题,而且为有关大众传播提供了证据。但是,正是他们相当精确的调查与实验方法以及引人入胜的研究主题,为人们以后克服枪弹论做了铺垫工作。这也正是佩恩基金会13项研究的基本特点和意义。

佩恩基金会的系列研究为科学地研究传播效果问题打开了通道,预示"意义建构论"和"塑造模式论"的发展,开拓了传播效果研究的新领域,诸如态度改变,睡眠效果,使用与满足,调查和实验的方法。

(2)《火星人入侵地球调查》:广播给美国带来恐慌(个人差异论)

如果说佩恩基金会系列研究标志着超越枪弹论的基本途径(调查、实验、统计),那么,其后的个人差异论、社会分类论、二级传播论、中介因素论则宣告了枪弹论时代的终结。

1938年,美国哥伦比亚广播公司根据科幻小说《星球大战》改编的广播剧播出时,在全国引起大恐慌。事后,普林斯顿大学广播研究部对其进行调查研究发现:讯息在一定时间、地点和条件下,对某一类特定受众有很强的影响。这些因素的综合作用可以使某一效果极为突出和明显。同时,该研究证明受传者自身与社会条件等因素与传播影响的作用有很大关系。这一点在后来的研究中得到了发展。

1938 年 10 月 30 日晚上,美国哥伦比亚广播公司根据威尔斯科幻小说《星球大战》改编的广播剧播出时,600 万听众收听了此广播。成千上万人误以为火星人真的在逃攻地球,世界末日到了。恐慌一时笼罩着美国。

哥伦比亚广播公司、《火星剧场》栏目和演员们都无意欺骗观众。剧本和节目是为了庆祝万圣节而按"鬼怪故事"的传统编排的。在这出广播剧播出前后以及在报纸节目预告中都清楚地说明这只是一出戏剧。播音员在 4 个地方确定了这个节目是虚构的。而且节目只播出了 1 小时,这么短的时间不可能发生如下事件:从火星降落开始,包括新泽西州的大战役,以纽约被毁结束。然而,播送的风格、导演的高超技巧和演员的杰出表演,使得这出广播剧显得十分逼真。结果,它成为历史上著名的传媒事件之一。

事件发生后,公众、联邦通讯委员会和广播业极为震惊。普林斯顿大学广播研究室以坎特里尔为首的研究小组,随即着手开展调查研究。他们深入访问了 135 人,翻阅了 1250 份有关火星人入侵的简报,分析哥伦比亚广播公司为研究人员提供的两份范围广泛的听众调查,研究了《火星剧场》节目组、哥伦比亚广播电台经理和联邦通讯委员会所收到的所有邮件,其后得出了跟枪弹论不同的结论:时代、社会环境、传媒发展状况和受众个人特点共同构成了传媒发挥效果的原因,其中受众的批判能力更是人们对广播节目做出反应的最有意义的变量,而批判能力的大小又跟人们的宗教信仰、教育、情绪、个性、人际关系紧密相连。

当时,美国处在经济动荡和战争的阴影里,同时无线电广播的发展已使公众对之产生信赖，成为他们主要的信息来源，他们也习惯于从广播里获取当前有关时事的通告。另外，广播电视制作技术相当出色，尤其是“现场报道”和“专家访谈”，而且许多听众没有听到广播电台关于广播剧的预告说明。这些都是导致这次传媒事件的原因。但是，更重要的原因是个人内在因素方面的差异。研究表明，批判能力低的人，倾向于相信那是一次真的侵犯，而不去核查；具有强烈宗教信仰的人，易于认为火星人入侵地球，感情脆弱、胆小、缺乏强烈自信和有宿命观念的人会受影响；教育程度的高低关系到人们批判力的大小，也是衡量人们是否用其他信息来源检验广播真实性标准的最佳因素；家庭成员、朋友同事和社会人士也起了不可忽视的作用。几年以后，类似事件在智利和秘鲁产生相同的效果。

枪弹论将传播效果绝对化，将传媒作用不分时间、地点、对象、环境地夸大化。“它虽然在一段时间内广为流行，但未得到真正一流学者的拥护，只是一种记者的‘发明’。”30 年代末，有关传播效果的研究资料已经表明，传播媒介如枪弹不可抗拒的理论并无根据。1964 年，雷蒙德·鲍尔发表的《顽固的受众》为枪弹论唱了最后的挽歌。该文章认为受众是传播过程中平等的伙伴，对宣传的枪弹可以接受也可以排斥，受众拒绝倒下。

40 年代以后，枪弹论逐渐被抛弃了，“被代之以更多地考虑到传播的人类特性而更少归因于这一过程的物质资产的力量的理论”。

2. 有限效果论

该理论也可以叫做“最低效果法则”。这一说法由纽约大学教授霍普·克拉普（约瑟夫·克拉普之妻）首先提出，是对早期枪弹论的否定。有限效果论认为传播不是简单的刺激与反应，也不是单方面的行为，而是传播者与受传者双方的互动行为。它认为传播活动是传受互动的过程，受众是具有不同特点的个体,不是应声而倒的靶子。大众媒介的效果由于媒介性质及其在社会中的地位而大受影响。媒介不是影响受众的直接和唯一因素。大众媒介透过许多中介,在其他多种格局影响下发生作用,对受众的影响是有限度的。

有限效果论中包括个体差异论、社会分类论、社会关系论、多级传播论、中介因素论、舆论领袖论等许多理论。关键性的研究有:

1942－1945 年间,卡尔·霍夫兰就二战中军事纪录片对士兵的劝服效果进行研究,让士兵观看《我们为什么打仗》等 7 部纪录片,调查研究发现:纪录片在传递普遍事实方面有显著效果,某些较为直观的看法和解释也有一定影响力;士兵的有些看法经说服转变后可以稳定下来,但他们对盟国的态度没有什么改变,也没有变得像期待中的那样群情高涨。研究结果表明,影片对于受众固有的态度和观点,缺乏予以改变的能力,即说服性大众传播的实现是有条件、有限制的,不能为所欲为,且个体差异与传播效果的实现有很大相关性。1947 年,库珀等关于“比戈特先生”漫画的研究表明:选择性理解会减弱信息的效力。

1940 年和 1948 年,拉扎斯菲尔德等人两次进行总统竞选调查。在 1940 年俄亥俄州伊里县的调查中,他们发现,在选举过程中只有 8% 的人改变了态度。传播在这一过程中的主要效果是同化、维护和催化,而不是轻易改变受众的原有态度。对选民投票起决定作用的是其社会经济地位、宗教信仰、居住地区和他人的影响等。这次调查研究提出了“两级传播”理论,并发现了在人际交流中对他人态度产生影响的“舆论领袖”。其调查报告《人民的选择》和《选举》表明,大众传播的社会影响极为有限。虽然他们认为媒介效果有限,但承认其作用。拉扎斯菲尔德和默顿提出,大众传播媒介能提高社会声望地位,能在一定程度上增强社会规范并可作为社会的麻醉剂。媒介总的趋向不是带来变化而是鼓励维持现状,“出于同样的尺度,它们也不会提出有关社会结构的本质性问题”。

伊里县的调查发现,媒介信息通过“舆论领袖”的“过滤”并“加工”后到达与舆论领袖有社会接触的个体。“概念往往先从无线电广播和报刊流向舆论界的领导人,然后再从这些人流向人口中不那么活跃的部分。”即形成大众传播→舆论领袖→受众的传播过程,这就是“二级传播”。二级传播比直接的大众传播更具有说服力,经过舆论领袖再加工的信息针对性更强,更容易被受众接受和相信。

此后,默顿、柯曼等人的研究,强调受众、传媒和社会环境间的相互影响,并表明,受传过程可能不只两个阶段。1971 年,罗杰斯等人将两级传播扩充为了“n 级传播”,认为媒介信息传至受众的过程中有多种方式、多种传播渠道,可能由多级中介环节组成信息传播链。

施拉姆认为,信息与概念在社会上川流不息,大众传媒对它施加着巨大影响。所有的人,在不同时刻可能以不同方式影响着这个流程。“你可以把它想象为一种多级流程。更好的是把它想象为一种全体制流程,也就是说,信息连续不断地流过社会体制,它服从这个体制的约束与需要,也受到体制内部的作用与习俗的影响与推动。”

无论是两级传播,还是多级传播,舆论领袖都扮演着非常重要的角色。舆论领袖是人群中那些首先或较多接触大众传媒信息,并将经过自己再加工后的信息传播给其他人的人。舆论领袖介入传播过程,加快了信息传播并扩大了影响。他们具有影响和改变他人态度的能力。①

1960 年,拉扎斯菲尔德的学生约瑟夫·克拉普在《大众传

---

① 胡正荣:《传播学总论》,北京广播学院出版社 1997 年版,第 300 - 301 页。

播的效果》一书中,对有限效果论进行了完整的总结。克拉普认为:

(1)大众传播通常并不是受众效果的一种必要的充分的因素,而是通过中介因素和影响的联系起作用的。

(2)这些中介因素向来赋予大众传播在加强现有条件过程中的一种辅助的因素,而不是唯一因素。

(3)当大众媒介确实对改变现状起作用的时候,那么就必须具备以下两个条件之一:一种是中介的因素不起作用而媒介的效果是直接的;另一种是通常起加强作用的那种中介因素其本身就是促进改变的。

(4)在某些有后效的情形下,大众传播好像会产生直接的后果,或者直接地和它本身的为某种心理物理学作用服务。

(5)大众传播的效能,无论是作为一种辅助者或是起直接效果代理者,是媒介和传播者本身,或是由传播状况的各个方面来影响的。

克拉普提出,中介因素中最基本、最主要的四项是:(1)个人的心理倾向性和选择过程。前者指受众固有的态度、观点和兴趣,后者则指受众选择性接触、选择性理解和选择性记忆。(2)个人所处的群体及群体规范。正式和非正式群体都具有一些相同的态度、价值观念、行为规范,个体的表现要与群体意识相一致,否则便可能受到排斥。(3)人际影响。舆论领袖或有影响的人士等代表的多是群体规范或群体其他成员的价值观念,大众传播信息往往是经过他们加工过滤后再传播的,因此,这种人际影响往往可以稳定和强化受众态度。(4)自由企业社会中的传播媒介。资本主义社会中的媒介既要投大众所好,又不过分污秽,从而拥有广大受众,带来生存和效益。这些因素决定了大众媒介更好地起着加强和维护现有社会秩序和政治信仰的作用,而不是改变它们。

克拉普的效果观点，被许多人称之为“有限效果论”，也有人叫做“最小效果论”或“无效果论”等。现在称之为强化理论。总的来讲，早期效果研究是以说服性传播的研究为主，这些研究都是具体的、短期的，针对受众个人的直接研究。从拉扎斯菲尔德等人在伊里县所做的选举调查开始，传播学者们才真正开始用科学的方法探索传播的效果问题。

二、传播效果的现当代认识

1. 适度效果理论

20 世纪 60 年代到 70 年代初的大众传播效果研究表明，随着大众媒体的发展，特别是电视媒体的普及，人们越来越感到大众媒体在设置议题、形成文化规划、引导舆论、促进新事物、传播新观点以及满足人们的各种需要等方面有很重要的作用。它既不像“枪弹论”认为的那样威力无比，也并非像“有限效果论”所说的那样作用甚微。

赛佛林和坦卡德在《传播理论——起源、方法与应用》一书中认为该理论包括信息寻求(创新与扩散)理论、使用与满足理论、议程设置理论和文化规范理论等一系列研究，并基于如下假设：

(1)有限效果论过分贬低了大众传播的效力，其实在某些情况下，大众传播可能有相当显著的效力。

(2)以往的研究注重于探求大众传播对于态度及意见的影响，如果探求其他应变数，也许就会发现大众传播具有更大的效力。

(3)以往的研究在构思方面只着眼于一个方面，即只问“大众传播对受传者产生了什么影响？”却忘了问另一个重要问题，即“受传者要大众传播做什么？”

(4)以往的研究只研究了大众传播的短期效力，几乎全不研究其长期效力。

现当代的效果研究，摆脱了“传者中心论”的局限，开始以受众为中心进行研究，并着力于研究大众传播的长效作用。

2. 使用与满足理论

1944 年，赫尔塔·赫佐格对 100 名听众作了长时间的采访，对 2000 多名广播连续剧的妇女听众进行了短期采访后，写了《我们对白天连续节目的听众究竟知道什么》的论文。他发现妇女听众很大一部分是为了发泄感情，就是有了哭的机会。她们也高兴有了替代表示她们某些反抗的机会。她们从连续剧中人物的遭遇，感到自己的不快得到了部分补偿。另一部分是把连续剧作为满足个人的“痴心妄想”的机会。她们从收听肥皂公司资助的歌剧中忘了自己的苦恼，并且在某些情况下利用剧中欢乐的情节来补偿自己生活中的失败。还有一部分是为了获得处世经验的指导。

施拉姆在谈到这一模式时说：“很明显，大众媒介的效果部分是为传播对象怎样使用它们来决定的。”即如果大众媒介满足受众接触媒介时的动机需要，则传播是有效的。

1949 年，贝雷尔森作了“没有报纸对人们意味着什么？”的研究。纽约的一次报界长期罢工使各家报刊停刊，贝雷尔森对一些人进行了访问，试图发现他们看不到报纸的举止有何不同，以及他们在看不到报纸时觉得主要是失去了什么和有什么需要得不到满足。他的调查结果同赫佐格的一样，在某些方面是令人惊奇的。只有很少的人说他们看不到报纸，是失去了我们很多人认为报纸的主要用途——了解遥远世界的手段。人们说，没有报纸，他们感到奇怪地“离开了世界”，没有报纸，人们就要找到一种新的方法来消磨这段时间。在这一点上，他们觉得是有所失，因为同他们习惯了的某种生活脱节了。

1964 年，麦克奎尔和布卢姆勒在英国普选中对政治节目的作用进行研究，发现受众将政治节目作为自己有关政治事务的信息来源。

1974年，布卢姆勒和卡茨发表论文，提出在五种情况下，社会需要可能导致对媒介的需要和使用，但并没有提出一种理论。这五种情况是：

(1)社会状况产生各种紧张关系和冲突，导致要通过使用大众媒介来缓和。

(2)社会状况使人们意识到那些需要关注的问题。这些问题的信息可以从媒介上找到。

(3)对于某些特定的社会需求，社会状况很少能提供真实的机会去满足它们，导致向大众媒介取得辅助性的、补充的或替代性的服务。

(4)社会状况使某些价值提高，而利用媒介中合适的材料有助于确认和增强这些价值。

(5)社会状况提供一种要求熟悉某些媒介材料的有希望的领域，而这些材料必须得到关注，以便维持其继续作为有地位的社会团体的成员的身份。

卡茨1974年在《个人对大众传播的使用》一文中，将媒介接触行为概括为一个“社会因素+心理因素→媒介期待→媒介接触→需求满足→”的因果连锁过程，提出了“使用与满足”过程的基本模式，即具有社会和心理根源的→需求，它们引起→对大众媒介或其他信源的期望，它们导致→媒介披露的不同形式→最后导致需求的满足+以及其他的（往往是非有意的）结果。使用与满足模式还远远不是一种理论，但这种对效果研究的方法，正在与现在已几乎成为考虑传播效果的必不可少的因素结合起来——这就是在传播关系中有一个活跃的接受者的观点，也指明了形成理论可能采取的某些方向。

3.创新与扩散理论

也叫信息扩散理论，是由埃弗雷特·罗杰斯于20世纪60年代提出的一个关于通过媒介劝服人们接受新观念、新事物、新产品的理论，侧重于大众传播对社会和文化的影响。随着大众传媒的普及，传媒日益被用于传播新的观念和技术，如推广新作物等，辅之以个人或组织传播来将其推广至全社会。罗杰斯从实证研究中收集的大量数据表明，新的技术革新推广时，他们一般要经历几个阶段才能被广泛接受。第一阶段，很多人从大众传媒的信息中知道这一技术革新。第二阶段，这一技术革新会被少数革新者和早采纳者采纳。第三阶段，舆论领袖从早采纳者中获知并自己率先试用。第四阶段，假如舆论领袖发现它有用，他们就会鼓励他们的朋友即那些领袖跟随者采用。第五阶段，很多人采用后，那些迟缓者或后采用者也开始接受采用它。这个过程被发现适应于大多数美国的农业技术革新的推广。美国衣阿华州的乡村社会学家分别对玉米新品种、人用新药和新式汽车安全带等的推广进行研究后得出了这一结论，可适用于发达国家和发展中国家。

1927－1941年，美国推广玉米混合新种。学者们对两个社区进行调查发现：前8年只有少数农民采用，1935－1937年间，采用新种的人数急剧增长，又经4年全部采用新种。其中早采用者年纪较轻、与外界接触多、收入与教育程度都较高，晚采用者则相反。研究表明：大众传播可以较为有力地提供新的信息，而人际传播对改变人的态度与行为有力。人们接触新事物的过程大多显示了S形曲线。1943年，瑞安和格罗斯发表了对该过程研究的论文。

1955年，美国农业社会学家委员会在他们的研究基础上提出了类似的“采用过程”五阶段论，将人们接受新事物的过程分为发觉（获得信息）、感兴趣、估价、试验和采用五个阶段。

五六十年代的大量实验证明，对新概念的估计是贯穿于整个过程中的，人们在采用之后仍有可能改变决定。1962 年，罗杰斯和休梅克在《创新的传播》中提出，一个“创新扩散”过程至少包含四个环节：

知晓：个体知道有某种创新事物存在，对其功能有所了解；

劝服：个人对该事物形成赞成或反对的态度；

决定：个人进一步思考、讨论和寻求有关情报，后决定采用或拒绝新观念；

确定：个人寻求与他的决定相关的补充情报，如其得到与之相矛盾的情报和劝告，则有可能改变原有决定。

该观点又被各种观察家依据实际情况修正为估计需要、知识、考虑和试验四个阶段。

创新与扩散理论的两点结论是合理的：大众传播在过程早期比以后更有影响；传播的过程，无论在处于何种发展阶段的国家里，通常可以说是呈 S 形曲线的，即在采用开始时很慢，当其扩大至居民一半时速度加快，而当其接近于最大饱和点时又慢下来。

创新与扩散理论在有计划地推广新技术、新观念、新技术而采用大众传媒或其他力量方面是较为有效的。但由于缺少反馈环节和与实际情况不完全吻合等原因有着一些局限性。

4. 议程设置

该理论最先由马尔科姆·麦库姆斯和萧唐纳于 1972 年提出。1922 年，李普曼在《舆论学》中认为，在某种意义上，大众传媒把“外在的世界”变成了“我们头脑中的图画”。1958 年，诺顿·朗最早提出了“议程设定”假说，认为报纸决定“大多数人将要谈论什么”及“大多数人对问题的看法”和“想法”。1963 年，伯纳德·科恩在《报业与外交政策》中写道，报纸在告诉人们如何思考上可能不太成功，但在告诉人们应当考虑什么问题时却十分成功。1968 年,麦库姆斯和萧对一个社区的总统竞选进行了调查,肯定了议程设置的假说。

所谓议程设置,指传播媒介报道的重点,与受众心目中的重要题材高度相关,媒介所强化报道的题材与事件,会引起人们的重视。这个理论充分肯定了媒介效果,将影响效果的因素分成媒介因素和受众因素,在此基础上考虑了议程设置效果的三种模式:

第一,知晓模式,又称 0/1 模式,考察知与不知的效果,即基本效果。一个议题是否被展现,决定了该议程是否被个人认知。

第二,显著模式,又称 0/1/2 模式,考察单一议题的显著性的影响力,即媒介对议题的强调程度是否影响大众认知这一议题的重要性程度。

第三,优先模式,又称 0/1/2/……/N 模式,考察媒介对一组议题的先后次序的影响力,即媒介对议题谁先谁后的排列次序,是否影响个人对议题重要性的排序。

在议程设置理论中,议程就是对当前问题进行报道的选择,对选中的事情进行不同程度的公开报道。议程设置理论认为,大众传媒往往不能决定人们对某一事件或意见的具体看法,但可以通过提供给信息和安排相关的议题来有效地左右人们关注某些事实和意见及他们对议论的先后顺序。也就是说,新闻媒介提供给公众的是他们的议程。大众传媒对事物和意见的强调程度与受众的重视程度成正比。该理论强调,受众会因媒介提供议程而改变对事物重要性的认识,对媒介认为重要的事件首先采取行动。麦库姆斯等人还发现,媒介议程与公众对问题重要性的认识不是简单的吻合,这与其接触传媒的多少有关。经常接触大众传媒的人的个人议程和大众媒介议程具有更多的一致性。

议程设置理论一个著名的例子就是《华盛顿邮报》关于“水

门事件”的报道。记者由报纸内页一条不显眼的消息抓住线索不放,“花了几个月的时间实际上把这个消息塞进其他新闻媒介的议程中,最终引起公众的注意”。关于“水门事件”的报道成为当年乃至一段时间内重大的政治新闻,最终导致了尼克松总统的下台。议程设置理论的进一步研究显示:在社会生活中,常常有许多“议程设置”者,传播媒介只是其中之一,尽管可能是其中较为重要的一个。传播媒介经常在与其他社会力量的协同和互动之中发挥作用。议程设置理论不仅肯定媒介效果,而且将其定位于认知层面,同时它的涵盖面非常广泛,吸收、容纳了其他领域的理论观念,为人们认识传播与社会提供了一个新的角度。

5. 强大效果论

只要能遵循传播学的某些原则,掌握大众传播的特征,合理地设计安排媒体节目,大众传播就会发挥强大威力,这种新的强大效果论是德国学者纽依曼最先提出的。赛佛林和坦卡德在《传播理论——起源、方法与应用》中说,一部分研究已趋于同意如果根据传播理论的原则审慎地筹划节目或运动,大众传播能发挥强大影响。如在一段时间内重复的讯息比单一讯息有效(有例外);认定并瞄准某些受众;运动目标明确,制作的讯息必须联系到这些目标;传播理论的有关观点在形成主题、讯息和媒介中都可以运用等。

20世纪70年代以后的强大效果论不是枪弹论的恢复,而是在适度效果论基础上发展起来的。与早期的媒介威力不相同,它从受众出发探讨媒介间接、潜在、长期的影响,同时将传播过程置于整个社会政治经济环境中进行多元化的宏观分析。该理论最为著名的是由德国传播学者伊丽莎白·诺尔·诺依曼在其著作《重归大众传播的强力观》中提出的“沉默的螺旋”假说。

诺依曼认为,大多数人都有被孤立的恐惧。因此在舆论传播中，个人便通过观察以了解哪些观点占优势、受欢迎，哪些观点处于劣势、不受欢迎，然后采取相应对策。通常如果自己的观点属于前者，他便会侃侃而谈，若属于后者，他便会沉默不语。在某一特定时期内，大众媒介所鼓吹的某些观点在社会上占有优势，对受众造成一种压力。大多数人力图避免因持有某种态度和信念而造成孤立，因而在表达支配意见和不表达意见的个人数量增加的时候会放弃原有的想法和态度，实现与主导意见的趋同。同时，由于大众媒介表达支配意见，再加上对异常意见的人际支持日益缺乏，就形成一个沉默的螺旋。“这个过程不断把一种意见确立为主要的意见”，持非主要观点和态度的人，在大众传播的压力下，随着时间推移，变得越来越少。

诺依曼和其他一些学者还认为，要使大众传播媒体发挥更强大的效果，应遵循以下原则：

(1)一般来说，在一段时间内反复传播的信息会比只传播一次的信息更为有效；

(2)要认定某些受众作为传播的主要目标，“以点带面”；

(3)传播的目的必须十分明确，而且所传信息必须围绕这一目标；

(4)使传播活动在传播科学理论的指导下进行。

众所周知，传播学起源于美国。第二次世界大战以后，美国传统的经验学派在这一领域主宰西方学术界将近30年。以英国为主体的欧洲批判学派，包括社会学派、社会心理学派及政治经济学派的崛起，并堪与美国的经验学派相抗衡。而美国经验学派的成熟期，正是20世纪四五十年代，可以说，西方效果理论由“强”到“弱”的第一次转折，主要是由美国经验学派促成的。它具有以下几点重大意义：

第一，研究重心的转变。研究者不再孤立地测定直接、短期的效果，而把注意力集中于间接、潜在和长期的影响；不再只从传者出发研究媒介的效果，而主要从受众出发探索媒介的影响潜力。

第二，研究过程与方法的转变。从“只见树木、不见森林”的机械经验主义方法，转向把传播过程置于整个社会政治经济大结构中考察的宏观分析方法。同时，还出现了方法论多元化的倾向，显示了巨大的活力。

事实上，它正是通过这一转折，完善了自己的理论模式、技术手段，而得以继续牢牢地占据西方大众传播研究的主导地位。然而，60 年代末“复兴”的“强效果论”，既非对第一次转折的简单否定，也不是对早期“强效果论”的机械回复，而是西方效果研究取向与维度的又一次革命性转折，其意义甚至超过了第一次转折。

三、传播效果研究的未来走向

20 世纪 60 年代以来，传播效果的研究在横纵两方面进行扩展。学者们一方面继续对说服性传播进行研究，另一方面对事实性讯息的传播展开探索。研究理论从效果强大到有限到适度再到强效的重提呈现着一种螺旋状的渐进。但是，由于传播学自身尚未形成一个完整体系和研究工作中存在的实际问题，给传播效果研究带来了一些难度，表现在研究对象庞大复杂、研究方法和工作范围的狭隘及研究经费的短缺等方面。

大众传播的效果是长期的、间接的、社会的和潜移默化的。因此，今后的研究工作要将各部类的研究结合起来，注意对传者和媒介的研究。将对受众的测试与对传播信息的归纳整理结合起来，并有所扩大。注意连续研究积累成果，加强研究工作的连续性和系统性，以看到传播问题的规律性特征。

近 20 年来效果研究的重点如媒介的长期、潜在和间接效果，中介因素，文化模式，传播环境，社会制度等，今后仍将成为研究扩大的范围。以美国为代表的效果研究的两个方向，即“受众－效果”（从心理学入手探讨受众对媒介影响的制约因素）方向和“内容—效果”（从媒介内容分析入手探索媒介对现实及其含义的塑造功能的社会构造）方向也将延续，并不断被充实和发展。具体而言，今后的传播效果研究将趋向于强力效果论，即广义上的强效果论。

威尔伯·施拉姆认为，大众媒介的传播效果是长期和潜移默化的。大众传媒日夜不停地向人们传送着信息，人们将提供消息的大部分责任托付给媒介，并要求其从整个世界来提供信息。于是，“传播”决定着人们寻求和发出信息的方式，决定人们大部分生活的方式和如何支配时间，决定周围环境在人们头脑中的图画及自身形象。虽然这些效果不是可以立刻看出的，却丝毫不能怀疑其强大。虽然我们可能无法说出任何特定时间的特定节目所有的特殊的效果，但其长期的效果将存在于我们生命的所有时日之中。

今天，大众传播对人们的影响和作用不单是一个国家的问题，而且成为了具有全球性普遍意义的事情。

大众媒介的发展使个人可以方便快捷地了解身外的世界，受众所希望获得的国内国际范围内的政治、经济、军事、外交、文化、社会生活等方面的情况大多由大众传媒处获得。离开了传媒的生活，便如同与世隔绝。

今天的教育，已成为终身教育，走出校门之后所受的教育基本由大众传媒来完成。大众传媒在传播知识的同时还将社会的价值观念传给了受众，传媒促进了受众的社会化。与此同时，受众中的儿童也可能从媒介传播的内容中获取一些并非有益的东西。这一点已日益引起学子们的关注，并在积极寻找解决这一问题的有效措施。除对个人造成影响外，大众传媒还会对群体、社会和文化发生作用。总的来讲，这就是广义上的强效果，是长期和潜在的效果。受众、传媒和社会相互作用,彼此独立而又统一,相互制约和促进着对方的发展。把握好它们之间的关系对于传播效果的研究意义重大。①

第三节 传播效果的生产过程及其制约因素

任何一种有目的的传播活动都希望取得良好的传播效果,但效果的产生却往往不以传播者的意志为转移,有时甚至会出现与传播者的意图相反的结果。因为,传播效果的产生是一个十分复杂的社会过程,从发出信息到受众接受信息,中间存在着许许多多的环节和因素,每个环节或因素都可能对效果的形成产生重要的影响。

传播是一个复杂的系统工程,传播效果的产生是多种因素参与传播过程的综合表现。在传播过程中,制约传播效果的因素有很多,诸如传播者、受传者、传播内容、传播媒体、传播技巧和社会环境等等。

一、传播者因素

大众传播效果的形成受到多种因素和条件的制约,但首先无疑是作为传播主体的传播者。传播者不但掌握着传播工具和手段,而且决定着信息内容的取舍选样,作为传播过程的控制者发挥着主动的作用。尽管如此,传播者本身的某些特点仍然会对传播效果产生重要的影响。

传播者决定着信息的内容,但从宣传或说服的角度而言,即便是同一内容的信息,如果出于不同的传播者,人们对它的接受程度是不一样的。因为,人们首先要根据传播者本身的可信性

① 胡正荣:《传播学总论》,北京广播学院出版社 1997 年版,第 312 - 313 页。

对信息的真伪和价值作出判断。可信性包含两个要素，第一是传播者的信誉，包括是否诚实、客观、公正等品格条件；第二是专业权威性，即传播者对特定问题是否具有发言权和发言资格。这两者构成了可信性的基础。传播者的地位高低、可信程度、知名度、接近度都与传播效果的发生和形成有着密切的联系。所谓可信程度是由传播者的知识结构、品德修养、资历高低等因素所决定，可信度越高，传播效果越好。在传播内容与受传者原有倾向不一致的情况下，相同的传播内容，地位高的个人或组织，其传播效果一般大于地位低的个人或组织。传播者经常露面，可增加与受传者接触次数和信息互动的频率，就会使受传者产生"熟人"印象，形成亲近的倾向。因此知名度影响传播效果。接近度是指传播者在信仰、民族、专业、个性等方面与受传者的接近程度，传播者与受传者越接近、越相似，就越容易产生好的传播效果。这种接近性和相似性会使受传者产生一种"同体观"倾向，把传播者看作是"自己人"，从而传播中也易造成传播者同受传者意见一致的情形。

对传播者的可信性与说服效果的关系进行了实证考察的是霍夫兰。1951 年，他和韦斯选择四项主题——抗组胺药品无医生处方能否入市销售、美国近期建造实战型核动力潜艇的可能性、钢铁供应不足的责任、电视的普及是否会导致电影院的减少——写成说服性文章，分别冠以可信度高和低两种信源，将它们提示给两组实验对象。实验的目的是在内容完全相同的条件下测试可信度高低对传播效果的影响。实验结果是，除"电视普及对电影院的冲击"一项外，其他三项都明确显示出高可信度信源的说服效果远远好于低可信度信源。1953 年，霍夫兰与凯尔曼又以"如何对待失足少年"为题进行了另一次实验。他们将实验对象分成三组，分别向他们播放可信度高信源（一位有声望的法官）、可信度中信源（在场者中的一位）、可信度低信源

(少年时代有犯罪经历,近因贩毒入狱刚获保释的一男性)的谈话录音。这次实验的结果进一步证明了信源可信性与说服效果之间的密切关系。

根据这些实证研究的结果,霍夫兰等人提出了“可信性效果”的概念:一般来说,信源的可信度越高,其说服效果越大;可信度越低,说服效果越小。

另一方面,由可信性带来的说服效果并不是一成不变的。霍夫兰等人在上述两次实验中都发现,随着时间的推移,高可信度信源的说服效果会出现衰减,而低可信度信源的说服效果则有上升的趋势。这是因为人脑的忘却机制在起作用。根据艾宾豪斯的忘却曲线原理,人脑对信息的记忆量随时间推移逐渐减少,而忘却是从信息的次要属性开始的。也就是说,由高可信度信源发出的信息,由于人们对信源的信任,其说服效果最初可能会大于信息内容本身的说服力,而低可信度信源发出的信息,由于人们对信源怀有不信任感,其说服效果最初可能会小于内容本身的说服力;随着时间的推移,人们对信源与内容联系的记忆逐渐淡漠下去,由信源居主导地位的可信性效果趋于减弱或消失,内容本身的说服力才能较完全地发挥出来。信源可信性对信息的短期效果具有极为重要的影响,但从长期效果来说,最终起决定作用的是内容本身的说服力。

二、受传者因素

大量实证研究的结果可以看出,即便是同一个传播者,运用同一种方法传达同一内容的信息,在不同的对象那里引起的反应是不同的。因为传播效果的形成是一个多种因素交互作用的过程,不仅传播者、内容和技巧会对效果产生影响,传播对象本身即受传者的属性也起着同样重要的制约作用。

受传者的属性通常包含以下几个方面:性别、年龄、文化程度、职业等人口统计学的属性;人际传播网络;群体归属关系和群体规范;人格、性格特点;个人过去的经验和经历等。所有这些属性规定着他们对媒介或信息的兴趣、感情、态度和看法,同时对传播效果发生重要的影响。

1. 人际传播网络的影响

我们每个人都生活在一定的人际传播网络中:人际传播的目的,不仅仅是为了社会交际,同时也是为了交流信息、交换意见和相互影响。在传播学中,活跃在人际传播网络中,经常为他人提供信息、观点或建议并对他人施加个人影响的人物,称为"意见领袖"。意见领袖作为媒介信息和影响的中间和过滤环节,对大众传播效果产生重要的影响。

卡茨和拉扎斯菲尔德在《个人影响》和罗杰斯在《创新与普及》中提出,"意见领袖"具有下述基本特征:

(1)与被影响者一般处于平等关系而非上下级关系。换句话说,意见领袖未必是大人物,相反,他们是我们生活中所熟悉的人,如亲友、邻居、同事等。正因为他们是人们所了解和信赖的人,他们的意见和观点也就更具有说服力。

(2)意见领袖并不集中于特定的群体或阶层,而是均匀地分布于社会任何群体和阶层中。每一个群体都有自己的意见领袖,他们与被影响者保持着横向传播关系。

(3)意见领袖的影响力一般分为"单一型"和"综合型"。在现代都市社会中,意见领袖以"单一型"为主,即一个人只要在某个特定领域很精通或在周围人中享有一定声望,他们在这个领域便可扮演意见领袖角色,而在其他不熟悉的领域,他们则可能是一般的被影响者。例如,一个对时事政治拥有广博知识的人可以在时政问题上给予他人指导,而在流行或时尚方面则可能接受其他行家的影响。在传统社会或农村社会中,意见领袖一般以"综合型"为主,例如有名望的家族对当地社会往往有普遍的影响。

(4)意见领袖社交范围广,拥有较多的信息渠道,对大众传播的接触频度高、接触量大。

拉扎斯菲尔德等人最早在《人民的选择》中提出了意见领袖的概念。在后来的《个人影响》研究中,他们又证明不仅在政治领域,在如购物、时尚以及其他各种社会生活领域,都活跃着一大批意见领袖,他们对大众传播的效果起着促进或阻碍的作用。然而,由于意见领袖的分散性和变化性,准确地捕捉这批人并非一件易事。卡茨等人曾在《个人影响》中提出了测定意见领袖的三项指标,即"生活阅历"、"社交性"和"社会经济地位"。但他们发现,这些指标在不同领域的重要性是不一样的。例如,在购物、时尚、娱乐等领域,意见领袖最重要的素质是"生活阅历",然后是"社交性"和"社会经济地位";在社会政治问题上,意见领袖最重要的素质则是"社交性",然后是"社会经济地位","生活阅历"则并不那么重要。尽管准确地捕捉意见领袖还是一件比较困难的事,但对大众媒介来说,认识并重视到这些人的存在,增强受众定位意识,无疑具有重要意义。

2. 群体和群体规范的影响

就说明性传播来讲,其效果是否能达到,和群体规范有相当关系。社会上有大大小小的许多群体——家庭、行业组织、社会、俱乐部以及政党等,每个人都隶属于一个或几个群体。群体和群体规范对其成员的态度和观点有相当影响力,这就是阻止劝服效果形成的强大阻力。每一群体具有某些一致的价值观、伦理观,如果说服性传播违背了,便会遭到群体的抵制。若某个成员背弃群体规范,而接受了与之对立的观点、主张,则必会遭受来自群体内部的阻力,危害到自己的切身利益。故一般人不会轻易放弃群体性规范,说服性传播在遇到这样的群体规范时总是凶多吉少。

考察群体对个人行为的影响有两个基本视角：一是作为现实社会关系网络的群体。在这种群体中，不仅存在着意见领袖的个人影响，由成员的多数意见所产生的群体压力也对个人的言行具有重要的制约作用；二是作为个人行为的精神依托点的群体，即由过去和现实的群体归属关系所产生的观念、价值、行为准则的内在化，统称为“群体规范”。在现实生活中，许多看起来似乎完全出于个人决定的行为，实际上在很大程度上受到内在化的“群体”即群体规范的影响。同样，群体归属关系和群体规范对大众传播效果也具有重要的制约作用，它不仅影响着受众对媒介和内容的“选择性接触”，而且影响着他们对观点的接受。

3. 受传者的个性的影响

受传者是影响传播效果的主要因素。由于受传者的个人特征、智能结构、个性特点、预存的观点信念各不相同，具有差异性，因此传播效果也是因人而异的。每个人都有不同的个性。有的人比较容易接受他人的意见或劝说，有的人则固执己见，我行我素。在传播效果研究中，这种“容易”或“难以”接受他人劝说的个性倾向，称为个人的“可说服性”。个性倾向是实验对象的自我评价，可说服性是指就电影、食肉、感冒三项主题所作的说服实验的综合结果。根据日本传播学者饱户弘的分类，可说服性包含以下几个方面：

第一，与特定主题相关的可说服性——说服的主题是多种多样的，一个人在某些话题上可能容易接受他人意见，而在另一些话题上则可能容易产生拒绝或排斥态度。

第二，与特定议论或诉求形式相关的可说服性——易接受道理说服，而有的人则容易接受场面或氛围的感染；有的人对“强加式”说服表现出自发反感，而对“诱导式”说服则很容易接受等等。

第三，一般可说服性——与说服形式无直接关系，受个人性格和个性所规定的、对他人意见容易接受或排斥的倾向。

1945年，贾尼斯采用临床实验的方法，以"社会不安感"、"委曲求全性向"和"感情抑郁程度"为自信心强弱的三项指标，就自信心强弱与一般可说服性的关系进行了测试。

对人际关系以及社会处境抱有较强不安感的人，做事委曲求全、尽可能避免与他人发生冲突的人，以及情绪基调以忧伤、压抑为主的人（均为自信心较弱的尺度），普遍表现出较高的可说服性。相反，那些社会不安感、委曲求全性向以及感情抑郁程度较低的人，其可说服性普遍较低。根据这个结果，贾尼斯认为，在自信心的强弱和可说服性的高低之间存在着密切的相关，即自信心越强，可说服性越低；自信心越弱，可说服性越高。这一结论，被称为"自信心假说"①。

受传者的个人特征和个性特点表现在有选择性的注意、理解和记忆信息方面。

（1）选择性注意

外界对人的刺激时时刻刻存在着，但人不可能对所有的信息刺激都作出反应，人们只选择那些感兴趣的或有用的信息。因此，传播信息要争得受众的注意力，而影响人们的注意力的因素，从心理学上讲，便是刺激的强度、对比度、重复率和新鲜度。一片皑皑的白雪中点缀一只红色的滑雪板，这一强烈的对比就会引起人们的注意。接二连三的连续刺激能增加刺激的总强度，增加记忆，而不易遗忘。新鲜度是指与平时所获信息形成反差，越少见，越能引起人们的注意。影响人们注意力的因素还有受众个人的心理特征和心理状态。这些因素都使得受众不可避免地从自己的心境出发，选择适合自己口味的、正中下怀的

① 郭庆光：《传播学教程》，中国人民大学出版社2001年版，第210－211页。

信息。

(2)选择性理解

信息传播是一个“编码”和“译码”的过程,即传者将一定的意义“编制”成一定符号,受者则把以符号为载体的信息回译成“意义”。在这个“编码”与“译码”的过程中,虽然“符号”是一样的,但它所代表的意义在传者与受者的心目中便不会完全相同。这中间的差异便是由受者存在的选择性理解这一心理趋向造成的。影响受众选择性理解的因素与影响选择性注意的因素一样。相对来说,理解的心理比注意的介入更高,所谓“仁者见仁,智者见智”,相同的信息对不同的人会产生不一样的解释。因此,只有与受众个性特征一致的信息,传播效果才会好。

(3)选择性记忆

受传者在完成注意和理解的选择后,往往记住了自己所选择的和自己所理解的部分,而忘掉自己所不同意的部分。记忆选择的东西一般是与自己的观念、经验、个性、需求等因素相一致的东西。

智能结构影响对信息真正含义的把握程度,而受传者的观点、信念、个性影响对信息的接受程度。如性格外向的人比性格内向的人容易接受劝服性内容。依照受传者的兴趣、特点等进行传播,有利于获得好的传播效果。因为一般来说,受传者更容易选择与自己原有倾向一致的信息。

与可说服性相关的因素还有个人信息行为的特性。信息行为指的是个人寻求、接触和处理信息的各种行为。每个人的求知欲、性格和习惯不同,信息行为也不同,因此对传播效果也直接地或间接地产生影响。

三、传播媒体影响

传播媒体本身对传播效果也产生影响。不同的媒体具有不同的特点和优势，起着不同的作用。相同的媒体传播不同的信息，效果也不同，如书籍有良好的知识传播效果，而报纸、电视有较好的新闻传播效果。另外传播媒体组织的权威性、可信度、技术先进性等对传播效果产生一定的影响。因此选择恰当的传播媒体是十分必要的。

四、传播内容影响

传播内容是传播过程的核心部分。传播的主要目的是把特定的内容传送给特定的受传者，被他们注意、理解、记忆，最终达到影响他们思想和行为的目的。因此，在影响传播效果的各种因素中，传播内容是一个非常重要的因素。受传者对于不同的传播内容具有不同的反应。传播内容的真实性、及时性、客观性、深入程度以及传播内容的安排技巧等等，都会对传播效果的形成产生直接或间接的影响。

五、人际传播影响

人们在接受大众传播的过程中，同时受到人际传播的影响，有时还是非常重要的、决定性的影响。1940 年，拉扎斯菲尔德、贝雷尔森、高德特等人在美国俄亥俄州的一项有关总统选举行为的调查，发现了“二级传播”模式（又称传播的二段流程）理论。1945 年，拉扎斯菲尔德证实了这一假说，他将研究内容从政治拓展到日常生活领域，调查的内容包括日用品购买、电影的选择和流行的变化等。以流行为例，他们取得了 502 个样本，用三种人际传播方式和一种大众传播方式（杂志）比较它们对流行的影响，结果表明几种人际传播的影响都大于大众传播。进入 20 世纪 60 年代，人们进一步深化了对“二级传播”的认识。经过众多调查，B·格林巴克概括如下：

(1)即便在认知阶段，人际传播的作用也很显著。即人们获知某些事实，并不一定依靠媒介，在很大程度上依靠人际传播。

(2) 人际传播活动中的“流程”，往往不是一段二段，而是多段的，即是 N 段的。

(3)“意见领袖”和跟随者之间的关系不是绝对化的。

“二级传播”或“N 级传播”之所以比直接的大众传播更有说服力，是因为舆论领袖的传播更有针对性，更灵活，更容易和受传者接近并被他们相信。[1]

六、社会环境影响

社会环境是指人所处的一定的社会氛围，它包括社会的固有传统习俗、文化规范，也包括每个人所处团体的影响。社会环境对传播活动的影响很大，有时它的力量可以强大到不以个人的意志为转移。传播者要想取得良好的传播效果，不能忽视社会环境，应尽量引导促成有利于传播的良好环境的形成。

七、传播技巧因素影响

传播技巧指的是在说服性传播活动中为有效地达到预期目的而采用的策略，比如一篇文章是由主题、观点、材料、论证等要素构成的，在主题和观点一定的情况下，如何安排材料、进行论证、提示结论，就成了制约文章内容说服力的重要变量。传播技巧包括内容提示法、现身说法、单面提示和双面提示、情感诱导和理性诱导、明示法、说理法和诉求法等等。

---

① 张迈曾：《传播学引论》，西安交通大学出版社 2002 年版，第 270 页。

【练习题】

1. 传播效果有哪些含义和层次?
2. 试述欧美效果研究的社会文化背景。
3. 考察具体过程的传播效果时,哪些环节和要素应该注意?
4. 试述传播技巧和传播效果的联系。
5. 联系实际,谈谈如何提高传播效果。

第十一章　传播效果研究的主要理论

议程设置
培养分析研究
沉默的螺旋
知沟论

本章概要

有关媒介效果的研究构成了传播学领域中最为丰富的组成部分。概括地说，当代以美国为代表的媒介效果研究有两个总体趋向：受众－效果方向和内容－效果方向。在本章，我们简略介绍几种主要的内容－效果研究流派：议程设置（包括议题建构论）、培养分析研究、沉默的螺旋和知沟论。

学完本章后，你应当能够：

· 掌握“议题设置”的概要和特点以及有哪些重要的意义；

· 考察“培养分析”理论的特点和电视媒介在大众传播中的优缺点；

· 结合“沉默的螺旋”理论，分析现代社会中大众传播、社会心理和舆论三者的关系。

· 探讨现代信息社会是否存在“知沟”问题。

媒介效果的研究是传播学领域中最为丰富的组成部分。20世纪六七十年代以来,欧洲批判学派的崛起,为传统的传播学研究注入新的活力。由于大西洋两岸不同的研究成果、思维方式和研究技术的进一步交融汇合,涌现出名目繁多的研究流派和理论模式,展示出多元化的发展趋势。概括地说,当代以美国为代表的媒介效果研究有两个总体趋向:其一是从心理学角度探讨受众对媒介影响的制约因素的心理学研究方向,或叫受众-效果方向;其二是从媒介的内容分析入手探索媒介对现实及其含义的塑造功能的社会构造研究方向,或叫内容-效果方向。前者包括使用与满足论(包括使用与效果论)、规范论和幻想论等研究流派;后者包括议程设置(包括议题建构论)、培养分析研究、沉默的螺旋和知沟论等研究流派。这里,我们从媒介的内容分析入手,简略介绍几种主要的内容-效果流派:议程设置(包括议题建构论)、培养分析研究、沉默的螺旋和知沟论。

第一节 "议程设置"理论

20世纪50年代末60年代初,研究人员不断探索,同时寻找和开拓新的研究领域。一些学者对过去一段时间内,那种仅集中于说服传播在短期内扭转受众态度的作用的研究本身以及这种研究的思路提出怀疑。著名美国学者朗格在1959年曾经说过,这类研究很可能低估了大众传播的效果和影响。大众传播在产生着一种较为间接,然而却更为深刻的效果,它在两次竞选之间的闲歇时期,影响和决定着选民投票倾向的形成。朗格的这一思想代表了当时对效果问题研究范畴的新思考,体现了人们对较长期的、更间接的效果问题的探索。随着研究的深入和思路的开拓,人们提出了许多新的传播效果的假说,其中影响较大的有"议程设置"理论。至今,它仍然是一种较为流行的理论。

传播学者认为媒体具有议程设置的功能，即大众传播媒体对于公共议题的报道，会直接影响社会大众了解公共议题间的相对重要性，进而形成公共议程。换句话说，一个议题如果在媒体得到较多的报道，则该议题将较容易被大众认定为现今社会上较重要的议题。

1988年，学者Rogers & Dearing整理了153篇有关议程设置的研究文章之后得到一个结论，过往不同领域的学者——包括政治学者、传播学者、政策学者所想要厘清的无非是“媒体议程、公共议程、政策议程”三者间的关系，大多仅集中在“媒体-公众”、“媒体-政策”、“公众-政策”等两者之间的关系探讨。

议程设置理论认为，传播媒介的效果和作用在于引起人们的注意力。大众传播只要对一些问题给予重视，集中报道，并忽视或掩盖对其他问题的报道，就能影响公众舆论。而人们则倾向于关注和思考大众传播媒介注意的那些问题，并按照大众传播给各个问题确定的重要性的次序，分配自己的注意力。大众传播通过吸引受众的注意力，安排问题的轻重次序，从而间接达到影响舆论、左右人们的观点和思想的目的。

由于众多学者的加入，“议程设置”理论研究正逐步向深层次发展并逐步细化。其主要成果有：“议程设置”的作用机制模式化研究，即将其作用机制分为“知觉模式”、“显著性效果模式”和“优先顺序模式”；议题类型及其影响程度研究，即将议题分为“个人议题”、“谈话议题”和“公共议题”，并对三类议题进行比较研究；三大媒体“议程设置”特点研究等。

一、“议程设置”理论概要

“议程设置”理论的提出者是美国传播学者麦库姆斯和萧唐纳。1968年，他们在研究美国大选中所出现的政治议题时，首先提出媒体具有议程设定的功能。他们指出,大众传播媒体可以在选举中设定“议程”,导引民众关注某些“议题”来塑造政治人物的公共形象。此外,媒体对于某件议题的关注与报道量,与民众对该议题认为重要与否也成正比,也就是说媒体对某一议题报道篇幅或则数越多,民众认为该议题就越重要。因此,媒体决定了民众讨论议题的方向与焦点,它具备了议程设置的关键角色。而传播研究累积的文献显示,大众传播媒体能有效传递讯息,提升受众对公共事务的认知,并形成受众对外在世界经验的了解。学者将大众传播对公众议题的重要性与显著影响力,称为“议程设置”功能。麦库姆斯和萧唐纳就大众传播媒介的选举报道对选民的影响的调查报告在1972年发表于《舆论季刊》上,题目就是《大众传播的议程设置功能》。接着,麦库姆斯又对1972年的总统选举进行跟踪调查,进一步确定究竟是媒介的话题影响选民的话题,还是选民的话题影响媒介的话题。

这之后,许多学者纷纷对此进行探讨和验证。1977年,美国学者Howard W. Chase成立一门新的社会科学“议题管理”。议题管理概念慢慢成为政策分析或公共关系学门中重要的一环。事实上,并不是所有的议题都能引起众人的注意或重视而引起讨论,也就是说,若议题不具备敏感性,得到社会成员认同的程度也不高。由于传播媒体内容往往反映了社会既有的组织权力与秩序,故有地位者更有可能在媒体上表达意见,他们对社会议题的意见也较容易为各方所接受。同时因为媒体具有议程设置的功能,所以具有目的导向的政治人物或团体就极有可能将对其有利的议题,运用各种方式藉由媒体推上公共议程,或是将不利于彼的议题,通过媒体予以反驳,解释或是转移焦点。所以,议程设置可说是“媒体、公共议题、政策形成”三者之间互动的过程,而议程设置的研究就是一种“过程”的研究。如果能在议程设置发展的过程中,分析拥有议程设置权力者之间的互动情形,就能厘清媒体、大众、政策之间的关联性。

媒体的“议程设置”理论的基本命题可以概括为:

(1)大众传媒反复报道和强调的问题与受众关注的重要问题,存在着一种高度的对应关系;

(2)大众传播具有一种为公众设置“议事日程”的功能,传媒的报道赋予各种议题不同的显著性的方式,影响着人们对周围世界的“大事”及其重要性的判断;

(3)“议程设置”主要影响人们的认知层面,它告诉人们“想什么”而不是告诉人们“怎么想”;

(4)“议程设置”理论暗示了传播媒介是从事“环境再构成作业”的机构。传媒对外部世界的报道不是“镜子”式的反映而是一种有目的的取舍选择活动;

(5)“议程设置”理论所考察的,不是某家媒介的某次报道产生的短期效果,而是作为整体的大众传播具有较长时间跨度的一系列报道活动所产生的中长期的、综合的、宏观的社会效果。

在效果研究方面,“议程设置”理论给人们带来了新的启示,传播学者麦克奎尔对此有过精辟的评论。他说,早期的实证性研究对几乎所有关于大众媒介强效果的概念都予以怀疑和否定,“议程设置”理论则对传播的强效果持肯定态度。因为它不涉及态度的改变,也不直接涉及意见的改变,而主要涉及的是注意与学习的问题。事实上,以往的研究业已证实,大众传播最可能产生的作用是传递信息。“议程设置”理论将获得信息与产生态度效果的可能性逻辑地联系起来,使人们注意到受众通过大众传播了解了什么并给各个问题确定了重要性的次序,这样大众传播对受众的影响就在其中了。

“议程设置”的思想在 60 年代初就有人提出过。科恩在 1963 年指出,新闻界在大多数情况下无法有效地决定人们的思想,能非常成功地告诉读者应该想什么问题。而这一思想的萌芽,则是李普曼在20年代提出的“人们头脑中的图画”的观点。1972年和1976年,美国学者麦库姆斯和萧唐纳在总统竞选研究中,肯定了这一假说,引起了人们广泛的注意和重视。他们认为,受众通过传播不仅了解公众问题,而且根据大众媒介对某一问题或论题的强调,调整对它应给予何种程度的重视。例如,在反映竞选人在一次竞选活动中讲了什么内容时,大众媒介显然决定了哪些是重要的问题。换句话说,大众媒介决定了竞选运动的议题,这种影响个人认知变化的作用是大众传播效力的最重要的方面之一。在上述1976年的调查中,被访者对于竞选各方面问题的重要性的看法,与新闻界在报道时所强调的程度非常接近。选举开始后,新闻报道重点与公众注意力的集中点之间的相关性,达到了很高的程度。在伊利诺斯城的调查也表明,经常接触大众传播的人对重要问题的注意程度与大众媒介报道的排序一致。

“议程设置”理论也表明了效果研究的着眼点的变化。有的学者认为,几十年来的传播研究,即从伊里县调查到现在,是一个逐步与改变受众态度的观点相脱离,并逐步转向重视事实信息传播作用的历史。这种变化表明,人们注意到人的态度的形成具有不同的发展阶段,人们的态度变化也受多方面因素的影响,它是一个过程。

“议程设置”理论最强有力的支持来自竞选研究;而且也可以说,它比较适合于竞选问题的研究。然而,正如人们一直所感觉到的,传播过程中的原因和结果是很难区分的,因果经常转换和相互作用。“议程设置”理论无法解释的一点是:究竟是传播媒介决定受众的“议程”呢?还是受众对各个问题重要性的看法,决定了媒介的“排序”,而媒介的议程只不过是受众看法的反映?比如,在美国,竞选议程往往由那些竞选班子的策划者规划好，新闻界有时只要被动地遵循既定议程办事，新闻界的议程要靠别人来给它确定。另一方面，竞选班子的议程又往往是由当时的社会问题、经济问题、政治问题和现实状况所决定的。

"议程设置"理论还需要进一步研究。例如，议程究竟是为个人设置的呢？还是为团体组织、政党和政府所设置的呢？迄今为止的调查仍局限于个人的层次，而这种"议程设置"在竞选期间的作用和平常时期对社会生活的影响究竟有多大？有关探讨还需不断地继续下去。

1991 年的《新闻论丛》，发表了美国学者有关"议程设置"现象在艾滋病问题报道过程中的作用的研究论文。这次研究与以往研究"议程设置"问题不同，不是着眼于媒介报道的各种问题的重要性排序，而是只抓住一个问题——艾滋病来看媒介在整个 80 年代中，对这个问题报道的重视程度的变化，以及这一问题的"议程"是由谁来"设定"的。此项研究认为，近 10 年来艾滋病持续不断地出现在报端和荧屏上，是由多种因素促成和影响的。比如，医学界对这种疾病的发现、研究和治疗；政府的重视和采取的措施；公众的关心和社会上相应的反映；社会知名人士感染艾滋病引起的社会震动，等等。在社会生活中，常常有许多"议程设置"者，传播媒介只是其中之一，尽管可能是其中较为重要的一个。传播媒介经常在与其他社会力量的协同和互动中发挥作用。

二、"议程设置"理论的特点

"议程设置"理论探讨大众传播的效果和影响问题，它有如下特点：

第一，传播效果分为认知、态度和行动三个层面，这些层面同时也是一个完整意义上的效果形成过程的不同阶段，"议程设置"理论的着眼点是这个过程的最初阶段，即认知层面上的效果。科恩 1963 年在考虑报刊的国防报道的影响时曾经指出："报刊远不是信息和舆论的供应者。它在许多场合告诉读者应该怎么想时也许并不成功,但在告诉读者想什么时却是惊人的成功。"科恩的"应该怎么想"就是指态度层面上的效果,他的"想什么"就是指认知层面上的效果。认知层面上的效果与态度层面上的效果不同,一般来说,后者指的是对"思考方式"的影响,即以告诉人们应该"怎样想"的方式来加强或改变人们对事物的看法或观点;前者指的是对"思考对象"的影响,也就是以告诉人们"想什么"的方式来把他们的关心和注意力引到特定的问题上。由于传播效果是一个循序发生和深化的过程,认知阶段的效果并不排除对态度和行动产生连动作用的可能性。

第二,"议程设置"理论所考察的,不是某家媒介的某次报道活动产生的短期效果,而是作为整体的大众传播具有较长时间跨度的一系列报道活动所产生的中长期的、综合的、宏观的社会效果。它着眼的是传播媒介的日常新闻报道和信息传播活动所产生的影响。

第三,"议程设置"理论暗示了这样一种媒介观,即传播媒介是从事"环境再构成作业"的机构。传播媒介根据自己的价值观和报道方针,从现实环境中"选择"出它们认为重要的部分或方面进行加工整理,赋予一定的结构秩序,然后以"报道事实"的方式提供给受众。在现代社会里,由于大众传播是人们获得外界信息的主要渠道,不管这种"再构成"是对现实环境的客观反映还是歪曲的反映,都会影响到人们对周围环境的认识和判断。

三、"议程设置"理论的三种模式

从议程设置效果的形成方式看,可列出三种模式。

第一,知晓模式或 0/1 模式:探讨知与不知的问题,可说是最基本的效果。就是说,一个议题是否被媒介展现,决定该议题是否被个人认知。有人还根据不同的认识层次,将知晓度分为三类:知晓主要议题、知晓次要议题和知晓特殊信息。

第二,显著模式或0/1/2模式:探讨单一媒介议题的显著性的影响力,即媒介对某个议题的强调程度,是否会影响大众认知这一议题重要性的程度。

第三,优先模式或0/1/2…N模式:探讨媒介对一组议题的优先次序的影响力。就是说,媒介长期处理一组议题时,对各议题给予的不同优先顺序,使受众受到影响,即按照媒介的优先顺序,排列个人议题的优先顺序。"议程设置"理论的提出具有重要意义。第一,它对在批判"枪弹论"时得出的大众传播效果"无力"和"有限"的结论作出了修正,重新揭示了大众传播的有力影响;第二,它无意间揭开了资产阶级学者力图掩盖的传媒的意识形态性质的面纱,从这个意义上讲,称它是美国土生土长的批判学派也不为过。议程设置理论不仅肯定媒介效果,而且将其定位于认知层次,使效果研究"柳暗花明又一村"。同时,它的涵盖面十分广泛,吸收、容纳了其他领域(如舆论、社会学习、使用与满足等)的理论观念,丰富了效果研究的学术框架。

"议程设置"理论并没有给人们提供具体的效果模式,它更多的是提出一种新思路。它为人们认识传播与社会提供了一个新的角度,它所产生的启迪作用是积极的和充满希望的,都具有从众的倾向。在公众畅所欲言、有充分的渠道表达各种意见和观点的情况下,一种舆论占主导地位,是逐步确立和形成的,并且表现为声势的逐步扩大。此外,一种舆论的形成有各种社会的原因,它要占据主导地位,没有众多的支持者是不可能的,如果那样,也就不成为舆论了。当然,"议程设置"理论只强调传播媒介"设置"或影响社会议题的一面,对反映社会议题的一面没有涉及,不能不说是它的不足之处。

四、议题建构理论

“议程设置”理论主要是微观效果方面的理论，而议题建构理论则是更加宏观层次的理论。美国学者郎氏夫妇（Kurt Lang & Gladys Lang）对有关“水门”事件的资料进行深入分析后，对议程设置理论提出质疑，认为该理论假定媒介可同时、立刻设定政治议题的说法过于天真了。为此，他们提出一系列概念的修正，形成了“议题建构过程”的新理论。

郎氏夫妇把议题分为三类：(1)与社会每个成员都息息相关的议题，无论媒介是否报道，个人都会在自己的日常生活中接触到这些议题；(2)与个人只有部分关系的议题，如青少年犯罪、城市绿化等，通过媒介报道，可引起更多人的注意；(3)距离每个人都很遥远的议题，如非洲难民、海地危机等，这是媒介最能发挥影响力的。这三类议题都经常被媒介提起，但影响力却有大小之分。各种议题之间也彼此竞争，以吸引大众的注意力。与此同时，不同阶层的受众关注的议题，也会有很大的差异。因而，在研究中不能仅仅着眼于某些特殊议题与公众议题之间的关联，还必须考虑到两者是在特殊的媒介环境中交互作用的。

媒介在“水门”事件中所扮演的，就是一种“议题建构者”的角色，其过程可分为以下四个阶段。

第一阶段：媒介强调某些事件（活动、团体、人物等）。不同的事件，需通过不同种类和分量的报道，以有效引起民众的注意。媒介这种初步的强调，会影响民众思想和言谈的内容。

第二阶段：整理议题中出现的事件，并极力与民众关心的现实问题和热点挂钩。媒介在这一阶段可充分发挥作用，使其所强调的事件得以凸现。

第三阶段：媒介将事件或同一议题与次象征符号相连结，使事件或议题成为整个政治生态的一部分。并非每个议题都具有明显的政治色彩，媒介可通过“炒作”，使之变成与特定利益集团“挂钩”的鲜明的议题，从而更具争议性。

第四阶段，能公开其利益诉求的发言人，就在众目睽睽之下出现于媒介，展开最直接的竞争。

以上步骤，一环紧扣一环，各步骤之间也可能有反复，并存在回馈，而整个过程结束就完成了将事件“建构”为公众议题的任务。

1986 年，学者 Dutton（1986）从议题特征、议题倡导者特性、议程结构三方面来探讨提高议题进入议程的可能性，并提出模式如图 11－1 所示：

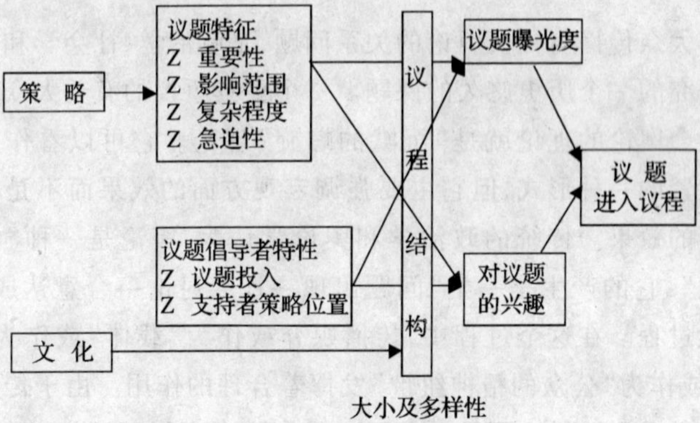

图 11－1 议程建构模式

一个议题要想进入到媒体议程，它必须具有多个特征。首先议题本身的特征必须要与媒体的策略及价值观相符。也就是說，媒体认为议题能帮助其达成某种目标、对受众的影响范围广、能容易地被受众理解和接收、具有急迫性。这种议题才会被媒体所采纳。此外，议题倡导者的角色也很重要。透过倡导者对议题的投入以及其在媒体中的策略性地位，对于议题进入议程的机率有正面影响。而在不同的媒体中，由于高级主管人员的信息获得与处理的能力和权力高,他们起到决定性作用。同时,议程结构的大小及多样性有所不同,也决定着一个议题能否进入到媒体议程。当议题被高级主管认知到的重要性越高、影响范围越大、复杂度越低、急迫性越高、议题倡导者的策略性位置越高、议题倡导者对议题的投入程度越高、议程的大小越大以及议程的多样性越高时,议题进入议程的机率越高。这一议程建构模式同样可以指导媒体议题如何进入公众议程的实践。

第二节 "沉默的螺旋"理论

大众传播与社会舆论的关系问题,是政治学、社会学和传播学研究的一个历史悠久的课题。一个更具争议的有关大众传播与社会舆论的理论就是"沉默的螺旋"理论。它可以看作是议程设置的一种形式,但它主要强调宏观方面的效果而不是微观方面的效果。传统的政治学和舆论学认为,舆论是一种"社会合意",它的产生是一个"问题出现→社会讨论→合意达成"的理性过程。在这个过程中,传播媒介或作为"载体"或作为"喉舌"或作为"公众的精神纽带"发挥着合理的作用。由于传统的政治学和舆论学主要从政治民主的角度考虑问题,作为"民意"的舆论自然是具有高度的正当性和合理性的。

但是,社会生活是复杂多样的,舆论的作用也并不仅限于狭义的政治领域。从社会心理学的视点看,舆论是一种社会控制的机制。当我们把舆论视为社会控制机制的时候,我们便不能再谈论"民主"或"权利"之类的问题,而只能把它作为一种对个人和群体具有强大约束力的"力量"来探讨它的形成过程、社会作用和客观规律。从这个宏观的角度对舆论与大众传播的关系进行了研究的,是德国的女社会学家伊丽莎白·诺尔－诺依曼的“沉默的螺旋”理论。

一、“沉默的螺旋”理论概要

诺依曼于1965年最早注意到社会生活中的“沉默的螺旋”现象。这一年联邦德国进行议会选举，主要竞选对手一方是社会民主党，另一方是基民盟和基社盟的联合阵线。在整个竞选过程中，双方支持率一直处于不相上下的胶着状态，但在最后投票之际却发生了选民的“雪崩现象”——后者以压倒优势战胜了前者。诺依曼为了找出发生这种现象的原因，对选举期间追踪调查的全部数据重新进行了分析。诺依曼发现，尽管双方的支持率一直未变，但对获胜者的“估计”却发生了明显的倾斜，即认为基督教两党阵线将会获胜的人不断增多，到投票前日变成了压倒多数。诺依曼认为，正是这种对“周围意见环境的认知”所带来的压力，导致了许多人最终改变了投票对象。此后，诺依曼又对“意见气候”和“多数意见”对个人的压力进行了多次实证研究，在此基础上提出了她的“沉默的螺旋”理论。图11-2是这个理论的示意图。

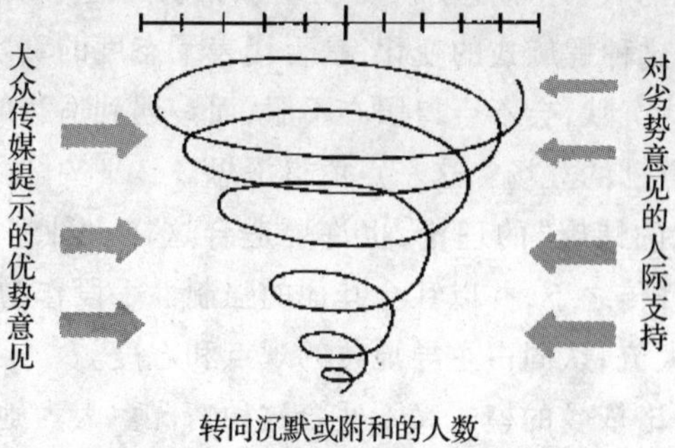

图11-2　“沉默的螺旋”理论示意图

1972 年,诺依曼正式提出“沉默的螺旋”(The Spiral of Silence)的构想,并于当年首次运用该理论研究联邦德国大选,建立了“沉默的螺旋”理论的实证基础设想。1974 年诺依曼在《传播学刊》上发表的一篇论文中最早提到,1980 年以德文出版的《沉默的螺旋:舆论——我们的社会皮肤》一书,对这个理论进行了全面的概括。

诺依曼认为,个人的观点和态度要受周围人和大众传播的影响。而某一时期内,究竟是什么样的观点占优势,经常是由大众媒介规定的,即大众媒介鼓吹的观点,对受传者造成一种压力。诺依曼的分析,是以受传者都有与主导意见认同的趋向为前提的。如果受传者与主导观点有差距,他就会因为害怕孤独和恐惧而转变观点。就人际影响和大众媒介这两种作用而言,后者的作用更大。因为许多人由于不能广泛地进行人际交往,了解他人的看法,往往会相信大众传播媒介,而认为自己是少数派,并匆匆地放弃了原有的看法和态度。

诺依曼认为,持非主导观点和态度的人,在大众传播的压力下,随着时间的推移,数量逐步减少,恰似一个上大下小的螺旋——“沉默的人”越来越少。麦克奎尔在谈到这个模式时,提出一个问题,这种螺旋式的变化,是否代表了态度的真实变化?一些受众保持沉默,会不会口服心不服,而一遇到适当时机又重新公开坚持自己的立场?这一点值得深思。

“沉默的螺旋”的理论,也许更适合这样一种情况,即在大众媒介的宣传之下,并以社会其他的强制性手段作为威慑力,迫使受众随大流,认同占主导地位的观点和态度。

然而,诺依曼的模式又不适合这种情况。因为她认为,自由表达是舆论概念的一个基本组成部分。这又涉及到她对舆论的定义。她为舆论下了一个双重定义:所谓舆论是围绕争议性问题,在没有孤立危险的前提下可以公开表明的意见;是为使自己不陷入孤立而必须公开表明的意见。在她看来,受众没有言论的自由表达权,就谈不到什么舆论的问题,也无所谓向舆论代表的主导观念靠拢。言论自由是她的模式适用的基本前提。

概括起来说,“沉默的螺旋”理论包括以下几个要点。

第一,个人意见的表明和“沉默”的扩散是一个螺旋式的社会传播过程。也就是说,一方的“沉默”造成另一方意见的增势,使“优势”意见显得更加强大,这种强大反过来又迫使更多的持不同意见者转向“沉默”。如此循环,便形成了一个“一方越来越大声疾呼,而另一方越来越沉默下去的螺旋式过程”。

第二,个人意见的表明是一个社会心理过程。人作为一种社会动物,总是力图从周围环境中寻求支持,避免陷入孤立状态,这是人的“社会天性”。为了防止因孤立而受到社会惩罚,个人在表明自己的观点时,首先要对周围的意见环境进行观察,以了解哪些观点占优势、受欢迎,哪些处于劣势、不受欢迎,然后采取相应对策。通常,当发现自己属于“多数”或“优势”意见时,他们便倾向于侃侃而谈,积极大胆地表明自己的观点;当发现自己属于“少数”或“劣势”意见时,一般人就会屈从于环境压力而转向“沉默”或附和。

第三,大众传播通过营造“意见环境”来影响和制约舆论。根据诺依曼的观点,舆论的形成不是社会公众的“理性讨论”的结果,而是“意见环境”的压力作用于人们惧怕孤立的心理,强制人们对“优势意见”采取趋同行动这一非合理过程的产物。个人的感受和判断大多不是来自对具体事实的直接观察,而是来自媒体所提供的讯息。大众传媒在日常运作中不仅会“本能地”去塑造一个强势的舆论,而且也有很强的力量去把它做成。因此,强势舆论和沉默螺旋的状态,便经常是由媒介塑造和推动,并由媒介和个体观念凑合的。诺依曼认为,在现代社会,人们判断周围意见环境的主要信息源泉有两个,一是所处的社会群体,二是大众传播,而在超出人们直接感知范围的问题上,大众传播的影响尤其强大。诺依曼认为,在以电视高度普及为特点的现代信息社会,传播媒介对人们的环境认知活动产生影响的因素有三个:(1)多数传媒的报道内容具有高度的类似性(产生“和谐效果”);(2)同类信息的传达活动在时间上具有持续性和重复性(产生“累积效果”);(3)媒介信息的抵达范围具有空前的广泛性(产生“普遍效果”)。诺依曼提醒人们不要小看大众传媒制造舆论的强大功能,只要媒介充分显示其和谐性、累积性和普遍性效果的综合优势,就能产生强有力的形成统一印象的舆论传播效果。

二、“沉默的螺旋”理论的特点

诺依曼通过“沉默的螺旋”理论,重新提示了一种强有力的大众传播观。它有两个特点:舆论观和效果观。

舆论是一个极为复杂的概念,在不同的学科有不同的理解。第一种是政治哲学的观点,即把舆论看作是“公意”,是“共同体”的最高意志,是民主政治的基础,这种观点尤以卢梭为代表。第二种是社会学的“有机体”概念,即认为舆论不是个人意见的简单集合,而是社会互动的有机整体。库利关于舆论“不是100个人分别制造的100只船,而是100个人合作制造的1只大船”的观点是其代表。第三种是行为科学的观点,它或多或少地把舆论看作是个人意见的简单相加,其中的多数意见便被看作是“舆论”,这种观点较多地体现在现代舆论调查或“民意测验”之中。第四种是社会心理学的观点,这种观点把舆论看作是社会控制的机制,认为舆论未必是事实上的“多数”意见,但至少是表面上的或人们感觉中的“多数”或“优势”意见,它通过人们的从众心理来制约个人的行为,因而起着社会控制作用。诺依曼的“沉默的螺旋”理论,正是持后一种观点。“沉默的螺旋”理论强调的是舆论的社会控制功能，在“沉默的螺旋”理论中，舆论与其说是“公共意见”或“公众意见”，倒不如说是“公开的意见”。诺依曼认为，只有那些“被认为是多数人共有的、能够在公开场合公开表明”的意见才能成为舆论。一种意见一旦具备了这种性质就会产生一种强制力：公开与之唱反调就会陷于孤立状态，就有遭受社会制裁的危险。为了免于这种制裁，人们只有在公开的言行中避免与其发生冲突。在她看来，舆论在双重意义上是“我们的社会皮肤”：它是个人感知社会“意见气候”的变化、调整自己的环境适应行为的“皮肤”；不仅如此，它又在维持社会整合方面起着重要作用，就像作为“容器”的皮肤一样，防止由于意见过度分裂而引起社会解体。

“沉默的螺旋”理论强调大众传播具有强大的社会效果和影响。这里所反映的“强大影响”已经不止于认知阶段，而是包括了“认知到判断以及意见到行动”的全过程。“沉默的螺旋”理论的一个重要观点是，传播媒介提示的“意见环境”未必是社会上意见分布状况的如实反映，而一般社会成员对这种分布又处于“多元无知”状态。在这种情况下，传媒提示和强调的即便是少数人的意见也会被人们当作“多数意见”来认知，其结果也会引起“沉默的螺旋”过程的始动，在传媒影响所及的范围内引起人们判断和行动上的连锁反应。换句话说，这一理论认为，传播媒介具有创造社会现实的巨大力量，这就是它的传播效果观。

三、“沉默的螺旋”理论的意义

“沉默的螺旋”假说提出以后，许多传播学和社会心理学者，例如美国的卡茨、马丁，日本的池田谦一等，都对这个假说进行了较系统的理论探讨和实证考察。由于学者们的研究方法和各国的社会文化条件不同，人们对这个假说的普遍适用性尚没有取得一致的看法，争议的焦点主要集中在这个假说的理论前提上。

“沉默的螺旋”的重要理论前提之一是个人“对社会孤立的恐惧”，以及由这种“恐惧”所产生的对“多数”或“优势”意见的趋同行为。那么，这种“恐惧”和趋同行为是绝对的、无条件的，还是相对的、有条件的？根据诺依曼的看法，能否顺应“多数意见”或舆论是“对一个人的道德规范和基本价值与社会是否相容的检验”，它是一种“匿名的，无所不在的社会压力”，对人们的行为有着极大的制约作用。为了证明这一点，诺依曼不仅大量引用了马基亚维利、洛克、米尔、托克维尔等经典作家的观点，甚至援引了文化人类学乃至动物社会学的许多成果。尽管如此，但它仍然在理论和实证上存在一些不足。

第一，“多数意见”的压力以及对它的抵制力依问题的类型和性质应有程度上的不同。具体来说，在有关社会伦理道德、行为规范的争议问题上（如诺依曼所做的吸烟者在不吸烟人群中吸烟的实验所示），多数意见可以产生巨大的社会压力，而在一些技术性、程序性的问题上，这种压力未必有效。同时，争议问题与自己是否有直接的利害关系，也是决定人们对“多数意见”或服从或抵制的重要因素之一。

第二，“多数意见”社会压力的强弱受到社会传统、文化以及社会发展阶段的制约。例如，在单一民族国家，在传统、保守的社会，在社会秩序、价值的安定时期，“多数意见”的压力通常是强大的；而在多民族国家、开放型社会以及社会秩序或价值的变动时期，“多数意见”未必能左右人们的行为。

第三，假说中所强调的“对社会孤立的恐惧”（趋同行为的动机）不应是一个绝对的常量，而应是一个受条件制约的变量。50 年代所罗门·阿什的实验证明，趋同行为发生的概率受到两个重要条件的制约：第一个条件是有没有来自他人尤其是来自所属群体的支持，只要当场有一个支持者，趋同行为的概率便会大大降低；另一个条件是个人对自己的见解或信念的确信程度。

实验心理学研究证明，对自己的观点确信度低的人，往往会通过寻求与他人的类似点来加强自己的信念，因而比较容易接受多数派的影响，而确信度高的人则具有较强的独立性。

第四，由于它在说明舆论的形成过程之际极力强调“多数”或“优势”意见的压力，以至于忽略了舆论的变化过程和“少数派”的作用。关于这一点，思莫斯考维西关于群体内合意形成过程的研究可以为我们提供重要的启发。他在考察少数意见的“中坚分子”的作用时发现，当这些“中坚分子”表现出意志的坚定性、主张的一贯性和表明态度的强烈性之际，可以对“多数派”产生有力的影响，甚至可以改变群体已有的合意并推动新的合意的形成。这种情况，意味着与“沉默的螺旋”不同的另一种舆论形成过程的存在。

“沉默的螺旋”理论尽管在理论和实证上还存在着一些不足，但它强调了大众传播对舆论的强大影响，并正确地指出了这种影响来自于大众传播营造“意见环境”的巨大能力。假说中对传播媒介的“赋予地位”功能、大众传播的公开性和普遍性、报道内容的类似性和累积性以及由此带来的“选择性接触”的困难性所做的分析，对重新评价大众传播的影响和效果具有重要的启迪意义。另外，它把对舆论形成过程的考察从现象论的描述引向了社会心理分析的领域，强调了社会心理机制在这个过程中的作用。这正是传统的舆论学所忽略的一个重要方面。①

第三节　“培养”理论

“培养”理论（cultivation theory）也称“培养分析”或“教化分析”、“涵化分析”，它的创立者是格伯纳。20 世纪 60 年代，美国

---

① 郭庆光著：《传播学教程》，中国人民大学出版社 2001 年版，第 223－224 页。

的电视节目中充斥着凶杀和暴力内容，社会暴力和青少年犯罪问题十分严重，引起政府的关注。格伯纳是在“暴力起因与防范委员会”这一专门机构的支持和赞助下进行这项研究的。1976年后，格伯纳等人对电视进行内容分析，测量其对受众态度的影响，最终创建了“培养理论”。

一、“培养”理论的概要及特点

格伯纳认为，电视已成为现代社会中最重要的大众媒介，它主宰了大众文化。所以，他企图在电视节目中找寻现代社会的文化指标。格伯纳在研究中发现：电视节目中充斥的暴力内容增大了人们对现实环境危险程度的判断，而且，与电视媒介接触量越大的人，这种社会不安全感越强（见表11-1）。这说明，电视剧所传达的“象征性现实”与客观现实之间是有很大差距的，而“象征性现实”对人们认识和理解现实世界发挥着巨大影响。这种影响不是短期的，而是一个长期的、潜移默化的、“培养”的过程。

表11-1 电视接触量与环境危险程度的判断

	视听时间长者	视听时间短者
样本总体	52%	39%
大学以上	44%	34%
大学以下	56%	44%
30岁以上	50%	36%
29岁以下	60%	39%
男性	52%	33%
女性	51%	44%

说明：表中数值为某人在1周内遭遇或卷入暴力事件的概率在10%以上者的比例。

婴儿刚出生的时候对社会是一无所知的，称作自然人。如果对这个自然人不加限制，任其自由成长，足以对社会构成威胁，这是不能允许的。要成为一个符合社会或群体需要的人，他就得学习社会或群体的规范，知道社会或群体对他的期待，从而使自己逐步形成作为这一社会成员所必须具备的知识、技能、态度、情感和行为。与此同时，每个时代、每个社会又都有自己的价值标准和行为模式，都千方百计地对其成员施加影响，使他们知道什么对、什么错，什么可以做、什么不可以做，逐步形成符合社会和群体需要的价值观和行为。这一过程，即一个自然人成长为一个社会人的过程，就叫做社会化。在现代社会里，新闻媒介参与人的社会化的全过程，并在其中起巨大的作用。

这一培养教化功能，在传统社会里是由家庭、社区、学校或宗教来承担的，而在现代社会则成了大众传播的主要任务，尤其是电视出现之后，一岁多的儿童都成了它的观众。

据统计，儿童每天看电视时间，美国是 4 小时，英国是 5 小时，日本是 2.5 小时，我国城市儿童是 2 小时。据日本 NHK 调查，一个孩子从小学到大学的正规上课时间为 12000 小时，而看电视的时间却高达 18000 小时。

“培养”理论的关键并不在受众接触媒介的时间，而在于媒介内容所提供的“拟态环境”对受众的影响。事实上，一般受众很难将媒介所虚构的环境同客观的现实生活区别开来，最后也只能把虚构当作现实来接受。例如，20 世纪 70 年代初，美国电视剧《医生威尔比》播出后，主演者收到要求登门求医的观众来信竟达 25 万封之多。成人尚且如此，更不用说儿童了。这说明在现代人的头脑中，电视提供的“象征性现实”与客观现实之间发生了多么大的混乱。当然，媒介对受众的影响，更多的是潜移默化的。

“培养分析”是以一定的社会观和传播观为出发点的。社会要作为一个统一的整体存在和发展下去,就需要社会成员对该社会有一种“共识”,也就是对客观存在的事物、重要的事物以及社会的各种事物、各个部分及其相互关系要有大体一致或接近的认识。只有在这个基础上,人们的认识、判断和行为才会有共通的基准,社会生活才能实现协调。提供这种“共识”是社会传播的一项重要任务。在传统社会,这一功能是由教育和宗教来承担的,而在现代媒介社会则成了大众传播的一项主要任务。大众传播通过象征性事物的选择、加工、记录和传达活动,向人们提供关于外部世界及其变化的信息,用以作为社会成员认识、判断和行动的基础。教育和宗教的传播是在有限的规模和范围内进行的,而大众传播则把同一内容的信息传达到社会的任何阶层和任何角落。格伯纳认为,大众传播不仅是现代社会的“故事讲解员”,而且是缓和社会各异质部分的矛盾与冲突的“熔炉”,是维护现存制度的“文化武器”。因此,大众传播在形成现代社会的“共识”方面,已远远超越了传统社会中教育和宗教的作用。

“培养分析”一方面肯定“共识”是社会作为一个统一整体存在的前提,强调大众传播在形成“共识”过程中的巨大作用;另一方面又指出大众传媒所提供的“象征性现实”与客观现实之间的距离,以及传媒的一些倾向(如暴力内容、对社会弱者的描述等)所带来的社会后果。“培养分析”的重要目的是揭示大众传播为占统治地位的阶级和意识形态服务的本质,其观点包含着对资本主义大众传播现状的鲜明的批判态度和改革志向,因此一些学者也把它称为“美国土生土长的批判学派”。

“培养分析”尤其强调电视媒介在形成“共识”中的作用,认为电视除了与其他媒介的共同点以外,还有自己的独特优势:(1)电视拥有最多的受众,每天的接触时间最长;(2)不需要接触印刷媒介所必需的识字能力;(3)电视把视听觉手段结合在一起,拥有强烈的目击感、现场感和冲击力;(4)现代人从幼年时代就与电视生活在一起,很难把"电视中的世界"与现实世界加以区别;(5)电视广泛渗透到社会的各个部分(包括儿童、低学历者以及贫困阶层)。电视的这些特点,使得它发挥着历史上其他媒介所未曾有过的巨大威力。无论多么重大的事件或问题,不经电视报道就很难被人们作为"社会现实"所认知;反之,一些微不足道的事情,经过电视媒介的大肆渲染,也会成为万众瞩目的"重大事件"。

二、"培养"理论相关的研究

"培养"理论并不是一项孤立的研究。与"培养"理论相关的研究称为"文化指标研究",起源于20世纪60年代后期,它开辟了有别于心理学取向和社会学取向两大效果主流以外的第三条道路,即文化取向研究。格伯纳认为,社会结构和媒介内容的关系的核心在于:文化变迁起源于科技革命所带来的讯息生产,这种大众产品经快速分配后,创造出新的符号环境系统,它的作用是帮助决策和指导有效的社会行为。文化指标研究的基础是从地理、人口、讯息主题、行为结构、时空、参与者的人格和职业等方向分析讯息系统。在此基础上,探索讯息系统对受众的影响。文化指标研究包括三个方面:"培养分析"、"制度分析"和"讯息系统分析",这三者之间有着密切的联系。

1."讯息系统分析"

大众传播的讯息是通过语言、文字、画面、影像等象征符号来传达的,这些讯息并不是符号的随意组合,而是根据一定的观点和意识形态进行加工整理后的具有完整的意义结构的系统。讯息系统分析的目的就在于揭示媒介讯息系统的整体倾向性。格伯纳在讯息系统分析中发现,美国的传播媒介在总体上反映了占统治地位的利益、观念和价值。他们对821部电视剧和节目中的11754个出场人物进行了统计,发现其中25岁至45岁的人超过半数,而在实际人口中分别占30%和11%的18岁以下青少年和65岁以上的老人仅占8%和2%。格伯纳认为,这种状况,反映了把25岁至45岁的年龄层视为主要消费市场的产业界的观点,传播媒介对这个年龄层的存在感和重要性的强调,其背后有资本活动的背景。不仅如此,分析的结果还表明,电视剧主人公大半是35岁至45岁的白人男性,尽管这个阶层在美国总人口中所占比例很小,却代表了美国占统治地位的核心价值(包括社会地位、权力、金钱、职业等各个方面)。另一方面,电视剧对老人形象的描述却表现出另一种倾向:他们不但存在感弱,而且反面人物多;被"丑化"描写的老人在男性中占70%,在女性中则达80%。这些倾向说明,传播媒介提示的"象征性现实"是按照一定的价值体系结构来安排的,讯息系统分析的出发点就在于揭示它的这一本质。

2."培养分析"

"培养分析"是讯息系统分析的延伸,是考察大众传播的特定倾向所造成的社会结果。例如,在对电视剧的内容分析中,格伯纳等人发现,老人不仅出场率低,而且被做了大量"非善意的"描述,如心胸狭窄、缺乏适应力、顽固、保守、迟钝、消极等等。他们将电视剧中的这些倾向与社会上人们所持的老人观进行了比较,结果发现两者之间有着密切的相关,而且越是电视接触量大的人,也就越倾向于对老人做出"非善意的"、否定性的评价。总之,"培养理论"的核心观点就是:传播内容具有特定的价值和意识形态倾向,这些倾向不是以说教而是以"报道事实"、"提供娱乐"的形式传达给受众的,它们在潜移默化中形成人们的现实观和社会观。

3."制度分析"

"制度分析"主要目的是分析大众传播的信息生产、传达和消费过程中的各种制度性压力和制约因素，揭示大众传播内容的特定倾向性形成的原因。这些因素包括：(1)国家的立法、司法和行政对传播制度和传媒活动的法律、政策的规定；(2)媒介企业内的经营部门和外部银行资本、广告主等对信息生产和传播过程的干预和影响；(3)同业竞争和来自各种利益团体的压力；(4)一般受众对信息传播过程的影响。格伯纳等人认为，在这里，前三种制度性压力是形成传媒内容倾向的主要因素；一般受众对个别媒介的活动可以发挥一定影响，但对总体的媒介活动来说，这种影响是微不足道的。①

三、"培养"理论的意义

过去的效果研究关心短期的效果，尤其是态度改变或行为改变的效果，这是一种"刺激－反应论"或"枪弹论"的典范；而"培养"理论认为媒介最主要的效果，并非改变受众，而是 维持社会现状，使受众对世界的认知符合既有的价值规范及政经秩序。

"培养"理论关心媒介(尤其是电视)灌输与潜移默化的长期效果，认为电视提供社会各阶层的人一套同质的"隐藏课程"，提供一个媒介环境，并且对不同的人提供一套对生活、世界、生命的解释，它的效果不在于使受众"变"，而是使阅听人"不变"。故在理论上，培养分析结合了过去"仿习理论"(modeling theory)与"意义理论"(meaning theory)这两个原本分道扬镳的领域。

传播内容具有特定的价值和意识形态倾向，这些倾向通常不是以说教而是以"报道事实"、"提供娱乐"的形式传达给受众的，它们形成人们的现实观、社会观于潜移默化之中。这就是

---

① 郭庆光著：《传播学教程》，中国人民大学出版社 2001 年版，第 228－229 页。

“培养分析”的核心观点。格伯纳等人认为,传播媒介的这种“培养效果”,主要表现在形成当代社会观和现实观的“主流”,而电视媒介在“主流形成”过程中尤其发挥着强大的作用,它超越不同的社会属性,在全社会范围内广泛“培养”人们关于社会的共同印象。

“培养”理论的研究成果受到了各国学者的重视,英、法、日等国也都开展了类似的研究,研究对象也由最初的电视暴力和社会犯罪的关系扩展到家庭、职业、宗教、种族、政治以及第三世界国家形象研究等各个领域。

“培养”理论的贡献,在于把媒介内容对受众的影响,从过去的行为层面之效果,向前推进到认知层面的影响。此阶段的发展,使得我们对媒介所可能产生的影响效果,有更进一步的认识,同时培养理论也让媒介的效果重新回到强而有力效果论。当然,培养理论也预示了,如果多制作好的节目,电视也可能对受众产生良好的影响。

第四节 “知沟”理论

几乎所有的大众传播理论,对“信息增加即可增加知识”这一命题持积极态度。在现代社会,报刊、广播、电视等大众传播媒介普及到社会的每一个角落。按照人们的一般观念,传播媒介的普及可以改善知识传播和教育的条件,其结果将带来整个社会文化水平的提高,并有助于缩小社会各阶层和群体之间的差距,扩大社会平等。对这种一般观念提出疑问的,是美国学者P. J. 蒂奇诺等人的“知沟”(knowledge gap theory)理论。“知沟”理论认为信息增加也会给社会带来负面影响。虽然现代社会的每个成员皆拥有许多接近大众媒介的权利和机会,但由于个体条件的不同,还是会造成隔阂与差距。即社会系统中的信息增加时,社会经济地位较高者获取知识的能力大于社会经济地位较低者,因此会增大两者之间的知沟。

一、"知沟"理论概要

在60年代的美国,要求实现教育机会平等的社会呼声不断高涨,学校中贫富儿童在学习能力和学习成绩上的差距引起了社会的广泛注目。富裕儿童通常在进入小学前就接受了较好的学龄前教育,而那些贫困儿童由于家境困难,既无钱购买启蒙读物,也无钱聘请家庭教师,进入小学后,两者在学习能力和成绩上自然会产生明显的差距。有关研究表明,这种差距随着年级的上升而不断扩大,并导致升学率、学历甚至将来的职业和社会地位上的两极分化。这种现象本来是由不平等的社会经济结构造成的,然而种族主义者却把它归纳为人种素质的问题。在当时强大的社会压力下,美国政府推出了一个补充教育计划,试图通过大众传播和其他手段来改善贫困儿童的受教育条件,其中一个重要项目是制作了一部题为《塞萨米大街》(又名《芝麻街》)的儿童启蒙教育电视系列片。利用普及率已经很高的电视媒介来缓解贫富儿童受教育机会的不平等,是制作这部系列片的重要意图。然而,后来对实际播放结果的研究却发现,在贯彻这个意图方面它是失败的。尽管《塞萨米大街》播出后对贫富儿童都产生了良好的教育效果,但对节目接触和利用最多的还是那些富裕儿童。以缓解受教育条件不平等为目的的这部系列片,实际结果却是扩大了两者之间的差距。这种情况说明,在现代社会,尽管大众传播将同样的知识或信息传送到每一个家庭和社会角落,人们在接触和利用的机会上并不存在平等与否的问题,然而它所带来的社会效果却并非如此简单。

1970年,美国传播学家蒂奇诺等人在一系列实证研究的基础上,提出了这样一种理论假说,即"知沟"理论:"由于社会经济地位高者通常能比社会经济地位低者更快地获得信息,因此,大众媒介传送的信息越多,这两者之间的知识鸿沟也就越有扩大的趋势。"

"知沟"从更广泛的意义上来说也是"信息沟"。在 1974 年,N·卡茨曼就着眼于新传播技术的发展,提出了他的"信息沟"理论,其主要观点如下。

第一,新传播技术的采用将带来整个社会的信息流通量和信息接触量的增大,这对每一个社会成员来说都是如此。

第二,新技术的采用所带来的利益并非对所有社会成员都是均等的。换句话说,现有信息水准较高或信息能力较强的人,能够比较弱的人获得更多的信息,其理由是:(1)新技术的早期效果,首先会带给那些传播活跃、既有信息积蓄量大的社会群体;(2)对新媒介技术及其传播内容的接触和使用需要相关知识,这对现有信息能力较弱的人是不利的;(3)采用新技术需要经济条件或其他资源,而这些资源的现实社会分配并不均等;(4)现有信息水准的程度与采用新媒介技术的积极性成正比,主观因素也决定了前者处于有利地位。然后,与人的能力相比,电脑等机器的信息处理和积蓄能力要强大得多,有的信息富裕阶层通过早期采用和熟练使用这些先进机器,能够比其他人更拥有信息优势。

第三,新媒介技术层出不穷,更新换代周期越来越短,其趋势更可能是"老沟"未能填平,而"新沟"又不断出现。这种状况在新媒介的采用过程中尤其明显。

早期的知沟理论认为,造成知沟的原因主要有五个。

1. 传播技巧:受正规教育越多,越能成功扫除障碍,阅读、理解和记忆的能力越强。

2. 信息储存:教育程度较高的人,理解、记忆能力比没有受过很多教育的人要高,知识要丰富,信息储存量较大,较容易了解媒介的新信息。

3. 社会接触：教育使个人有较广泛的活动范围、较频繁的人际接触、较深入的讨论，因此，高教育程度者吸收信息的能力较强、机会较多。

4. 媒介使用：高教育程度者倾向于主动接触媒介讯息，态度和教育程度产生连动，从而吸收更多的知识。

5. 媒介性质：大多数有关科学和公众事务的新闻，刊登于报纸或杂志等印刷媒介，它们又有迎合高教育程度者的传统习惯，因而更利于高教育程度者使用并获取知识。见图 11－3。

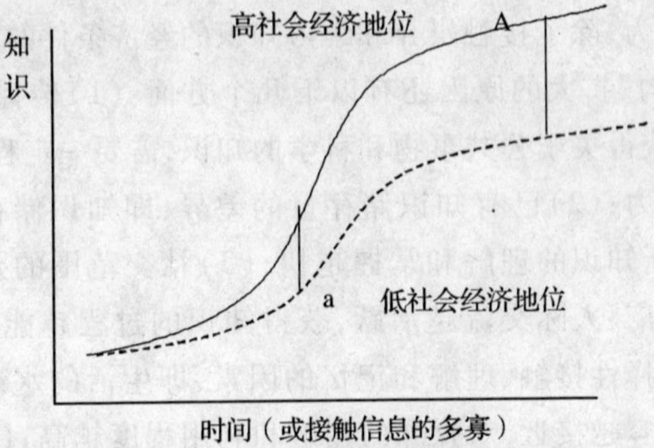

图 11－3　“知沟”理论示意图

近期的“知沟”理论，对此进行了修正和拓展，加入了对社会系统因素的考察。如：事件的本质、事件与系统的冲突程度、社区的结构及多元程度、媒介报道的频率及重复程度。例如，研究发现：在较小、同质性较高的社区中，资讯流通量较平均，知沟较小；反之，则知沟较大。就媒介性质而言，印刷媒介比电子媒介更容易造成知沟；信息的流通通过人际传播而非大众传播时，知沟较小，引进新媒介时，使用的差距和知识的差距都会加大。就媒介内容而言，议题涉及整个社会、与社会冲突密切相关、与个人密切相关时，信息的扩散较均衡，知沟较小。就表现方式而言，信息以图像方式呈现时，知沟较小。就受众而言，不同社会阶层的受众因其教育程度、社会地位的不同，以及是否属于某特殊社会团体、是否经常使用印刷媒介、对议题的关切程度、对背景的了解程度等等的差异，都会导致传播效果的差异。

二、"知沟"理论的反命题

"知沟"假说。大众传播的信息传达活动无论对社会经济地位高者还是低者都会带来知识量的增加，但由于社会经济地位高的人获得信息和知识的速度大大快于后者，随着时间的推移，最终结果是两者之间的"知沟"不断变宽，差距不断扩大。蒂奇诺认为，除了接触媒介和学习知识的经济条件的因素以外，造成"知沟"扩大的原因还有以下几个方面：(1)传播技能上的差异，即获得关于公共事物和科学的知识，需要一定程度的阅读和理解能力；(2)已有知识储存量的差异，即知识储存越多，对新事物、新知识的理解和掌握越快；(3)社交范围的差异，即社交范围越广，人际交流越活跃，获得知识的过程越能加速；(4)信息的选择性接触、理解和记忆的因素，即生活的水准、层次与媒介的内容越接近，对媒介的接触和利用程度越高；(5)大众传播媒介的性质，即传播有一定深度的关于公共事务和科学知识的媒介主要是印刷媒体，其受众主要集中于高学历阶层。在上述无论哪一方面，社会经济地位高的阶层都处于有利的状况，这是造成社会"知沟"不断扩大的根本原因。

"上限效果"假说。与"知沟"假说持相反观点的是 J. S. 艾蒂玛和 F. G. 克莱因于 1977 年提出的"上限效果"假说。这个假说的观点是：个人对特定知识的追求并不是无止境的，达到某一"上限"(饱和点)后，知识量的增加就会减速乃至停止下来。社会经济地位高者获得知识的速度快，其"上限"到来得也就早；那些社会经济地位低者虽然知识增加的速度慢，但随着时间推移最终能够在“上限”上赶上前者。这个假说意味着，大众传播的信息传达活动的结果不是带来社会“知沟”的扩大，而是它的缩小。艾蒂玛等人为“上限效果”假说提出了三条论据：

1. 信息源的性质决定的“上限”。换句话说，大众传播传达的不是“高、精、尖”的知识，而是某一范围、某种程度的“一般”知识，无论社会经济地位高者还是低者，都不可能从大众传播中得到超出这个程度或范围的知识。

2. 受众本身具有的“上限”。受众中的“先驱部分”(即社会经济地位高者)在感觉到自己的某种知识已经充足的时候，就会自动减慢或停止对这种知识的追求。

3. 现有知识已经达到“上限”。即如果受众个人的知识程度已经高于大众传播的内容，他们便不会再通过大众传播去寻求知识。见图 11－4。

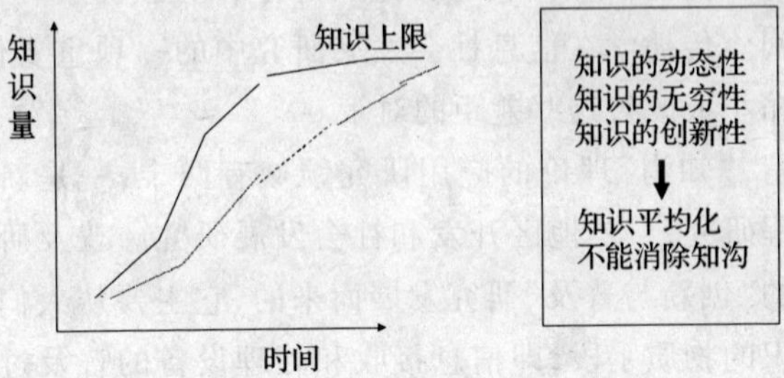

图 11－4 “上限效果”假说示意图

艾蒂玛等人所指出的“上限”在个人对特定知识的追求过程中是存在的，但是在人的一生追求知识的总过程中，这个“上限”是否存在则是个疑问。因为，尽管个人对特定知识追求在一定阶段上会出现“饱和”或知识量增加的停顿，然而与此同时他们也就会开始对新知识的追求过程，这一过程的结果必然带来知识总量的增加。此外，考虑到知识的老化和更新的因素，社会经济地位低的人即使后来在某个“上限”赶上了社会经济地位低者，这种知识的实际价值也早已大大打了折扣。因此，认为通过大众传播的“知识平均化”效果可以消除社会“知沟”，实现普遍社会平等的观点是很幼稚的。

三、“知沟”理论的意义

“知沟”理论以及它的反命题“上限效果”假说的提出，反映了人们对信息社会中的阶层分化问题的重视。在信息社会里，信息就是财富，“知识就是力量”，它们还是带来新的财富的手段。因此，信息社会所面临的一个现实问题，就是如何防止和解决信息富有者和信息贫困者的两极分化以及由此带来的新的社会矛盾。

日本学者耳岛和仁认为，在社会信息化过程中，“知沟”的存在是一个事实，它不仅表现在贫困和富裕阶层之间，而且会广泛地表现在性别、年龄、职业、行业、群体、地区、民族、国家以及文化之间。传播学在信息社会发展研究中的一项重要任务，就是探讨缩小或改善这些差距的对策。

目前，“知沟”理论的应用研究领域有两个，一是新媒介的普及过程研究，二是地区开发和社会发展研究。普及研究是从罗杰斯的“创新与普及”研究发展而来的，它主要从人们获得信息和知识的物质手段，即信息接收和处理设备的普及过程调查入手，来分析社会各阶层间的“知沟”现状及其产生的原因。普及过程的调查证明，新的、有效的信息接收设备，如电视机、卫星及有线电视接收设备、家用电脑、互联网络等媒体的普及，总是由高收入的富裕阶层开始的；无论在普及时间、速度还是在普及率上，富裕阶层都远远早于、快于和高于贫困阶层。普及研究的成果，意味着社会各阶层间的“知沟”的根源在于社会经济结构的不平衡。

地区开发和社会发展研究早期关注的重点是发展中国家区

域开发问题。70 年代至 80 年代的一些研究的着眼点，是发达国家的开发援助给发展中国家带来的新的社会不平等。例如，发达国家提供信息、物资和资金援助的对象主要是当地从事大规模经营的农场主和高学历的富裕农民，而一般穷苦农民即使有改变现状的强烈愿望也得不到任何援助。这种援助不但没有达到帮助发展中国家摆脱贫困的目的，反而加剧了当地社会的贫富两极分化和阶级矛盾的尖锐化。20 世纪 80 年代以来，伴随着社会信息化趋势的进展，各界的信息需求剧增。于是美国提出了一种由电脑中心控制、以数字电路大规模交换信息的系统即"综合信息通讯网络（简称 ISDN）应运而生。"进入 90 年代以后，开发与社会发展研究扩展到了整个信息社会规划和建设的领域。1993 年美国提出的"信息高速公路"计划，从某种意义上来说也是试图通过全国信息基础设施的建设，为"所有个人"提供均等的传播机会，以期缩小社会阶层间的信息差距乃至"知沟"的一种设想。

许多学者认为，在媒介技术发展日新月异的情况下，缩小社会的"知沟"至少必须在两个方面采取具体对策：（1）在"硬件"方面，必须对不发达地区或低收入阶层制定特殊的扶持政策，例如对一定收入以下的家庭或地区实行价格优惠，以推进硬件在全社会的普及程度。（2）在"软件"方面，必须提高全体社会成员的"媒介使用能力"。换句话说，仅有了硬件的普及还不够，由于新媒介的使用伴随着一定知识和技能，如果不进行使用知识和技能的培养或教育，缩小社会"知沟"也只能是一句空话。

"知沟"理论的研究对我国的社会发展也具有重要的现实意义。改革开放以来，我国的传播事业飞速发展，报刊、广播、电视的普及程度不断提高，大多数省份已经有了卫星电视，在接触大众传媒方面，城乡和地区之间的信息差距大大缩小。但是，我们也应该看到，在新传播媒介领域（例如电脑、网络），城市和农村、沿海和内地、东部和西部之间的差距则是很明显的。另一方面,在“媒介使用能力”方面,社会各阶层或群体之间的差距也正在出现并呈扩大的趋势。此外,与发达国家相比,我国无论在“硬件”还是“软件”方面还有较大的差距。因此,研究这些内外的“知沟”以及解决的对策,对我国社会发展和信息化建设具有理论和现实指导意义。

【练习题】

1. 联系实际,谈谈不同媒介的“议程设置”有什么不同特点。
2. 简述“议程设置”理论的概要和特点。
3. 简述“沉默的螺旋”理论的概要和它的特点。
4. 试举几个有关舆论概念的基本观点。
5. 如何评价“上限效果”这一假说?

第十二章　应用传播

民族之间的沟通和文化的融合是人类进步的动力
国际传播从一开始就带有强烈的政治色彩
大众媒介才是传授科技的最佳“教师”
广告是一种营销传播

本章概要

传播学是一门实践性非常强的学科。本章我们分别从政治、经济、文化和科技等角度，讲述传播学应用问题，重点介绍文化传播、国际传播、科技传播和广告传播。

文化传播是人们社会交往活动过程产生于社区、群体及所有人与人之间共存关系之内的一种文化互动现象；国际传播是当今世界不同民族和国家之间各种信息的跨国、跨文化的交流和传播，是国际间各国各民族互为传受主体的广泛的信息交流；科技传播指的是科技知识信息的频繁流动与扩散；而广告传播则是一种告知行为，是一种意在引起注意，诱导人们购买相关商品或服务的传播活动。

学完本章后，你应该可以：

· 了解文化传播、国际传播、科技传播和广告传播的内容；
· 理解传播学在政治、经济、文化和科技传播中的应用；
· 掌握应用传播的不同传播模式；
· 懂得如何克服应用传播中出现的问题。

应用传播是一门从应用的角度研究传播活动的应用性很强的新兴学科。应用传播在分析传播活动及其发展规律等理论的基础上,充分发挥传播学理论在现实生活中的指导作用,用科学的传播理论来促进传播事业的发展。为体现传播学应有的实践性,本书特辟一章,分别探讨传播学在政治、经济、文化和科技传播中的应用,重点介绍文化传播、科技传播、国际传播和广告传播。

第一节　文化传播

文化直接影响到信息的发送与接收,可以说,文化与传播从来就是紧密相联的。在相同和不同的文化中,人们之间的交流就离不开传播。在现代生活中,不同文化之间的互动日益频繁,因而,文化传播,尤其是不同文化之间的传播变得越来越重要。

一、文化的内涵

在西方,"文化"是拉丁语动词 colere 的派生词,指人类改造外部自然,使之满足人类的食、住等需要,而对土壤、土地进行的耕耘、加工和改良等活动。在古希腊罗马时代,colere 发生了转义,由动词演变为名词,而且其内涵也得到了扩充。如政治生活和社会生活以及培育公民具有参加这些生活所必需的品质和能力也被逐渐列入文化范畴。1871 年,英国人类学家泰勒在《原始文化》中提出了一个最早、最通俗、影响最深远的文化定义:所谓文化或文明是指包括知识、信仰、艺术、道德、法律、习俗以及作为社会成员的个人获得的其他任何能力、习惯的一种综合体。

美国的文化人类学家奥格本(W. F. Ogburn)、亨根斯(F. H. Hankins)、维莱(M. M. Willey)等学者对泰勒的文化定义所做的修正,可以作为我们理解广义文化的底本:"文化是一个复杂体,它包括实物、知识、信仰、艺术、道德、法律、风俗以及其他人类从社会上学得的能力和习惯。"①

文化有广义与狭义之分,广义的文化是指人类在实践中所获得的物质、精神生产能力和创造的物质财富、精神财富的总和,包括人类物质文明、精神文明和制度文明。狭义的文化则仅指人类的精神现象和精神产品。

目前,对文化作狭义的理解具有更广泛的趋势。英国的著名历史哲学家汤因比的文明形态理论认为,人类社会表现为各种文明形态,即政治、经济、文化三种,而文化是其中最稳定的精神因素。西方学者坚持的文化史观认为文化或精神是人类社会发展的决定力量,而政治、经济却不是。这一唯心史观虽然夸大了文化的力量,但由此也可以看出文化的威力和作用是不容忽视的。

在我国,"文"与"化"并联使用,较早见于战国末年《易·责卦·象传》:"刚柔交错,天文也。文明以止,人文也,观乎天文,以察时变;观于人文,以化成天下。""天文"指天道自然。"人文"指人伦序列。"以文教化"即用人伦秩序教化世人,使之自觉循规蹈矩,这是中国传统的"文化"一词的基本含义。

我国台湾学者汪琪对文化的解释是:"文化是由许多不同部分所组成的系统。这些部分彼此作用,彼此依赖,有些是我们可以看见的、实质的物体(如艺术品、建筑物、衣着)、制度(法律)、组织(宗族),有些是内在的、看不见的质量如价值、道德观、信仰、哲学思想。"②文化是动态的,一方面构成生活的范畴,另一方面也受到自然环境、社会关系及其他因素的影响。

---

① 转引自司马云杰:《文化社会学》,山东人民出版社 1990 年版,第 9 页。

② 汪琪:《文化与传播》,台湾三民书局 1984 年版,第 17-18 页。

从社会人类学角度来看,文化是指一个社会具有的,并传给后代的传统体系,包括人们行为准则、价值观念、道德标准以及独特的宇宙观。文化是人类生存的一个机制系统。我们存在于文化之中,我们的身体和命运均受到文化的制约。对文化及其功能的研究就是对社会的探讨,也是对我们自身的研究。因此文化并不是一个抽象的东西,而是一个很具体的东西。每一个社会,每一个民族,人们生活在一定的地域里,人们组成一个实体性的社会,建立一定的社会制度,具有一定的意识形态;人们的行为遵循一定的模式,自觉、不自觉地服从于一定的行为规则,并且接受一定的价值观念的引导和约束,这几个方面就组成社会的文化体系。

从传播学的角度,我们认为,文化是人在交往过程中人和人的行为的总称。人的行为是什么?是人为生活做出的举动。文化是人类的特殊产物,只有人类才有文化;然而文化是活动的,是随着人类生活的变化而变化着,人类生活从一开始就是文化的生活,产生了永远创造、永远进化的文化史。文化是人的范畴,这必须是人的行为,动物的行为不叫做文化。当然有些与动物联系的行为也是文化行为,比如说饲养牛,一个人收集许多饲养牛的书,并传播给别人怎么养牛,然后怎么做牛肉面,这是文化行为。纯粹的动物本身无文化可言,因为它缺少语言,它没有能力将获得的用语言的方式传达给它的同伴,所以说文化是人类独特的创造物。

二、文化传播的概念及其原理

文化传播是人们社会交往活动过程产生于社区、群体及所有人与人之间共存关系之内的一种文化互动现象。文化传播指当某种文化的成员发出一个信息给另一个文化的成员接收时,而形成的一种传播活动。

撒默瓦与波特(Samovar & Porter)将文化传播定义为:当两种文化的观点与符号的显著区别足以扭曲传播事件时,其成员之间的传播即为文化传播。文化传播学理论来源很多,如人类学、社会学、文化学等。

1. 人类学理论

文化传播中的人类学理论产生于19世纪末,泰勒在《原始文化》一书中首先用传播的概念来研究文化问题。

2. 人文地理学

德国人文地理学家拉采尔从人文地理学的角度研究文化。他认为文化要素是伴随着民族迁移而传播出去的,自然条件造成的民族文化差异会随着各民族的沟通与交流而减弱甚至消除,而物质文化是各民族沟通的前提。他的学生弗罗贝纽斯发展了他的思想,提出"西非文化圈"的问题,认为在每个文化圈中,都有主要来自物质文化的一系列特征。德国史学家格雷布内尔通过研究发现,世界上各个地区都有六到八个单个和独立的"文化圈",每一个文化圈都有一定数量的文化因素。

3. 文化传播学派

英国传播学家里弗斯是文化传播学派的主要代表人物,他认为,民族之间的沟通和文化的融合是人类进步的动力。但是文化因素是传播的现存状态,同时文化发展也有内在进化机制。

4. 文化历史主义

美国历史民族学派奠基人博厄斯是文化传播主义的代表人物。他反对地理决定论、种族决定论以及单线进化论,也反对简单化的传播主义。他认为每个文化集团都有自己独一无二的历史,这种历史一部分取决于文化集团内部的发展,一部分取决于它所受到的外部影响,他主张对文化采取历史主义研究方法,而不是采取决定论的态度。他的学生威斯勒等人发展了他的思想,形成美国的传播主义学派。威斯勒认为,文化构成的最小单位是“文化特色”，若干文化特色构成复合文化，复合文化以辐射状进行传播。

5. 文化传播的社会学理论

文化传播的社会学理论大致可以分为文化传播主义与进化论两种，并且是互为对立的，前者曾在欧美发生很大影响，并一度取代进化论而处于主导地位。文化发展的早期，文化的进化因素较大，社会发展的主动力是人的生存欲望。社会群体发展之后，社会行为多于生物行为，文化发展较多靠人的沟通和社会传播，进化机制没有早期重要，但进化论并没有过时。

经过漫长的探索过程，文化传播已形成自己的原理、规律和机制。主要如下：

1. 维模原理

文化的维模功能是社会文化的最基本的功能之一。在文化传播中，维模功能使文化圈对外来文化起到选择作用和自我保护作用：当外来文化有利于原有文化模式的时候，便容易被接受，并被作为一种新的文化营养为原有文化所吸收；如果外来文化对原有文化模式有破坏性时，维模功能就会起“守门人”的作用，拒绝外来文化的侵入。

2. 适应原理

文化适应是文化传播的重要机制之一，它是文化传播的选择性。当一种文化传播到另一种文化圈中的时候，必须适应这一文化圈的特殊情形。如果说维模功能是受传者对文化传播的影响机制的话，那适应原理便是传播者对文化传播的影响机制了。

3. 文化增值原理

文化增值是文化的放大和同质量积累。它是在原有文化的基础上，在传播的过程中产生出新的价值与意义，或者是文化的传播的增加，使受传体文化相对于传体文化有了某种增值。

4. 进化原理

人类发展最重要的一点就是不断前进,“优胜劣汰,适者生存”,文化发展也是这样。文化的“优”指相对于别的文化较为“文明”,文化质量较高的文化;而“劣”则是指封闭的、落后的、愚昧的文化。比较来说,文明程度越高的文化越容易扩散,这种生物进化原理在文化传播上也被称为优劣扩散原理。

5. 文化圈层原理

文化圈层是指同质文化的范围,即空间的延伸性。文化圈层性既表现在传播者中,也表现在受传播者中,可以从不同角度来划分。如从文化性质上分,有政治文化、经济文化等,从社会结构上分,有知识分子文化圈层、工人文化圈层等。

6. 文化融合原理

文化融合是指两种以上不同文化传播后发生的吸收、认同、复合的现象。文化融合是文化传播的结果,例如,多民族居住的城市形成的文化。

7. 文化积累原理

文化不仅仅是符号的积累,而更重要的是“意义”的积累,积累是传播的结果。随着人类的一代又一代的延续,文化积累越来越深远。

8. 文化分层原理

现代社会,传播事业发达,传播手段先进,易于形成文化圈内不同群体间的文化分层,文化层次较高的群体容易接收外来文化,文化层次较低的群体对外来信息反应迟钝。

9. 文化交换原理

由于传播而引起社会文化物质的文化模式发生转变,如:中国“五四”新文化运动的发生,就是文化的传播及西方思想在中国的传播引发的。文化传播是文化变迁的动力,文化变迁是社会发展的标志,威廉·里弗斯(W. H. R. Rivers)认为,“各族的联合及文化融合，是发动各种导致人类进步的力量的主要推动力”。①

三、文化传播的形态和模式

一部人类文化的发展史，也就是一部人类文化的传播史。由于文化传播这个系统极其复杂庞大，在这里，我们将文化传播分为一般性文化传播、专门性文化传播和系统间文化传播三种形态来描述。一般性文化传播是指人们在一切社会活动中普遍发生着的文化传播，比如说，吃饭穿衣本是生存的基本手段，然而吃饭的方式、衣着的款式却包含着文化观念、文化规范、文化时尚和文化修养等问题。专门性文化传播是指职业化的文化传播活动，其典型形态有两种，一种是文化教育，一种是文化基本活动。

系统间文化传播是指不同系统之间的文化发生交流时，就形成了系统间文化传播，或称跨文化传播，通过许许多多个体的跨文化传播，不同系统的文化得到了相互交流，并且彼此借鉴、吸收、认同，最终融为一体。

不同形态的文化传播有不同的传播形式。不同传播形式的文化共享同一个传播模式。所谓文化传播的传播模式泛指所有不同文化间的传播现象与过程。戴维特(De Vito)将文化传播涵盖八种不同形式的传播，共享同一个传播模式(如图 12－1)。

不同文化间的传播：如日本人与美国人，中国台湾人及欧洲人之间的传播现象。

不同种族间的传播：如黑人与白人之间的传播。

不同族群间的传播：如汉族与少数民族之间的传播。

---

① 黄淑娉、龚佩华：《文化人类学理论方法研究》，广东高等教育出版社 1996 年版，第 221 页。

不同宗教间的传播:如天主教、佛教、一贯道及道教等之间的传播。

不同国家间的传播:有时称为国际传播,如英国与美国、日本与德国之间的传播。

不同性别间的传播:男人与女人间的传播。

相同文化不同身份间的传播:医生与病人、老师与学生之间的传播。

相同文化不同背景间的传播:如同性恋与异性恋者之间的传播。

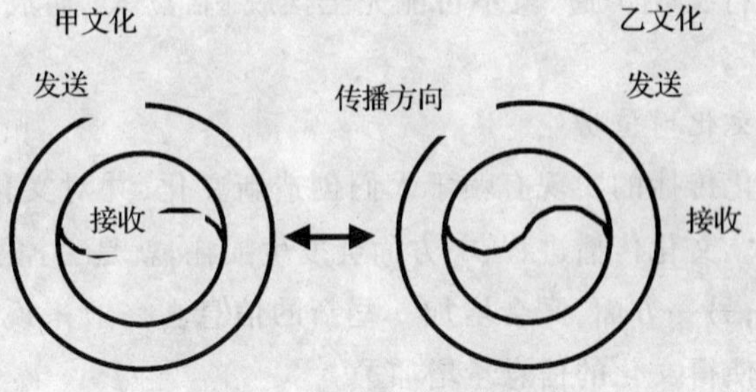

图 12-1　文化传播模式

四、文化传播的社会功能

就文化传播作为人的社会活动过程的一个方面而言,文化传播是一种社会传播,是人对文化的分配和共享,沟通人与人的共存关系。因而,研究文化传播的社会功能较之政治功能、经济功能、教育功能、娱乐功能等更显得重要。从总体上概括文化传播的社会功能,主要有以下五个方面:

1. 社会沟通功能

文化信息是人类为了生存而创造的,创造文化信息首先是为满足人类沟通的需要,社会上每一个人都不可能是独立于社会之外的,它既要通过文化传播协调家庭关系,又要通过文化传播协调外部关系。

2. 社会教化功能

社会化是社会沟通的直接目的,文化传播作为人的社会沟通,不仅在沟通人们的关系,更主要的是在协调和统一人们的社会行为,确定人们的行为规范,达到社会教化。人们从家庭走向社会,从个体走向群体,不断地通过文化接触了解这些文化内容,以防止违反社会规范。而人的社会教化过程又不是一次所能完成的,要通过文化传播不断地接受社会教化。反之,如果人们不进行文化沟通,就不可能完全摆脱"自然人"而成为"现代人"。

3. 文化增值功能

文化传播的实现有赖于人们创造新文化,并对文化价值有所认识。文化传播进程,一方面会发生损耗,就是丢掉了一些信息内容;另一方面,又会增加一些新的信息。一般来说,文化传播结果使得文化的信息量增加了。

4. 社会平衡功能

文化传播对社会化的人一方面起着信息消费的显性作用,另一方面起着平衡心理的隐性作用,作为文化信息传播的平衡作用,主要是通过调适行为、平衡心理和社会控制来实现的。

5. 社会认识和社会完善功能

通过强大的文化传播系统,我们可以完善社会机体。因为,社会机体独立地认识自己和改造自己是非常困难的。

信息时代的来临,使国与国、民族与民族、政体与政体之间产生一种互相渗透,建立了在最低认同的一致基础上的世界性文化传播网络。因此,文化传播的研究亟待加强。不仅应引起文化界及传播界的重视,而且应引起全社会的关注。

五、跨文化传播

传播全球化的时代,信息传播产品在世界范围内流通。跨文化传播活动正以日新月异的方式加速世界一体化的进程。跨文化间的政治对话、科技经贸合作和文化交流,已经成为当代人类经济发展和社会存在的普遍方式。我们可以说,跨文化传播是文化传播的重要内容,跨文化传播能力是我们进行文化传播的重要技能。

在认识跨文化传播之前,让我们先来看看什么是跨文化。跨文化指的是一种居中的文化(intermediate culture)。跨文化同时兼有原文化(home culture)与主文化(host culture)的特质,而且这些特质是独立存在的,无论其是否被交汇的文化(cultures - in - contact)所共享。跨文化传播是指组群之间传播沟通的一种形式,即隶属不同社会团体的成员彼此之间的传播沟通。包括人与人之间的直接传播,或是通过大众传播媒体的间接传播。

人们为什么要进行跨文化传播呢?有研究者认为人们倾向于相信“所有人都是相似的”,只有进行跨文化传播才能降低不同文化的陌生感所带来的焦虑。1978 年,罗斯(Ross)从传播过程的角度指出,某人所传送出来的讯号必定先经过以文化为前提并据此建构的关卡,然后其他人才会接收到该讯号。来自相同的文化与种族背景的个体对于解读该讯号所产生的问题是最少的;而文化与种族的差异越大,这信息便越有可能被解读错误。如 OK 手势在英语国家代表“好”的意思,而在巴西 OK 手势有骂人的意思。

简而言之,所谓跨文化传播,是指发生于个体与来自外来文化的他人的传播沟通。传播问题产生的原因与多寡则随着传播双方文化背景的差异性大小而有所不同;文化差异性小,双方共享的前提或共识较多，也就不易产生传播问题；反之，文化差异性大，双方共享的前提或共识较少，因此较易产生传播上的问题。为了达到有效传播的目的，个体势必具备良好的跨文化传播能力。

"文化冲突"是跨文化传播研究的重要内容。"文化差异"是"文化冲突"的首要原因。不同的文化都有不同的世界观和方法论。所以，一种文化传播到另一种文化区域内这种不同往往就形成矛盾，产生冲突。"文化差异的存在使得不同文化之间的人们由于对这种程序的理解差异而经常发生误解并由此发生文化冲突。"①

另一方面，跨文化传播中普遍存在的"误读"和"刻板印象"现象等往往也会导致跨文化传播中的"文化冲突"。在跨文化的传播过程中，往往会因为政治、经济、宗教和技术等因素，"国家"和"市场"的双重介入，国家之间、民族之间、阶级之间乃至性别之间的权力关系影响甚至操纵着跨文化传播，加剧了不同文化间文化冲突。

跨文化传播的最终趋势是"融合"。在当今的全球化背景下，我们需要接纳一些外来的文化，西方文化也需要东方文化的注入。单波认为，跨文化传播需要一种更积极的文化伦理，这一伦理的核心理念应该是各民族或民族文化平等参与世界性对话体系。跨文化传播因此就必须成为一种由世界各民族或民族文化共同参与构成的公共论坛，每一个特定文化都是一个文化主体，都有权利对全球性议题表明自己的立场。文化主体间不能是文化控制或文化支配的关系，应该变革当前跨文化传播中信息单向流动和单一控制下的传播体制，逐步建立开放、自由、平衡、多元的跨文化传播新秩序。同时，资本逻辑下的娱乐化、消

① 单波、王金礼：《跨文化传播的文化伦理》，《新闻与传播研究》2005 年第 1 期。

费性跨文化,应该为知识的、专业的、审美的跨文化传播留下生存的空间。

第二节　国际传播

现代社会,大众传播在国家本体与国家形象的塑造、传播和提高方面有着极为重要的作用。每个国家都能通过其控制的大众媒介塑造本国的本体意识,从而影响本国的国家形象。大众媒介在一国对外的形象战中日显重要,因此,许多国家都越来越重视对国际传播的研究。

一、国际传播的概念

国际传播学是我国近年来兴起的新学科,该学科的兴起是我国新闻传播学科在全球化和信息化时代的发展要求和必然结果。

所谓"国际传播"(International Communication),是当今世界不同民族和国家之间各种信息的跨国、跨文化的交流和传播,是国际间各国各民族互为传受主体的广泛的信息交流。国际传播有广义和狭义之分。广义的国际传播是指包含各种形式、各种信息的跨国、跨文化的交流与传播。狭义的国际传播则是指以大众传播媒介为支柱、以国际范围内的受众为对象的国际间的信息交流与传播。也就是特定的社会集团通过印刷传播(报纸、书刊)或者电子传播(广播、电视、互联网)进行的跨越国家边界、跨越国家传播体制的交流的社会范围最广的传播。它是世界各国或地区经济、文化发展综合实力的一个局部的具体观。

国际传播研究中从来就存在两种不同观点:一是认为国际传播中以信息共享为主;一是认为国际传播是说服艺术。在当今信息时代和全球化趋势的文本中,这两种说法都有其现实意义。

国际传播是以国家为基本单位、以大众传播为支柱的国与国之间的传播。其基本主体是国家,还包括:国际机构——以国家为单位建立的政府间常设机构,如联合国等。超国家机构——指其决定对成员国政府拥有拘束力的国际机构,如欧盟、世界贸易组织等等。同盟或地区集团——具有期限性的联盟组织,如北大西洋公约组织、东南亚国家联盟等等。跨国组织或运动——如教会、国际红十字会、国际奥委会、世界环保组织、世界妇女大会等等。国内各种集团或组织——如政党、工会等等。个人——如社会活动家、知名专家学者或舆论领袖。

首先,国际传播是对本国社会制度、意识形态、文化传统、价值观念以及关于国际事务的政策、立场、观点、主张等的传播;其次,国际传播是对其他国家的政治、经济、文化、社会生活等内政外交各方面的传播。总的来说,国际传播包括八个层次的内容:

(1)印刷媒介。如报刊杂志的交流。

(2)广播媒介。如电台、电视及卫星传播电视节目的交流。

(3)影音媒介。如电影录像带、录音带的交流。

(4)卫星通讯。如地球资源探察及电脑信息的交流。

(5)个人事务及商业往来。如邮件、电报、电话交流等。

(6)个人进行的人际交流。如旅游、移民等。

(7)教育及文化交流。如会议及体育比赛等。

(8)外交及政治交流。如有关政治、军事会议等。

二、国际传播的方式

国际传播的主要方式有对外出版、对外广播、对外电视传播、信息高速公路。对外广播、电视依靠的是卫星转发技术,而信息高速公路依靠的是卫星以及越洋电缆,对外出版则需要经由外贸途径。

1. 对外出版

对外出版指的是对国外出版发行报纸、杂志和图书。利用出版物对外宣传是早期国际传播的主要方式，其中刊物的对外出版最为活跃。世界各国对外出版图书、发行报刊，其目的无非是对外宣传和介绍本国的政治、经济、文化等方面的发展情况，推广本国的价值观念和生活方式，以使国外读者对本国的意识形态产生认同，最终使其为本国利益服务。

2. 对外电子传播

对外电子传播主要包括广播、电视、电影及计算机国际网络等。它是国际传播中最强的一部分，也是国际传播的主体方式。

(1)广播

广播是国际传播中最为方便的一种媒介。20 世纪 20 年代苏联成为第一个以几种外国语制作节目的国家。此后英国和其他国家也相继开展了这一传播形式。1942 年美国成立美国之音。美国之音在国际传播中扮演了一个非常重要的角色。目前，世界上进行国际广播的国家按每周播送的节目时数多少加以排列，最多的是美国，其他依次是俄罗斯、中国、英国、日本、朝鲜、德国、埃及等。

(2)电视

电视在国际传播中始终是最活跃的媒介，利用电视进行国际传播是一种比较常见的方式。以电视进行国际传播主要有两种方式：一是输出电视录像片；一是卫星转发节目。

(3)电影及计算机网络传播

在国际传播中电影及计算机网络也是很重要的方式。全世界有三分之一的电影是由美国制作的，三分之一由欧洲国家生产，还有三分之一由亚洲国家生产。美国影片，尤其是娱乐影片在世界上占据了很大的市场，现在世界上每个角落都可以看到好莱坞制作的影片。

网络化实现了信息的共享，某些发达国家正是利用其高度发达的网络系统和信息占有量方面的优势，不断把一些对他国不利的思想观点搭载在科技文教信息中传递给对方，如打着民主旗号在网络上进行所谓的民主调查等。

三、国际传播中的不平等现象

国际传播一向是不平等的，传播的控制权主要掌握在西方强国手中。国际传播从20世纪20年代的国际广播发端，从一开始，就带有强烈的政治色彩，成为殖民主义的宣传队。到了20世纪80年代，国际传播中电视传播开始取代国际广播的地位，电视传播成为各国竞争的主战场。这一时期，以美国为首的西方大国，倚仗科技和经济实力的优势，垄断了主要的电视传播网络，为其意识形态服务。进入网络时代这种不平衡现象更加严重了。这些不平等、不平衡主要体现在以下几个方面：

1. 媒介分布不平等

二战后，各国经济和文化都有了长足的发展，特别是第三世界国家开始了漫长的“现代化”进程，传播领域也有了飞速的发展，但与西方发达国家比起来仍然存在着非常大的差距。

2. 传播信息量和内容上的不平等

发达国家在媒介上占有绝对优势，形成了与发展中国家传播信息量和传播内容的不平等。少数西方国家向发展中国家发出的新闻数量与相反方向流动的新闻数量之间差距悬殊。

国际新闻传播的信息不平等，不仅表现在信息的流通量上，也表现在传播内容上。西方发达国家在向发展中国家大量推销西方的物质文明、价值观念、生活方式的同时，往往对发展中国家的经济、社会的发展视而不见，或不能用历史的、发展的眼光来看待发展中国家的情况，因而常常热衷于报道发展中国家的灾祸、犯罪、恶劣的环境、社会动乱等内容。

3. 资源利用的不平等

国际传播中主要资源是无线电频率和卫星驻留轨道。发达国家利用其在经济和技术上的优势抢先瓜分了这些国际公共资源,仅占世界10%的人口控制了90%的无线电频率。在空间轨道的利用上,联合国缺乏统一、合理的分配制度,因此很多空间被欧美占用了。

国际传播不平等现象背后的实质是大国沙文主义和大国霸权主义。

发达资本主义国家不惜重金建立自己强大的传播体系,一方面是为了获取巨额利润,出版业、电影、电视业都可以从其他不发达国家获取较高的利润;另一方面就是要强行推销其社会制度和思想体系。

从美国历任总统的有关言论中我们可以看出,美国等西方发达国家是把对外传播作为一项战略工程来看待的,其目的是影响别国的受众以便把美国的意志强加给他国人民,或者达到"和平演变"的目的。

许多第三世界国家在为传播平等做努力,在1976年提出了一个口号,即在国际传播领域建立一个新的、更加合理、更加公平的新闻传播秩序。

四、国际传播的发展趋势

国际传播媒介在国际事务中所扮演的角色越来越重要。一方面,国际传播可以帮助公众了解事实真相,从而稳定公众情绪,形成一种有利于和平解决争端的气氛。同时,国际传播也有预警作用,某一可能诱发重大冲突的事件,经过媒介报道,可引起人们的注意和重视,从而使事态及时得到控制。另一方面,国际传播的巨大作用也被某些别有用心的人用来作为干涉别国内政的工具。

在国际事务中，尤其是解决地区争端、缓和紧张局势等方面，国际传播正发挥着越来越大的作用。国际传播正朝着有利于世界和平和发展的方向迈进，这是大势所趋。

1. 国际传播走上合作之路

首先是西方发达国家之间的合作。西方发达国家由于在社会制度、价值观念、政治观点等方面的一致或相近，它们在与发展中国家进行贸易或文化交流时有着共同的目标，因此需要信息共享，这样也就必然产生媒介的开发和运用。

其次是西方发达国家与第三世界之间的合作。西方发达国家要想进一步了解发展中国家的情形，进一步推行其传播战略，需要与第三世界国家合作。第三世界国家由于经济和技术上的局限，需要发达国家的支持。

第三是第三世界国家之间的合作。由于第三世界国家在国际地位、经济状况、存在的问题等方面相似，需要在国际传播中加强团结，共同改变国际传播不合理、不平等的局面。这样它们之间的合作也势所必然了。

第三世界之间的传播合作，一方面表现为在国际舞台上进行道义上的相互支持；另一方面表现为技术和信息上的合作。如 1981 年亚洲新闻交换网；1983 年泛非通讯社；1983 年拉美特稿社。

2. 国际传播手段越来越高科技化

空间的隔阂、国界的限制以及文化的差异，是国际传播明显区别于国内传播的主要方面。国际传播跨越时空、国界和文化差异的强烈要求，使传播技术对国际传播的影响远远大于对国内传播的影响。

纵观传播技术与国际传播的发展轨迹，国际传播的客观需要不断催促着传播技术的突破与发展，而传播技术的进步又不断增添或更新着国际传播的样式。从印刷术、电信技术、广播技术、电视技术，一直到卫星通信技术，国际传播的主流形态也相应地由定期报刊、新闻通讯社、国际广播一直发展到国际卫星电视。在利用大众传播的手段方面，国际传播一直青睐于以高新技术为基础的最新型媒介。

随着网络信息技术的飞速发展，国际卫星电视在国际传播中的现有主导地位又受到了新型网络传播方式的挑战。

作为一种极具广泛性和开放性的传播体系，国际信息网络特别满足了国际传播在跨越时空和国界方面的强烈要求。国际卫星电视的卫星信号虽可覆盖全球，但因接收天线和机顶盒在部分国家受到严格的控制，信息的传播在全球并未真正落地。而网上发布信息既不受频道资源和时空的限制，也较少受到政府的行政干预和控制。与国际卫星电视初步实现的理论上的跨国传播相比，国际信息网络则在实际上大大加快了信息传播的全球化进程。同时，国际信息网络还适应了社会发展对国际传播的时代要求。由于国与国之间的交往越来越频繁、越来越紧密，客观上要求国际传播的传播时效要更加迅捷，传播内容要更加丰富，传播方式要更为多样。国际信息网络不仅在真正意义上突破了时空的界限，随着将来宽带网的建设与完善，还能使各种信息以文字、图片、音像、动画等多种样式，全天候迅捷流畅地在世界各地传播。正是这种在虚拟空间瞬时、无限、多样的跨国、跨文化、跨语言的传播能力，使网络传播备受瞩目。

3. 国际传播在国际事务中的作用越来越大

随着国际竞争的加剧，国家在国际事务中的话语权变得尤为重要，这不仅是国家实力的问题，还是意识形态、国家形象被接受的问题。我国台湾学者李瞻指出："诸如美俄等国家，早已认识到宣传和资讯皆可视为权力的一种。他们早致力于国际传播活动，例如对外广播、报刊出版服务、影片、展示会、观光、交流计划等。直至近年，第三世界才开始认识到控制大众传播来源、通道之重要性。”①

通过国际传播,可以谋求建立和谐积极的国际关系,以确保国家的稳定和发展。对于一些霸权主义国家,背后亦隐藏着扩张的野心。

国际传播,这一崭新的课题在国际关系中的作用越来越大,它对于国家的安全、稳定、发展和进步的影响亦自不待言。研究国际传播规律,认识国际传播过程中的主体色彩和功利性并且趋利避害,更能确保国家社会的健康发展。

第三节 科技传播

科技与传播从一开始就密不可分。关于科技与传播研究作为传播学的一个分支,源远流长。早在20世纪50年代和60年代初期,美国的全国科学作者协会(简称NASW)及技术传播学会(简称STC)就宣告成立,致力于科学传播的推广与成长。近年来,科技传播日益引起国内学者的重视,相关研究也取得了一些成果。

一、科技传播的概念

不管在科学技术研究活动中,还是在科学技术知识的教育和学习中,抑或是在科学技术信息的开发和应用中,都存在着科技知识信息的频繁流动与扩散,这就是科技传播。与一般而言的传播不同,科技传播与科学技术活动紧密相连,这种联系大体包括两个方面:产生于科技活动,服务于科技活动。科技传播是一个伴随过程,它如影随形般渗透在科技活动的各个环节。

目前,关于科技传播的研究非常活跃,但无论国外还是国

① 李瞻:《国际传播》,台湾三民书局1986年版,第76页。

内，对于科技传播都没有明确的定义，甚至连提法都不太一样。譬如在国内，有使用“科技传播”的，有使用“科学传播”的，也有专门研究“技术传播”的；在国际上，英文中有“Scientific and Technical Communication”（STC），有“Science Communication”，还有“Scientific Communication”和“Technical Communication”。就“科技传播”与“科学传播”两个术语相比较，使用“科技传播”更好。这是因为目前学者们使用“科学传播”或使用“科技传播”时，一般指的都是“科学技术传播”，而且在今天这样一个科学越来越技术化、技术越来越科学化的时代，在许多情况下已很难将科学与技术进行严格区分，严格区分“科学传播”和“科技传播”的实际意义并不大。所以，在这里，我们所指的科技传播也同指科学传播。我们把两者结合起来研究。

国内外有不少研究者对科技传播下过定义，其中比较典型的是翟杰全于 2002 年在《让科技跨越时空》一书中，将科技传播定义为“科技知识信息通过跨越时空的扩散而在不同个体间实现知识共享的过程”①。这是国内对“科技传播”比较流行的观点。翟杰全曾撰文提出了“科技传播学”的概念，并给出了这样一个初步描述：科技传播是借助于一定的信息资料来实现的科学知识信息的大众分享和人际交往。他认为科技传播应包括利用出版物、报刊、电视进行的大众（科学）传播，师生之间的传授传播，科研人员之间的个人交流，情报服务和咨询服务，科研生产联合体内的渗透式传播等五种形式。

综合各有关的研究文献，科技传播的内涵大致可分为五类：

（1）科技与媒介：侧重于二者的哲学基础、实际表现及彼此关系（如影响科技传播效果）的探讨。

---

① 翟杰全：《让科技跨越时空：科技传播与科技传播学》，北京理工大学出版社 2002 年版，第 4 页。

(2)科技工作者(包括科技新闻记者):探讨其背景、训练、工作表现、对科技的认知等问题。

(3)科技写作(包括对一般读者及具有科技专业知识的读者):严格而言,应分为通俗科技写作及技术写作,探讨写作技巧的磨炼及科技知识的表达等。

(4)科技消息传播:侧重于以传播理论的观点,探讨有效的科技消息的流传,包括消息内容及来源、传播信道、传播媒介、受众以及效果评估等。

(5)科学家:侧重于对科学家的人文精神、习性、传播能力(沟通技巧)及科技界的次文化等的了解。

科学传播是一个广义的概念,不只包括上述五种形式或五种分类,还扩及了科技对人类思想、认知、生活及社会等的影响,以及各种因素的互动关系。科技传播把传播者、传播内容、传播渠道、受传者作为四大基本结构要素,其作用机制包括有效联接知识的供给和需求以及合理配置知识资源。这些共同组成了一个整体性的科学传播体系。

二、科技传播的理论根据

作为大众传播学中的一个分支,前几章所述的传播理论理所当然就是科技传播的主要理论根据。其中,香农及韦弗的传播者、信息及受传者的双对线性传播模式,更是科技传播的基础。略有差异的是在传播者与信息之间,增加了举足轻重的科学家。我们要强调的是下列几个理论,它们明确地界定了科技传播理论。

(1)两种文化理论:1959 年,英国的史诺在《两种文化》一书中指出科学与人文在知识界里长期对立的问题,引起一场广泛的论战。他认为人类社会中科学家与非科学家(人文学家)之间毫无沟通,鸿沟如汪洋,有如两种不同文化的人类,他们互不相识，歧见甚深。这个理论成为日后科技传播研究中，讨论科学家与科技传播者的关系时的重要根据。而且史诺的说法，的确在科技传播的实证研究中不断获得证实。科学家与科技传播者对科技、科技知识的普及等问题，在认知观念、哲学思想，乃至彼此的专业理念的标准均存有歧见。

目前受到批评最烈，相关研究最多，也是科技传播最频繁突出的实务问题之一——科技新闻，仍是一个不够完美、不能令科学家与科技新闻记者共同满意的课题。简言之，二者不同的理念在于：科学家认定科技消息精确第一，可读性及时宜性都是次要的；新闻记者却认定新闻性第一，可读性及正确性次之。科学家要求信息传播必须像科技研究一样精确；而新闻记者认为只要正确或没有大错就足够了。这种立场不同在科技新闻传播中屡见不鲜，往往导致了科技传播的过程困难重重。

(2)涵化理论：在科技传播的研究中涵化理论尤其受到普遍的重视。科技信息的传播者或组织与科技信息的接受者或组织之间存在着一个“知识沟”，社会必须建立一个通道和一种链接、合作机制，把科技知识由“富集区”输送到“贫困区”。所以，理论上，科技信息的传播是一种“教育”功能的实践。而大众传媒是受众在现代科技进步快速的社会获取科技信息的主要管道。如现代社会的信息化已绝不能依赖学校教育了，对大多数非学生的社会成员而言，大众媒介才是其信息化的“教师”。可惜的是，观察世界各国的大众媒介（特别是商业化的媒介组织）在科技传播的角色中，往往过分信仰“枪弹理论”（媒介的短期效果）而轻忽了其涵化功能（长期效果）。此点也常是以教育观念为重的科学家与以娱乐受众为优先考虑的传播者之间的争议所在。

(3)科学家责任论：该理论强调科学家在其研究教学之外有提升民众的科技知识的责任。根据古德尔（Goodell）的研究，有些强调科学家社会责任论的科学家，会在科技争议相关问题上，教育民众、影响民众，甚而积极干预政策拟定。在此论调下发展出科技传播现代化、科技普及、科技素养的理论。这些都是科技传播的基础理论，共同致力于造就一个科技知识丰富的民智社会。

(4)科技社群理论：在这个理论中有两种论点颇为类似，但代表不同的"社群"。一种是克兰(Crane)提出的"隐形学院"，强调科技界有小圈子存在，小圈子的成员不只在学科专长上相同，并透过学术论文的发表(书面)及口头传播而愈形密切(多数止于学术层次)，也因而使小圈子之外的人不易与之沟通。另一种是邓伍迪(Dunwoody)的研究发现，科技新闻记者在采访科技新闻时有形成"小团体"合作采访的情形，而且这些科技新闻记者都是大报的记者，也是资深的科技新闻记者。这些小团体的成员互通消息，并共同核查消息来源的可靠性；反之，小团体外的记者就没有这些"好处"、"管道"。这种合作采访的情形，传统上是与新闻学中独家采访的原则相违背的。

三、科技传播模式

科技传播不但在理论根据上与大众传播学颇有渊源，在传播模式方面也与大众传播学同出一辙，但在网络传播时代又有新的发展。

1. 创新扩散模式

早期创新扩散研究始于 20 世纪 20－30 年代，一项著名的研究是 1943 年美国学者瑞安和格罗斯对衣阿华州杂交玉米推广的调研。这些研究提供了农业创新的大量范例，并引发了大规模的扩散研究，到 20 世纪 50 年代创新扩散研究达到高峰期。多年来，美国农业部、卫生部、教育部等都有对扩散研究的赞助，探讨农技推广、计划生育、扫盲、环保和卫生知识的传播过程、经验与问题，取得了被认为具有显著实用价值的丰硕成果。

1962年,罗杰斯(Rogers)提出创新扩散模式(Diffusion of innovations)。扩散研究的重点是一项创新是如何推广的,从中可发现在不同阶段创新采纳者行为变化的过程。罗杰斯从创新的产生、要素到创新-决策过程,从创新的属性、采纳率到采纳者、代理人,从扩散网络到创新结果等进行了系统研究。例如,在传播创新方面,分析了不同类型的采纳者以及观念领导者的特性,创新决策过程各阶段的传播渠道及其作用。罗杰斯指出,科技推广应该是一个包括研究者、各级推广机构和推广专家等在内的涉及社会诸因素的完整系统。大众传播在其中有独特的催化作用,但成功的创新扩散必须整合大众的、人际的和组织的诸多传播手段。具体发现如,人们在接受新技术过程中,其文化程度、社会地位等自身因素,以及他们的观念现代化都与他们的媒介接触频度呈现正相关。

罗杰斯提出创新扩散理论后,不少学者继续对此理论进行研究并提出了许多的质疑。1995年,罗杰斯正式确立新的创新扩散理论,以解决人们对之提出的质疑,并指出新的观念、经验、技术等在传播推广时,只有当使用者采纳,才有可能扩散,而且只有使用者达到系统总人口的某一比例后,整个扩散过程才可以持续。这一比例我们就称为临界值(threshold limit value)。另外我们知道当一种创新刚刚开始在系统中扩散时,人们对它的接受程度比较低,因此一开始扩散过程比较迟缓,但当使用者比例一旦达到临界值,创新扩散过程就会快速地递增,经过转折点后,创新扩散过程再次慢下来,创新扩散将会逐渐达到饱和点(saturation point),随后则可能呈现下降趋势,而整个创新扩散过程于是呈现S形曲线的模式(见图12-2)。

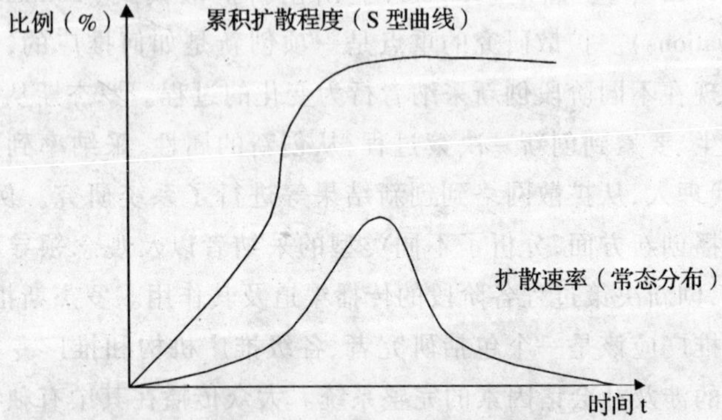

图 12-2 创新扩散 S 形曲线

罗杰斯的创新扩散理论分为三个阶段：前提、过程和后果。前提部分是创新扩散的主客观条件，如环境因素，即创新的传播和扩散的社会系统各方面状况；采用者因素，即年龄、教育程度、收入、家庭状况、性格等特征等。过程部分是采用者根据所传播的创新科技的特性衡量它的利弊决定采用或拒绝，并对决策进行再维护。后果部分是指创新扩散的最终结果。

社会系统因素即环境因素包括："意见领袖"的特点、形成，以及由此而来的"扩散网络中的同类性和异类性"问题。"扩散网络"的特点、人员数和关系数的确定，特别是网络创新传播中的"弱联结优势理论"、"临界数量"的概念及其意义。

采用者因素中，创新采用者可分为："先行者"：富有冒险精神，敢于尝试，是创新扩散的先驱者，但是给人以"另类"印象。"早期采用者"：是社会系统中典型的成员，但思想更为开放，信息渠道也多，属于"意见领袖"的潜质。"早期大多数"：被称为"深思熟虑的采用者"，对创新有积极开明的态度，但决策比较慎重。"晚期大多数"：对创新持审慎疑虑态度，投入创新往往是因为社会压力。"落后者"：系统中最晚采用或永远不采用创新的人。

“所传播的创新科技特征”因素包括以下几个方面:相对优越性:一项创新的采用较之未采用前的状况的改进程度,体现在“效益性因素”、“心理因素”上;相容性:潜在采用者认为创新与其需要、既有观念、以往及现在的经验等相适应的程度,包括“价值观”、“以往经验的一致性”、“与需求的匹配”、“既有的软硬件的相容性”、“创新命名和定位”等;复杂性:一项创新被认为难以理解和使用的难度,也被称为“易使用性”;可试性:用户在正式采用创新前对创新性能进行试验、考察的可能性;可察性:创新采用结果对其他人来说显而易见的程度;形象性:采用创新产品有助于提高一个人在其所处的社会系统中的形象的程度。

罗杰斯提出的创新扩散理论对科技传播影响很大。一些学者继续对此理论进行研究,也有一些学者将其理论引入到某些具体科技传播当中,产生了丰硕的成果。

随着互联网的出现,数字技术的发达,科技传播模式面临着新的挑战。一对一的邮件、群发邮件、网站、在线信息和新闻服务等,使传播过程变得更为复杂。科技知识的接受渠道更为便捷,使得公众可以了解到科学的多元背景,以客观的态度评价科学的发展,以公正的原则推进科学的发展。而数字技术、卫星技术等新技术的应用也使媒体在自身技术进步的同时为科技传播提供了更好的手段和条件。在网络时代,科技传播中除了常规创新扩散传播模式外,还存在其他一些科技传播新模式。

2.“点对点”传播模式

“点对点”又称交流式,是指信息在传播者和接受者之间双向互动。日常生活中的谈话,网络中的聊天就是一种交流式传播行为。其特点是交流过程中,传播者和受传者频繁交换角色,反馈迅速及时,可以使双方及时就某个话题深入讨论,实现信息的交流和共享。在科技传播领域中,交流式传播是经常发生的,特别是在科学共同体内的专家同行之间。从功能上说,交流式传播可以有效及时地实现知识共享,特别是对传播新知识而言,交流式传播较其他传播方式具有更好的传播效果,在传播显性知识的同时,也可以传播一些隐性知识,甚至在传播具体知识之外还能给对方以某种启示,具有启发灵感、激励创新的功能。因此,发展良好的人际交流关系,建立浓厚的学术氛围,发展各种学术团体内外的非正式交流网络,促进交流式传播的充分活跃,对于发展科技传播事业具有重要意义。如果把交流式传播比喻为"点对点"式传播,辐射式传播则可以比喻为"点对面"式传播,是某个或某些传播者面向数量较大甚至数量巨大的受传者传播科学技术知识信息的过程。一般而言,这种科技传播要利用一定的传播媒介,传播者和受传者的角色相对固定,信息流动方向也相对单一。辐射式传播具有扩散性强的特点,传播范围广,传播速度快,倍增效应强,但反馈相对不充分,有时会因提高速率而牺牲质量。科技传播中的科技教育和利用大众传媒进行的科技传播即属于辐射式传播。一般而言,辐射式传播有利于大面积大范围地扩散知识。

3. 定向传播模式

科学技术的飞速发展,社会对科技知识需求的不断增加,给传统科技传播手段和方式提出了严峻的挑战,也促进了新的科技传播方式和手段的不断发展。当社会中出现了专门为知识创新组织和知识应用组织提供情报资料服务的传播活动之后,现代科技传播中便出现了定向传播和非定向传播的区别。定向传播是面向特定用户,根据用户的特殊要求,搜集特定情报资料,通过特定渠道进行的一种传播方式。在定向传播活动中,传播者的传播行为是为了完成十分确定的传播任务。在情报机构为用户提供专题服务,科技咨询机构为用户提供专题咨询,科研机构接受用户委托提供特定的研发服务,技术推广机构向特定用户推广技术等过程中发生的科技传播都属于这种定向传播。定向传播是一种服务性传播活动,具有较强的针对性,传播者和用户之间可以形成良好互动,可以实现较好的传播效果,有利于实现知识信息的开发与利用。非定向传播是面向非特定人群的一种知识传播。科学家利用科技期刊发表论文、出版学术著作,或在报纸上发表科普文章、通过广播电视宣讲科技知识,都属于这种非定向传播。传播者在进行非定向传播时,不一定受制于特定的传播任务,也不一定想把信息传递给特定受众,甚至不知道会有什么人成为传播活动的受众。非定向传播针对性较差,但利于实现知识的大范围扩散。科技传播是一个快速发展的领域,而且我们正在迈入以网络技术实现传播技术大整合时代的门槛。作为一个具有多种优势的传播平台,互联网集个人化服务和大众化传播于一体,可以对科技传播的局面产生革命性的影响,利用它可以同时进行"点对点"式交流和"点对面"式传播、跨时间传播和跨空间传播、非定向化传播和定向化服务,甚至有可能利用它的一些优势,开发出新的传播功能和途径以及全新的传播模式。

四、科技传播的功能

科技传播的功能和价值只有在传播科学技术知识信息、服务于科学技术发展的过程中才会显现出来。换言之,只有在传播科学技术知识,促进科学技术应用的过程中,科技传播才会产生社会功能、创造社会价值。

1. 推广科学技术成果

科技传播在推广科技成果方面是功能无限的。对科学技术的发明者来说,一篇报道就能引来成百上千的投资意向;对渴求科学技术的投资者或一般老百姓来说,紧密关注科技传播,就可以找到成功的捷径。

科技传播的价值之一就在于它的科技成果推广功能。科学技术具有可传性和共享性，它可以被传播，我们也可以学习。对科学技术而言，有必要传播，只有经过传播，才能实现共享化、社会化，才能实现其社会价值，产生其社会功能。

科学技术活动是人类的一种创造性劳动，是社会所要进行的一种基础性社会活动，它要实现的目标是对人类生存和社会发展所依赖的外在环境进行认识，并在这种认识的基础上更好地去利用它。但科学技术不会自行实现其功能和价值，只有通过传播过程，通过传播将其活动成果——科学技术——运用于社会，科学技术才会成为提高生产者技能、发展社会生产力、推进社会各领域发展与变革的因素。科技传播是把科学技术这种潜在生产力转化为现实生产力的必要环节，是科学技术实现其价值的先导和基础。科学技术是否被传播，传播的深度与广度如何，不仅直接影响着科学技术本身的价值，而且影响着科学技术社会价值的实现。科技传播过程扩散科学技术，帮助科学技术实现其社会功能。正是在这个过程中，科技传播有了其存在的理由、意义和价值，产生了社会功能。科学技术的本性、特征与功能是科技传播获得自身意义和功能的基础。

2. 普及科学技术知识

从科技传播最普遍的意义上来看，有关科学知识的内容在其中所占的比重最大。因而，普及科学知识也成为科技传播功能中最显著的一部分。

为了吸引更多的人们关心原本显得枯燥的科学原理、创新发明，许多记者在报道高新尖科学技术时，比较注意将科学技术本身的生活意义挖掘出来，一方面极大地满足了人类的好奇心，另一方面更是引起人们对科学技术的广泛喜爱。

科技传播之所以能产生某些重要的社会功能和社会价值，归根到底是因为它传播了具有重要社会功能和社会价值的科学技术知识。一方面,当科技传播在社会范围内扩散了科学技术知识,实现了科技知识的交流与共享,促进了科技信息的开发与利用,帮助科学技术知识信息实现了它内在的价值,释放出它内在的力量和能量,成为社会所赖以发展的重要资源的时候,科技传播才具有并产生了自己的价值与功能。科技传播的价值与功能依赖于科学技术知识信息的价值与功能而实现。另一方面,科学技术知识虽有重要的社会功能和价值,但如果没有传播过程的话,这种功能和价值也是无法实现的。科学技术知识的价值和功能要靠科技传播来帮助实现。实验科学的鼻祖培根在提出"知识就是力量"的同时,就强调了知识的这种力量依赖于它是否被传播以及传播的深度和广度。再比如,就科学技术知识与科学技术活动的关系看,科学技术知识与科学技术活动又是密不可分的。科学技术的创造、应用和传播都是围绕科学技术知识来展开的,科学技术活动是生产科学技术知识信息的活动,是生产科学技术知识的一种社会系统,知识是科学技术活动的结果,也是科学技术的表现形式之一和存在形式之一;科学技术的应用本身就是应用作为知识形态的科学技术,通过这种应用把科学技术转化为一种物质性的存在;科技传播扩散和分配科技知识,实现社会对知识资源的分配与共享,并通过这种分配过程使社会各部门建立一种以知识为基础的合作与衔接,推动知识实现其社会价值。

五、科技传播与传播学

一般来说,科技传播是大众传播的分支,两者的理论基础大同而小异。严格地说,科技传播是以大众传播理论为依据,而重点则倾向于"专业化消息"的传播研究。因此,如果忽略大众传播的相关研究及理论基础,科技传播的理论及研究将很难有所突破,譬如早期的研究指出,报纸远较电视和广播利于科学消息的传播,但是最近有关新传播科技的研究却显示,电子出版物的电视节目以及目前质量功能均佳的录放机,都兼具了印刷媒介的保存功能,逐渐成为最佳的科技传播媒介。

诚如前述,大众传播理论是从“传播”或“大众传播”的观点,研究大众传播过程中各个因素及其间的关系;而科技传播亦如此,是从传播及大众传播的着眼点研究、探讨科学信息(包括新闻、知识等信息)的传播。

就实务的角度来看,科技传播绝大部分均在实践大众传播的理论,特别是科技新闻的传播、科技知识的普及,以及科学家与大众媒介的关系方面,深受新闻学里的新闻采访写作及大众媒介运作等理论的影响。把科技新闻、科技报道等同于科技传播,只重视新闻的具体操作和实务,缺少了理论研究,使科技传播失去了区别于其他传播类型的独特性,或者说,现在传播学界的问题在于,对于科技传播的研究忽略了“科技”,而只重传播。

反之,科技传播过程中出现小团体,乃至出现传播内容为少数科学家的言论所左右等情形,这是又一个极端。

正确的态度是:“科技”和“传播”是科技传播的两条腿,我们要既重视科技传播的内容,又了解科技传播的机制,并把两者结合起来,这是科技传播研究的应有之义,也应当是科技传播研究的方向。这样,大众传播事业的发展才能促进科技传播的成长。反过来,科技传播的成长才能有助于大众传播事业的提升,才能加强其功能的发挥,及树立和发展大众传播作为社会公器的形象。

第四节　广告传播

广告是一种特殊的大众传播形式。它是商品经济发展的产物,它的发展大大促进了大众传播事业的发展,从而成为整个大众传播活动中的一个重要组成部分。在市场经济条件下,通过大众传播媒介,广告的主要功能是要抓住和吸引住消费受众的感官注意力,传播广告主的商品或服务信息,与此同时,为广告媒体创造经济来源。

一、广告传播的概念

广告传播是由于商品生产的出现才应运而生的。在人们与他人交换劳动产品和服务时,发生了双重交换:实物的交换和信息的交换。营销促成了实物的交换,广告传播促成了信息的交换。

广告,英文是 advertising。这一术语源于拉丁语的"advertere",原意为"告知"、"注意"、"诱导"的意思。从词源上来看,我们可以初步确定,广告是一种告知行为,是一种意在引起注意,诱导人们购买相关商品或服务的传播活动。

回顾 20 世纪广告传播理论发展历史,我们发现关于广告的概念是动态发展的,但不离开一个基本的定义:"广告是一种有策略的、艺术性的信息传播。"

现代广告之父阿伯特·拉斯克尔(Albert. Lasker)称广告为"印在纸上的推销术"(Salesmanship in print)。这是一个许多现代化的媒体尚未出现的年代提出的广告概念。伴随着四大传播手段的横空出世,在广告界出现了成千上万种对广告的定义,其中比较公认的是美国市场营销协会 AMA(American Marketing Association)给广告所下的定义:Advertising is the nonpersonal communication of information usually paid for and usually persuasive in nature about products, services or ideas by identified sponsors through the various media.(广告是由特定的广告主通常以付费的方式,运用说服的技巧通过各种传播媒介对产品、服务或观念等信息的非个人的传播。)

1994 年 10 月 27 日第八届全国人民代表大会常务委员会第十次会议通过的《中华人民共和国广告法》对广告的定义是：本法所称广告，是指商品经营者或者服务提供者承担费用，通过一定媒介和形式直接或者间接地介绍自己所推销的商品或者所提供的服务的商业广告。

这些广告定义都包含了六个基本要素：广告主、广告对象、广告内容、广告媒介、广告目的、广告费用。广告主指商品经营者或者服务提供者，广告主可以是政府机构、厂商企业、社会团体、其他经济组织或个人等。广告对象，也称目标对象或诉求对象。根据商品的特点、企业营销的重点来确定目标对象，以达到广告诉求对象的明确性。广告内容，即广告所需传播的信息，它包括商品信息、劳务信息、观念信息等。内容明确、具体和真实是广告传播信息的必要条件。广告媒介，广告信息的传播必须依靠媒介。媒介有报纸、杂志、广播、电视和户外广告等非人际传播的媒介。各种媒介有各自的特点，应按照广告整体策划来选择使用媒介。广告目的，即一切广告活动的出发点，依照广告整体策划每一时段的广告活动都有明确的目的，以便顺利实现广告整体策划的目标。广告费用，广告是一种付费的传播活动，广告主必须要支付一定的费用，广告整体策划才能得以顺利实施。

随着现代传播技术尤其是数字技术、网络技术、移动通信技术的蓬勃发展，广告技术的多样化，广告的内涵与外延还在扩张。

第一，广告媒介的范畴扩大了。广告可资利用的媒介不再是传统所指的四大大众媒体，还有网络媒体、移动媒体如手机、楼宇液晶电视等等。甚至人，借助于高科技手段，也成为一种传播的媒介！国内外企业越来越关注这些较少引起广告疲劳的新兴媒体。宝洁中国公司就调整广告投放策略，大幅度削减电视广告预算，转投新兴媒体形式。另外，品牌标识系统、包装系统、CI 系统、图书、电影、DM、优惠券、POP、海报等等都可以成为广告符号的载体。甚至于人，只要他做的不是人员直销，而是一对多的信息传播活动，我们也可以把他视作媒介来对待。媒介范畴的扩大将使广告从传统的观听二维的感官空间走入视觉、听觉、嗅觉、味觉、触觉五维的多元感官体验。如，五粮液把酒瓶建筑化，在五粮液集团总部布满了大大小小的瓶形建筑。这些独出心裁的建筑不但具有了强烈的视觉冲击力，也能给人带来独特的身心方面的触觉印象。宝洁公司为一种新的洗发水上市展开广告攻势，在公共汽车站亭张贴出能散发香味的海报。海报上，一位年轻女子一头秀发随风飘扬，上面还有“请按此处”的字样，按一下，一股雾状香味气体便随之喷出。海报底部，一条宣传语写着“感受清新柑橘的芳香”。这则广告有效地开发了广告的嗅觉功能。如此等等，广告媒体扩张趋势将为广告传播带来更多的创意灵感。

第二，传受双方的互播已成为现实。在网络世界，通过点击鼠标，个人成了广告的传播者，这一现象还将越来越普遍。传统广告主的概念也将随之刷新。广告主不再只包括传统所指的企业、团体、政府等，还将包括个人等，他们还可以互为广告对象。认识到传受双方是可以互播这一现象，将促使广告公司把眼光放得更远，开发出更多的广告主，为之提供广告资金。

第三，广告付费的方式也有所改变。比如说，某些著名企业的老板在出席演讲之余也不错过推销自己公司和新产品的机会。每到一个地方都会在演讲的同时在现场演示最新产品、观念和服务。这样的演讲不也是一种信息传播吗？不也是一种广告吗？但这种广告是不要付费的，甚至是收费的，至少不是现金交易，而是发生了付费的转移。同样的，植入式广告等信息传播形式也发生了付费的转移。承认广告付费方式的多元化，广告运作起来将更加灵活多样。

第四,信息的内涵也发生了延伸。一般而言,广告传播的信息是关于商品、服务、观念的信息。营销大师科特勒把体验看成是营销界必须涉及的十种概念之三(仅次于商品和服务),我们也应该把体验符号化,通过媒介传播开来,这样才能使新兴的体验经济效应在广告中得到实现和放大。张金海教授甚至认为,未来广告是关于一切商务信息的传播。这样,广告信息的内涵得到了极大的扩张。广告信息内涵的扩张直接带来广告业务范围的扩大。

综上所述,我们得出一个开放式的广告概念:广告是作为广告主的国家、政党、企业、团体、个人等,付出一定(金钱的、声望的、时间的等)代价,通过各种各样的媒介,将商品、服务、特定的观念或体验等,为了使广告对象对广告主采取有利的行为,所进行的有策略的、艺术性的信息传播。通过这个开放式的广告概念,我们可以把传统所谓的病毒式营销、会议营销、事件营销、口碑营销、体验营销、感官营销、庆典营销等等涵盖在新广告概念之内。因为这些所谓的营销发生并不是实物的交换,而是信息的传播。甚至于部分的公关活动也只是信息的传播,也可以涵盖到广告中来。

二、广告传播的特性

广告是一项具有信息传播功能的活动。从传播学的过程来谈广告,广告传播具有如下特性:

1. 广告是非人际的传播方式

广告需要传播,但不是在个体、人际之间完成其传播过程的。它主要以报纸、杂志、广播、电视等大众传播媒介以及路牌、海报、霓虹灯、直接邮寄媒介等,作为信息载体,进行传播活动。推销员推销商品,消费者之间交换商品信息,虽然其目的也是推销商品,促进销售,但都不是广告传播活动。广告主要依附于大众传播媒介,采取非人际的传播方式,告知大众有关商品的信息。大众传播媒介传播信息速度快,传播范围广泛,信息在传播过程中损失较小,而付出的费用相对来说又比较低廉。这些,都适宜于工商企业界尽快而有效地推销商品、劳务或观念。广告传播的魔力就在于它能通过大众媒介进行远距离传播,可以同时接触到成千上万的消费受众,使广告成为一种日常生活的仪式,人们通过广告来对世界上的事物进行判断和做出决定。

2. 广告是一种付费的传播活动

广告通过各种大众传播媒介进行信息传播,需要付出一定的费用,用来制作广告,购买媒介的空间或时间等。这就有别于一般的新闻传播活动。既然是付费完成其传播过程,付费者(广告主)就有了对广告信息传播的控制权。广告传播是一种信息化的经济。这一命题使广告的营销功能与传播功能得到了统一。经济行为是一种交换,是讨价还价,是质量评估,是买卖双方之间和同类产品之间的相互压力以及寻求双方利益满足的平衡。这就是为什么广告对产品的传播有竞争、情感、压力和冲突,现代社会日益发达的超级媒介更扩散了这种广告战的情绪魅力。通过经济行为和艺术手法的联姻,广告行为在对象本身的价值和广告形象的塑造上可以形成完全不同的比例。

3. 广告信息内容是相对确定的

广告传播的内容(信息),一般来说,是相对确定的。它不像新闻传播那样,涉及到社会、经济、军事、政治、文化生活等各个方面。就商业广告来说,所传播的内容就确定在商品信息、劳务信息和观念信息上。商品信息包括产品的性能、质量、用途、购买时间、地点和价格等;劳务信息是指非商品买卖或半商品买卖的服务行业方面的信息;观念信息,具有较深刻的营销内涵,主要是指通过广告倡导某种意识,使消费者树立一种有利于广告主推销商品和劳务的消费观念。不论广告通过何种媒介,以何种方式进行传播活动,它所传播的内容,是有限的,相对确定的,一般地说,都是在商业营销范围内的信息。

4. 广告有明确的信息发布人

广告信息有明确的发布人,这就是广告主。广告主是广告传播的"主人",广告传播什么样的内容,发布什么样的信息,都由广告主来确定。而广告传播的最终目的,也是为广告主服务。在商业广告中,广告主一般都是工商企业。广告传播有关信息时,要明确这则广告由谁付费,为谁的利益服务。实质上也明确了这则广告的责任由谁来承担,从而使消费者能够放心地选择和购买商品,使广告所产生的效益能够服务于广告主。

5. 广告采用劝服的传播方式

广告传播的主要目的在于推销,促使消费者采取购买行动。其影响消费者行为的主要方式是劝服,在传播过程中进行诱导。这种劝服和诱导,又不同于一般的舆论引导,它既要以客观事实为基础,遵守一定的道德规范,又要具有较强的艺术性,打动和说服消费者,使消费者能够接受所传播的信息,按照广告主的愿望来采取相应的行动。因此,广告传播要有策略和技巧,力争较好的传播效果。

6. 广告传播对象具有选择性

广告传播的目标性很强,它总是选择一定的目标市场作为传播对象。因为,一则广告所传播的信息是有限的,不可能包罗万象,对所有的受众都产生影响,所以,要根据广告的目标来选择传播对象,信息传播具有一定的针对性,这样,才可能以最小的代价,获取较多的效益。广告传播的对象,一般根据企业的整体营销目标,针对消费者的需求状况而做出选择。广告传播就是一种"说服"的过程。广告主利用传播媒体来传播其商品服务或观念,激发大众情感,使其采取行为和态度,进而达到促销的效果。

7. 广告传播可以满足消费者生理上或心理上的需要

广告是一种具有创造性的表达方式。对广告客户来说,就是企业品牌和产品素质的自我表达。在整合营销传播的时代,企业唯一的差异化特色,是要使消费者相信企业的品牌所能保证的利益满足。对消费受众来说是要提供一个客观上可供选择的消费形象,这个形象代表了消费者满足欲望或需要的成本。对以参照物面貌出现的广告产品来说是一种自身个性的装饰和修改,以什么样的产品个性来沟通消费者。

8. 广告传播面向整个社会的消费层面,是一种社会行为

在社会传播当中,任何可以对其他人施加影响力和控制力的人和事物都是一种权力的表现。借用形式符号,广告传播的本质是传播权力的运作,广告传播也是一种权力实践。就是说,广告客户试图影响消费受众,试图让对象产生一种意念,对对象强加一个形象,产生号召力、冲击力和刺激性。结合可以感知的形式因素,广告传播是一个令人产生情感冲动的游戏。面对不同层次的消费者和不同的消费观念,广告可以是对心灵的诱惑,对行为的暗示,也可以是令人信服的理念,还可以是知名度的权威和默契性等等。

但是,与一般传播现象不同,比如说通过相当的广告投入来包装一个品质有限的产品,用铺天盖地的广告来为某个产品造势,通过时髦新潮的广告信息来改变产品的平庸性,通过廉价的广告形象在消费受众心目当中唤起崇高圣洁的感情。

广告无处不在,几乎是今天在都市生活的人接触最多的信息。在经济膨胀时期,广告是消费的加速器。在经济疲软时期,广告是消费的起搏器。广告的投资,增长规模,创造性的冲击力等因素使广告成为大众消费的晴雨表和社会信息传播的中心。如何根据广告客户的需要和产品个性来创造这种无处不在的广

告，是一时的情绪冲动还是市场调研后的反思？是天才的火花闪烁还是从业经验的积累？是冷静周密的计算还是创作激情的辐射？在广告公司内部，我们经常表达这种二律背反：广告客户的意愿和广告人创意的激情要服从于消费受众的想象和推理。

三、广告传播的功能和作用

广告传播通过一系列较为完整的广告策划程序（主要由市场调查、广告定位、创意、媒体选择与发布、效果测定五个环节组成），通过媒介向消费者传播有关商品方面的信息，促进销售。这就是广告传播的功能和作用。随着广告传播事业的发展，广告传播已在社会、经济和文化生活等多方面产生了越来越大的影响，发挥着重要作用。科特勒曾指出广告具有告知、说服、提醒三种功能。①

1. 沟通企业与市场之间的联系

企业的市场营销是一项综合性的经营活动。一方面，它需要了解消费者的愿望和要求，开发生产与之相适应的产品和劳务，以适销对路；一方面，又要通过各种促销活动，使已经开发生产的产品和劳务能够被消费者承认和接受。企业生产只有满足消费者的需求，并被消费者使用后，才能获得效益。这就需要一个以消费者为中心的市场营销。如何沟通企业与市场，主要是与消费者之间的联系，这就需要有一个信息传播的过程，来促进销售。

2. 增强企业生产和竞争的活力

竞争是商品经济的产物。在社会主义市场经济的条件下，也同样存在和需要竞争。竞争能够刺激生产，提高产品和劳务

---

① 菲利普·科特勒著：《营销管理》（第11版），梅汝和等译，上海人民出版社2004年版，第668页。

的质量,增进经济繁荣。广告通过信息传播,促进了商品销售,为企业之间的竞争注入了活力。

3. 影响消费观念的变化

广告通过大众传播媒介等,不断把有关商品、劳务和观念信息传播给消费者,给消费者带来巨大的影响。

第一,广告为消费者提供了大量的商品信息。一般来说,消费者获得商品信息,主要有三种渠道:传播媒介、人际传播和亲身接触。人际传播和亲身接触有关的商品信息,是极其有限的,随着人们生活水平的提高,已经满足不了消费者的需要。广告通过媒介特别是大众传播媒介传播商品信息,密度大、范围广,使消费者能够获取大量的信息,能够对有关的商品、劳务消费等信息进行选择、比较。广告已成为广大消费者获得商品信息的主要途径。

第二,广告刺激了消费者的消费热情。广告大量地、高密度地连续传播商品信息,就能调动消费者的消费兴趣和欲求,促使消费者的购买行为。人们的消费行为,往往包括初级需求和选择性需求两个方面。新产品进入市场初期,广告传播能够刺激消费者的初级需求。初级需求形成后,广告传播又能刺激消费者的选择性需求,引导认牌购买。

第三,广告为消费者倡导流行,引领时尚。广告信息的大量传播,起到了引导消费的作用,潜移默化地改变消费者的消费习惯和消费观念,提高和改进消费者的生活方式。

4. 广告促进社会文化事业的发展

广告传播事业的发展,不仅仅在经济领域,而且给社会文化事业的发展带来影响。广告传播活动已成为人们日常生活中不可缺少的一部分。

广告和大众传播媒介,特别是与报纸、杂志、广播、电视四大传播媒介的有机结合,也有力地促进了大众传播事业的发展。

报纸、杂志等由于大量刊登广告，降低了售价因而能大批量印刷、普及发行。广播、电视由于有广告的支持，得以开办播送新节目，满足了观（听）众的视听需求，繁荣了人民的文化生活。

四、广告传播中的伦理问题

在充分肯定广告传播的巨大社会功能与经济作用的同时，我们还应看到广告传播的负面影响。因为，广告是一种大众传播行为，在我们现在这个信息时代扮演着极为重要的角色。世界广告发展史表明：广告增加了产品的成本；广告使人们购买他/她们并不需要的产品；广告减少了竞争，助长了垄断。所以，广告活动需要广告伦理道德来调节。广告伦理道德是调整广告受众以外的一切与广告活动发生关联的人们之间及其与社会、自然之间关系的行为规范的总和。广告伦理涉及到各种利益关系的建立与处置、行为后果的价值评判、行为所遵循的道德选择、宣扬的道德方向等问题。广告业只有解决了这些伦理问题才能得以健康发展。

1. 虚假广告

据调查统计，虚假广告主要集中在保健食品、药品、医疗虚假广告吹嘘医疗效果，明星代言误导消费者，广告内容形式误导消费者三个方面。其中尤以广告吹嘘医疗效果为罪魁。它以五种方式出现，其他虚假广告出现方式与之类似。

一是以新闻报道形式发布的广告。包括在广告版面不标明“广告”标记，而使用“专版”、“专题”、“企业形象”等非广告标记；以通讯、评论、消息、人物专访、专家访谈、纪实报道、报告文学、专家咨询、科普宣传等形式发布广告；在新闻报道中标明企业、事业单位的详细地址、邮编、电话、电子信箱等联系方式方法。

二是在保健食品、药品、医疗广告中使用消费者、患者、专家的名义和形象作证明，尤其是社会公众人物在保健食品、药品、医疗广告中以消费者、患者、专家的身份，向受众介绍、推荐商品服务或者商品服务的优点、特点、性能、效果等。

三是以保健食品广告宣传治疗作用或夸大功能。主要是在广告中把保健食品混同为药品，宣传治疗作用或者使用易与药品相混淆的用语；超出核准的保健功能范围，宣传未经核准的功能。

四是以药品广告夸大功能疗效。主要是在广告中对药品的适应症或者功能主治、治疗效果进行夸大宣传或者做出承诺；广告中含有药品说明书以外的学术理论、观点等内容。

五是通过医疗广告宣传保证治愈。主要是在广告中保证或者变相保证治愈各种疑难疾病。

2. 广告的品位

不同人有不同的品位，这是个人的权力。但是作为私人的品味，与作为大众文化的广告一旦过分传播，就可能使少数人的品味，尤其是品位低下的广告影响了多数人，特别是少年儿童。少数品位广告分两种。

一是产品种类与品位广告——卫生棉、胸罩、情色用品、鼓吹同性恋、保险套等的广告。这些广告不宜在少年儿童面前传播。

二是品位低下的广告：不堪入目或不堪入耳（情色图片或低级笑话、引起性幻想）、歧视女性或弱势团体、用语低俗而引起反感、灰色或黑色广告、具有暴力倾向、风水迷信广告等。这些广告应该禁止。

3. 广告中的刻板印象

对女性、弱势族群、老人、劳工，使用刻板印象的方式来表达。譬如将女性分成美貌与家庭主妇两种，个性上是被动消极、顺从、娇羞、温柔、缺乏智慧、容易做错事等。广告作品通常会夸大女性年轻貌美的外在价值而忽视对其内在价值的展示和提升。由于固有的男权中心文化的存在，女性在广告作品中被"误读"了。

广告在传播信息的同时，也传播着文化、价值观念，不仅在很大程度上支配着人们的消费观念、消费方式、消费节奏，而且影响着人们的自然观、社会观、价值观、生活观。广告既可以帮助女性、弱势族群、老人、劳工提高自我意识，又可以使之成为意识形态的奴隶而推动主体性的意识和能力，在不同程度上强化歧视。因此，重新反思广告与女性、弱势族群、老人、劳工的关系具有重要的现实意义。

4. 儿童广告

时下，儿童广告可以说铺天盖地，无孔不入，已经潜移默化地影响着孩子们的生活。但是一些有识之士认为，儿童广告引发了不少问题：

一是误导儿童消费行为。某方便面在包装里放有《水浒传》人物小图片，厂家大肆广而告之，集满多少张卡片就可以向商家换取奖品。不少儿童为了收集到足够数额的卡片，有的甚至一口气购买好几箱方便面。而像"妈妈，我要×××"的广告词多如牛毛，广告商通过模糊语言在不断传递这样一个信息：没有使用广告宣传的产品或服务，将低人一等，或容易受到藐视或嘲笑。如此，小孩又怎么听得进"谁知盘中餐，粒粒皆辛苦"的古训呢？

二是损害儿童身心健康。不良或夸张的举止常被广告商所运用，如某宠物玩具广告，画面是一个身高力壮的孩子，手里拿着宠物玩具，一脸霸气，没有宠物的小孩则一脸失意。还有一广告，为了展示产品增强儿童的食欲，广告画面为小孩狼吞虎咽的镜头，而父母、爷爷、奶奶则瞪大眼睛看着。"爱幼"场面固然壮观，而"尊老"则已荡然无存。

三是使儿童产生对社会不信任感。不少广告对商品的优点刻意进行夸大,如对玩具组装的容易程度言过其实,产品的颜色艳丽程度与实际相差甚远……这在某种程度上使得小孩产生这样一种疑问:叔叔阿姨在骗人?而某礼品广告——今年×××不收礼,收礼只收×××——更令儿童费解,“怎么一会儿说不收,一会儿又说收”?

四是使儿童判断力下降。面对琳琅满目千差万别的同类商品,儿童拿不定主意到底要买什么时,毫无疑问,广告信息成了他们赖以决定的依据。而这依据可能仅仅是个概念,凭主观直接点明,时间长了,势必降低儿童的判断能力。

5. 争议性广告

许多国家都有法律规定未成年者不许抽烟、喝酒、赌博,相关广告不得在大众媒介上传播。在所有允许的香烟广告、香烟自动贩卖机上都有未成年者不许抽烟或“吸烟有害健康”的提醒词句。同样地,酒类贩卖机和酒类广告也都有“成年以后再饮酒”之类的广告词。部分允许赌博的国家与地区也有“未成年人不得入内”的约定。但是仅仅有这些约定就足够了吗?还是应彻底禁止抽烟、喝酒、赌博广告呢?

6. 潜意识广告

潜意识广告是由调研专家维卡瑞提出的广告理论。这个理论表示,有意识的实际上看见的只是眼睛呈现的一部分。维卡瑞在美国新泽西北部的一家电影院做他的实验,他让老板准备了一部特别的放映机,在放《Picnic》(野餐)电影时两部机器同时工作,在电影放映过程中,用很弱的强度在银幕上映出“喝可口可乐”或“请吃爆米花”字样,并每隔5秒钟以1/3000秒的速度插入。如此一来,有意识的眼睛虽然无法注意到叠印在电影情景上的这些广告信息,但无意识的眼睛却已经记忆并“读到”了这些信息。在1957年的整个夏天,测试取得成功,可口可乐的消费量因为潜意识广告而上升了六分之一，爆米花则超过了50%。维卡瑞为这个构想申请了专利，并且组织了一家公司来处理“潜意识”的电影和电视。

广告刺激落在消费者感知阈限之外时，广告实际上利用了消费者的潜意识知觉进行广告刺激，使他们购买实际上并不需要的东西。所以，这一实验论断在美国引起骚动，并受到了普遍谴责。表面上看来，潜意识广告不会再有使用的机会了，因为它与法律是相冲突的。但现实中呢？潜意识广告成了一些厂商的制胜宝器。如绝对伏特加酒公司在平面广告中宣称“绝对无意识”，而广告中“Absolute Vodka”这个词在一杯饮料中的特写冰块上隐约可见。

广告作为一种经济活动无法脱离经济伦理和企业道德的文化背景，无法偏离国家宏观政策和企业经营管理的价值导向。一个基于个人利益增长而缺乏合作价值观，不惜以牺牲经济信用为代价的广告行为，在文化意义上是没有吸引力的，这样的广告在经济上也是缺乏效率的。广告中以各种形式出现的狭隘的个人利益的增进和道德的牺牲，不会对我们的福利产生任何好处。

另外，大众媒体如何在新闻专业与广告利益的交互影响下，以满足受众需求为出发点，提供符合新闻专业要求的新闻信息，而不是在广告商出资下制造新闻，这是媒体与广告商应该谋求的基本共识。否则，受众终将会对媒体所提供的新闻信息产生质疑，并最终影响到广告商的权益。

案例分析

海啸新闻与中国形象

2004年12月26日，国际标准时间00:58:50，印度洋的狂躁从海底喷薄而出，里氏9级地震肆无忌惮地推开周遭的海水。

随着海水缓慢而有力的起伏，一道道弧形水幕相距百十公里，以每小时800公里左右的起始速度向四周袭去……2004年岁末的这场印度洋海啸，已造成至少16万人死亡，另有50多万人受伤，100多万人流离失所，近200万人需要食物、洁净的水和卫生医疗服务。

印度洋地震海啸的巨大破坏，使得南亚尤其是东南亚地区受到世界的高度关注，而国际社会对此次危机的反应，也引起了媒体的极大关注。其中，中国的表现受到广泛好评，不论是中国救援队及时赶赴灾区，还是中国官方援助一再增加，或是中国民间捐款积极踊跃，都彰显中国在东南亚乃至全世界的新形象。相反美国的表现，遭到了全世界人民（包括部分美国媒体）的质疑。

“中国威胁论”被“中国机遇论”所取代

从印尼重灾区亚齐回到雅加达，公寓的工作人员伊万劈头就问记者：“听说中国为我们救灾捐了6000万美元，还有一支医疗队到了亚齐，是吗？”伊万平时喜欢看香港电影，喜欢明星李连杰，特别留心有关中国的报道。他说，中国是个伟大的国家，印尼要向中国学习。若是几年前，伊万可能不会这么想。那时候关于“中国威胁”的论调充斥报章，印尼的华人问题常常被扭曲夸大。

东南亚在不同时期曾出现过多种版本的“中国威胁论”，如冷战结束后出现的“中国填补真空论”，20世纪90年代中期出现的“中国军事威胁论”，以及世纪交替时出现的“中国经济威胁论”等，担心中国强大后会损害其利益。但近年来，“中国威胁论”越来越失去市场，原先对中国缺乏了解的东南亚媒体也转变态度，开始摒弃“中国威胁论”的言论，代之而起的是“中国机遇论”言论。现在，在东南亚，“中国机遇论”、“中国贡献论”

及“中国是负责任大国论”成为流行词。

美国《纽约时报》曾发表文章指出，借着经济活力、商贸交易和睦邻外交，中国在东南亚国家心目中，已经从“令人疑虑的国家”变为“可以靠近交往的对象”。《纽约时报》网络版还发表过《亚洲国家领导人认为中国已变成一个热情的好邻居》的文章。美国《新闻周刊》也载文称，中国的崛起对周边国家，特别是对东南亚国家来说，是机遇而非威胁。

从印尼官方到民间，对中国的好感也在大大增强。每当记者向印尼朋友介绍中国的新变化时，他们总是流露出赞许的神情。许多以前和中国没有生意往来的印尼商人纷纷结伴到中国寻找商机。

近年来，中国被描述成一头对东南亚国家“友好的大象”，意思是在对东南亚各国产生重大影响的同时不会对其构成任何威胁。印尼外交部官员在印尼发行量最大的英文报纸《雅加达邮报》上，发表题为《理解中国的和平崛起》的文章，认为中国通过切实的步骤来显示它的和平意图，用行动向东南亚国家证明，它是一个值得尊重的伙伴，拥有更大合作潜力的伙伴。文章说，中国积极的外交可以说是平衡地区力量的一种自然进程。“中国在地区事务中力量的增长，也有助于不需要外部介入就能解决本地区问题的努力。”

我们(美国)吝啬吗？是的

在人类已经拥有海啸预警相当可观的技术成果之际，灾难如此剧烈地发生已经是对全球化进步的一个讽刺；在人类已经取得丰富的物质文明成果之际，对受灾地区的援救工作更是对全球化进步的一个考验，尤其是对于更多地享受着这种进步成果的大国的责任担当的考验。

事实上，世界各国尤其是发达国家已经争先恐后地提供并大幅增加对亚洲灾区的援助资金、物资和人员。但是,目前各国政府所发布的援助灾款总数(约 2 亿美元)和联合国宣称该地区所需援助(数十亿美元)之间仍有相当距离,依靠其他社会组织和个人的力量很难弥补。

尽管各国都表示这仅仅是救援工作的一个开始,但是考虑到因为国际救援承诺的落空,一年前缅甸、伊朗等国地震灾区的无数难民至今仍居住在简易帐篷里的情形,我们有理由放心不下。尤其是近日发生在美国政府和联合国官员之间的一场捐款龃龉值得人们警惕。

美国政府 2004 年 12 月 27 日宣布向受灾的亚洲国家提供 1500 万美元援助,联合国人道救助协调员埃格兰随即指责其太过吝啬。白宫发言人回应说,美国是国际援助中最大的捐赠者——然而这个纪录很快被澳大利亚等国打破,上月 29 日总统布什又出面宣布追加 2000 万美元。布什也没忘记回敬埃格兰,"说这种话的人是在误导和发布错误信息"。

《纽约时报》为此发表社论,题为《我们吝啬吗?是的》。社论说国务卿鲍威尔私下里应该为宣布这个援助而感到脸红,因为 1500 万美元还不到共和党准备花在布什第二任总统就职仪式上的费用的一半。社论还说,民调显示老百姓以为政府用了预算的 24% 去援助贫困国家,但事实上的花费不到 0.25%。

这并不是一场小题大做的口角之争,而且并非事发偶然。在此之前数日,布什政府已经宣布,"为了帮助饥饿的人们自力更生",美国将减少全球食物援助项目。据称,事实上是为了控制惊人的财政赤字。

美国是当今世界上无可争议的最富有和最强势的国家,因此无论在政治还是经济领域,它的责任担当程度都具有举足轻重的全球化影响。无可置疑,国际政治就是大国之间的游戏。从字面上看,联合国是一个平等和睦的大家庭,事实上却是一个大国俱乐部。当初它本身就是根据英、美、苏等大国的思路成立的,其核心是大国通过安理会承担维护世界和平的责任。当然,与责任相对应的是大国本身的利益所在。

【案例思考】

1. 分析国际传播在国家形象、国际关系中的重要性。
2. 大众传播是怎样影响人们观念变化的?
3. 不同国家的文化、价值观念是怎样通过大众媒体传播的?

【练习题】

1. 试述文化传播社会功能间的辩证关系。
2. 请以广告传播为例分析传播中的伦理问题?
3. 论国际传播不平等的表现与实质及解决之道。
4. "两种文化理论"等四种传播理论是如何界定科技传播的?

参 考 资 料

[1][美]梅尔文·L·德弗勒等著,颜建军等译:《大众传播通论》,华夏出版社,1989
[2]车文博:《西方心理学史》,浙江教育出版社,1998
[3][英]丹尼斯·麦奎尔等著,祝建华等译:《大众传播模式论》,上海译文出版社,1987
[4]郭庆光:《传播学教程》,中国人民大学出版社,2001
[5]李彬:《传播学引论》(增补版),新华出版社,2003
[6]段京肃、罗锐:《基础传播学》,兰州大学出版社,2002
[7]董天策:《传播学导论》,四川大学出版社,2002
[8]邵培仁:《传播学》,高等教育出版社,2005
[9]胡正荣:《传播学总论》,北京广播学院出版社,1997
[10]张金海:《20世纪广告传播理论研究》,武汉大学出版社,2002
[11]周庆山:《传播学概论》,北京大学出版社,2005
[12]王石番:《传播内容分析法——理论与实证》,台湾幼狮文化事业公司,1991
[13]张昆:《传播观念的历史考察》,武汉大学出版社,1997
[14][美]沃纳·赛佛林,小詹姆斯·坦卡德著,郭镇之等译:《传播理论——起源、方法与应用》,中国传媒大学出版社,2006
[15][美]E. M 罗杰斯著,殷晓容译:《传播学史——一种传记式的方法》,上海译文出版社,1997
[16][美]斯蒂文·小约翰著,陈德民等译:《传播理论》,中国社会科学出版社,1999
[17] 陆地:《中国电视产业发展战略研究》,新华出版社,1999

[18]朱辉宇:《电视传播过度娱乐化的道德审视》,《声屏世界》2002
[19]叶朗:《中国文化产业年度发展报告(2004)》,湖南人民出版社,2004
[20]李新民:《中国电视大趋势》,华夏出版社,2006
[21]张金海:《中国媒体发展研究报告(2003-2004卷)》,武汉大学出版社,2005
[22]崔保国:《2006:中国传媒产业发展报告》,社会科学文献出版社,2006
[23]崔保国:《2004-2005:中国传媒产业发展报告》,社会科学文献出版社,2005
[24]谢新洲:《网络媒体的传播学研究》,北京大学博士论文,2003年6月
[24]黄升民:《媒介经营与产业化研究》,北京广播学院出版社,2003
[25]刘立宾等:《中国广告猛进史(1979-2003)》,华夏出版社,2004
[26]李岩:《媒介批评》,浙江大学出版社,2005
[27]张建星:《传媒的运营时代》,文汇出版社,2005
[28]陈卞知:《跨文化传播》,中国传媒大学出版社,2004
[29]丁未、张国良:《网络传播中的"知沟"现象研究》,《现代传播》2001年第6期
[30]李彬:《从片段到体系:西方符号学研究一瞥》,《国际新闻界》1999年第6期
[31]罗兰·巴尔特:《符号学原理》,三联书店,1999
[32]王怡红:《西方人际传播定义辨析》,《新闻与传播研究》1996年第6期
[33]单波、王金礼:《跨文化传播的文化伦理》,《新闻与传播研究》2005年第1期
[34]方汉奇:《中国近代传播思想的衍变》,载《新闻与传播研究》第1卷第1期(1994.1),第79页
[35]伍洪涛:《构造双赢格局,透视湖南电视产业化运作》,《文化时报》2000.1.1
[36]吴信训:《中国有线电视事业的发展》,《大众传播与市场经济》,香港炉峰学会,1997
[37]A. M. Spence. *Notes on Advertising, Economies of scale, and Exit Game.*

Quarterly Journal of Economics, 1980

[38] RusseU Davidson, J G Macklnrloll. *Estimation and Inference in Econo—metrics*. London Oxford University Press. 1993

[39] Merrill, John C. Lee, John & Jay, Edward, Friedlander, *Modern Mass Media*, Harper & Row Pubishers, Inc. ,1990

[40] Yarrow. *Welfare Laws in Oligopoly and Monopolistic competition*. Journal of Industrial Economics, 1985, (33)

[41] P. Milgom, J. Roberts. *Economics, Organization mad Management*. Englewood Cliffs, 1992

[42] Kamins, M. A & Cupta, K. (1994). *Congruence between spokesperson and product type: A match - up hypothesis perspective*. Psychology and marketing, 11(6), 569 - 586

图书在版编目（CIP）数据

传播学原理/李正良主编．—北京：中国传媒大学出版社，2007.1（2010．2 三次印）

21 世纪新闻传播学基础教材

ISBN 978-7-81085-840-3

Ⅰ．传…　Ⅱ．李…　Ⅲ．传播学—高等学校—教材　Ⅳ．G206

中国版本图书馆 CIP 数据核字（2006）第 118054 号

传播学原理

主　　编　李正良

策　　划　欣　文

责任编辑　蔡开松

责任印制　范明懿

出 版 人　蔡　翔

出版发行　中国传媒大学出版社（原北京广播学院出版社）

北京市朝阳区定福庄东街 1 号　邮编 100024

电话：86-10-65450532　65450528　传真：65779405

http://www.cucp.com.cn

经　　销　新华书店

印　　刷　北京市梦宇印务有限公司

开　　本　850×1168mm　1/32

字　　数　357 千字

印　　张　14.75

版　　次　2007 年 1 月第 1 版　2010 年 2 月第 3 次印刷

书　　号　ISBN 978-7-81085-840-3/K·840　定　价：29.80 元

中国传媒大学出版社新书要览

1. 21 世纪新闻传播学基础教材

书　　名	作　　者
新闻学概论	刘建明著
新闻学原理	彭菊华著
新闻编辑	谭云明著
新闻写作	郭光华、吴志文著
新闻采访	熊　高著
现代新闻业务基础教程	王灿发主编
中国国际新闻传播史	童之侠著
外国新闻史教程（修订版）	李　磊著
中外新闻传播史	刘笑盈著
经济学与经济新闻报道	刘笑盈著
新闻报刊作品评析	王灿发著
传播学原理	李正良主编
传播学基础	段　鹏著
传播理论	赛佛林等著，郭镇之主译
大众传播心理通论	李永健著
新闻传播伦理与法规教程	陈　绚著
舆论学概论	刘建明著
舆论学原理	喻国明等著
广播电视概论	雷蔚真著
中国广播电视通史	赵玉明著
中国电视新闻史	周小普著
广播电视法律制度概论	涂昌波编著
广播电视节目策划	吴玉玲著

续表

书　　名	作　　者
电视新闻摄制教程	熊　高、党东耀著
中国媒介教育	邵　瑞著
媒介教育导论	阎　欢等著
媒介管理学概论	张辉锋著
媒体策划与营销	蒙南生著
英汉笔译教程	马建丽编著
汉语和英语速记	童之侠著

2. 21世纪新闻传播学精品教材

书　　名	作　　者
大众媒介概论	邵培仁等著
舆论学概论	刘建明等著
传媒管理学	张辉锋著
新闻采访与写作	许　颖著
网络媒体的经营管理	匡文波著
媒介市场调查与统计方法	沈　浩等著

3. 现代传播丛书　总主编：胡智锋

书　　名	作　　者
全球化与本土视野中的传播文化	张国涛主编
传媒观察：危机与转机	张国涛主编
新闻学前沿问题研究	张毓强主编
传播学前沿问题研究	张毓强主编
传播艺术与艺术传播	李　立主编
媒介经营管理的理念与实践	潘可武主编
中国广播电视经典个案	赵　均主编
广播电视名家访谈	杨乘虎主编

4．传播心理研究丛书　主编：刘京林

书　名	作　者
新闻从业者职业倦怠研究	曹　茹著
典型报道的受众心理实证研究	丁　迈著
传播中的心理效应解析	刘京林著
手机短信传播心理探析	倪　桓著
电视与未成年人心理	闫　欢著
食品安全报道的受众心理研究	何其聪著
鄂温克人与电视	姚玉芹著
社会问题报道与受众心理引导研究	荣　荣著

5．21世纪媒介理论丛书

书　名	作　者
媒介生态学	邵培仁等著
媒介品牌论	陈　兵著
媒介崇拜论	樊　葵著
媒介身份论	邱　戈著
媒介人种论	海　阔著
媒介转型论	刘　阳著
话语权转移	刘学义著
嬗变与重构	黄楚新著
镜像与她者	蔡帼芬主编
事实与建构	蔡帼芬、刘笑盈主编
客观与偏见	金　勇著
新媒体传播	田智辉著
媒介舆论学	邵培仁等著
媒介愿景论	袁靖华著
媒介演化论	潘祥辉著
媒介融合论	徐　沁著
媒介认同论	刘　燕著

续表

书　名	作　者
媒介教育论	白传之、闫　欢著
性别与传播	张敬婕著
媒介与民生	侯迎忠著
大众传播与新农村建设	李永健著
传媒先锋	王灿发著
边界的互解与重构	苏咏鸿著
从俯视到平视	贺文发、刘笑盈著

6. 21 世纪创意与设计实用教材

书　名	作　者
中外美术史	卢　影等编著
设计史	卢　影等编著
从分析作品开始学做广告	何　辉编著
文字艺术	周玉基编著
版式设计	魏　东编著

7. 对外报道与国家传播研究丛书

书　名	作　者
超越非洲范式：新形势下中国对非传播战略研究	龙小农著
对外报道策略与技巧	侯迎忠、郭光华著
中国对外报道思想研究	何国平著
西方传媒对外报道策略	王　海著

中国传媒大学出版社发行部电话：010－65450528
新闻传播编辑室电话：010－65783601
新闻传播编辑室邮箱：xinwenbjb@163.com

欢迎投稿　欢迎订阅